俄羅斯科學院東方文獻研究所
中國社會科學院民族學與人類學研究所 編
上 海 古 籍 出 版 社

# 俄羅斯科學院東方文獻研究所藏黑水城文獻

㉛

西夏文
佛教部分

上 海 古 籍 出 版 社
二〇二三年 · 上海

**圖書在版編目(CIP)數據**

俄藏黑水城文獻.31,西夏文佛教部分/俄羅斯科
學院東方文獻研究所,中國社會科學院民族學與人類學研
究所,上海古籍出版社編.—上海:上海古籍出版社,
2022.7(2024.4重印)

ISBN 978-7-5732-0286-4

Ⅰ.①俄… Ⅱ.①俄… ②中… ③上… Ⅲ.①出土文
物-文獻-額濟納旗-西夏-圖録②佛教-文獻-額濟納
旗-西夏-圖録 Ⅳ.①K877.92

中國版本圖書館 CIP 數據核字(2022)第 094275 號

國家古籍整理出版專項經費資助項目

俄藏黑水城文獻自第十五册起受中國社會科學院出版基金資助

**俄藏黑水城文獻 ㉛**

編者 俄羅斯科學院東方文獻研究所
中國社會科學院民族學與人類學研究所
上海古籍出版社

主編 史金波(中)
魏同賢(中)
E.И.克恰諾夫(俄)

出版 上海古籍出版社
中國上海閔行區號景路 159 弄 A 座 5F 郵政編碼 201101

印製 上海麗佳製版印刷有限公司

© 俄羅斯科學院東方文獻研究所
中國社會科學院民族學與人類學研究所
上海古籍出版社

開本 787×1092mm 1/8 印張 49.5 插頁 23
二○二二年七月第一版 二○二四年四月第二次印刷
ISBN 978-7-5732-0286-4/ K·3153
定價:二二○○圓

# Памятники письменности
# из Хара-Хото хранящиеся
# в Институте восточных рукописей РАН

## Коллекции буддийской части тангутского языка

Институт восточных рукописей
Российской академии наук
Институт национальностей и антропологии
Академии общественных наук Китая
Шанхайское издательство "Древняя книга"

Шанхайское издательство
"Древняя книга"
Шанхай 2022

Памятники письменности
нз Хара-Хото хранящиеся в России ㉛

Составнтели
Институт восточных рукописей РАН
Институт национальности и антропологии
АОН Китая
Шанхайское издательство
"Древняя книга"

Главные редакторы
Е. И. Кычанов (Россия)
Ши Цзинь-бо (Китай)
Вэй Тун-сянь (Китай)

Издатель
Шанхайское нздательство
"Древняя книга"
Китай, Шанхай, Район. Миньхан, Ул. Хаоцзинь, Алл. 159, Зд. А/525
Почтовый индекс 201101

Печать
Шанхайская гравировальная и полиграфическая компания
"Ли Цзя" с ограниченной ответственностью

Формат 787×1092 mm 1/8
Печатный лист 49.5
Вкладка 23
Первое издание Ⅷ. 2022г.
Пере издание Ⅳ. 2024г.

Перепечатка воспрещается
ISBN 978 − 7 − 5732 − 0286 − 4/K · 3153
Цена: ¥ 2200.00

# Heishuicheng Manuscripts
# Collected in
# the Institute of Oriental Manuscripts of
# the Russian Academy of Sciences

Tangut Buddhist Manuscripts

The Institute of Oriental Manuscripts of
the Russian Academy of Sciences
Institute of Ethnology and Anthropology of
the Chinese Academy of Social Sciences
Shanghai Chinese Classics Publishing House

Shanghai Chinese Classics Publishing House
Shanghai, 2022

Heishuicheng Manuscripts
Collected in Russia
Volume ㉛

Participating Institutions
The Institute of Oriental Manuscripts of
the Russian Academy of Sciences
Institute of Ethnology and Anthropology of
the Chinese Academy of Social Sciences
Shanghai Chinese Classics Publishing House

Editors-in-Chief
Shi Jinbo (on Chinese part)
Wei Tongxian (on Chinese part)
E. I. Kychanov (on Russian part)

Publisher
Shanghai Chinese Classics Publishing House
(Block A, Lane 159, Haojing Road, Minhang District, Shanghai, 201101, China)

Printer
Shanghai Pica Plate Making & Printing Co., Ltd

8 mo 787×1092mm 49.5 printed sheets 23 insets
First Edition: July 2022   Second Printing: April 2024
ISBN 978 - 7 - 5732 - 0286 - 4/K · 3153
Price: ￥2200.00

# 俄藏黑水城文獻

主　編　　史金波（中）
　　　　　魏同賢（中）
　　　　　E.И.克恰諾夫（俄）

編輯委員會（按姓氏筆畫爲序）

中方　　　史金波
　　　　　白　濱
　　　　　李國章
　　　　　李偉國
　　　　　聶鴻音
　　　　　魏同賢

俄方　　　E.И.克恰諾夫
　　　　　孟列夫
　　　　　K.Б.克平

執行編輯　蔣維崧

俄藏黑水城文獻 ㉛

本卷主編　史金波
　　　　　Е.И.克恰諾夫

本卷副主編　聶鴻音　蘇航　魏文

責任編輯　蔣維崧

裝幀設計　嚴克勤

攝影　嚴克勤

技術編輯　耿瑩褘

Памятники письменности
из Хара-Хото хранящиеся в России ㉛

Главный редактор этого тома
Е. И. Кычанов
Ши Цзинь-бо
Заместитель главного редактора этого тома
Не Хун-инь
Су Хан
Вэй Вэнь

Ответственный редактор
Цзян Вэй-сун
Художественный и технический редактор
Янь Кэ-цинь
Фотограф
Янь Кэ-цинь
Технический редактор
Гэн Ин-и

# Heishuicheng Manuscripts

# Collected in Russia

## Volume ㉛

Editor-in-Chief for this Volume
Shi Jinbo
E. L. Kychanov
Deputy Editor-in-Chief for this Volume
Nie Hongyin
Su Hang
Wei Wen
Editor-in-Charge
Jiang Weisong
Cover Designer
Yan Keqin
Photographer
Yan Keqin
Technical Editor
Geng Yingyi

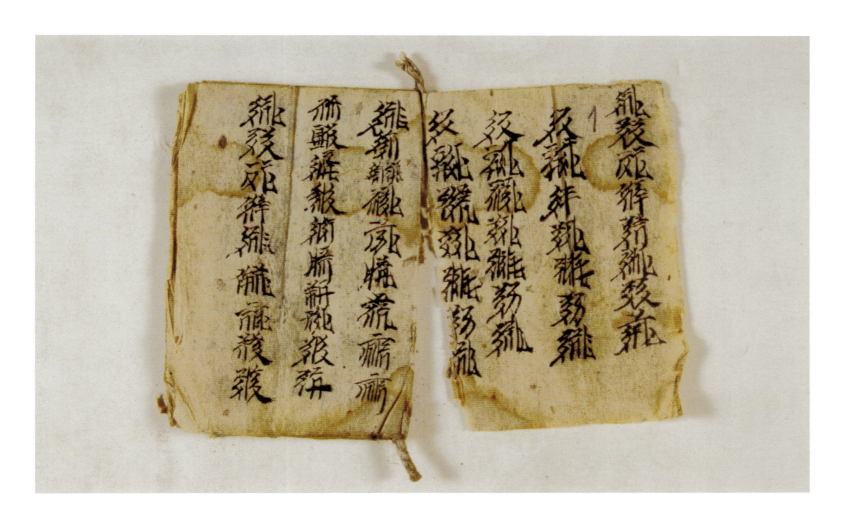

一　Инв.No.6781　平等放施食要門

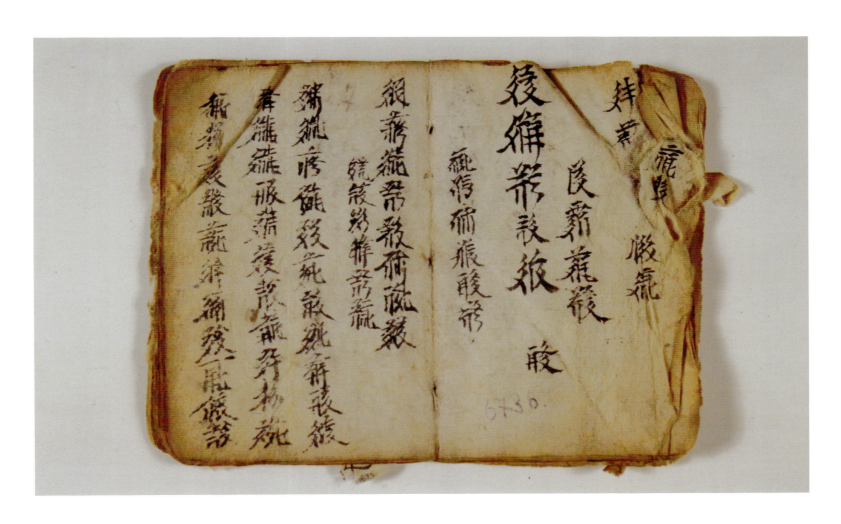

二　Инв.No.6736　作集輪供養種集攝受

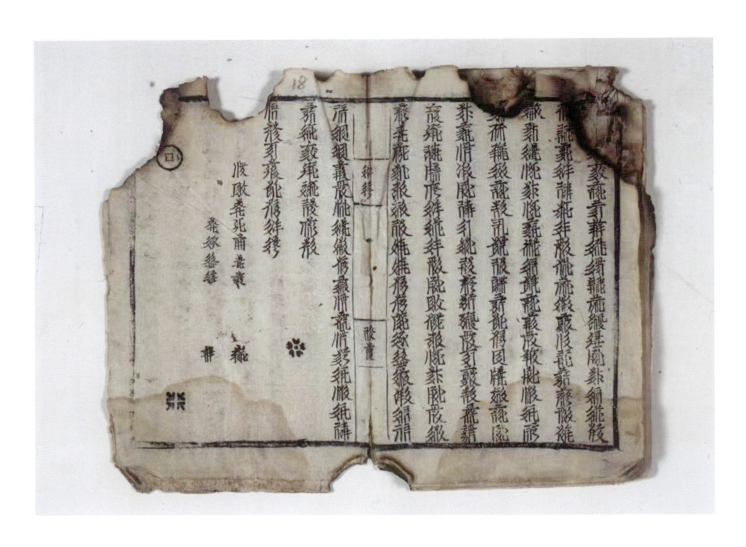

三 Инв.No.2848 究竟一乘圓明心義卷末及題款

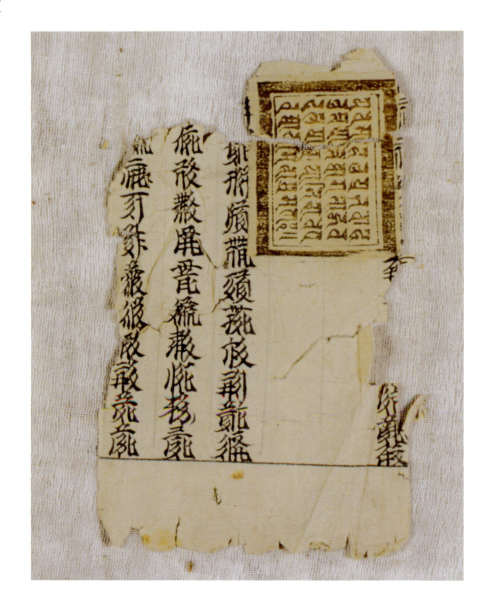

四 Инв.No.6712 鈐梵文陀羅尼印的佛經殘頁

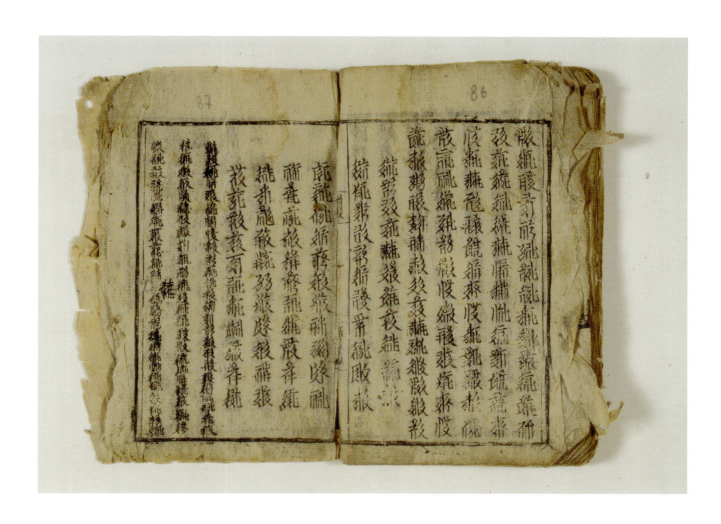

五 Инв.No.2852 等持集品卷尾題款

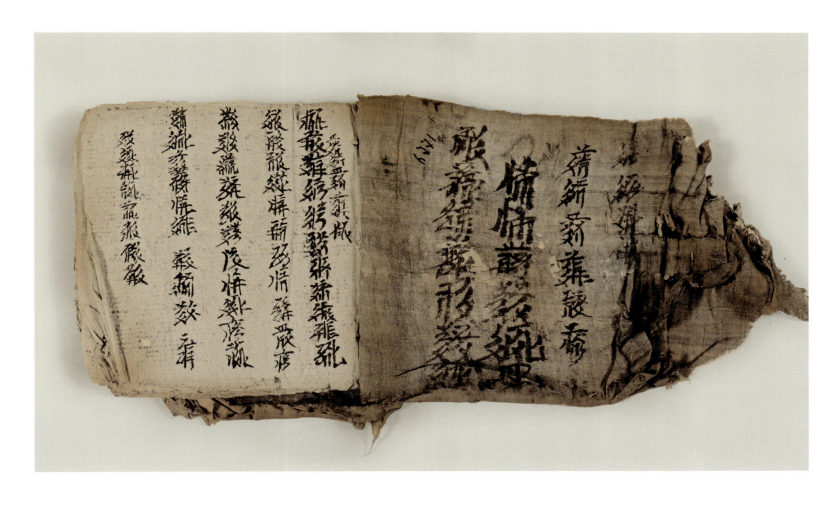

六 Инв.No.6771 秘密供養典

七　Инв.No.728　聖妙吉祥真實名經卷首經圖

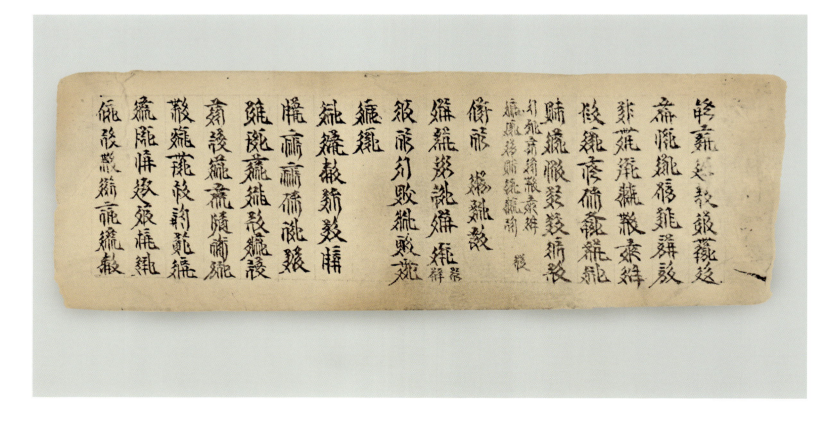

八　Инв.No.6841　聖觀自在大悲心總持功能依經錄卷尾和聖光明天母總持卷首

# 俄藏黑水城文獻第三十一册目錄

4

5

# 彩色圖版目録

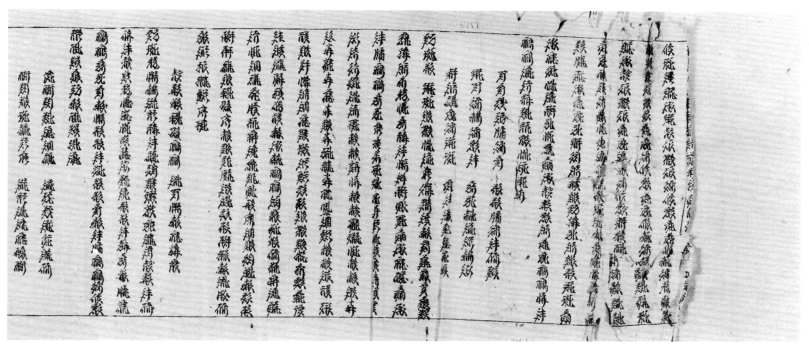

俄Инв.No.5151　深廣雙運七支法事　　　(6-1)

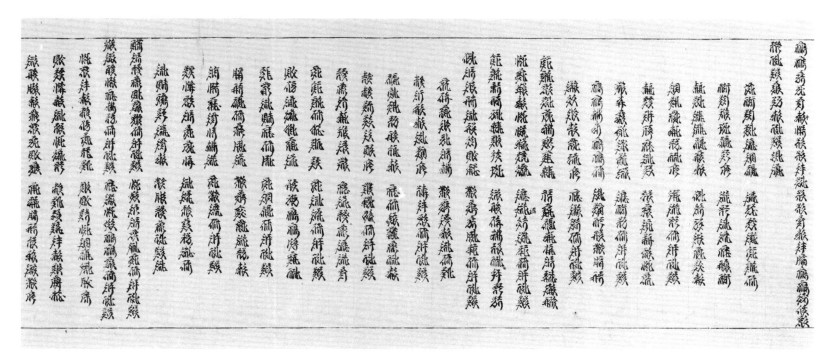

俄Инв.No.5151　深廣雙運七支法事　　　(6-2)

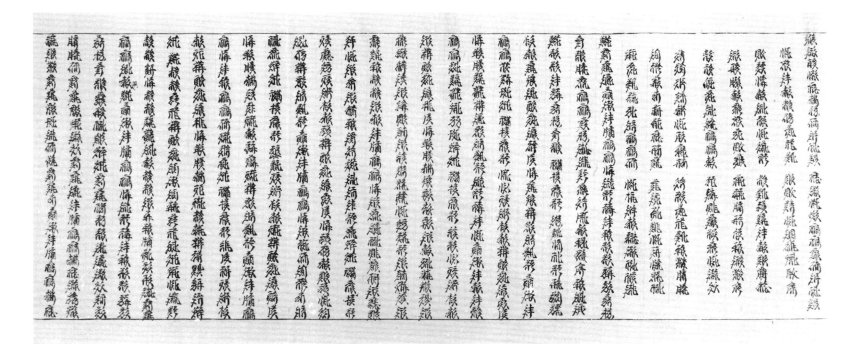

俄Инв.No.5151　深廣雙運七支法事　　　(6-3)

俄Инв.No.5151　深廣雙運七支法事　　　（6-4）

俄Инв.No.5151　深廣雙運七支法事　　　（6-5）

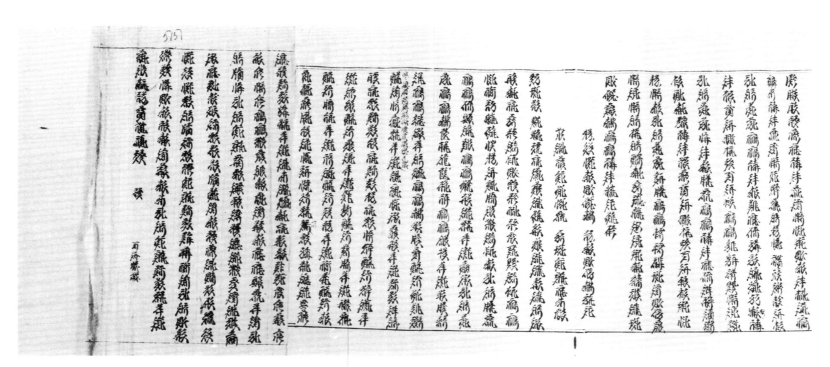

俄Инв.No.5151　深廣雙運七支法事　　　（6-6）

俄 **И**нв.No.6776　三摩地求修　　(24-1)

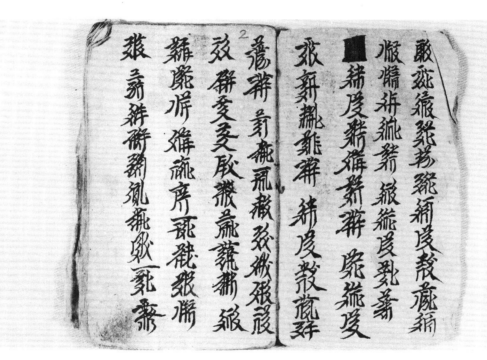

俄 **И**нв.No.6776　三摩地求修　　(24-2)

俄 **И**нв.No.6776　三摩地求修　　(24-3)

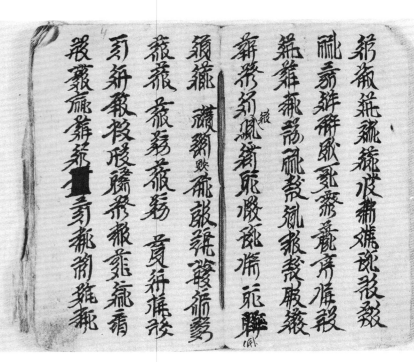

俄 Инв.No.6776　三摩地求修　　　(24-4)

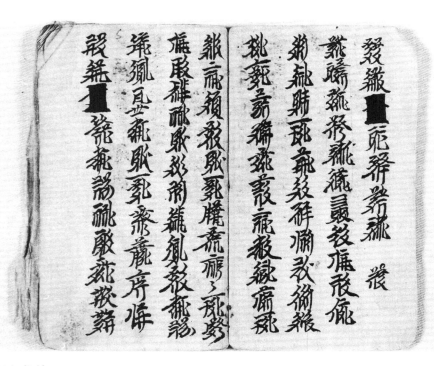

俄 Инв.No.6776　三摩地求修　　　(24-5)

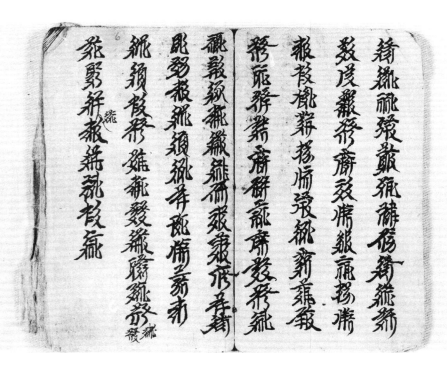

俄 Инв.No.6776　三摩地求修　　　(24-6)

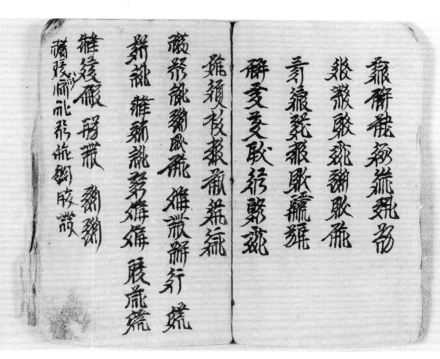

俄 Инв.No.6776　三摩地求修　　　(24-7)

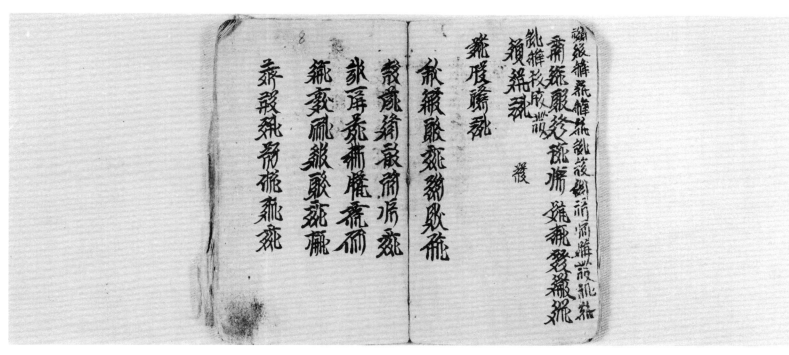

俄 Инв.No.6776　三摩地求修　　　(24-8)

俄 Инв.No.6776　三摩地求修　　　(24-9)

5

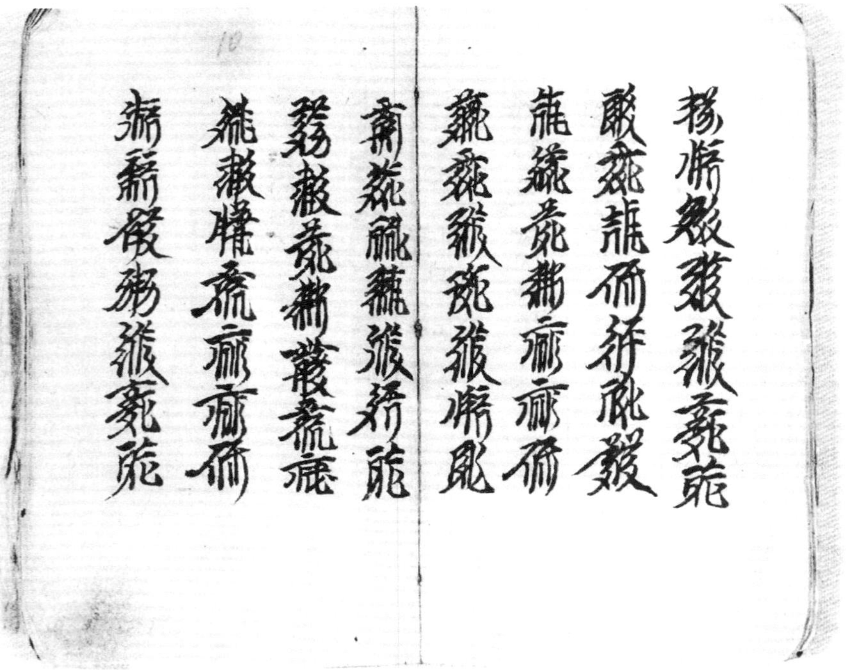

俄 Инв.No.6776　三摩地求修　　(24-10)

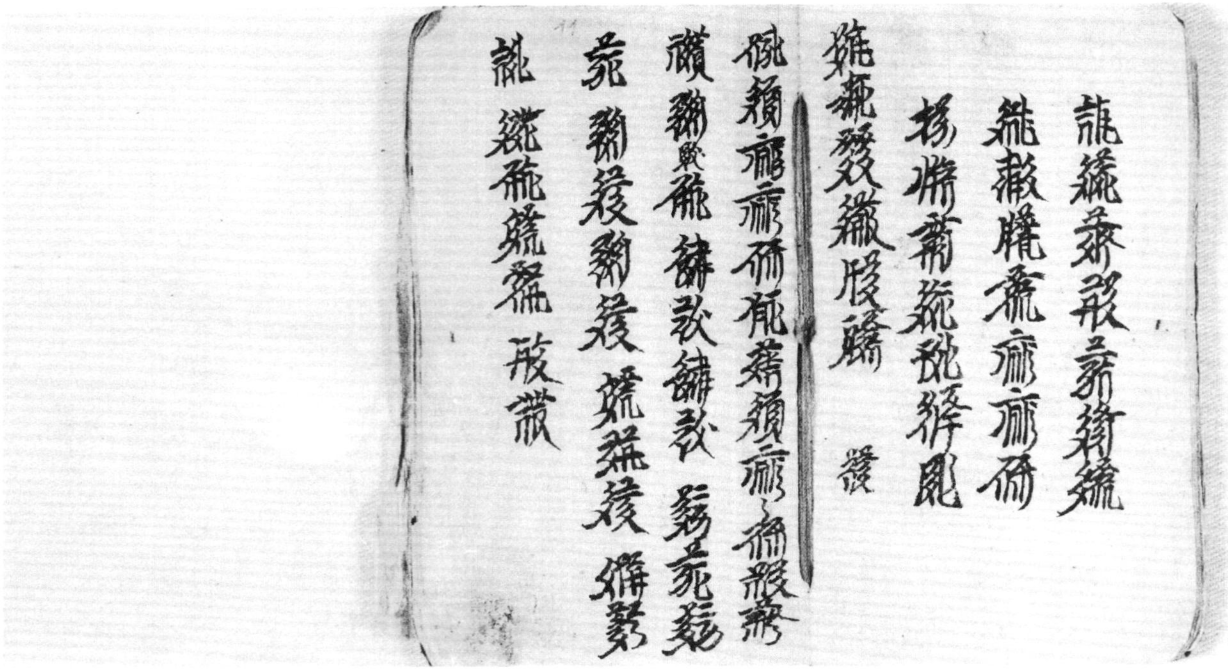

俄 Инв.No.6776　三摩地求修　　(24-11)

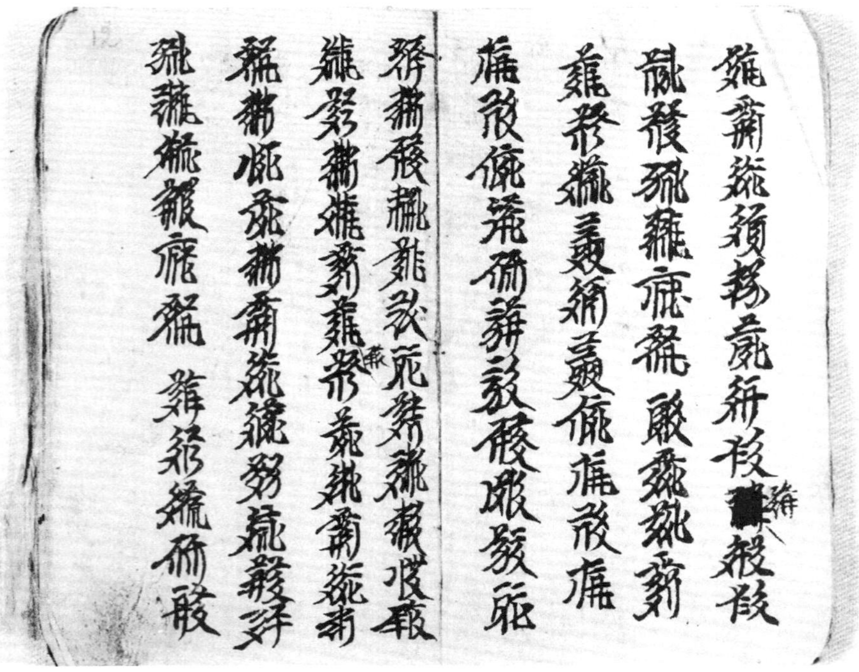

俄 Инв.No.6776　三摩地求修　　(24-12)

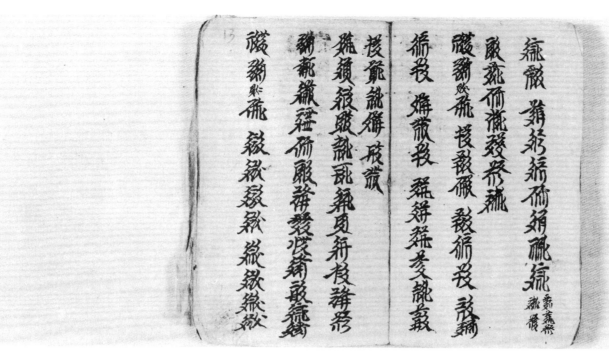

俄Инв.No.6776　三摩地求修　　　(24-13)

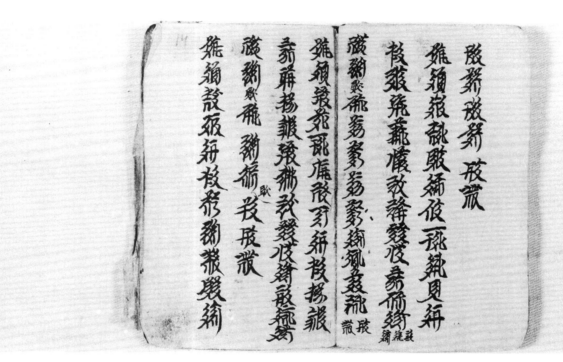

俄Инв.No.6776　三摩地求修　　　(24-14)

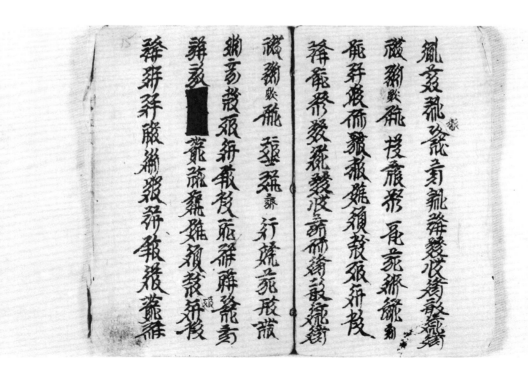

俄Инв.No.6776　三摩地求修　　　(24-15)

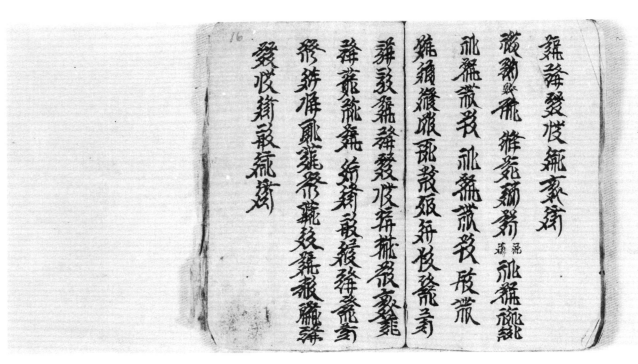

俄 Инв.No.6776　　三摩地求修　　　(24-16)

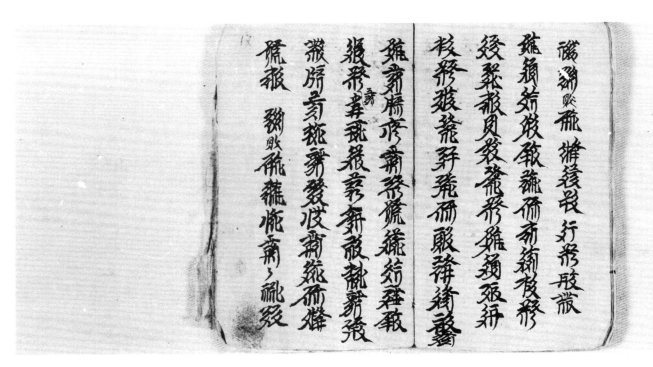

俄 Инв.No.6776　　三摩地求修　　　(24-17)

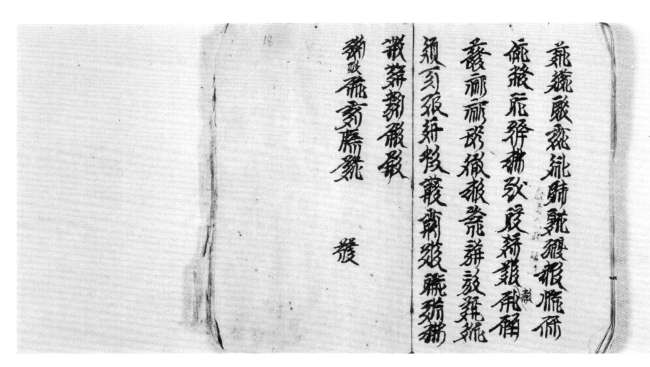

俄 Инв.No.6776　　三摩地求修　　　(24-18)

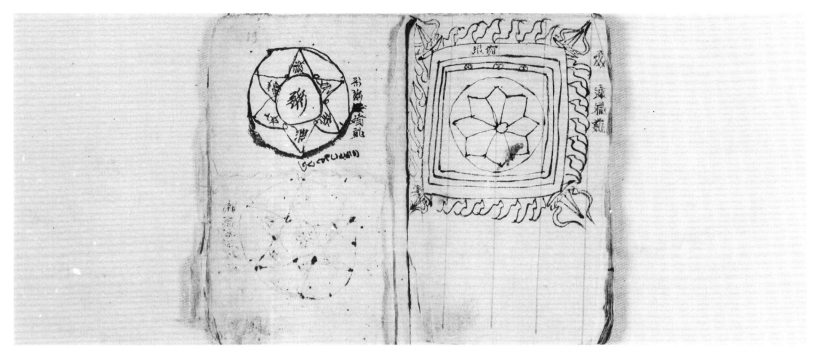

俄 Инв.No.6776 三摩地求修 (24-19)

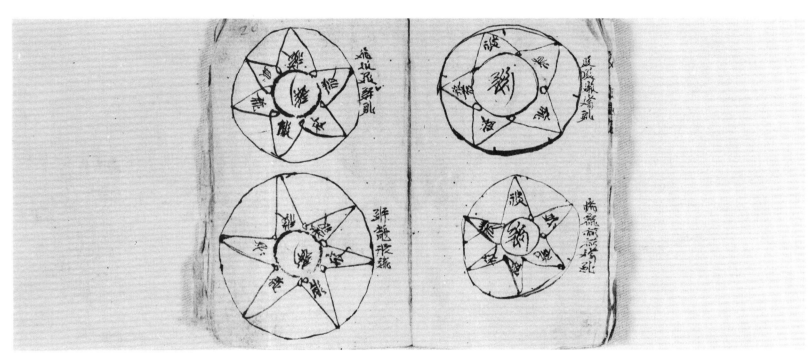

俄 Инв.No.6776 三摩地求修 (24-20)

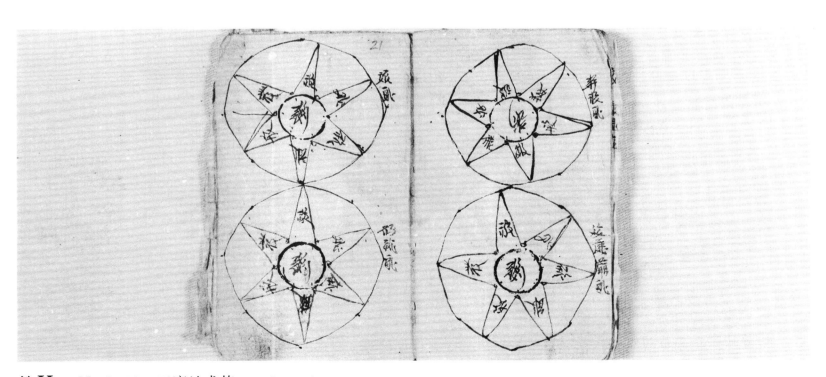

俄 Инв.No.6776 三摩地求修 (24-21)

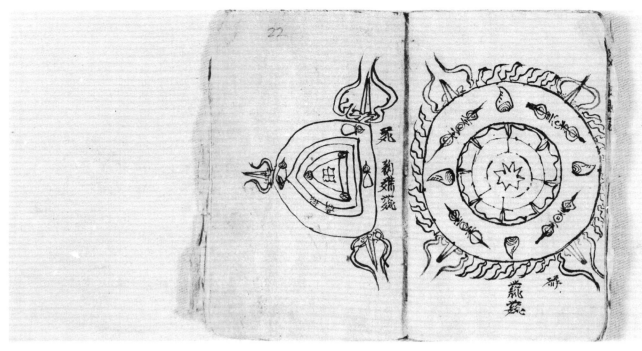

俄 **И**нв.No.6776　三摩地求修　　　(24-22)

俄 **И**нв.No.6776　三摩地求修　　　(24-23)

俄 **И**нв.No.6776　三摩地求修　　　(24-24)

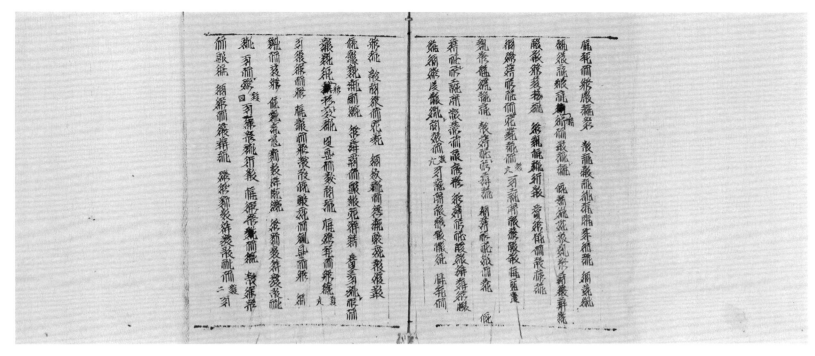

俄 **И**нв.No.5799　依密藏善巧不動金剛師上師要門說法所集　　(6-1)

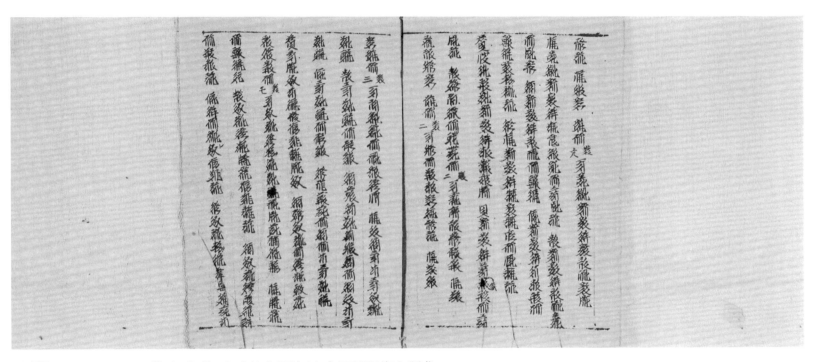

俄 **И**нв.No.5799　依密藏善巧不動金剛師上師要門說法所集　　(6-2)

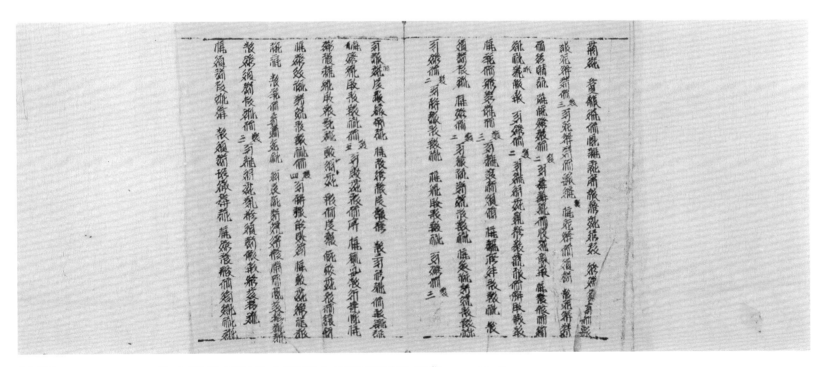

俄 **И**нв.No.5799　依密藏善巧不動金剛師上師要門說法所集　　(6-3)

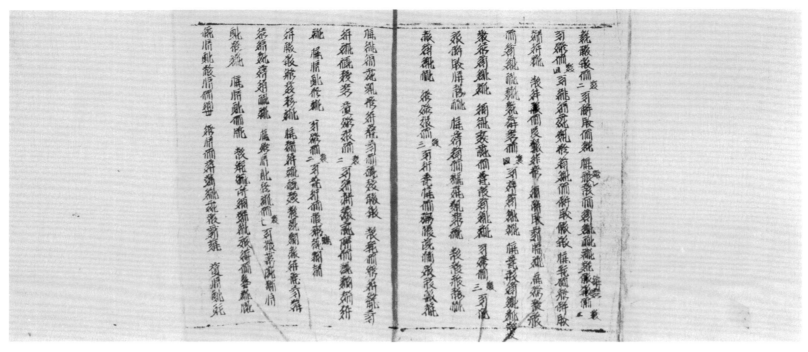

俄 Инв.No.5799 依密藏善巧不動金剛師上師要門說法所集 (6-4)

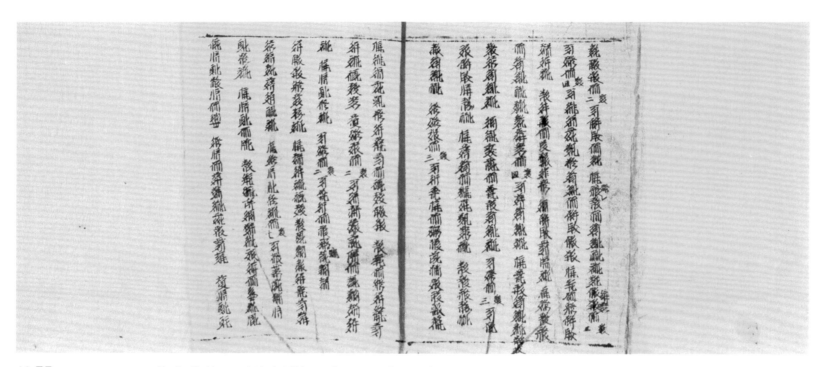

俄 Инв.No.5799 依密藏善巧不動金剛師上師要門說法所集 (6-5)

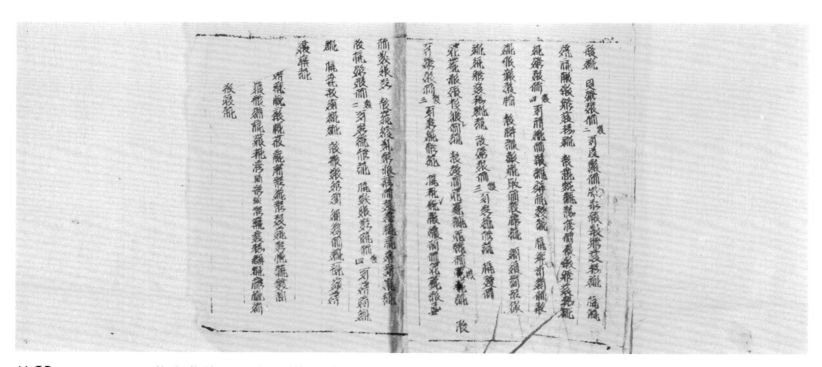

俄 Инв.No.5799 依密藏善巧不動金剛師上師要門說法所集 (6-6)

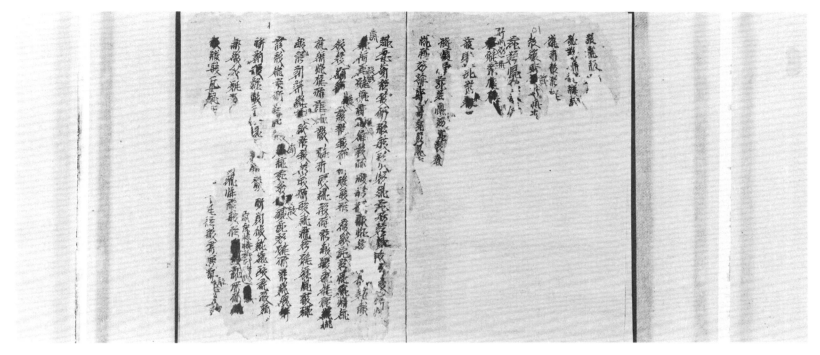

俄Инв.No.2882 金剛燈炬心中所持 (33-1)

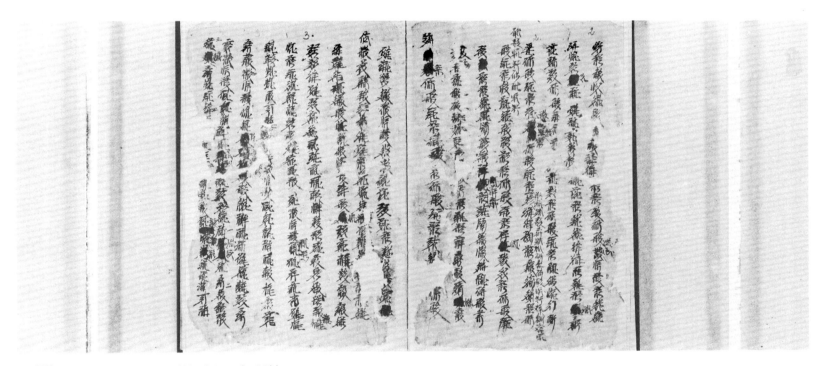

俄Инв.No.2882 金剛燈炬心中所持 (33-2)

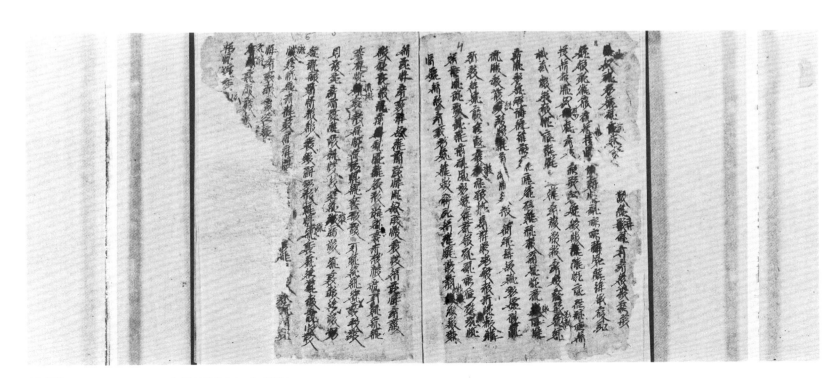

俄Инв.No.2882 金剛燈炬心中所持 (33-3)

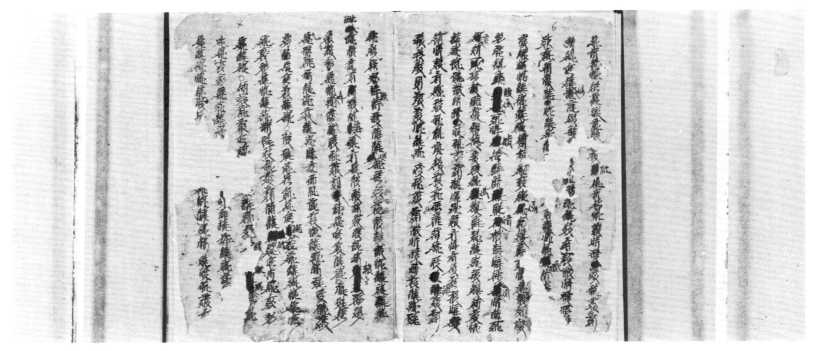

俄ИНВ.No.2882　金剛燈炬心中所持　　　(33-4)

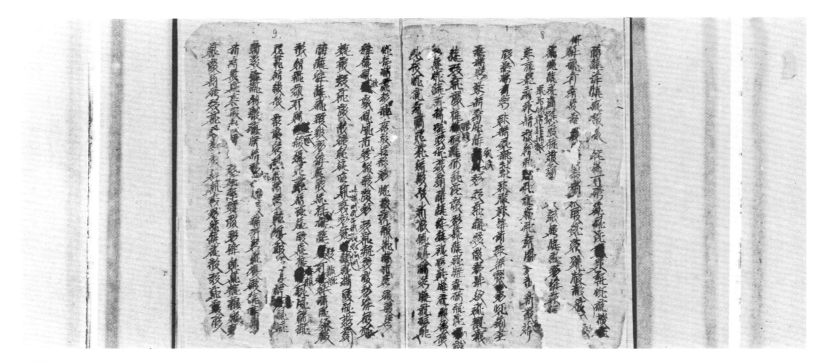

俄ИНВ.No.2882　金剛燈炬心中所持　　　(33-5)

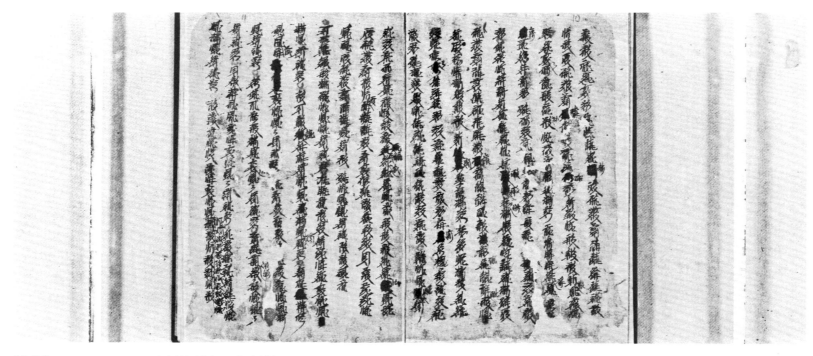

俄ИНВ.No.2882　金剛燈炬心中所持　　　(33-6)

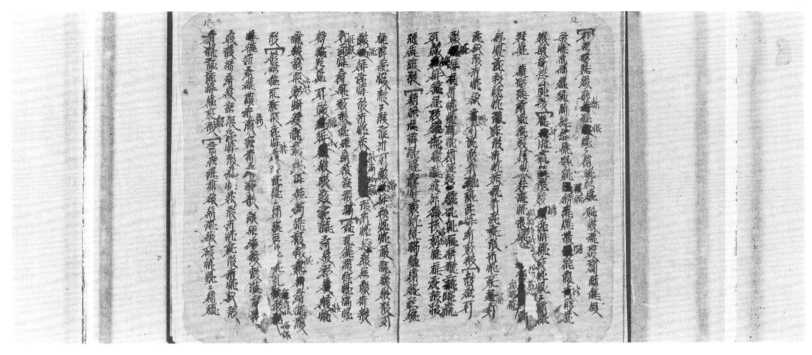

俄 **И**нв.No.2882　　金剛燈炬心中所持　　　　(33-7)

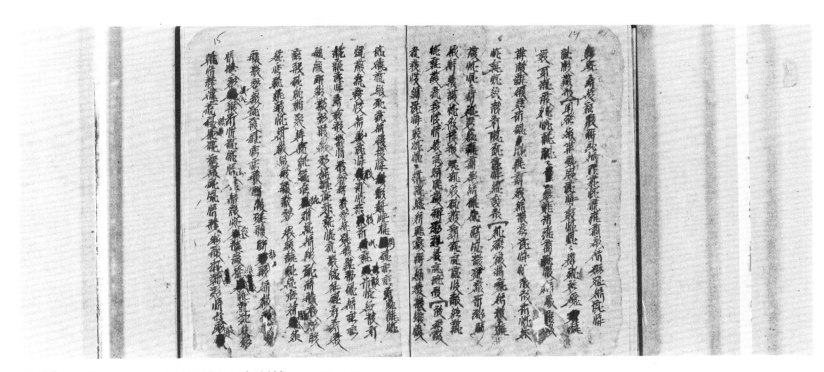

俄 **И**нв.No.2882　　金剛燈炬心中所持　　　　(33-8)

俄 **И**нв.No.2882　　金剛燈炬心中所持　　　　(33-9)

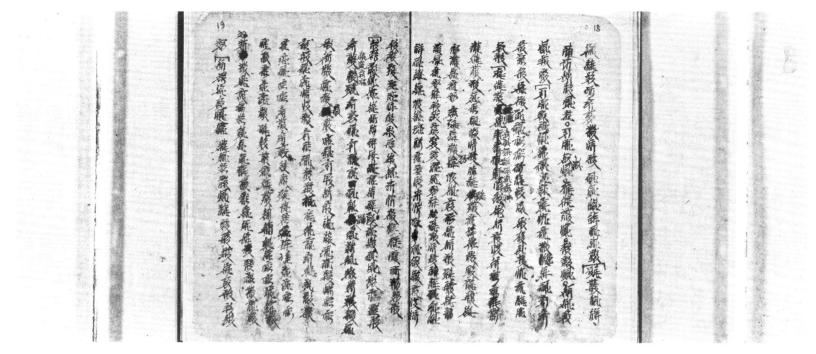

俄Инв.No.2882 金剛燈炬心中所持 (33-10)

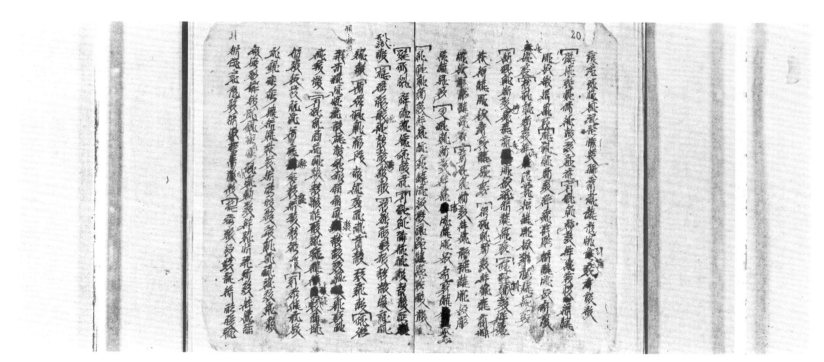

俄Инв.No.2882 金剛燈炬心中所持 (33-11)

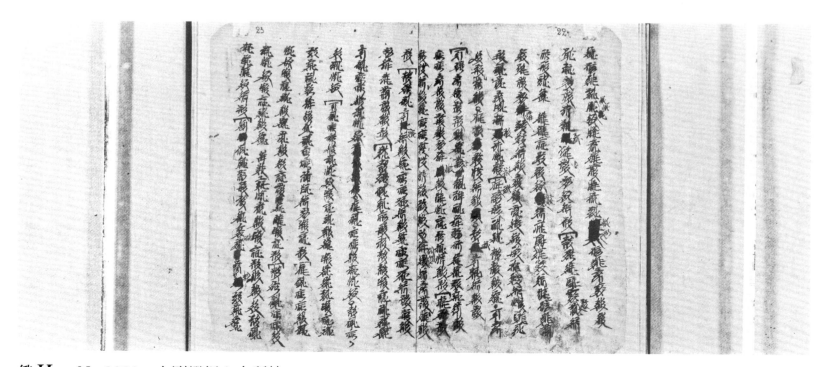

俄Инв.No.2882 金剛燈炬心中所持 (33-12)

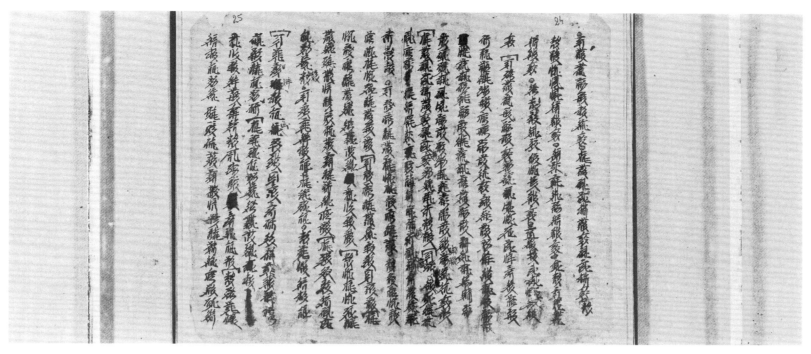

俄 **И**нв.No.2882　　金剛燈炬心中所持　　(33-13)

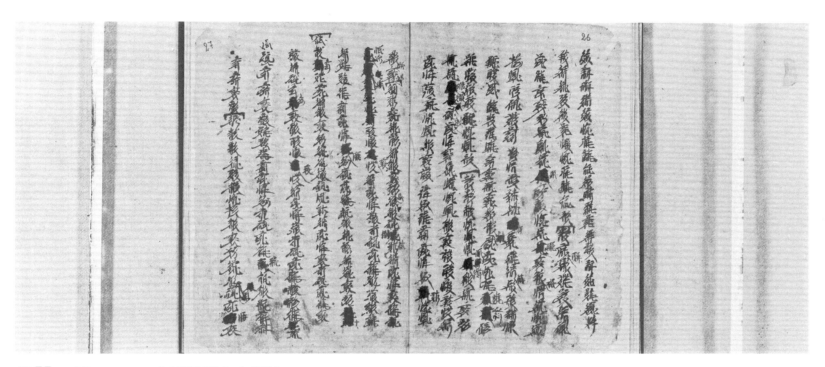

俄 **И**нв.No.2882　　金剛燈炬心中所持　　(33-14)

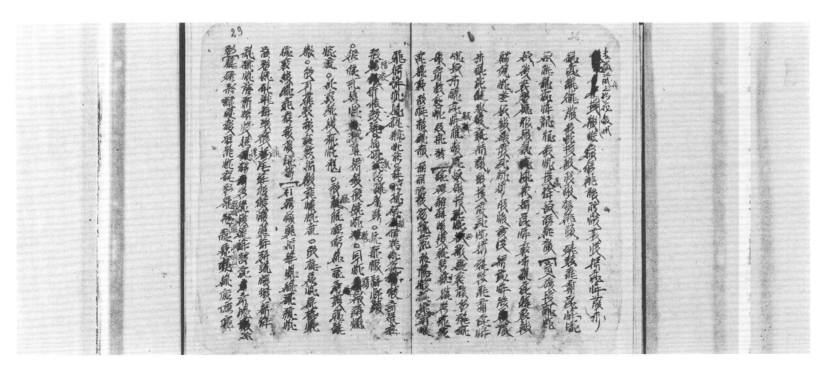

俄 **И**нв.No.2882　　金剛燈炬心中所持　　(33-15)

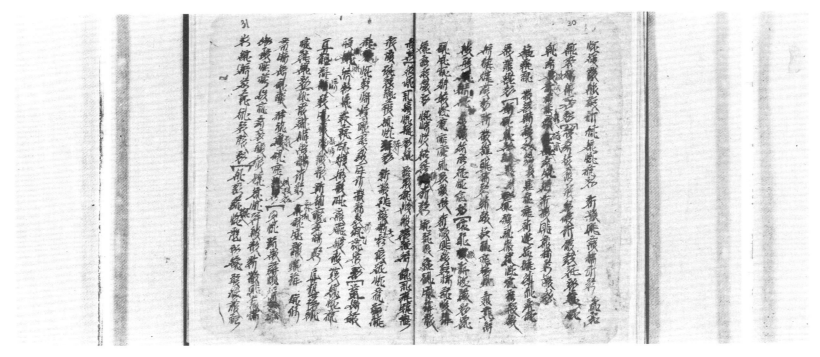

俄 Ихв.No.2882　　金剛燈炬心中所持　　　(33-16)

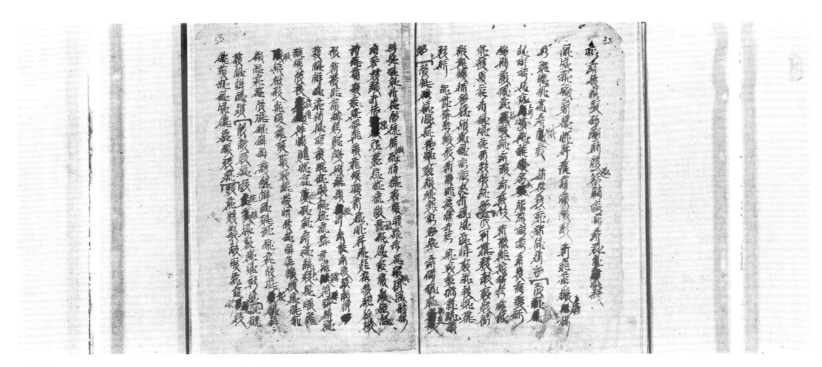

俄 Ихв.No.2882　　金剛燈炬心中所持　　　(33-17)

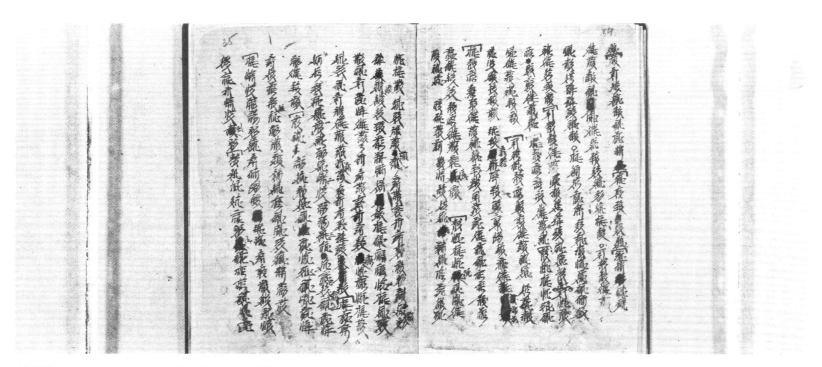

俄 Ихв.No.2882　　金剛燈炬心中所持　　　(33-18)

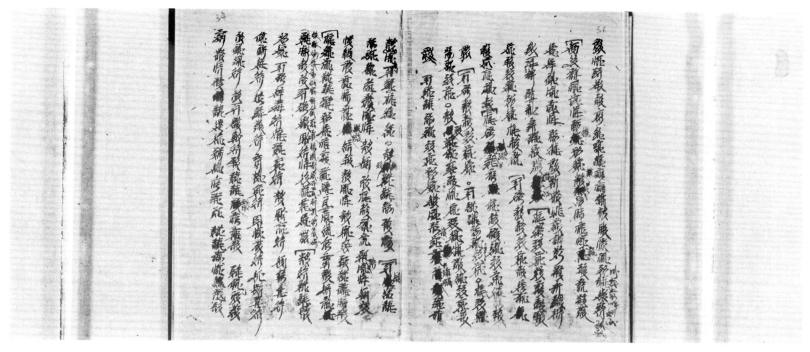

俄 ИHB.No.2882　金剛燈炬心中所持　　　(33-19)

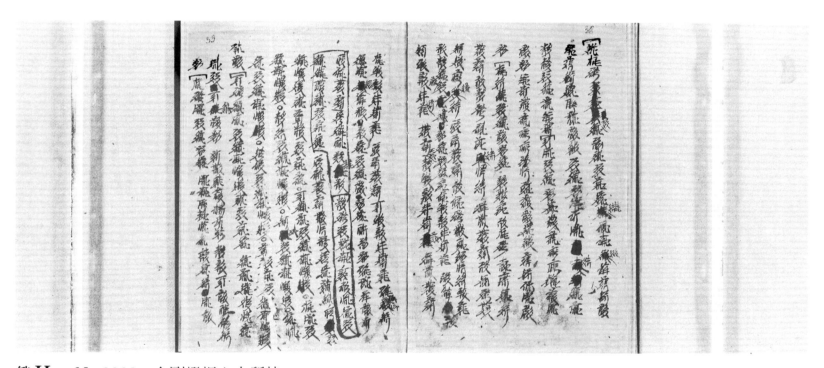

俄 ИHB.No.2882　金剛燈炬心中所持　　　(33-20)

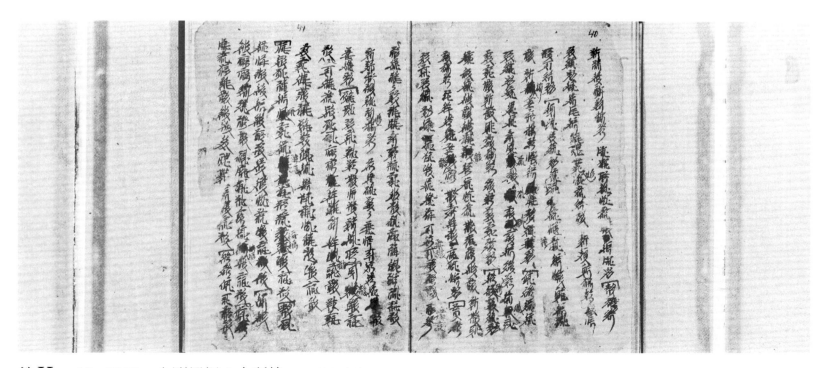

俄 ИHB.No.2882　金剛燈炬心中所持　　　(33-21)

19

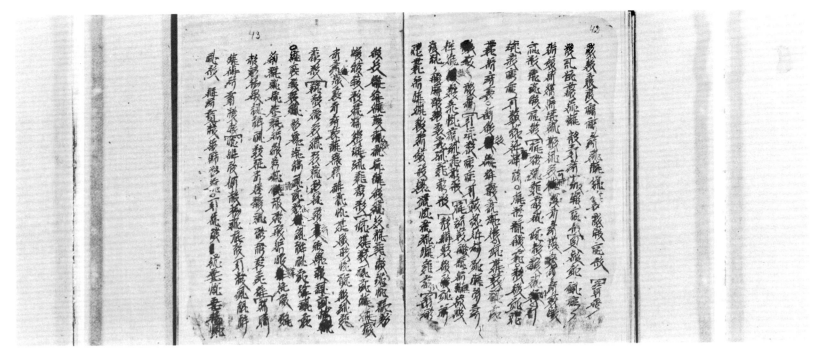

俄 Инв.No.2882　金剛燈炬心中所持　　(33-22)

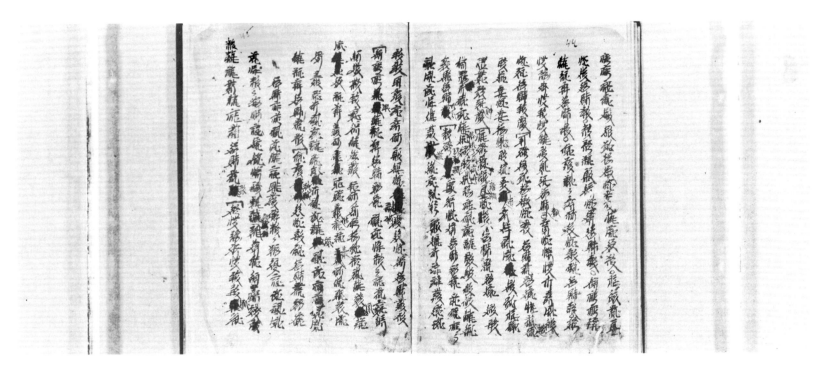

俄 Инв.No.2882　金剛燈炬心中所持　　(33-23)

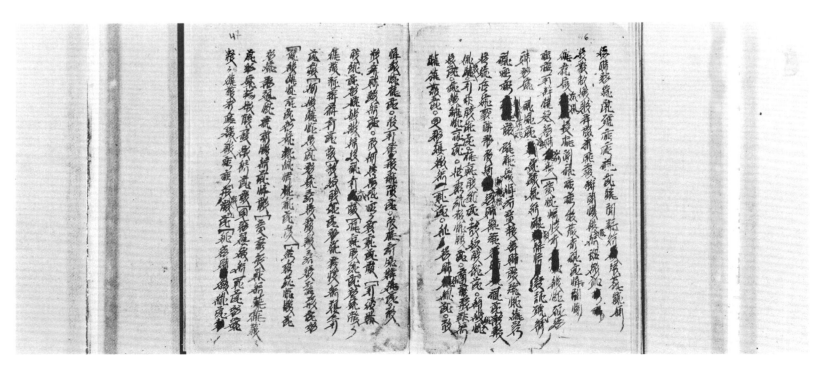

俄 Инв.No.2882　金剛燈炬心中所持　　(33-24)

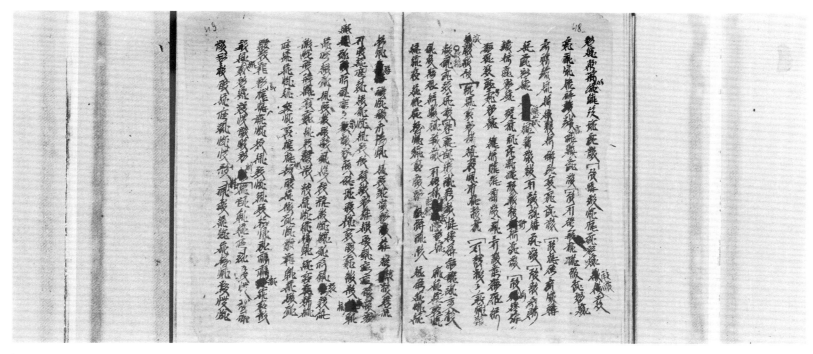

俄Инв.No.2882　金剛燈炬心中所持　　　(33—25)

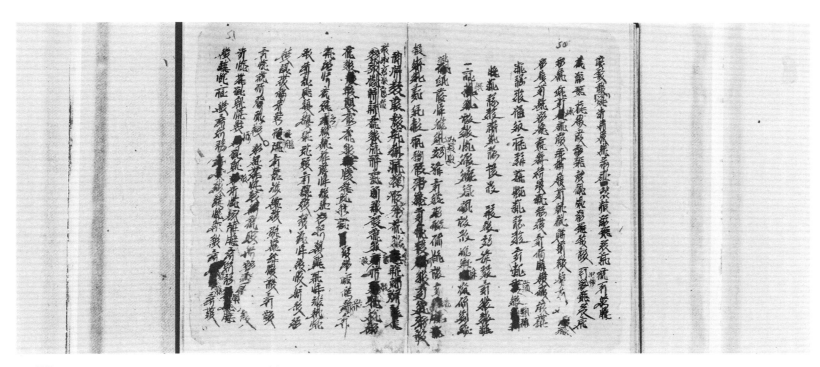

俄Инв.No.2882　金剛燈炬心中所持　　　(33—26)

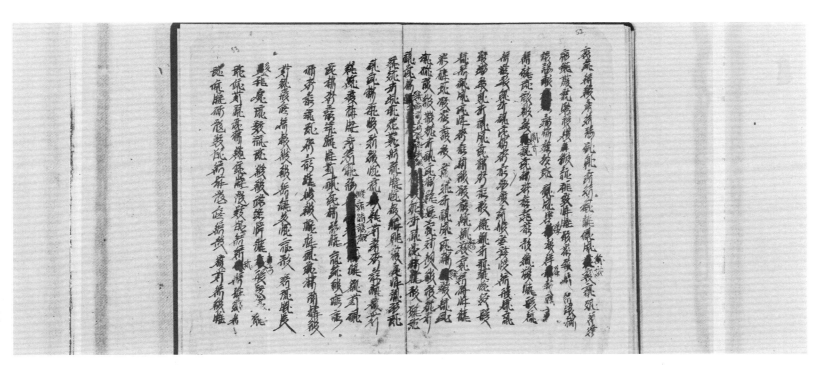

俄Инв.No.2882　金剛燈炬心中所持　　　(33—27)

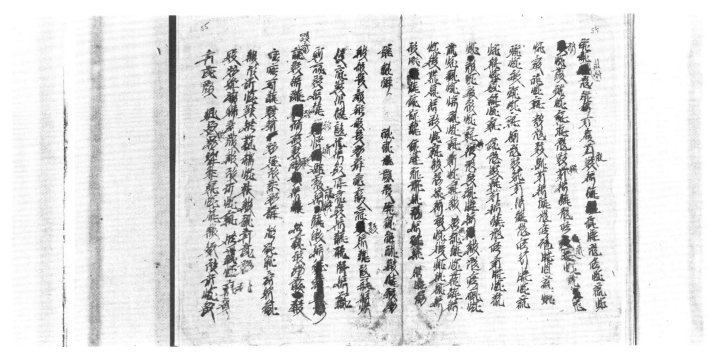

俄 Инв.No.2882　金剛燈炬心中所持　　　(33-28)

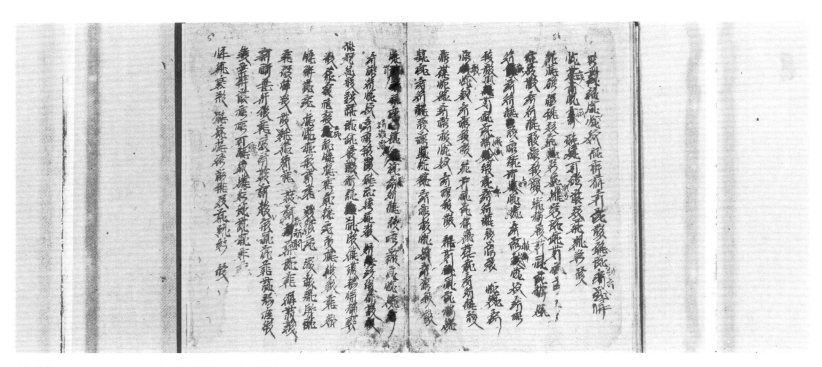

俄 Инв.No.2882　金剛燈炬心中所持　　　(33-29)

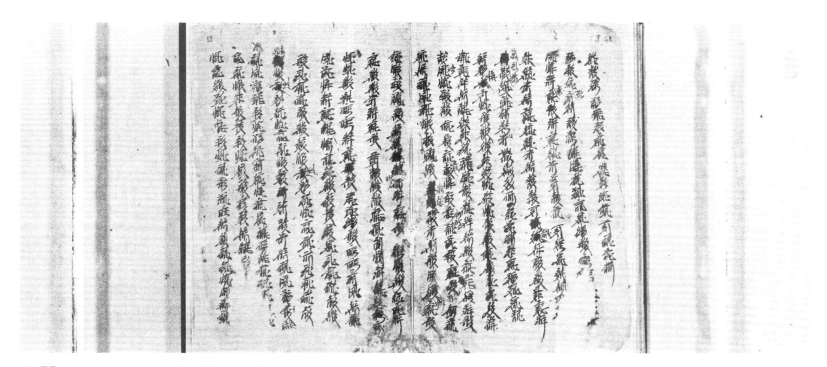

俄 Инв.No.2882　金剛燈炬心中所持　　　(33-30)

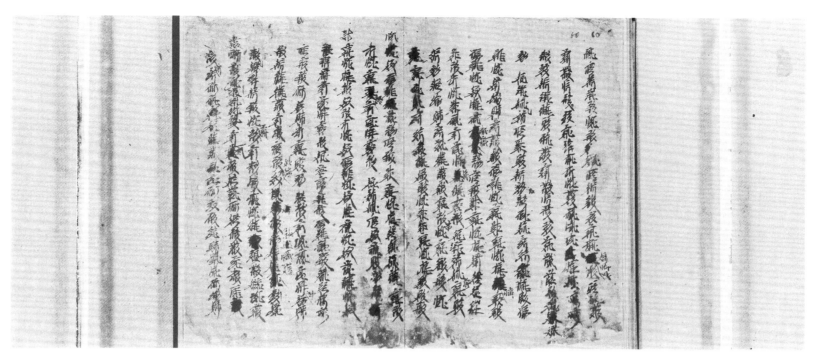

俄 **И**нв.No.2882　金剛燈炬心中所持　　　(33-31)

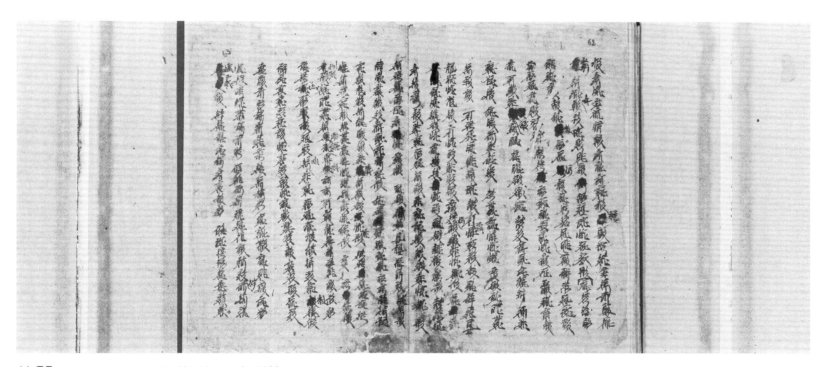

俄 **И**нв.No.2882　金剛燈炬心中所持　　　(33-32)

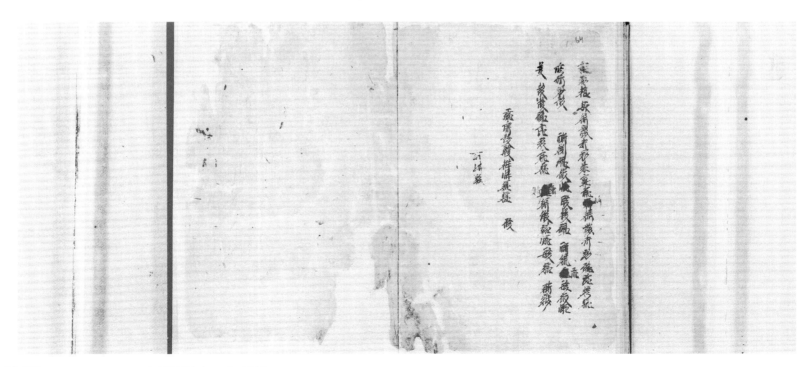

俄 **И**нв.No.2882　金剛燈炬心中所持　　　(33-33)

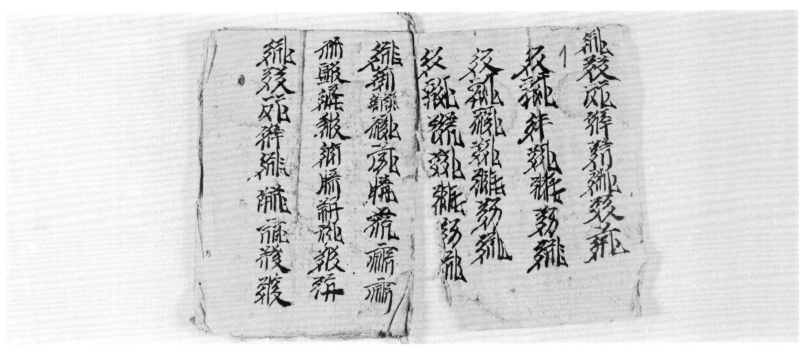

俄 Инв.No.6781　　1.平等放施食要門　　　（7-1）

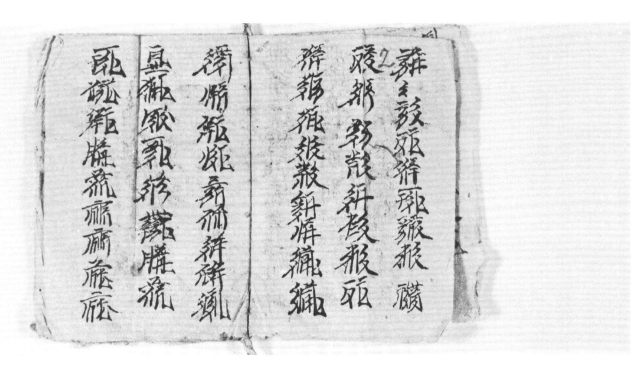

俄 Инв.No.6781　　1.平等放施食要門　　　（7-2）

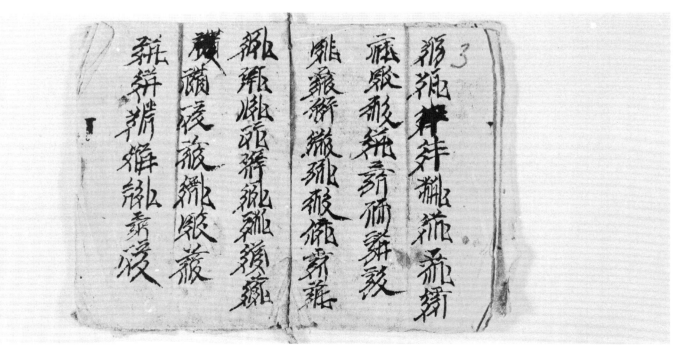

俄 Инв.No.6781　　1.平等放施食要門　　　（7-3）

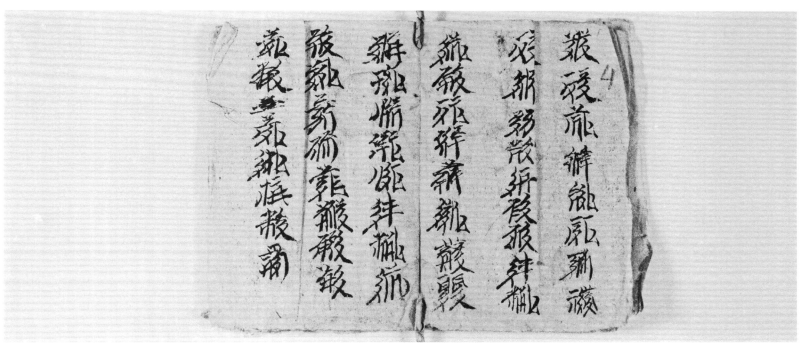

俄 **И**нв.No.6781　　1.平等放施食要門　　　(7-4)

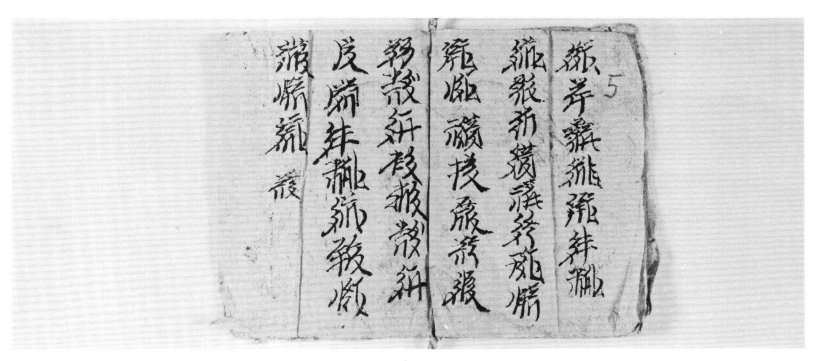

俄 **И**нв.No.6781　　1.平等放施食要門　　　(7-5)

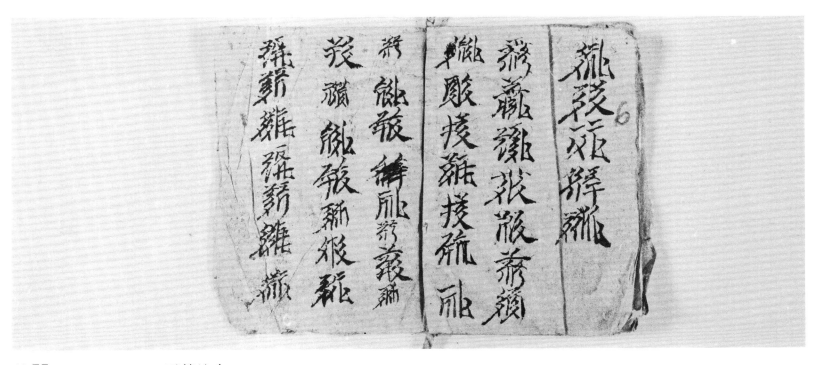

俄 **И**нв.No.6781　　2.平等施食　　　(7-6)

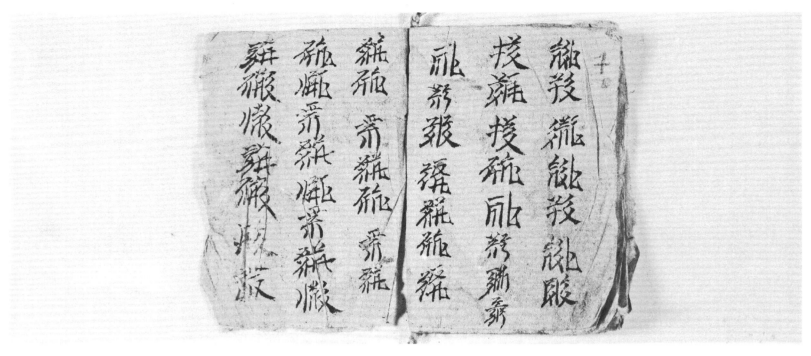

俄 **И**нв.No.6781　2.平等施食　　　(7-7)

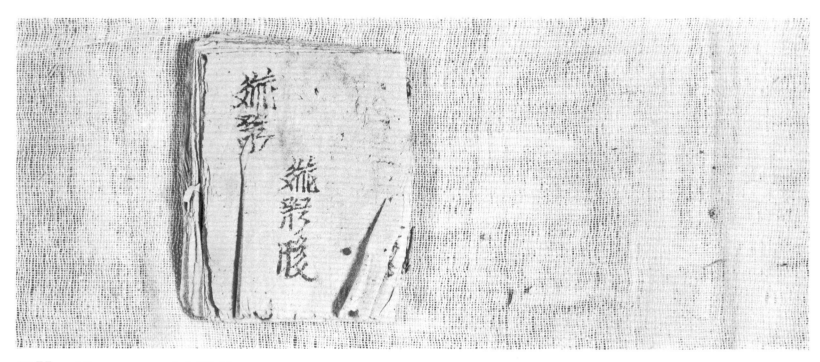

俄 **И**нв.No.7836　1.上師讚嘆　　　(13-1)

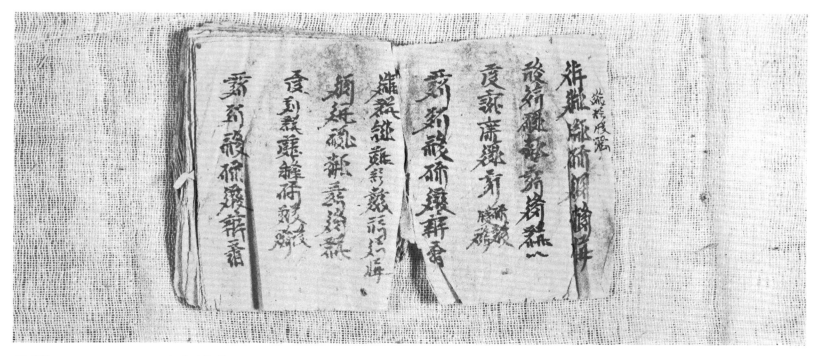

俄 **И**нв.No.7836　1.上師讚嘆　　　(13-2)

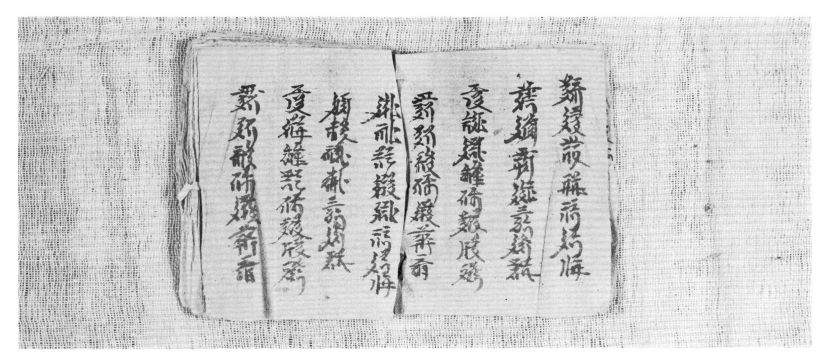

俄 **И**нв.No.7836　1.上師讚嘆　　(13-3)

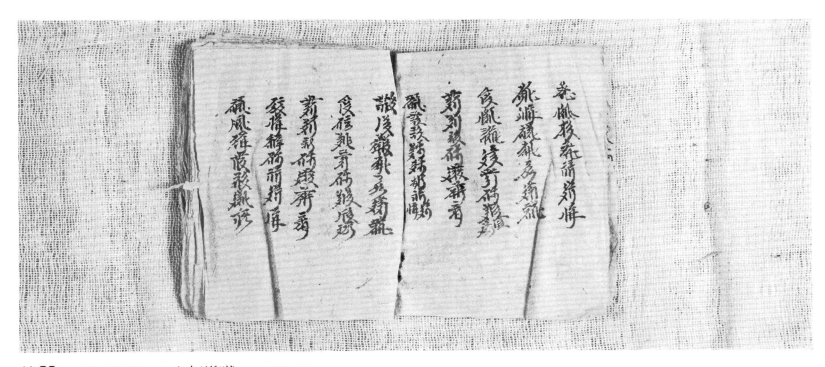

俄 **И**нв.No.7836　1.上師讚嘆　　(13-4)

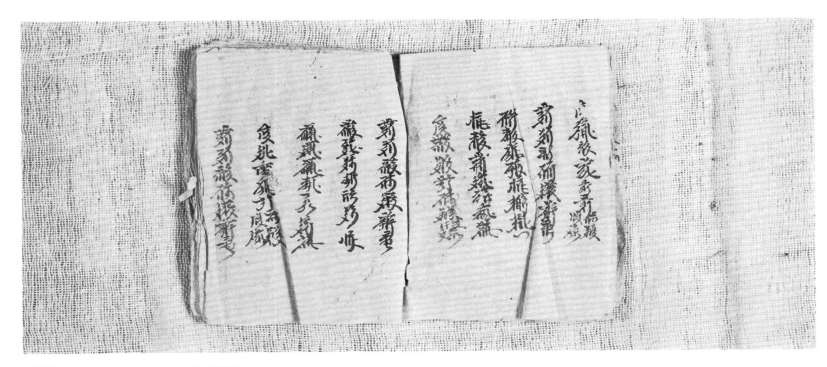

俄 **И**нв.No.7836　1.上師讚嘆　　(13-5)

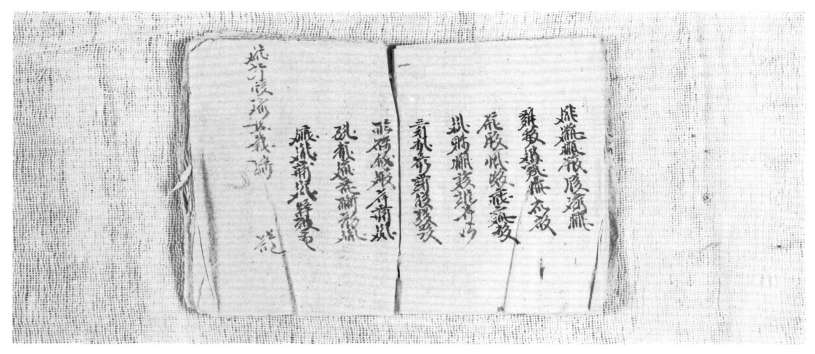

俄 Инв.No.7836　1.上師讚嘆　　(13-6)

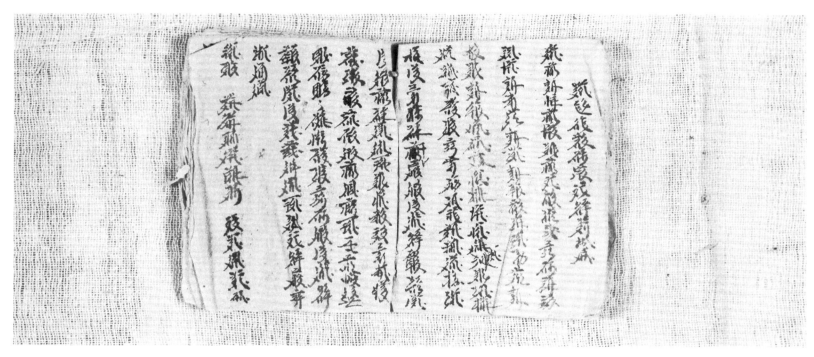

俄 Инв.No.7836　2.次骷髏鬼衆之施舍水食　　(13-7)

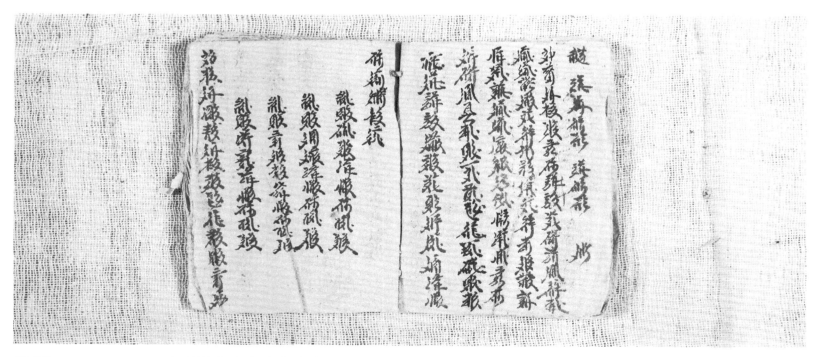

俄 Инв.No.7836　2.次骷髏鬼衆之施舍水食　　(13-8)

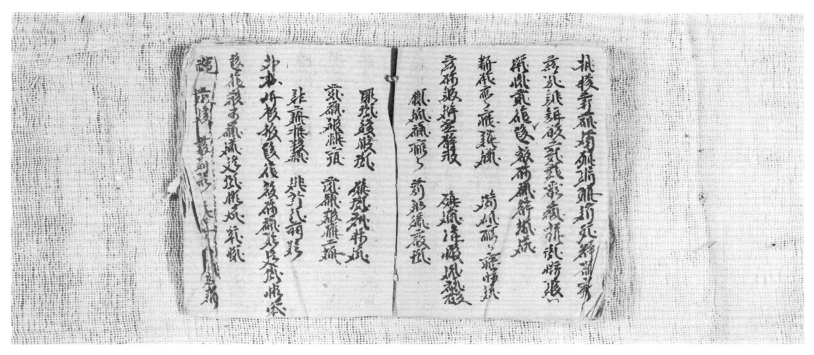

俄 Инв.No.7836　　2.次骷髏鬼眾之施舍水食　　（13-9）

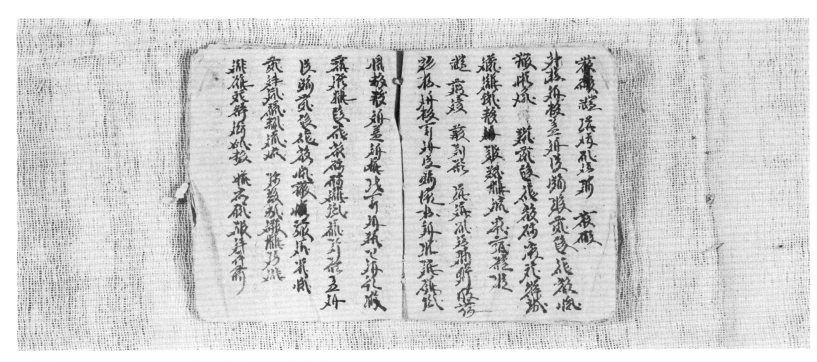

俄 Инв.No.7836　　2.次骷髏鬼眾之施舍水食　　（13-10）

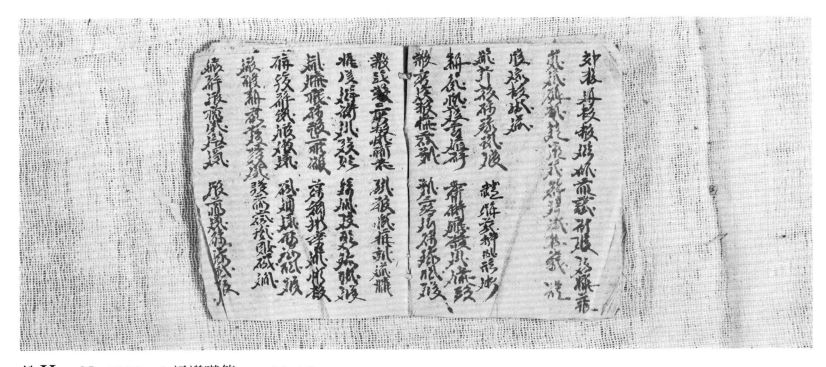

俄 Инв.No.7836　　3.誦讚嘆等　　（13-11）

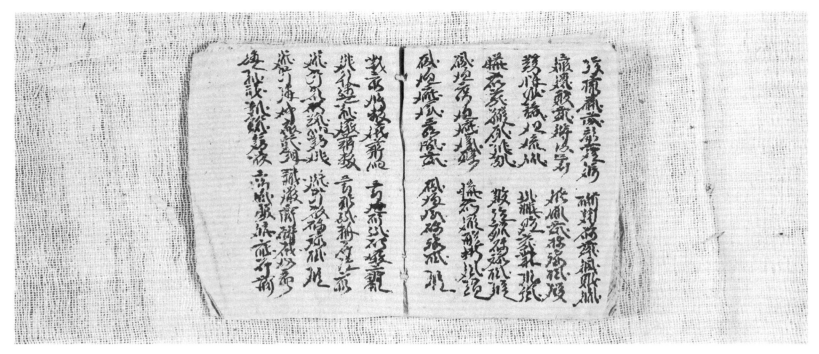

俄Инв.No.7836　3.誦讚嘆等　　　(13-12)

俄Инв.No.7836　3.誦讚嘆等　　　(13-13)

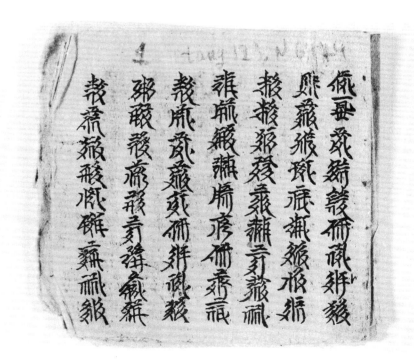

俄Инв.No.6474　十四種根本犯墮　八種麁重　(14-1)

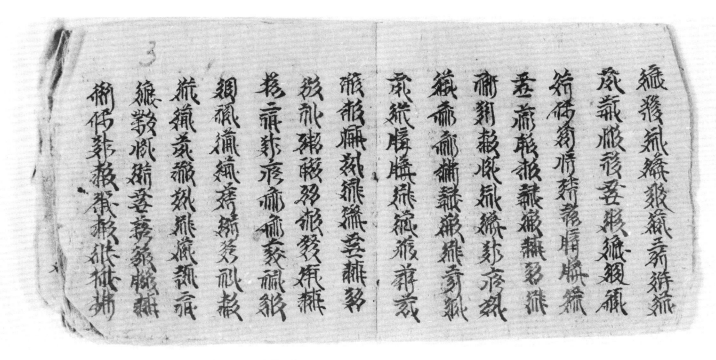

俄 Инв.No.6474　十四種根本犯墮　八種麁重　　　(14-2)

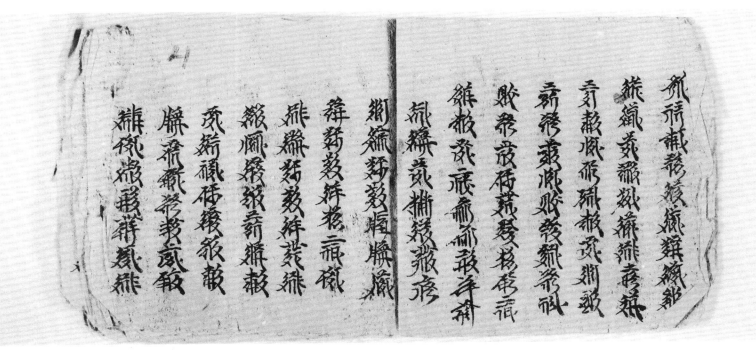

俄 Инв.No.6474　十四種根本犯墮　八種麁重　　　(14-3)

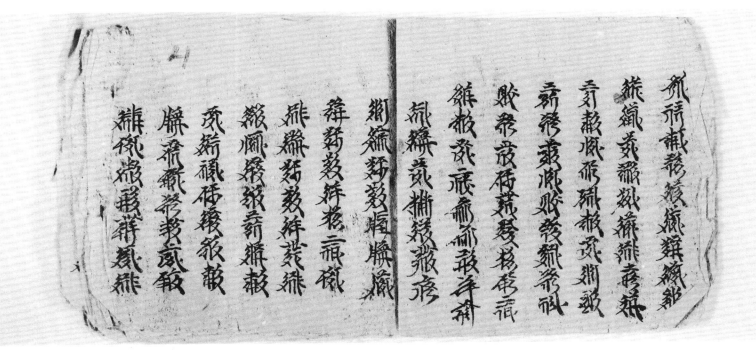

俄 Инв.No.6474　十四種根本犯墮　八種麁重　　　(14-4)

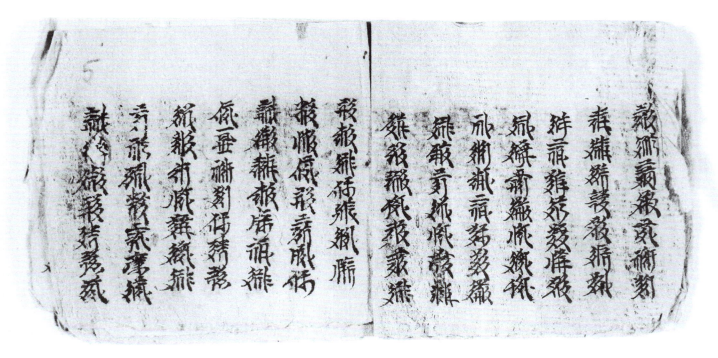

俄 **И**нв.No.6474　十四種根本犯墮　八種麁重　　　(14-5)

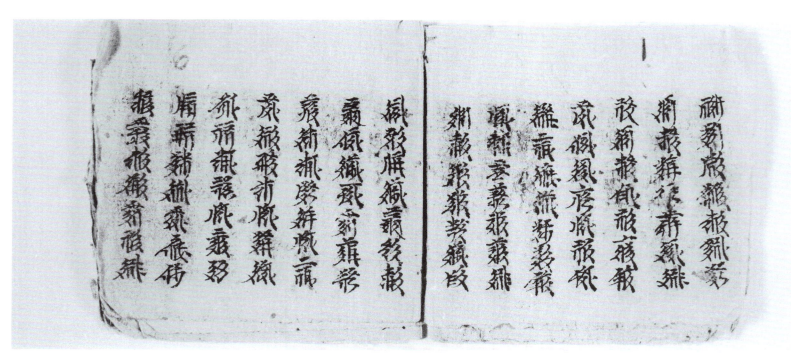

俄 **И**нв.No.6474　十四種根本犯墮　八種麁重　　　(14-6)

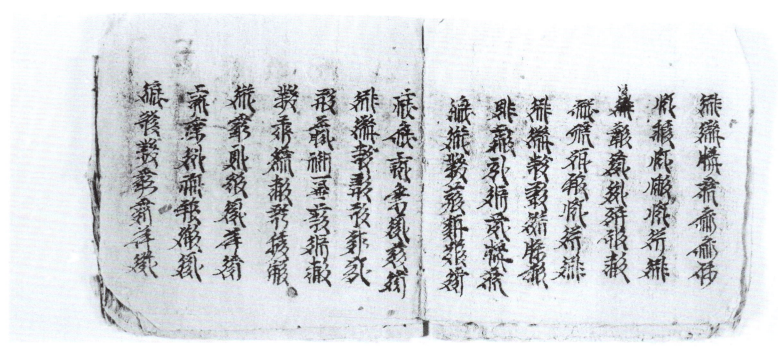

俄 **И**нв.No.6474　十四種根本犯墮　八種麁重　　　(14-7)

俄 Инв.No.6474　　十四種根本犯墮　八種厄重　　　(14-8)

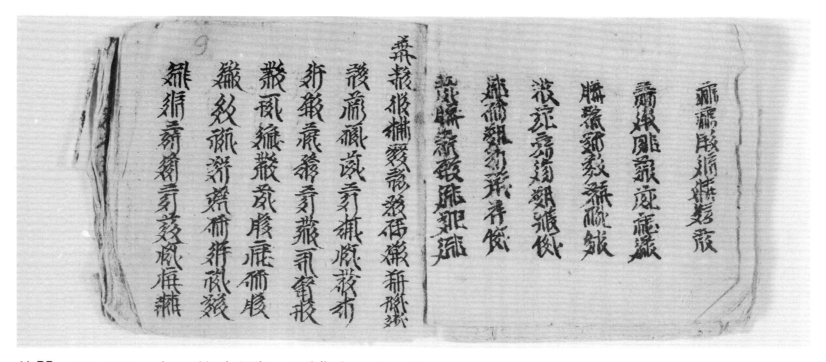

俄 Инв.No.6474　　十四種根本犯墮　八種厄重　　　(14-9)

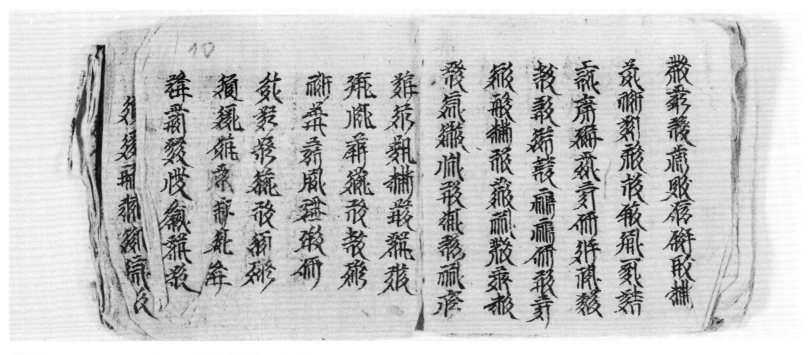

俄 Инв.No.6474　　十四種根本犯墮　八種厄重　　　(14-10)

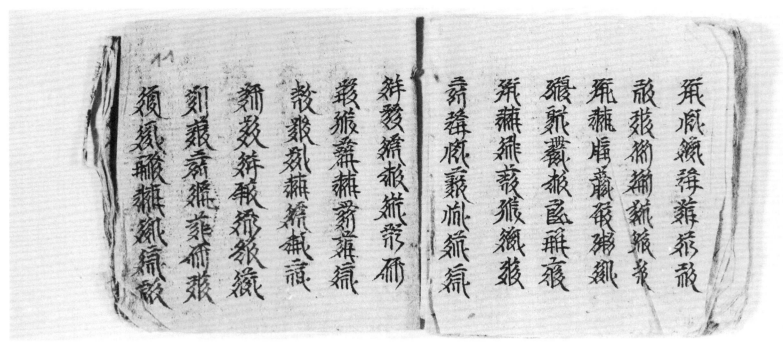

俄Инв.No.6474　十四種根本犯墮　八種厐重　　　(14-11)

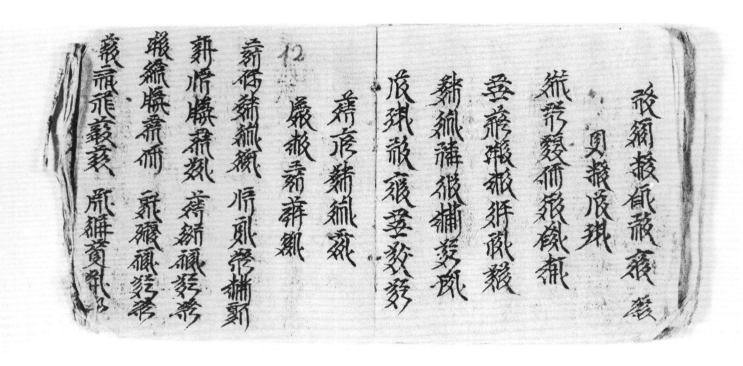

俄Инв.No.6474　十四種根本犯墮　八種厐重　　　(14-12)

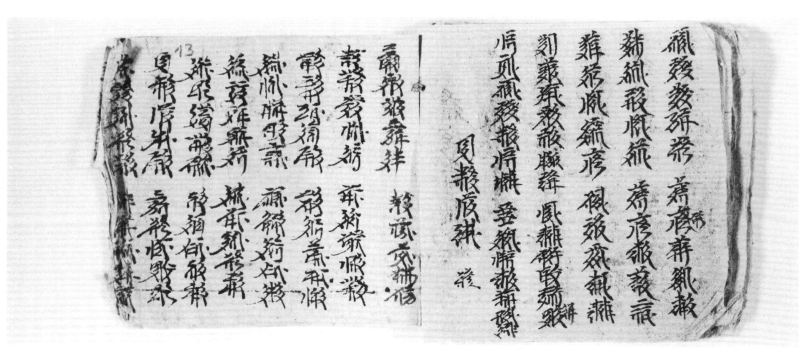

俄Инв.No.6474　十四種根本犯墮　八種厐重　　　(14-13)

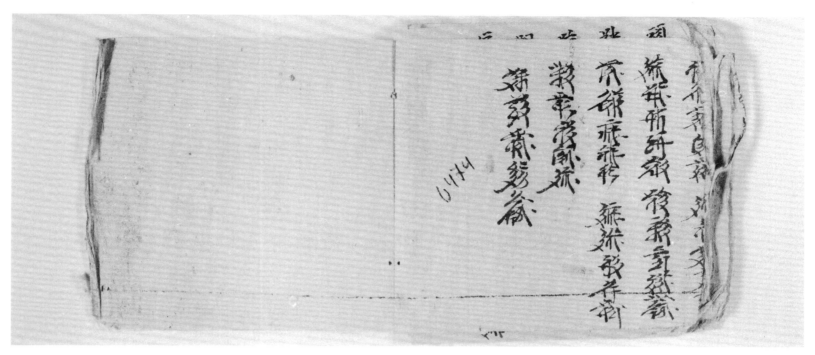

俄Инв.No.6474　十四種根本犯墮　八種麁重　　　(14-14)

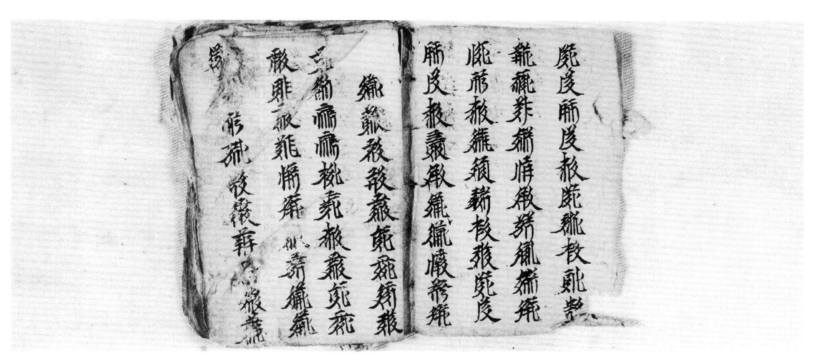

俄Инв.No.6736　作集輪供養種集攝受等　　　(8-1)

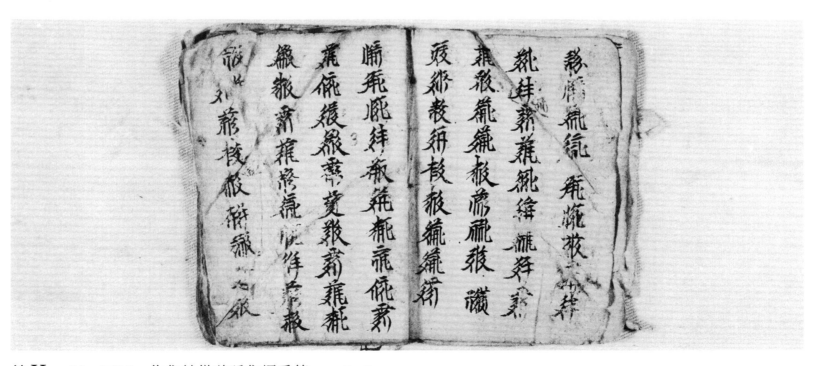

俄Инв.No.6736　作集輪供養種集攝受等　　　(8-2)

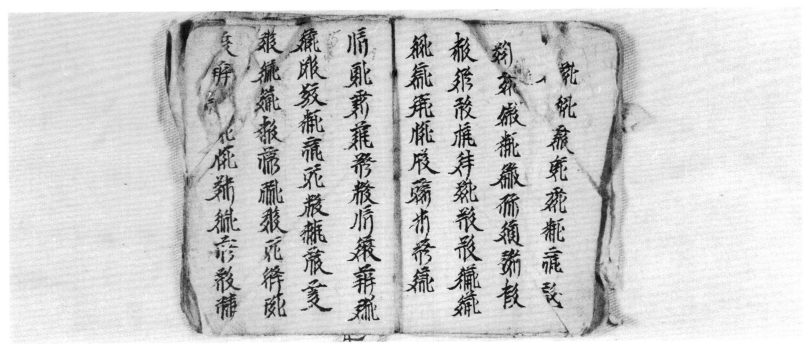

俄 Инв.No.6736　作集輪供養種集攝受等　　　(8-3)

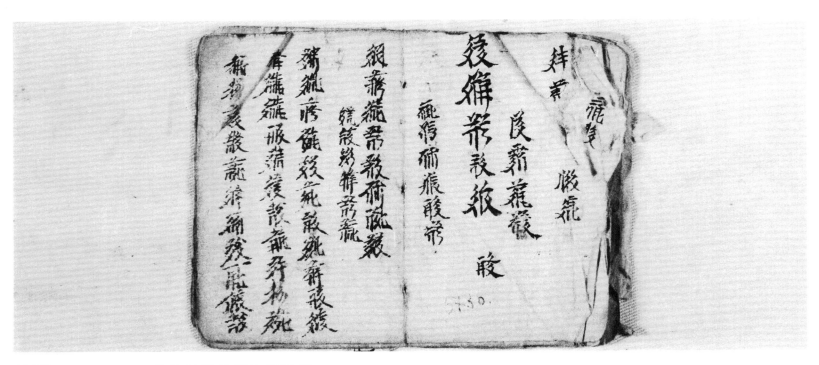

俄 Инв.No.6736　作集輪供養種集攝受等　　　(8-4)

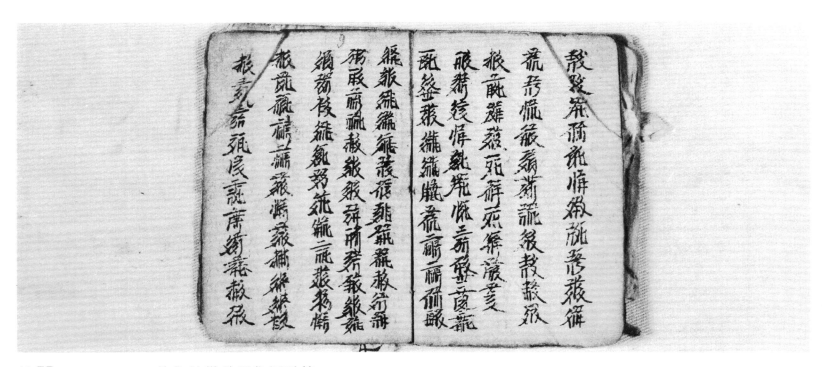

俄 Инв.No.6736　作集輪供養種集攝受等　　　(8-5)

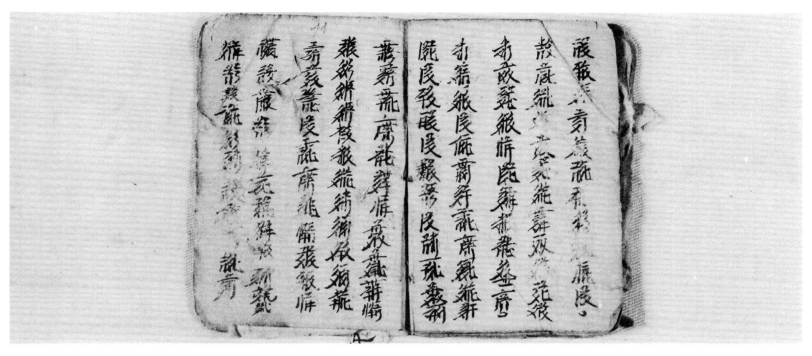

俄 **И**нв.No.6736　作集輪供養種集攝受等　　　(8-6)

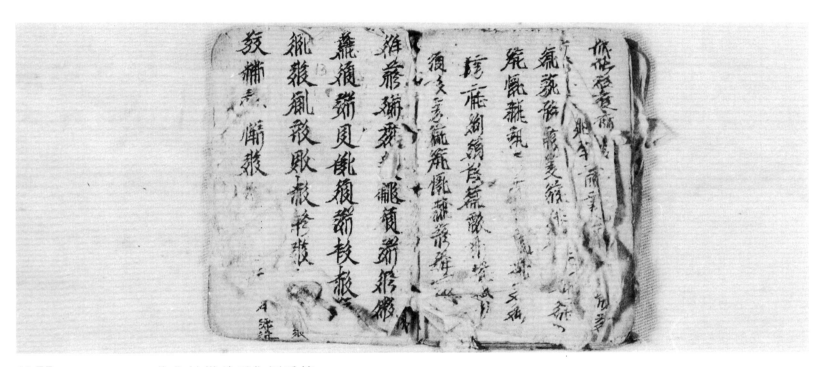

俄 **И**нв.No.6736　作集輪供養種集攝受等　　　(8-7)

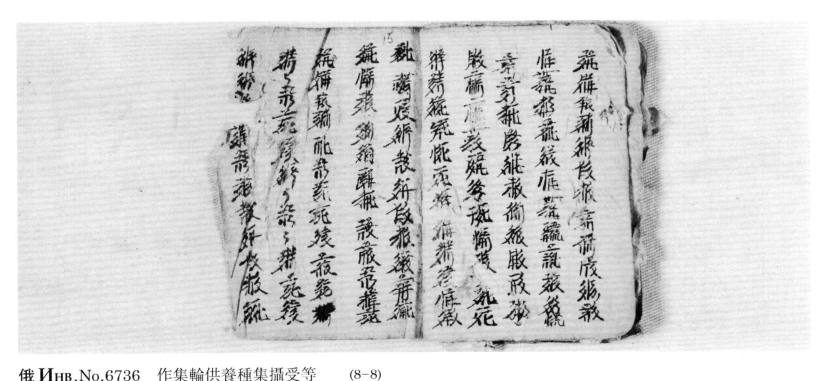

俄 **И**нв.No.6736　作集輪供養種集攝受等　　　(8-8)

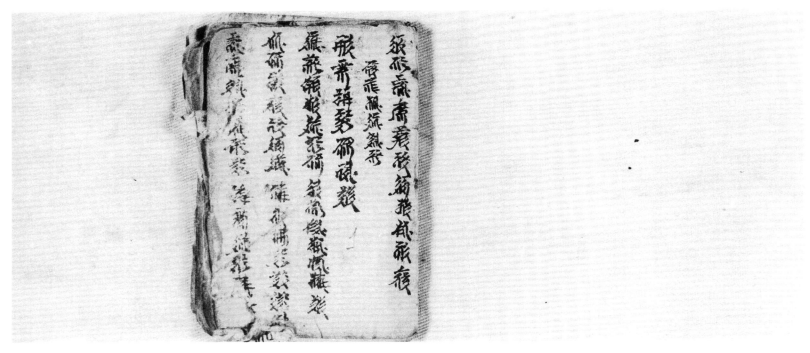

俄 **И**нв.No.6736V　金剛乘十四種根本犯墮　　　(9-1)

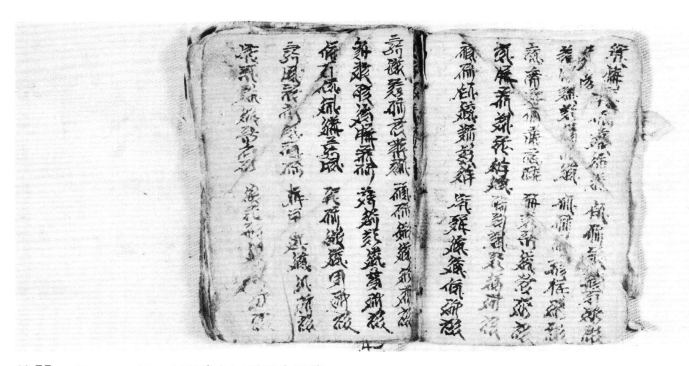

俄 **И**нв.No.6736V　金剛乘十四種根本犯墮　　　(9-2)

俄 **И**нв.No.6736V　金剛乘十四種根本犯墮　　　(9-3)

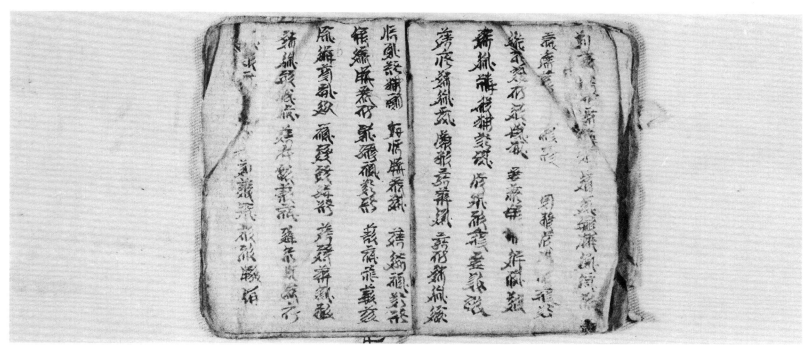

俄 **И**нв.No.6736V　金剛乘十四種根本犯墮　　　(9-4)

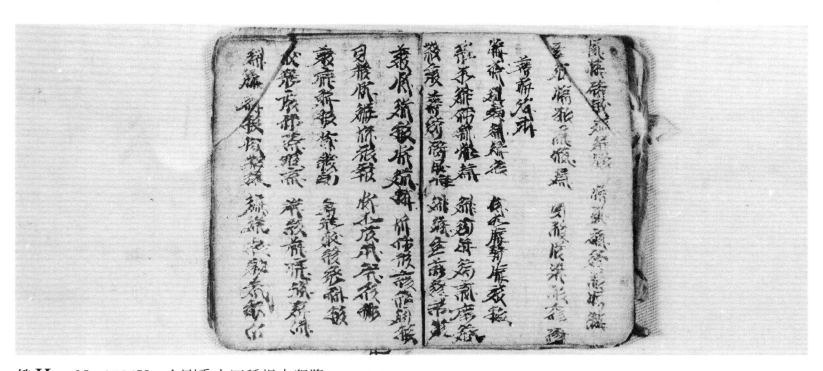

俄 **И**нв.No.6736V　金剛乘十四種根本犯墮　　　(9-5)

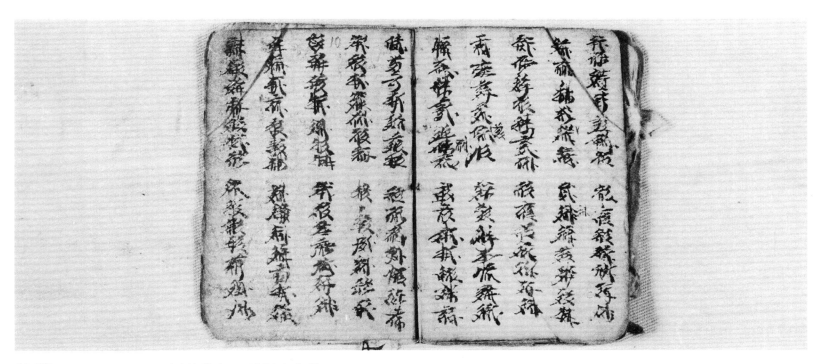

俄 **И**нв.No.6736V　金剛乘十四種根本犯墮　　　(9-6)

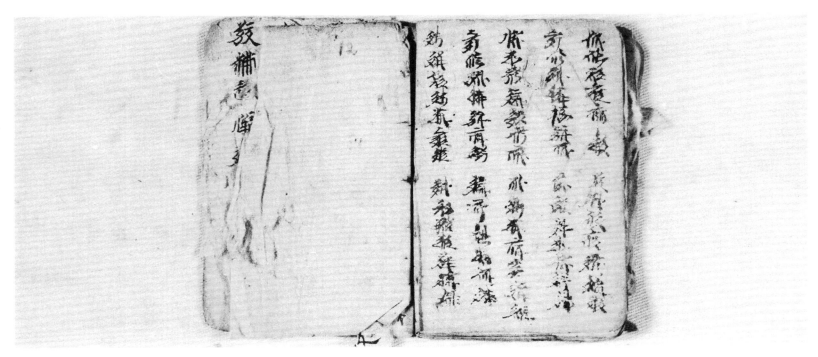

俄 **И**нв.No.6736V　金剛乘十四種根本犯墮　　(9-7)

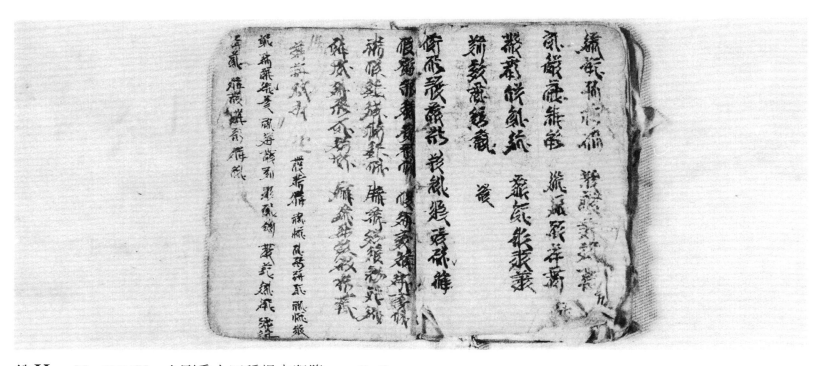

俄 **И**нв.No.6736V　金剛乘十四種根本犯墮　　(9-8)

俄 **И**нв.No.6736V　金剛乘十四種根本犯墮　　(9-9)

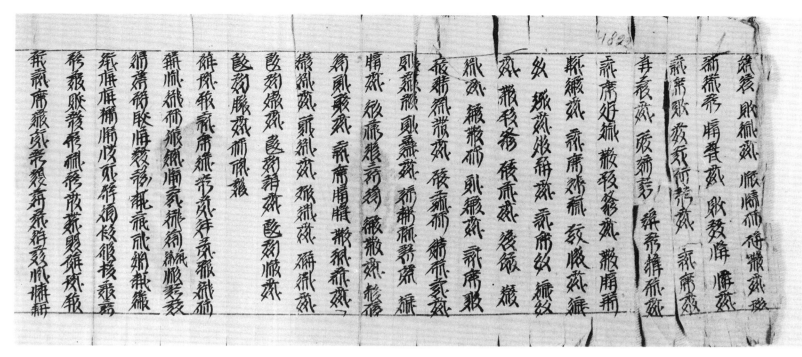

俄 **И**нв.No.4822　金剛乘根本犯墮等　　(3-1)

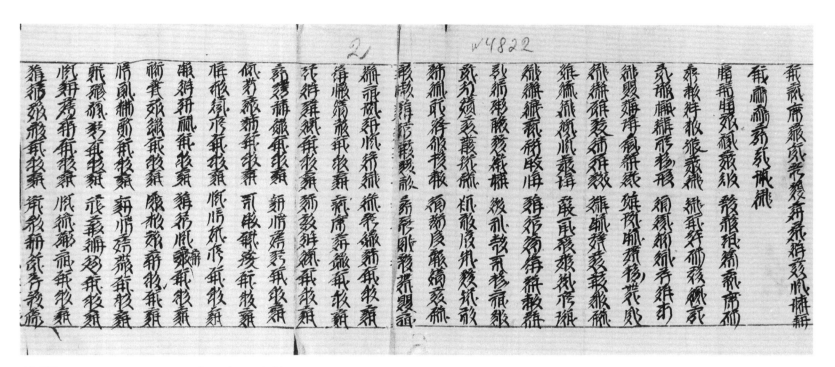

俄 **И**нв.No.4822　金剛乘根本犯墮等　　(3-2)

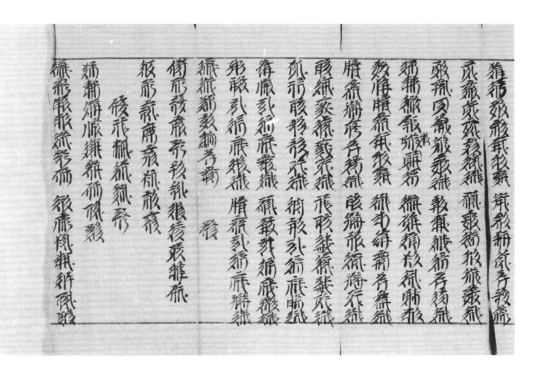

俄 **И**нв.No.4822　金剛乘根本犯墮等　　(3-3)

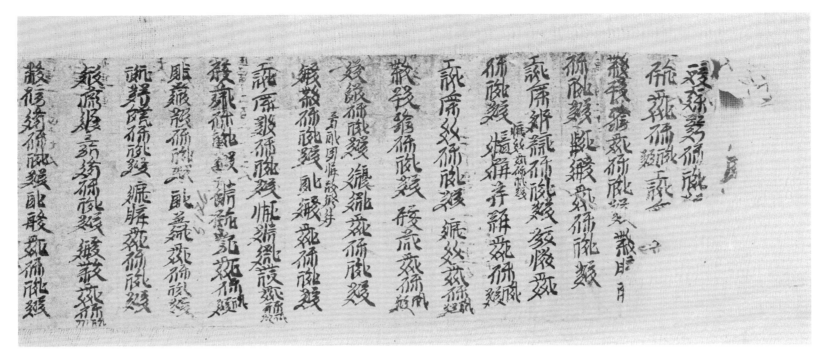

俄 Инв.No.5176　金剛乘根本犯墮等　　(5-1)

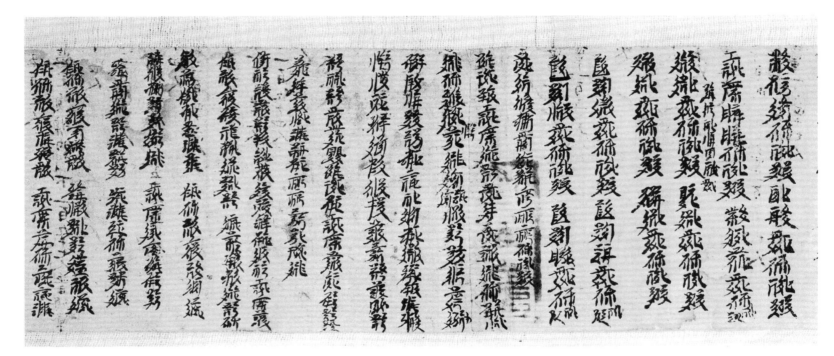

俄 Инв.No.5176　金剛乘根本犯墮等　　(5-2)

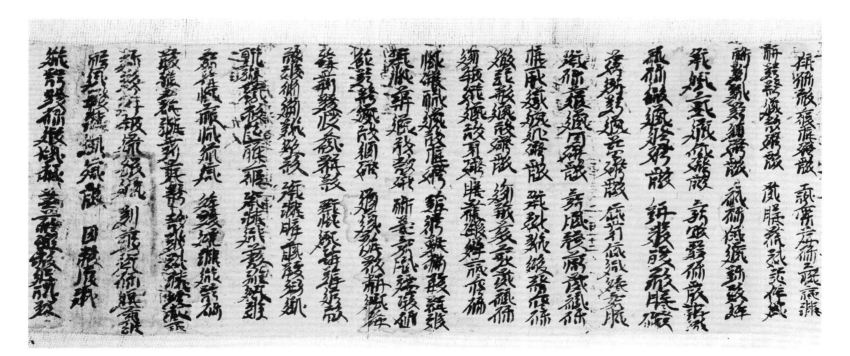

俄 Инв.No.5176　金剛乘根本犯墮等　　(5-3)

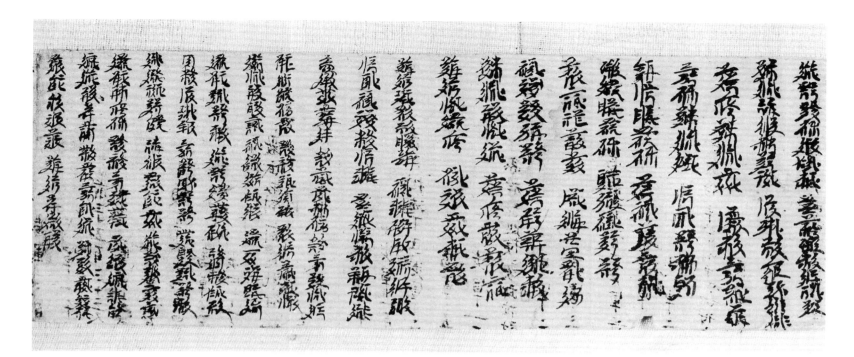

俄 Инв.No.5176　金剛乘根本犯墮等　　　(5-4)

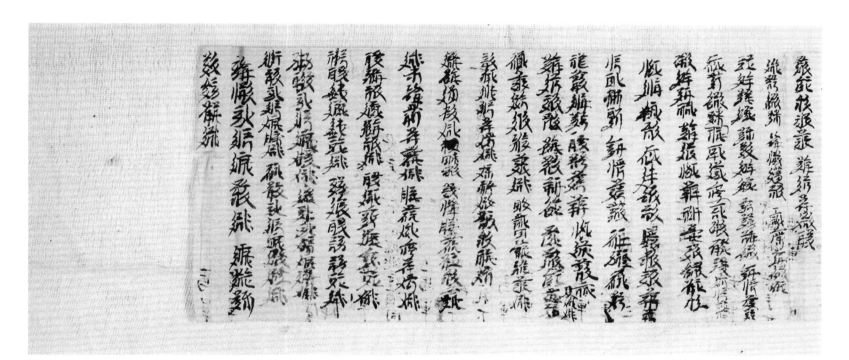

俄 Инв.No.5176　金剛乘根本犯墮等　　　(5-5)

俄 Инв.No.4900　金剛乘根本犯墮　　　(5-1)

43

俄 Инв.No.4900　金剛乘根本犯墮　　（5-2）

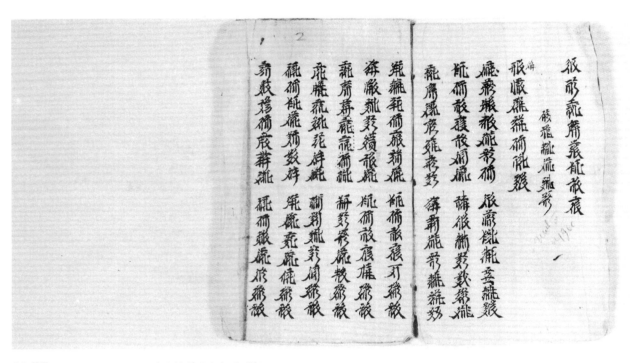

俄 Инв.No.4900　金剛乘根本犯墮　　（5-3）

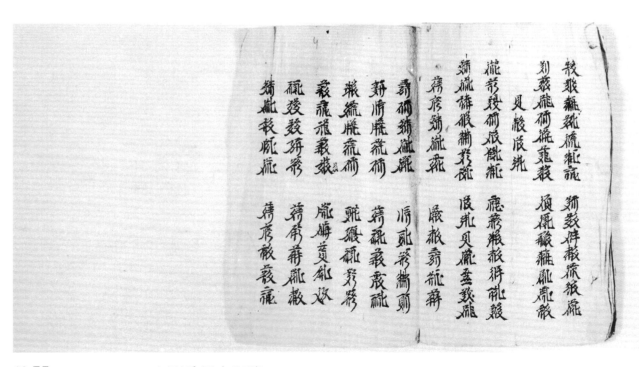

俄 Инв.No.4900　金剛乘根本犯墮　　（5-4）

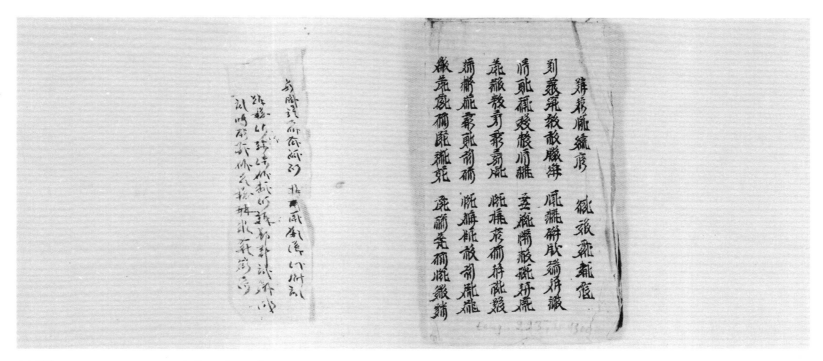

俄**И**нв.No.4900　金剛乘根本犯墮　　(5-5)

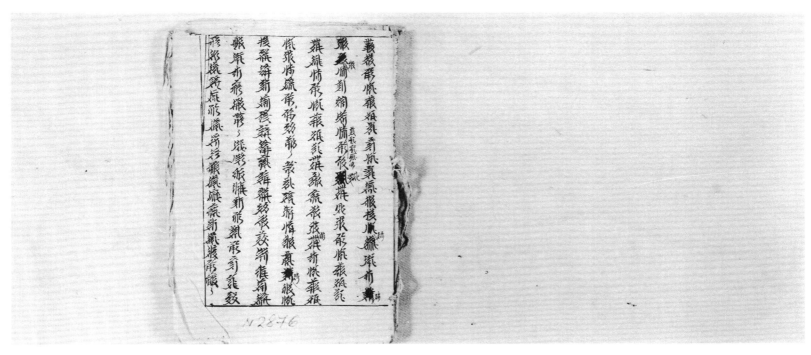

俄**И**нв.No.2876　出家言　　(25-1)

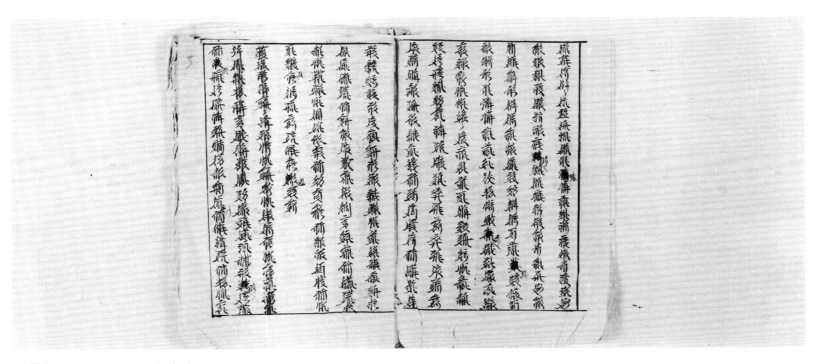

俄**И**нв.No.2876　出家言　　(25-2)

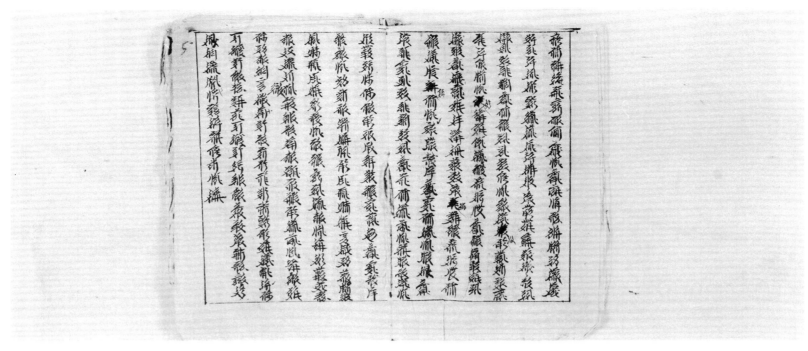

俄 Инв.No.2876　　出家言　　　(25-3)

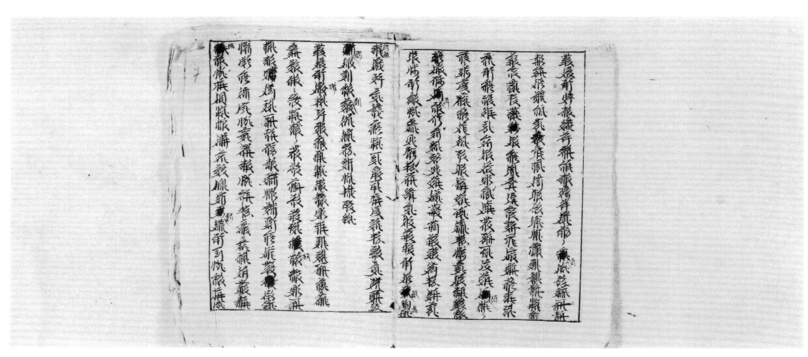

俄 Инв.No.2876　　出家言　　　(25-4)

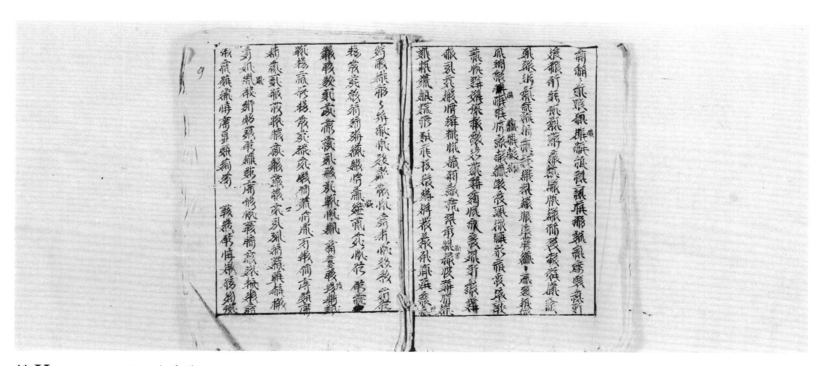

俄 Инв.No.2876　　出家言　　　(25-5)

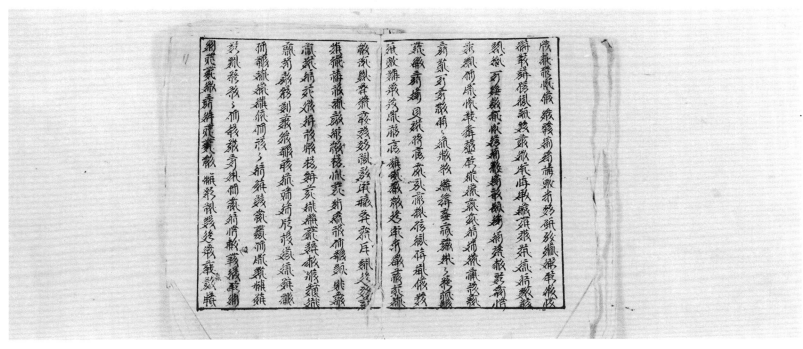

俄ИнB.No.2876　出家言　　　(25-6)

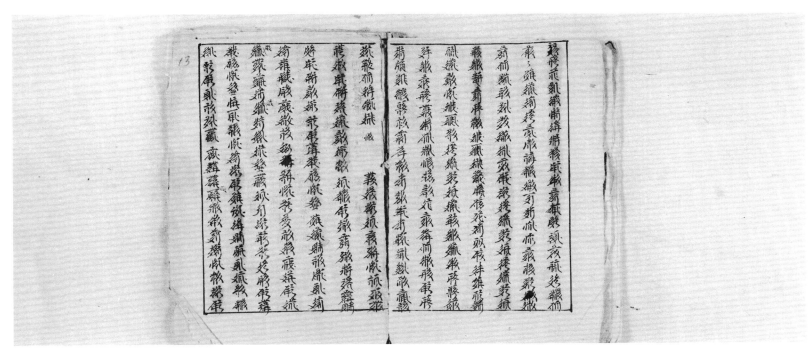

俄ИнB.No.2876　出家言　　　(25-7)

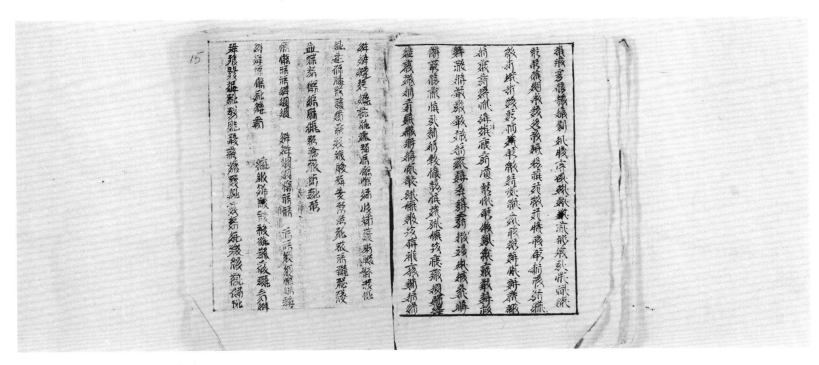

俄ИнB.No.2876　出家言　　　(25-8)

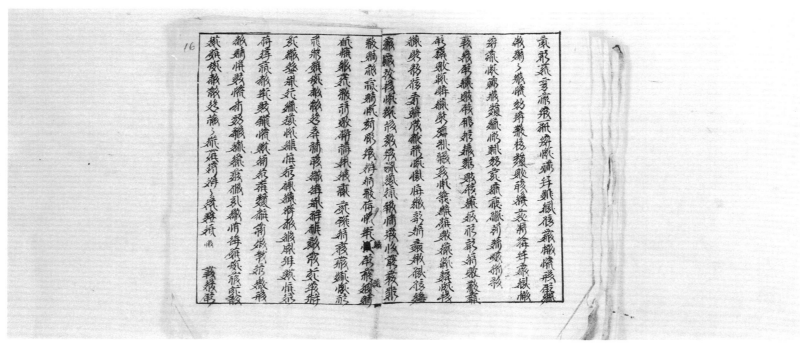

俄Инв.No.2876　出家言　　　(25-9)

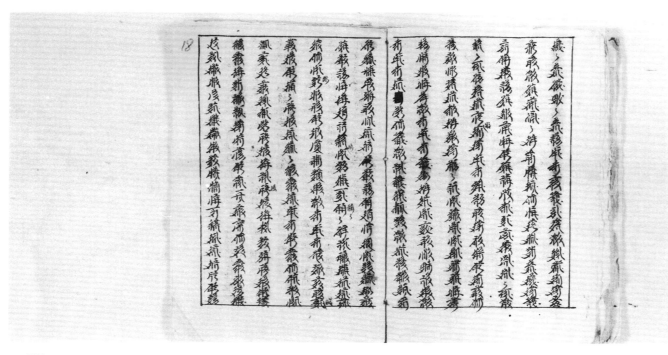

俄Инв.No.2876　出家言　　　(25-10)

俄Инв.No.2876　出家言　　　(25-11)

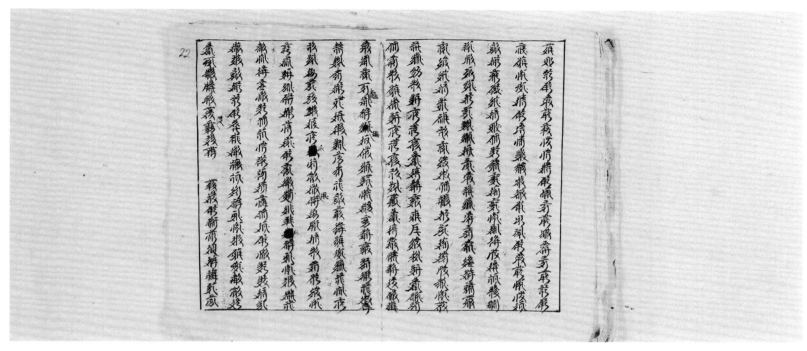

俄ИнВ.No.2876　出家言　　(25-12)

俄ИнВ.No.2876　出家言　　(25-13)

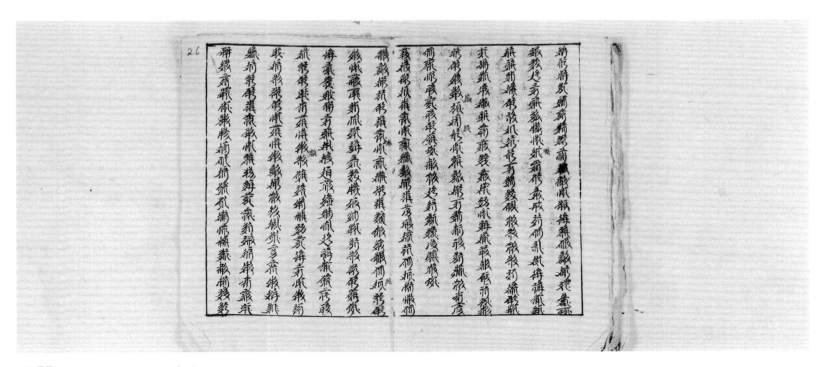

俄ИнВ.No.2876　出家言　　(25-14)

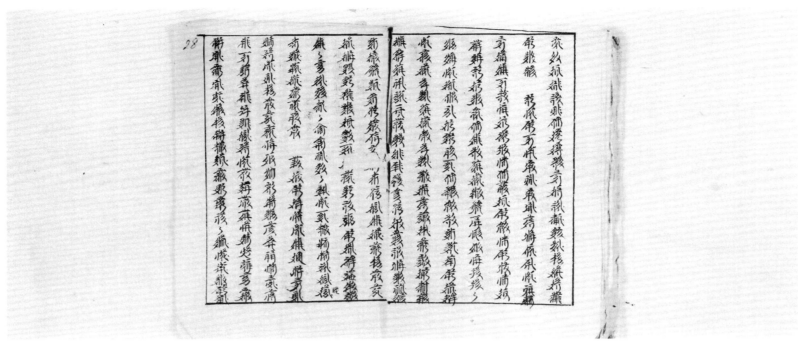

俄ИHB.No.2876　出家言　　　(25-15)

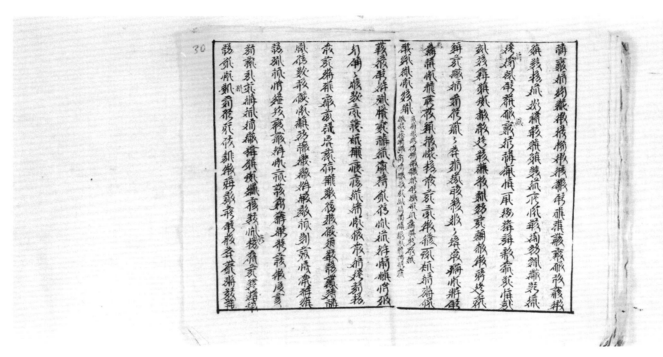

俄ИHB.No.2876　出家言　　　(25-16)

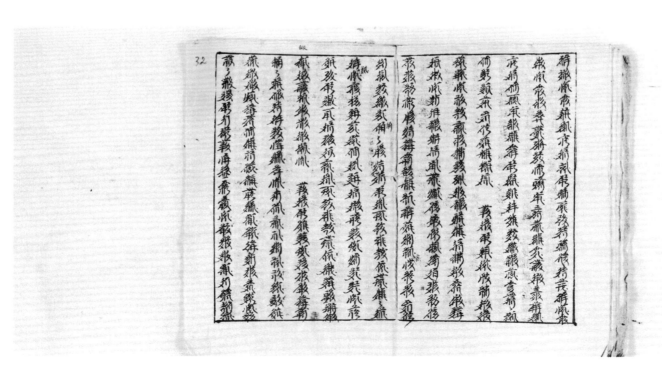

俄ИHB.No.2876　出家言　　　(25-17)

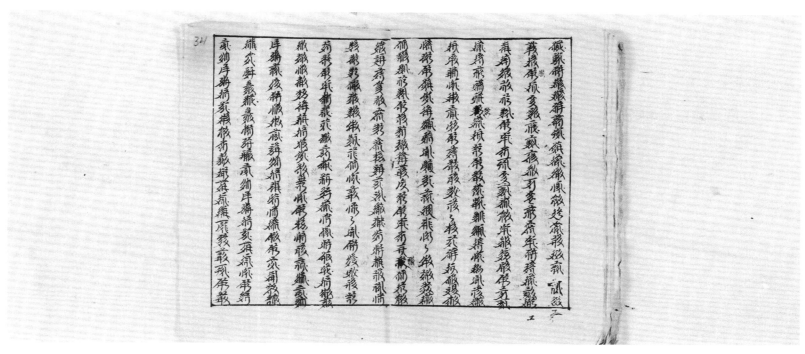

俄 ИНВ.No.2876　出家言　　　(25-18)

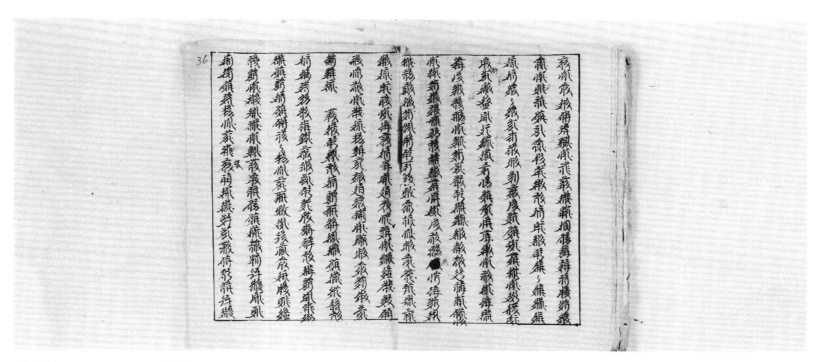

俄 ИНВ.No.2876　出家言　　　(25-19)

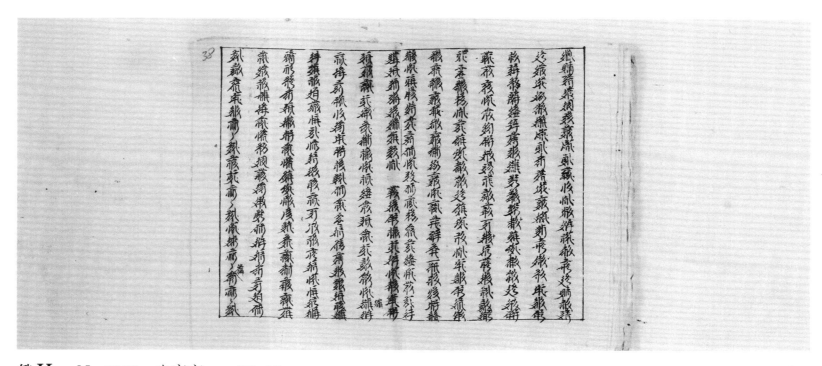

俄 ИНВ.No.2876　出家言　　　(25-20)

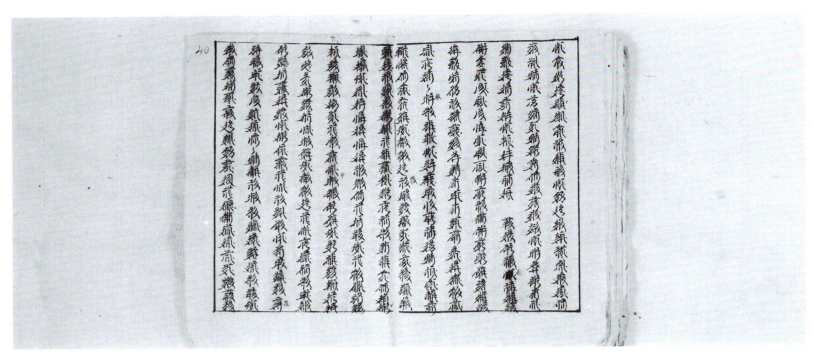

俄 Инв.No.2876　出家言　　　(25-21)

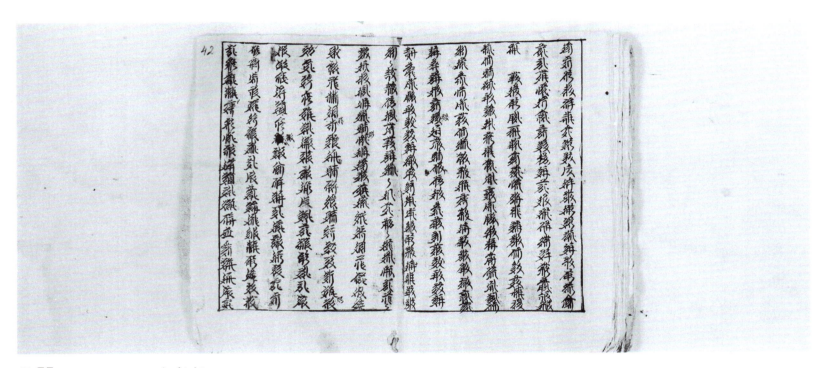

俄 Инв.No.2876　出家言　　　(25-22)

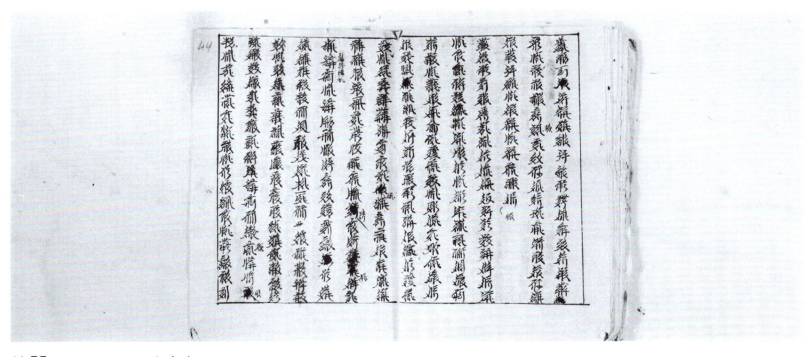

俄 Инв.No.2876　出家言　　　(25-23)

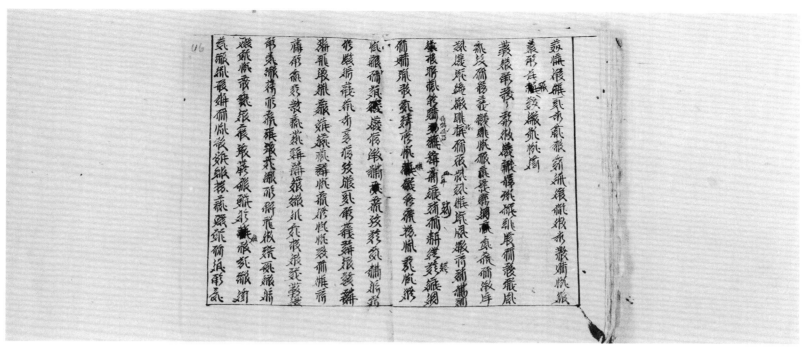

俄**И**нв.No.2876　出家言　　　(25-24)

俄**И**нв.No.2876　出家言　　　(25-25)

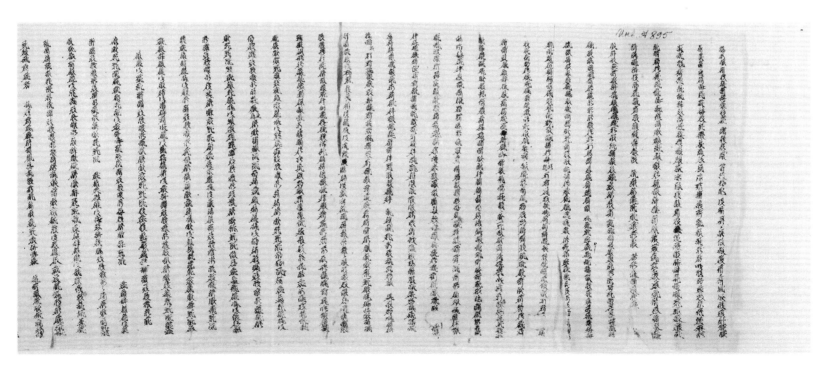

俄**И**нв.No.895　現證記上半　　　(8-1)

俄 Инв.No.895　現證記上半　　(8-2)

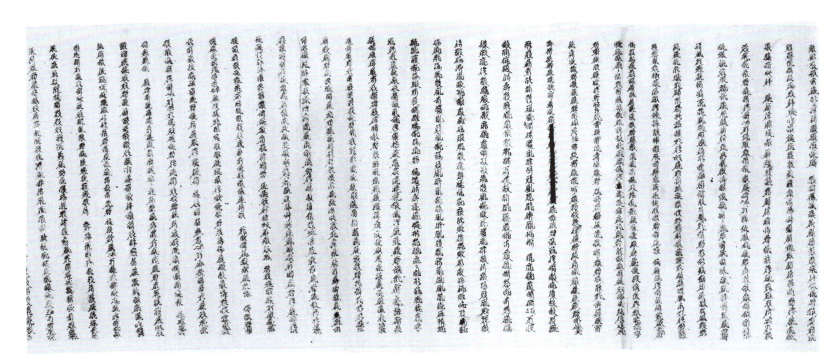

俄 Инв.No.895　現證記上半　　(8-3)

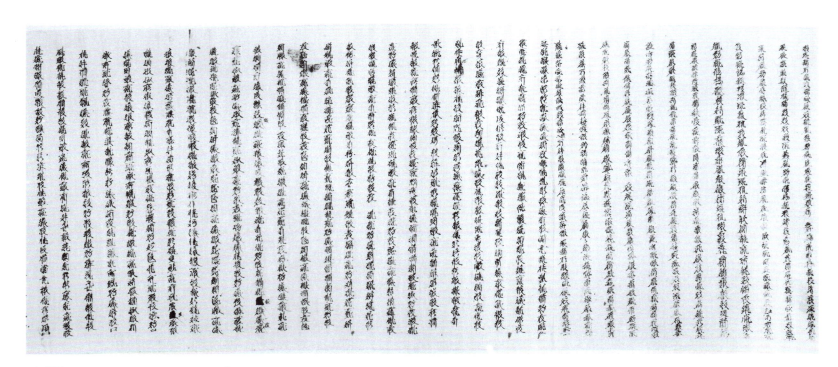

俄 Инв.No.895　現證記上半　　(8-4)

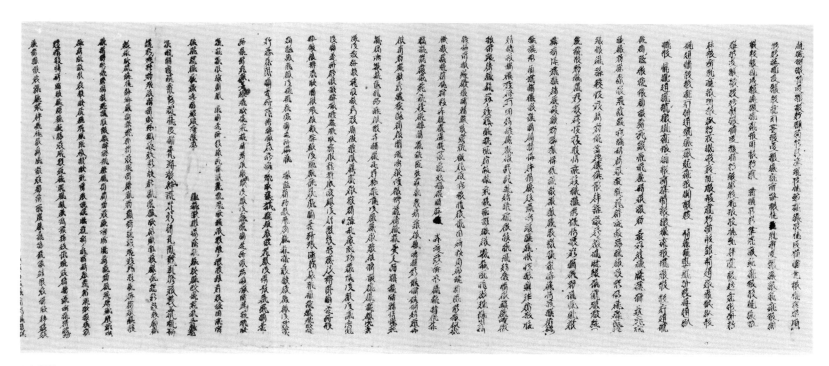

俄**И**нв.No.895　現證記上半　　　(8-5)

俄**И**нв.No.895　現證記上半　　　(8-6)

俄**И**нв.No.895　現證記上半　　　(8-7)

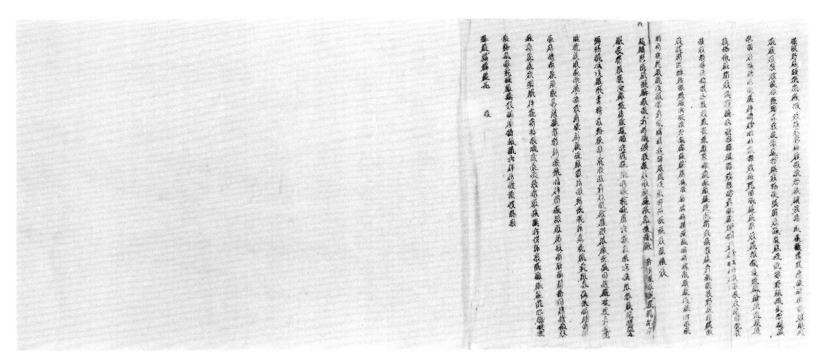

俄 **И**нв.No.895　現證記上半　　　　(8-8)

俄 **И**нв.No.3700　合于師説解悟略記要門　　　(6-1)

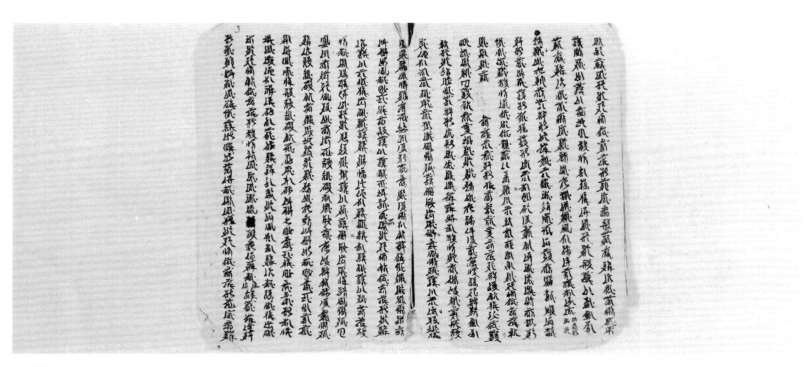

俄 **И**нв.No.3700　合于師説解悟略記要門　　　(6-2)

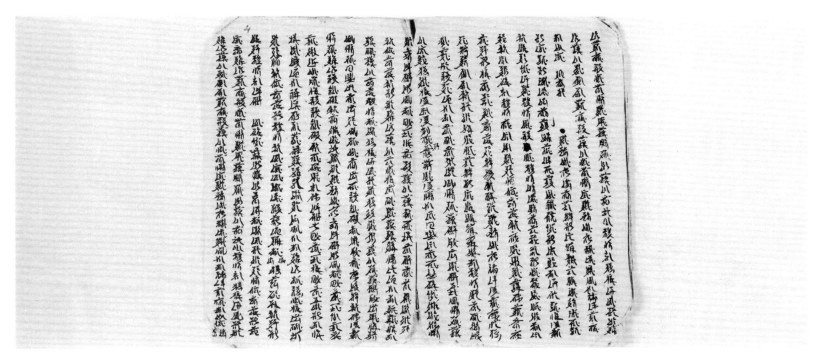

俄 Инв.No.3700　合于師説解悟略記要門　　　(6-3)

俄 Инв.No.3700　合于師説解悟略記要門　　　(6-4)

俄 Инв.No.3700　合于師説解悟略記要門　　　(6-5)

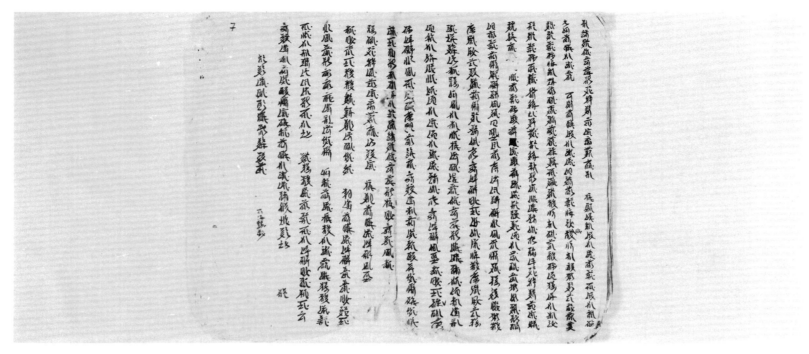

俄Инв.No.3700　合于師説解悟略記要門　　　(6-6)

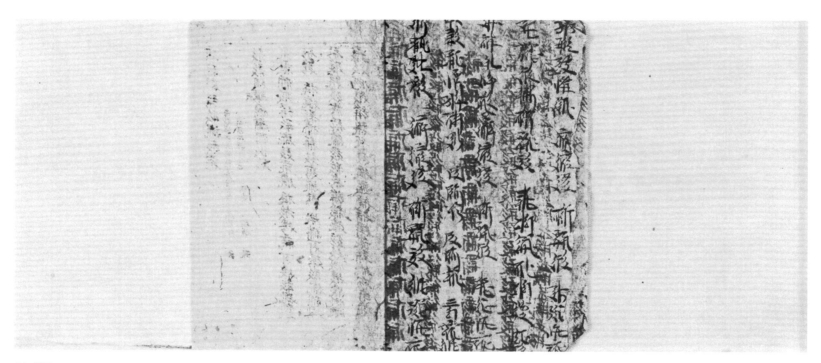

俄Инв.No.3823　道之間禁止要門　　　(22-1)

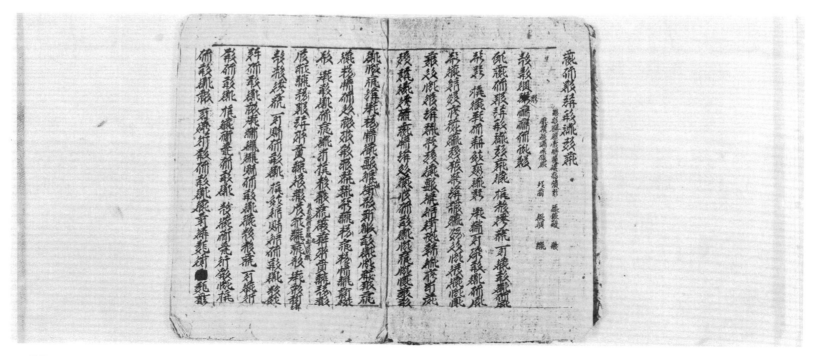

俄Инв.No.3823　道之間禁止要門　　　(22-2)

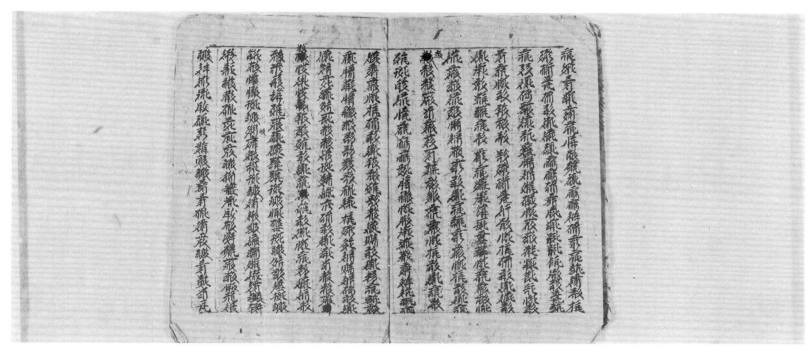

俄 **И**нв.No.3823　　道之間禁止要門　　　(22-3)

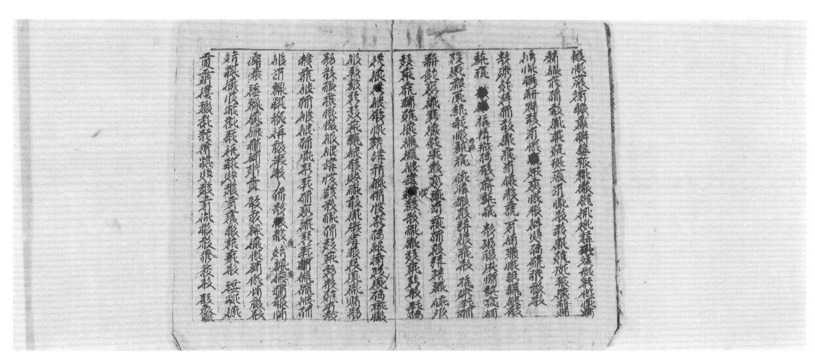

俄 **И**нв.No.3823　　道之間禁止要門　　　(22-4)

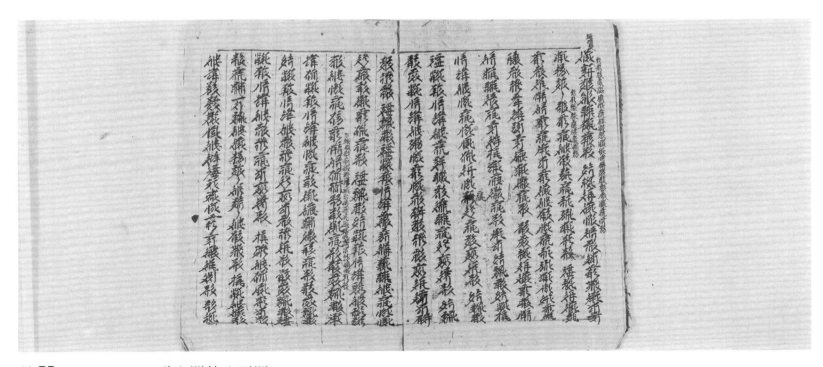

俄 **И**нв.No.3823　　道之間禁止要門　　　(22-5)

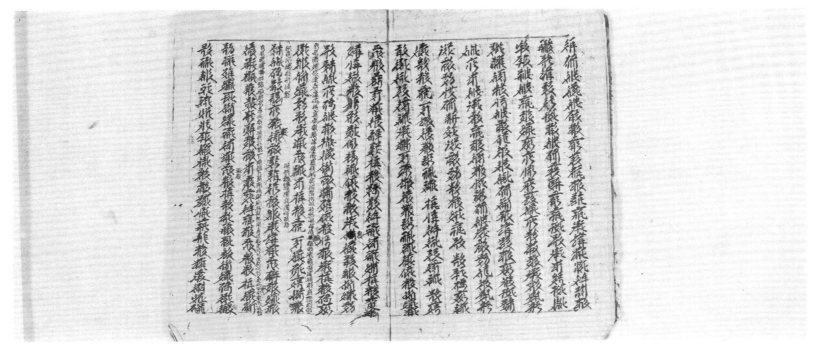

俄Инв.No.3823　　道之間禁止要門　　　（22-6）

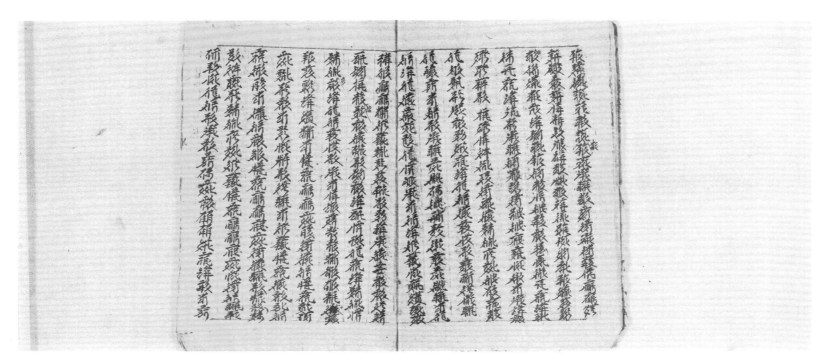

俄Инв.No.3823　　道之間禁止要門　　　（22-7）

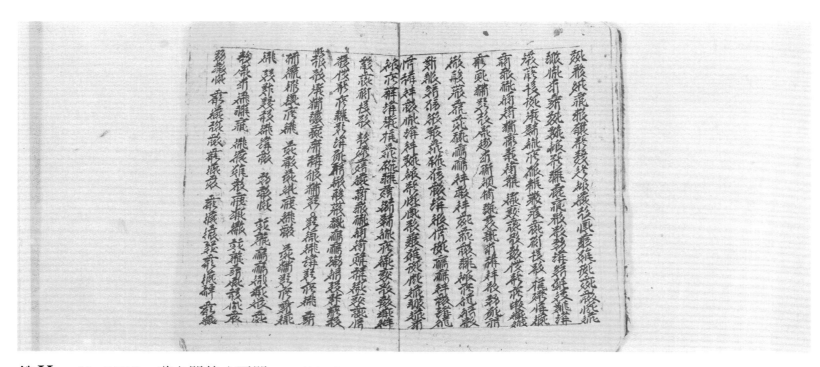

俄Инв.No.3823　　道之間禁止要門　　　（22-8）

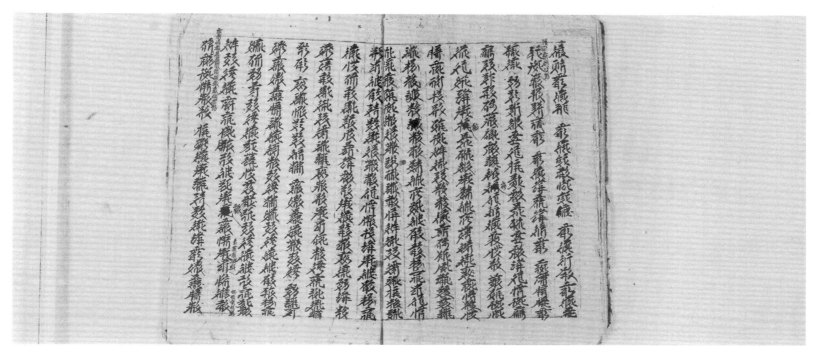

俄 Инв.No.3823 道之間禁止要門 (22-9)

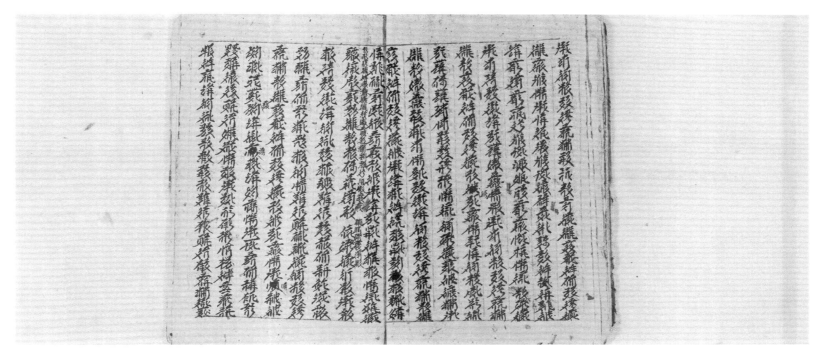

俄 Инв.No.3823 道之間禁止要門 (22-10)

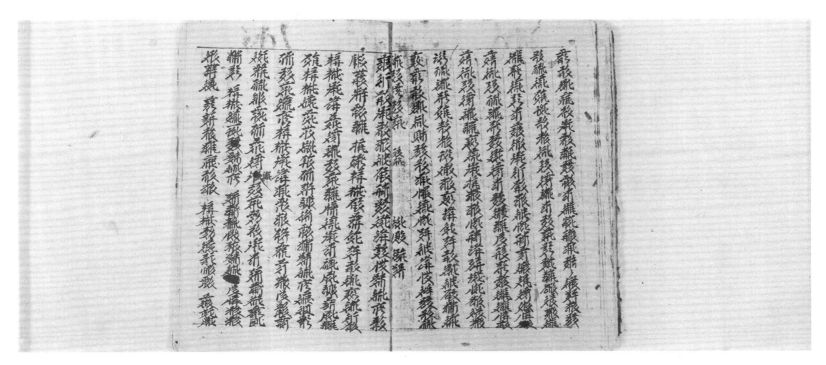

俄 Инв.No.3823 道之間禁止要門 (22-11)

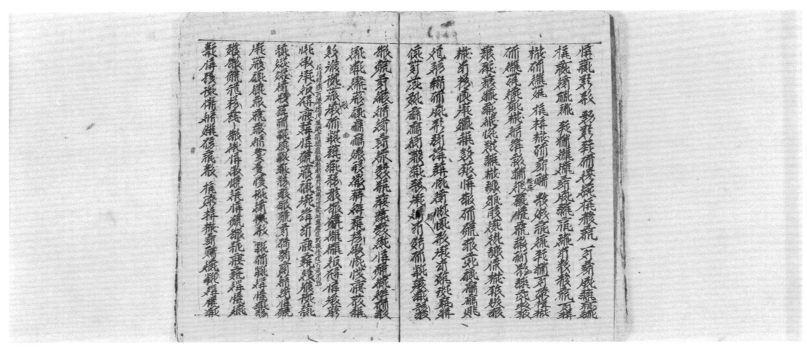

俄 Инв.No.3823　道之間禁止要門　　　(22-12)

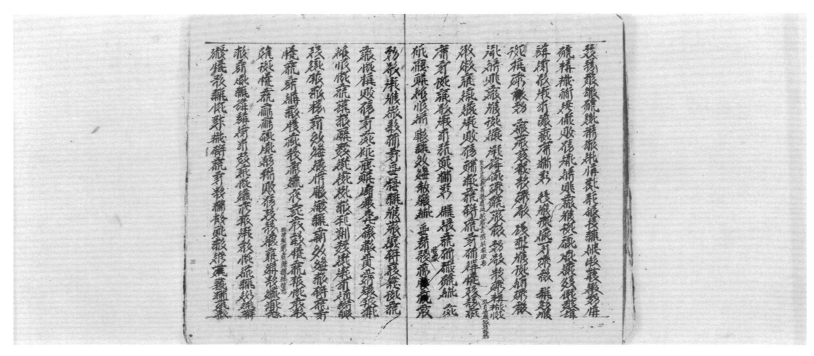

俄 Инв.No.3823　道之間禁止要門　　　(22-13)

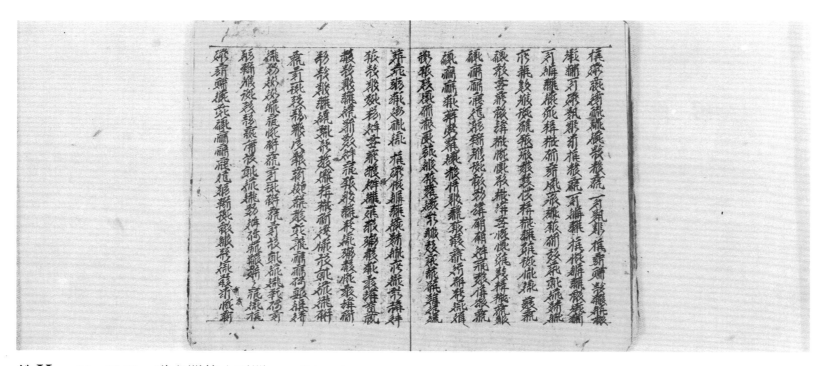

俄 Инв.No.3823　道之間禁止要門　　　(22-14)

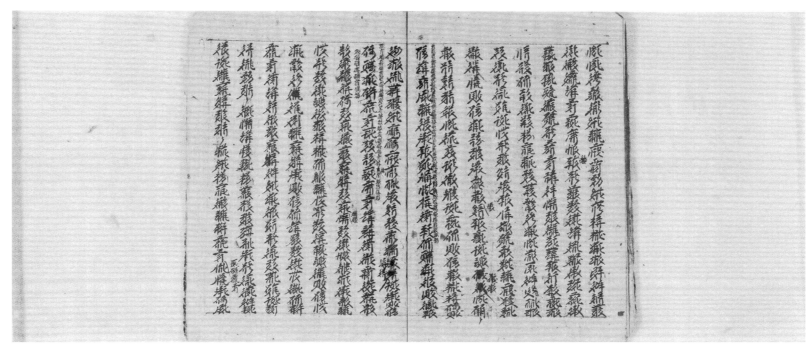

俄 Инв.No.3823　道之間禁止要門　(22-15)

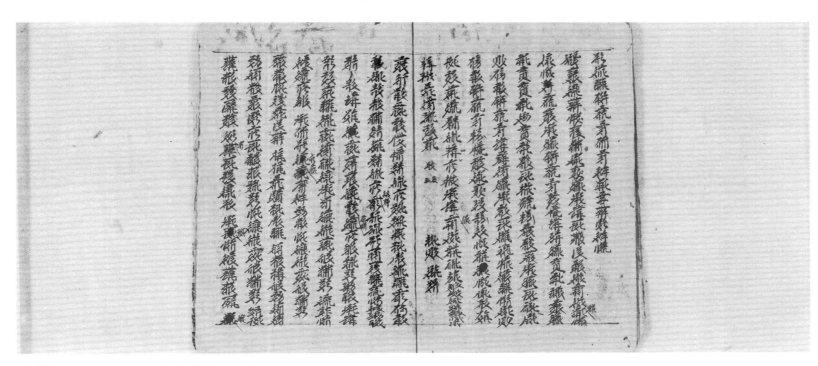

俄 Инв.No.3823　道之間禁止要門　(22-16)

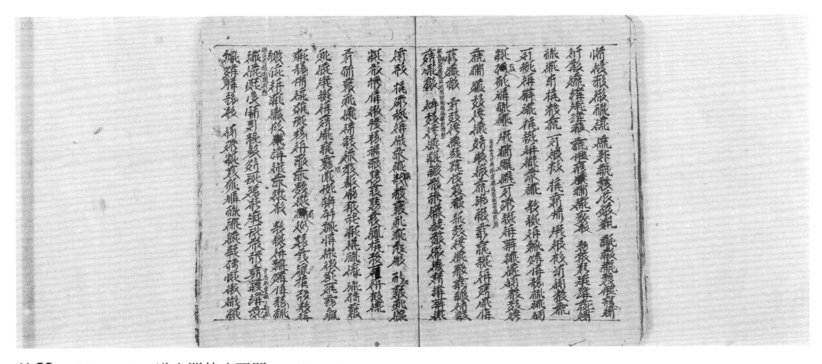

俄 Инв.No.3823　道之間禁止要門　(22-17)

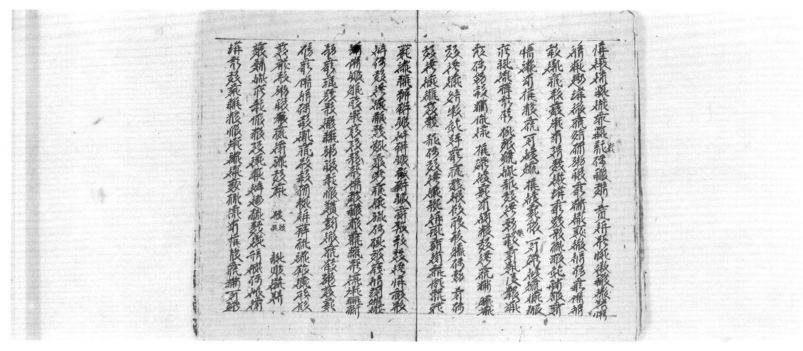

俄Ихв.No.3823　道之間禁止要門　　（22-18）

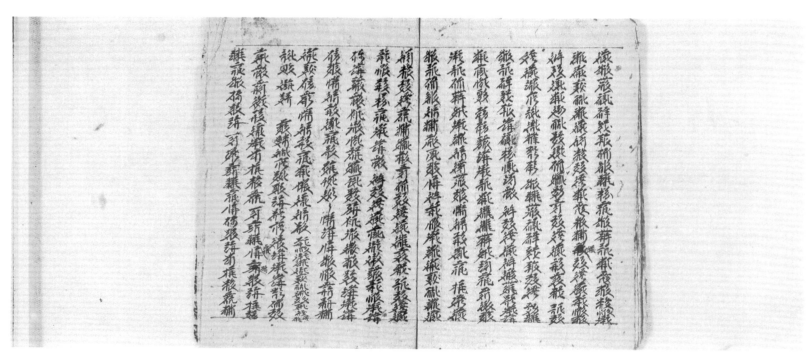

俄Ихв.No.3823　道之間禁止要門　　（22-19）

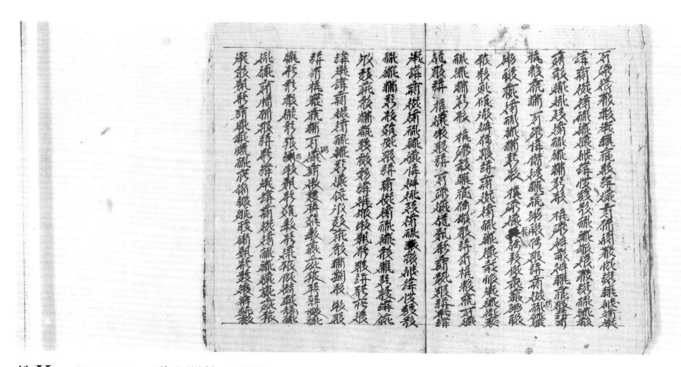

俄Ихв.No.3823　道之間禁止要門　　（22-20）

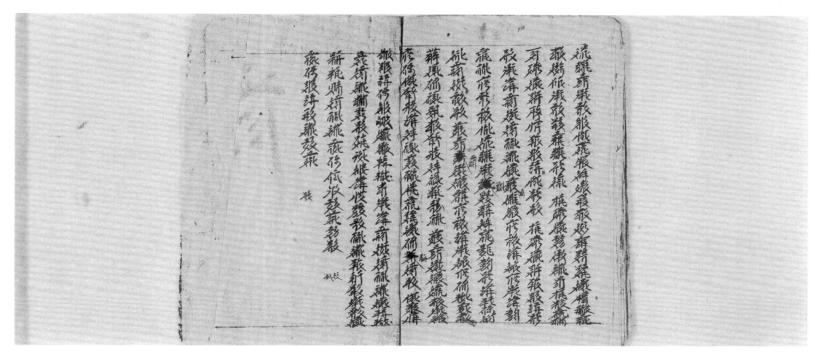

俄 **И**нв.No.3823　道之間禁止要門　　(22-21)

俄 **И**нв.No.3823　道之間禁止要門　　(22-22)

俄 **И**нв.No.4860　師次因緣　　(6-1)

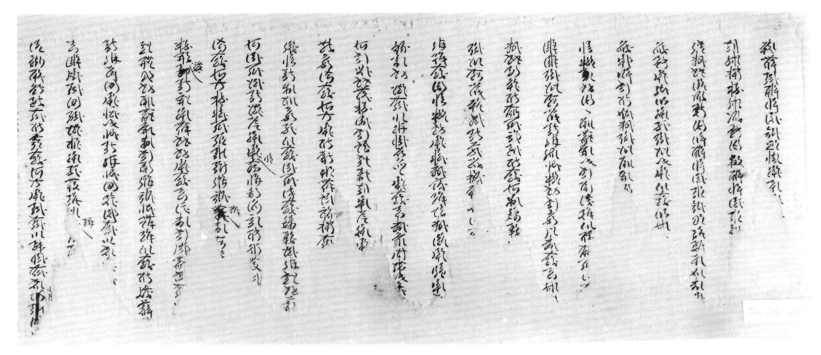

俄 Инв.No.4860　師次因縁　　(6-2)

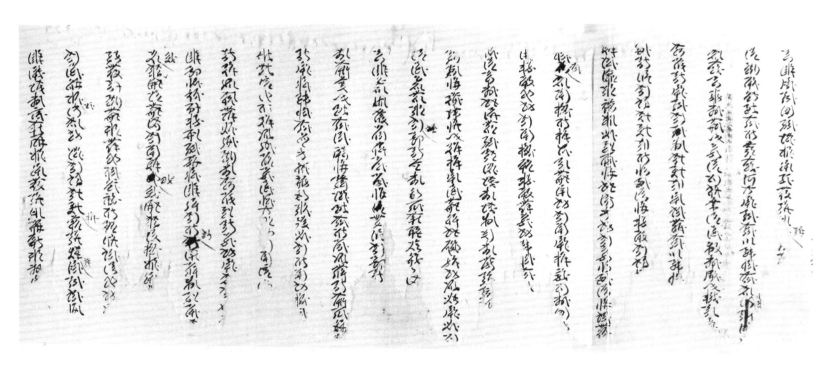

俄 Инв.No.4860　師次因縁　　(6-3)

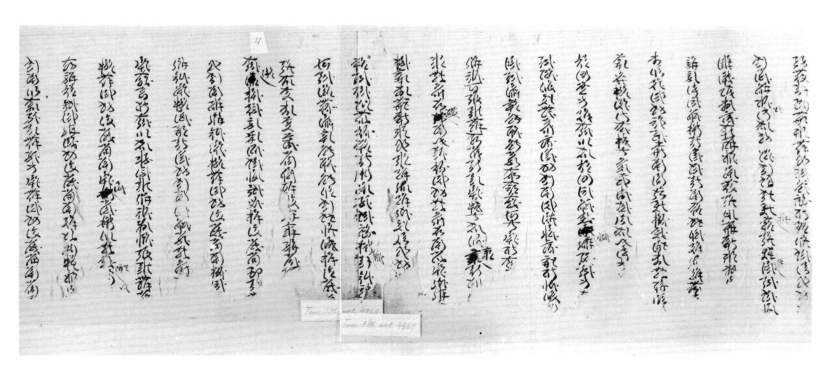

俄 Инв.No.4860　師次因縁　　(6-4)

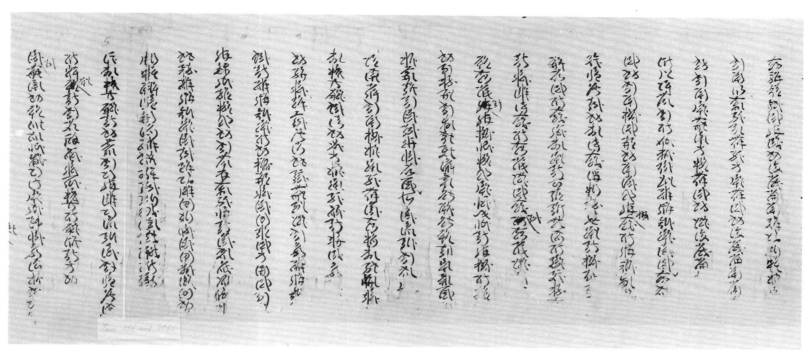

俄 **И**нв.No.4860　師次因緣　　(6-5)

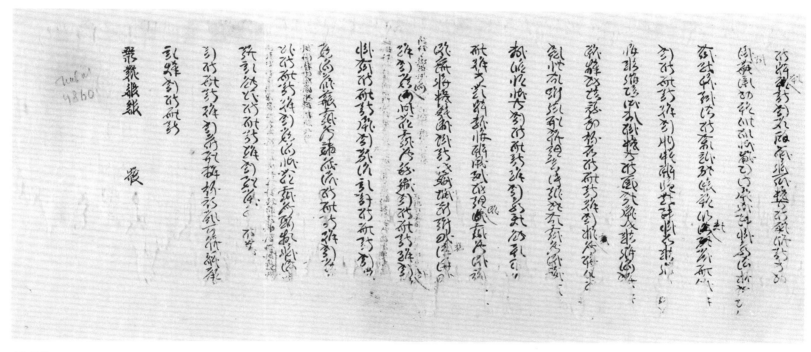

俄 **И**нв.No.4860　師次因緣　　(6-6)

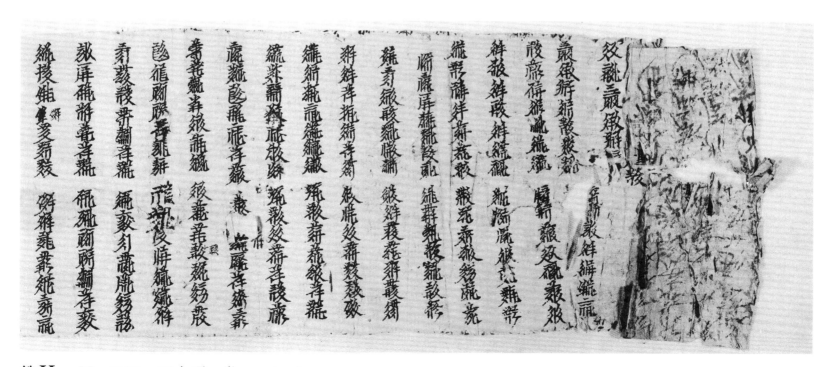

俄 **И**нв.No.4993　五十頌一卷　　(4-1)

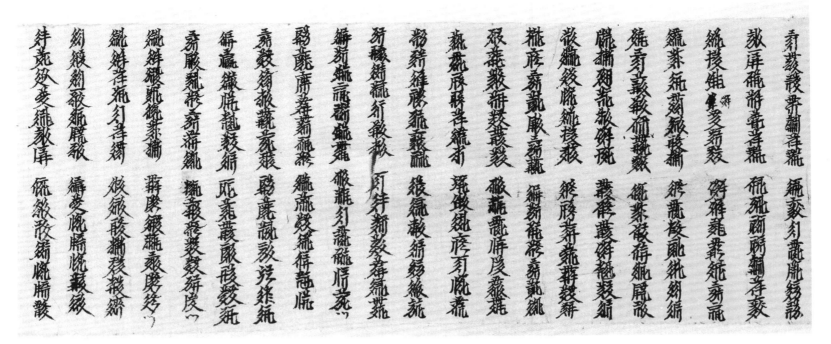

俄 Инв.No.4993　五十頌一卷　　　(4-2)

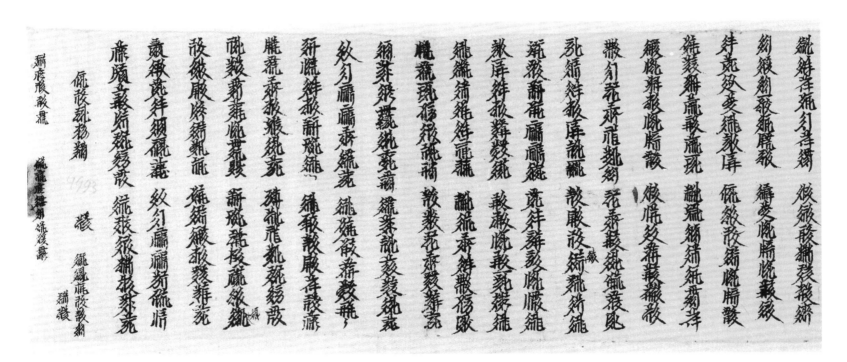

俄 Инв.No.4993　五十頌一卷　　　(4-3)

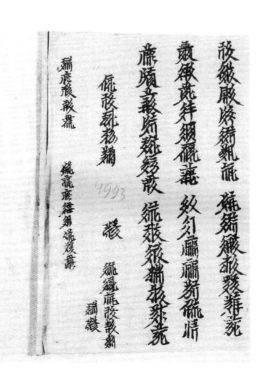

俄 Инв.No.4993　五十頌一卷　　　(4-4)

俄 Инв.No.8019 西天大師寶金剛所說瑞相量度最中難得要門

俄 Инв.No.6778 修習自心自勸要門 (15-1)

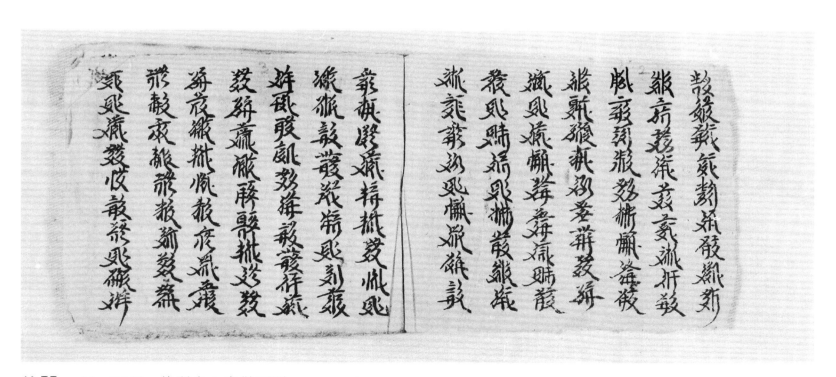

俄 Инв.No.6778 修習自心自勸要門 (15-2)

俄 Инв.No.6778　修習自心自勸要門　　　(15-3)

俄 Инв.No.6778　修習自心自勸要門　　　(15-4)

俄 Инв.No.6778　修習自心自勸要門　　　(15-5)

俄Инв.No.6778　修習自心自勸要門　　　(15-6)

俄Инв.No.6778　修習自心自勸要門　　　(15-7)

俄Инв.No.6778　修習自心自勸要門　　　(15-8)

俄 **И**нв.No.6778　修習自心自勸要門　　　　(15-9)

俄 **И**нв.No.6778　修習自心自勸要門　　　　(15-10)

俄 **И**нв.No.6778　修習自心自勸要門　　　　(15-11)

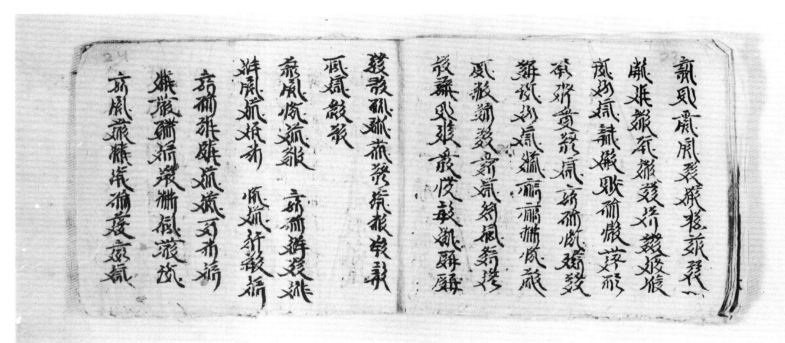

俄 **Инв.**No.6778　　修習自心自勸要門　　　(15-12)

俄 **Инв.**No.6778　　修習自心自勸要門　　　(15-13)

俄 **Инв.**No.6778　　修習自心自勸要門　　　(15-14)

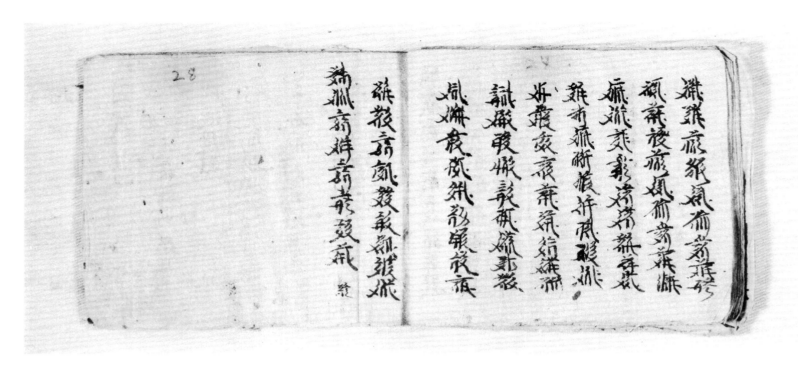

俄ИнВ.No.6778　修習自心自勸要門　　　（15-15）

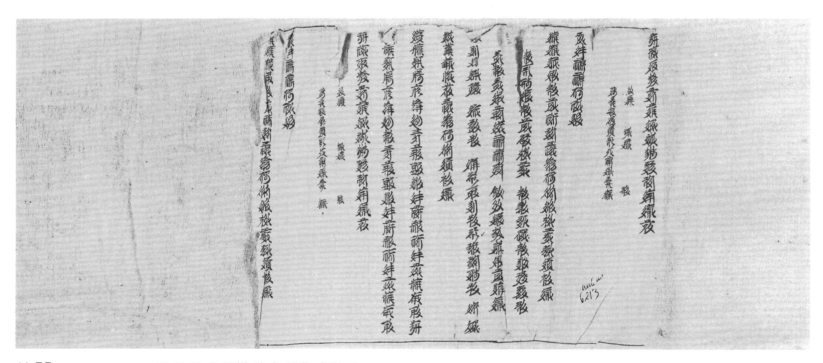

俄ИнВ.No.6213　懺罪獻千種供養中所集應許文

俄ИнВ.No.6774　1.慧根續懺罪典　　　（19-1）

俄 **И**нв.No.6774　1.慧根續懺罪典　　(19-2)

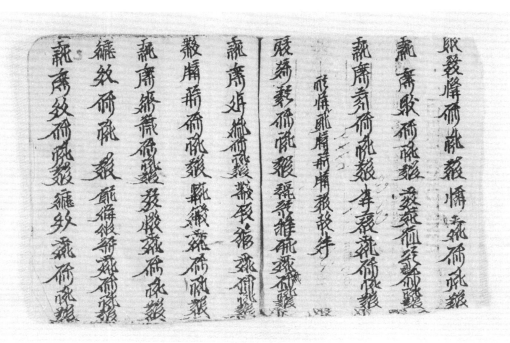

俄 **И**нв.No.6774　1.慧根續懺罪典　　(19-3)

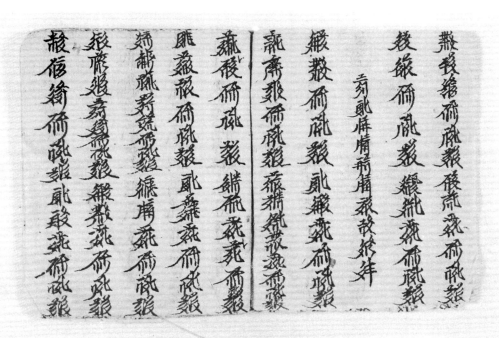

俄 **И**нв.No.6774　1.慧根續懺罪典　　(19-4)

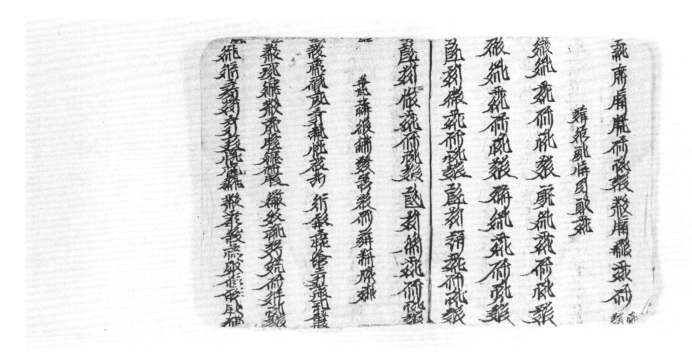

俄 **И**нв.No.6774　1.慧根續懺罪典　　(19-5)

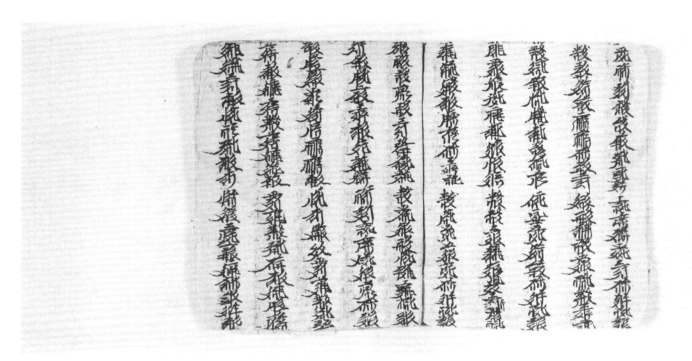

俄 **И**нв.No.6774　1.慧根續懺罪典　　(19-6)

俄 **И**нв.No.6774　1.慧根續懺罪典　　(19-7)

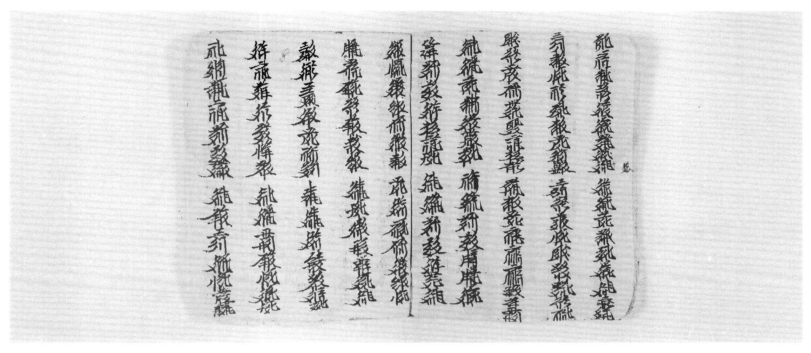

俄 **И**нв.No.6774　　1.慧根續懺罪典　　　(19-8)

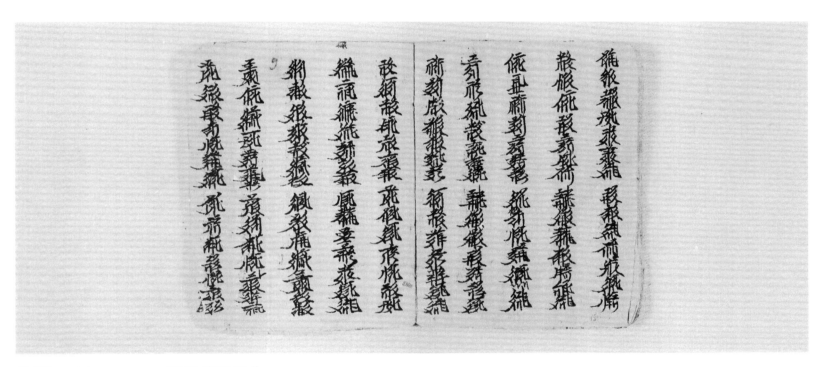

俄 **И**нв.No.6774　　1.慧根續懺罪典　　　(19-9)

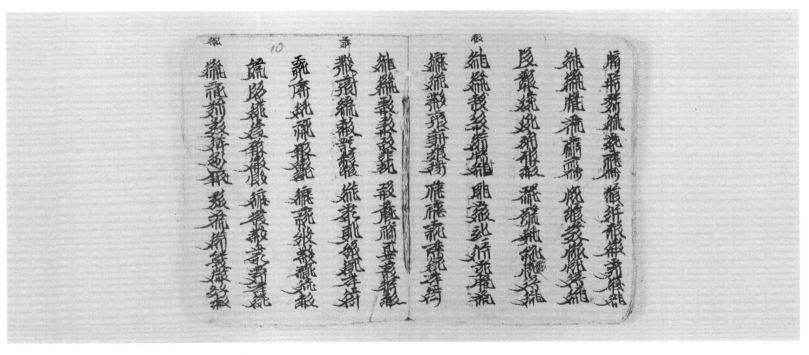

俄 **И**нв.No.6774　　1.慧根續懺罪典　　　(19-10)

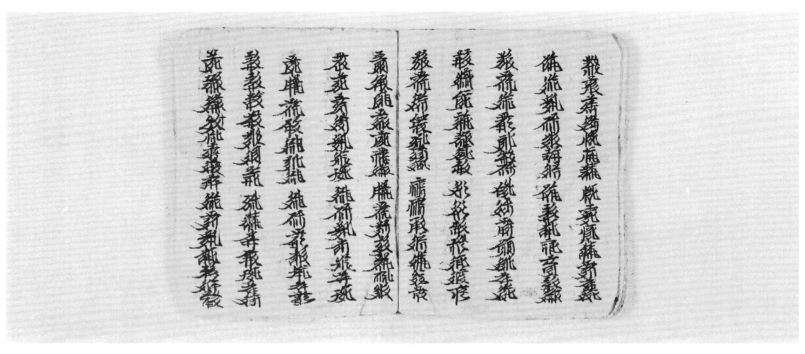

俄 **И**нв.No.6774　1.慧根續懺罪典　　　(19-11)

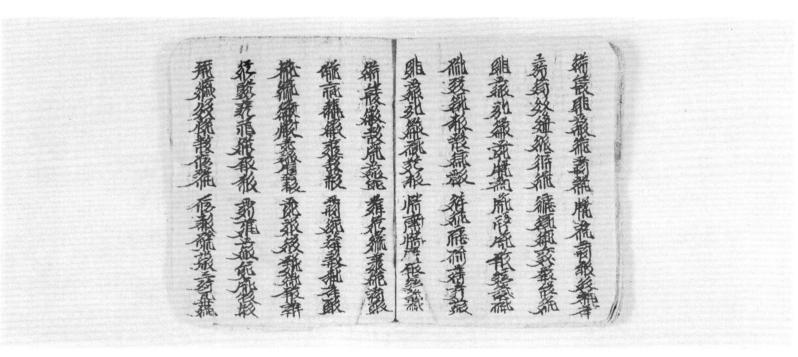

俄 **И**нв.No.6774　1.慧根續懺罪典　　　(19-12)

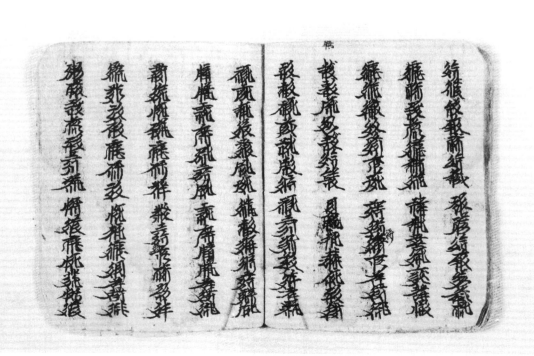

俄 **И**нв.No.6774　1.慧根續懺罪典　　　(19-13)

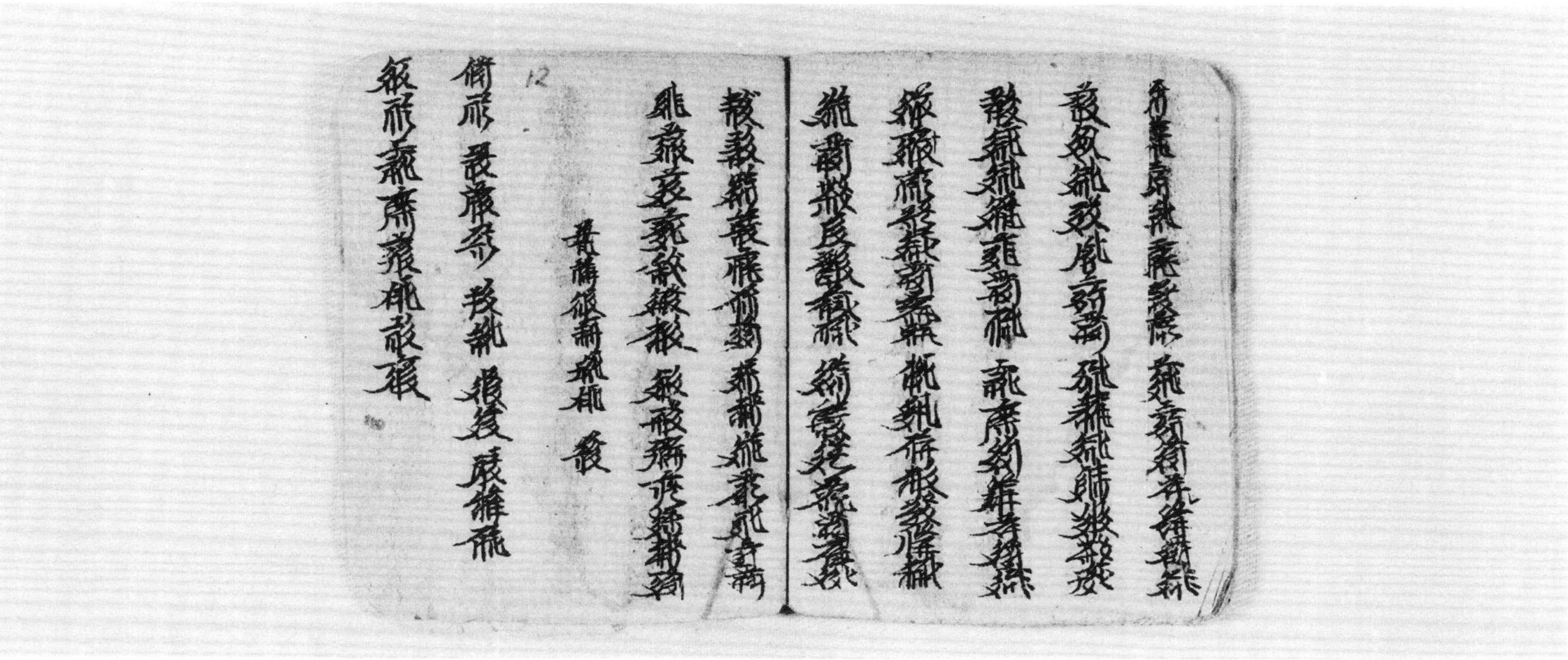

俄Инв.No.6774　2.金剛乘根本犯墮　(19–14)

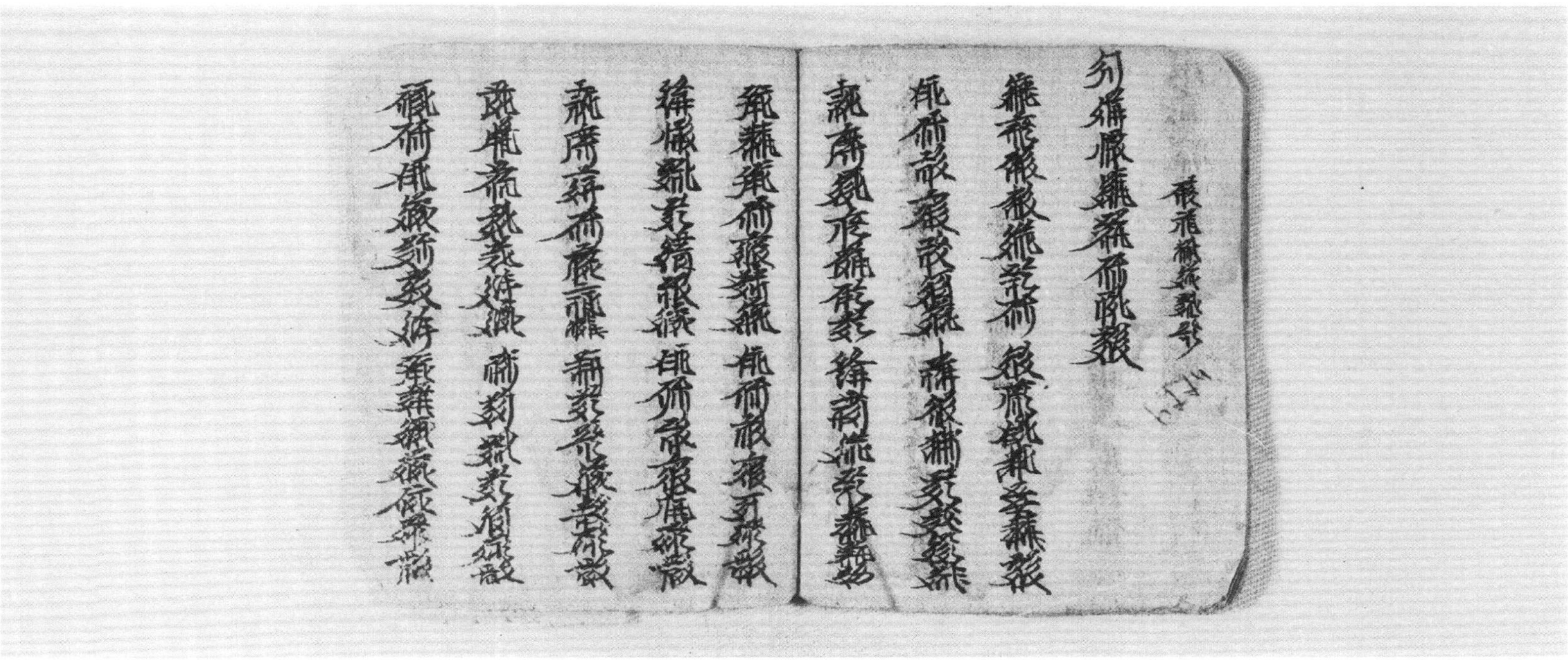

俄Инв.No.6774　2.金剛乘根本犯墮　(19–15)

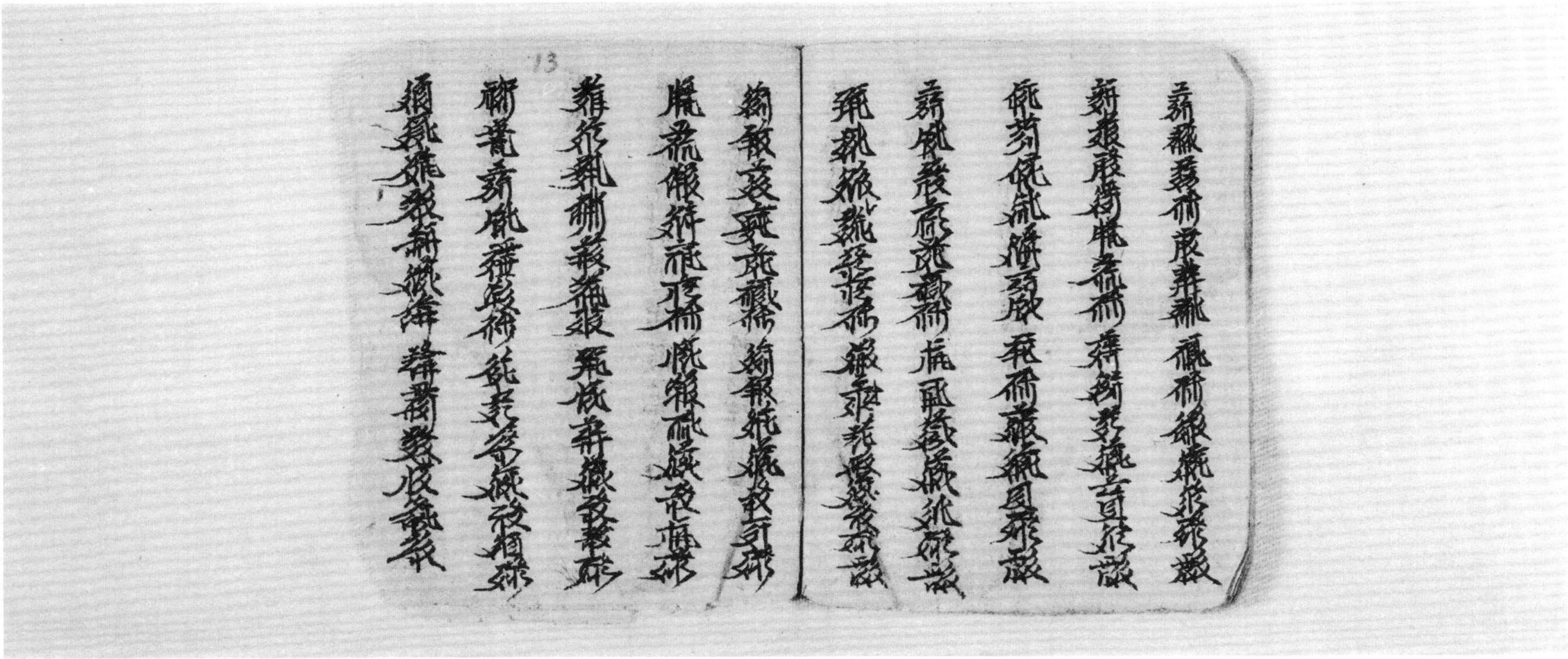

俄Инв.No.6774　2.金剛乘根本犯墮　(19–16)

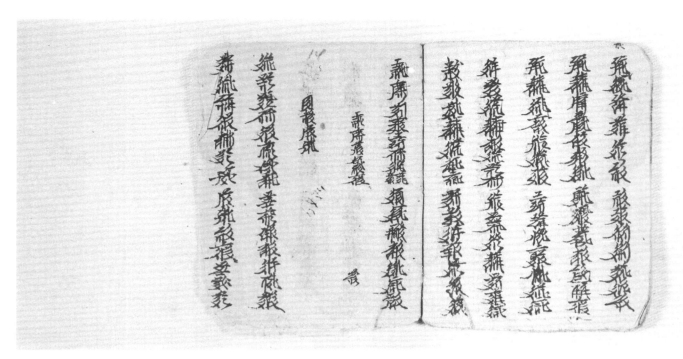

俄ИНВ.No.6774　3.八種尪重　　　(19-17)

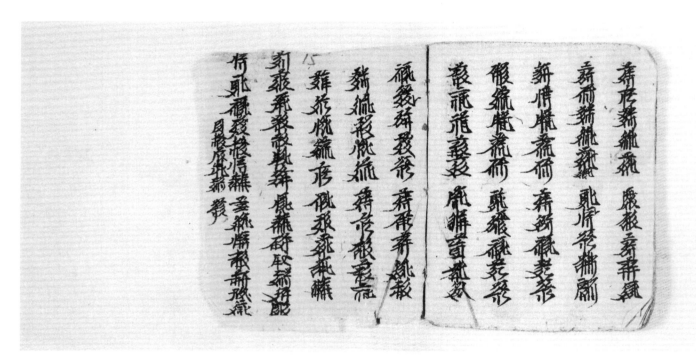

俄ИНВ.No.6774　3.八種尪重　　　(19-18)

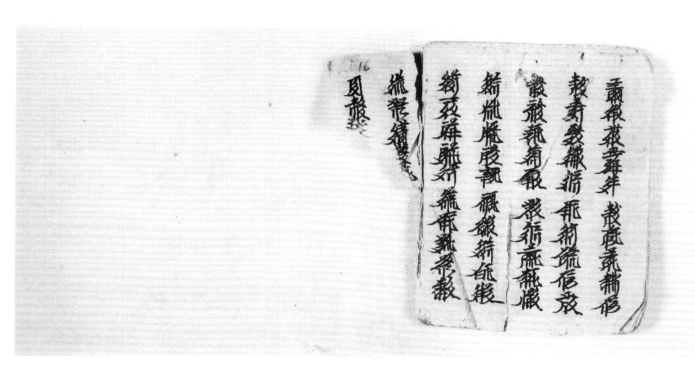

俄ИНВ.No.6774　3.八種尪重　　　(19-19)

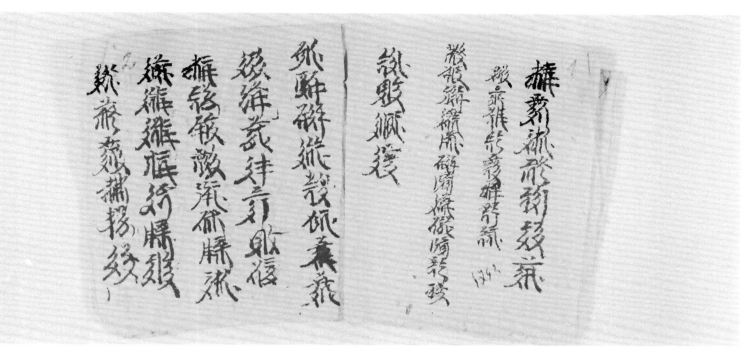

俄 **И**нв.No.6792　　1.兩供略集要門　　　(7-1)

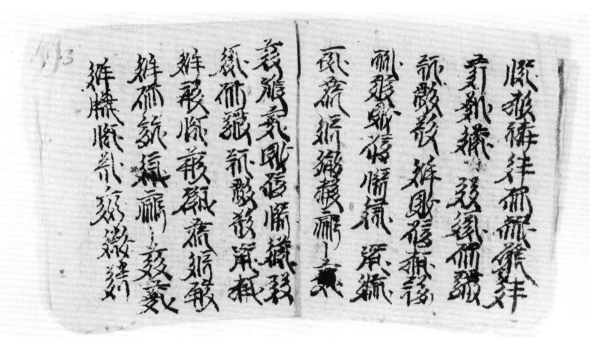

俄 **И**нв.No.6792　　1.兩供略集要門　　　(7-2)

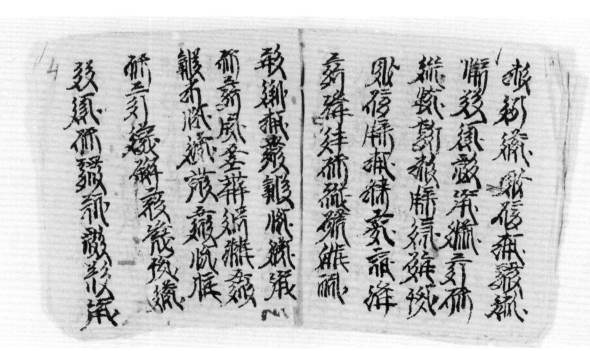

俄 **И**нв.No.6792　　1.兩供略集要門　　　(7-3)

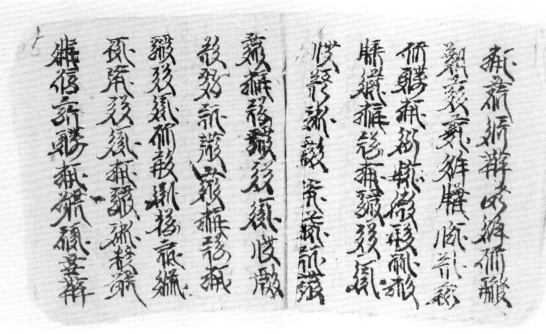

俄 Инв.No.6792　　1.兩供略集要門　　　（7-4）

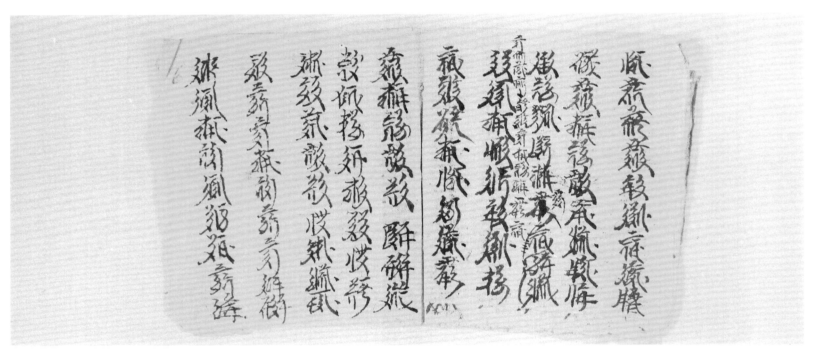

俄 Инв.No.6792　　1.兩供略集要門　　　（7-5）

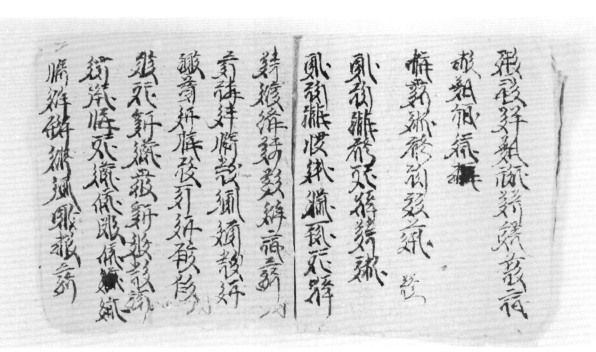

俄 Инв.No.6792　　2.集輪略放施食　　　（7-6）

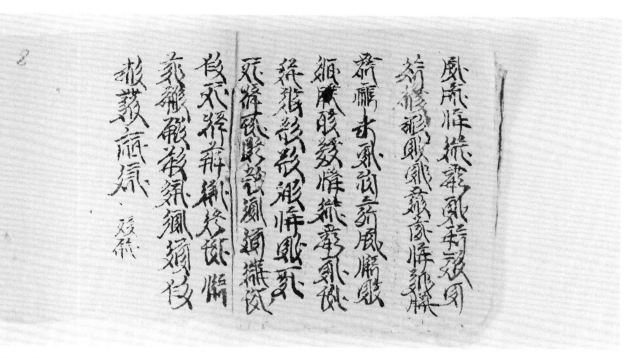

俄 Инв.No.6792　2.集輪略放施食　　(7-7)

俄 Инв.No.6804　1.已入慧根等之懺罪等　　(32-1)

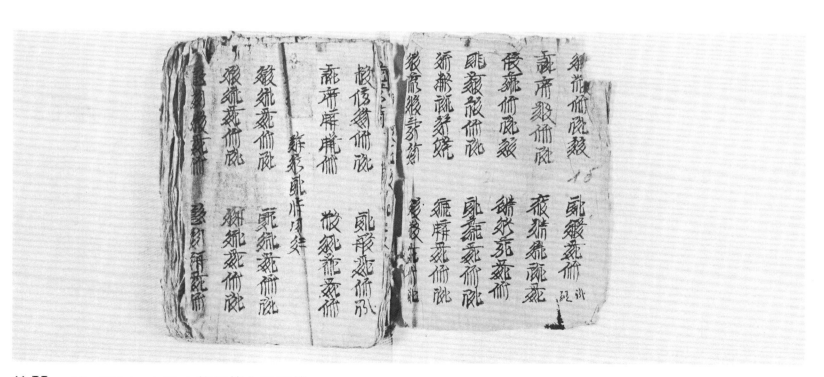

俄 Инв.No.6804　1.已入慧根等之懺罪等　　(32-2)

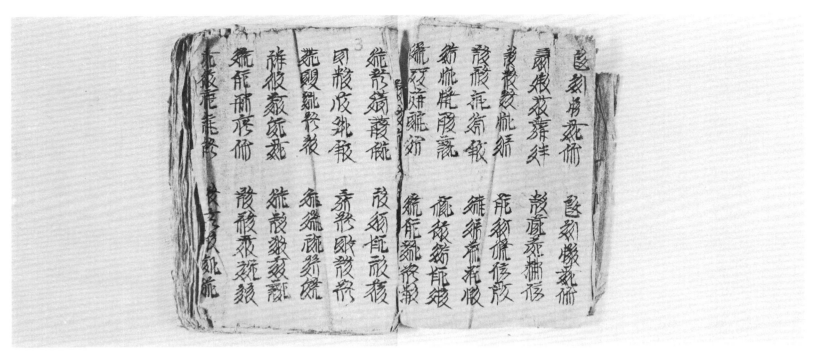

俄 **И**нв.No.6804　1.已入慧根等之懺罪等　　　(32-3)

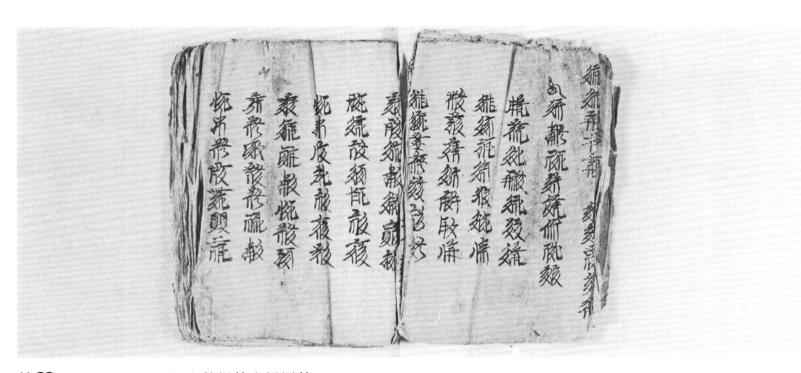

俄 **И**нв.No.6804　1.已入慧根等之懺罪等　　　(32-4)

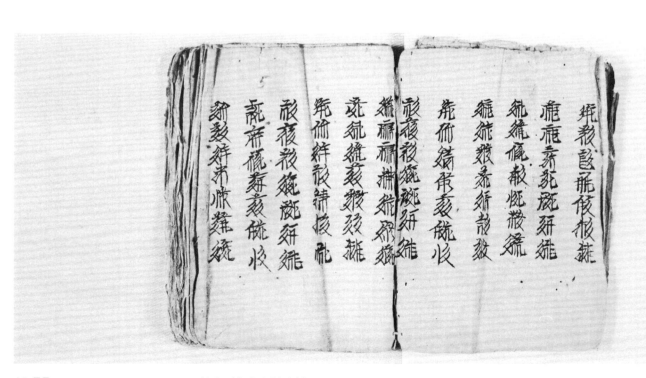

俄 **И**нв.No.6804　1.已入慧根等之懺罪等　　　(32-5)

俄 **И**нв.No.6804　　1.已入慧根等之懺罪等　　　(32-6)

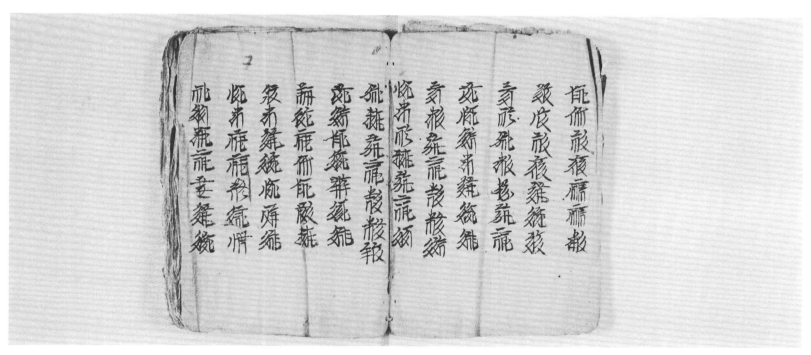

俄 **И**нв.No.6804　　1.已入慧根等之懺罪等　　　(32-7)

俄 **И**нв.No.6804　　1.已入慧根等之懺罪等　　　(32-8)

俄ИнB.No.6804　1.已入慧根等之懺罪等　　　(32-9)

俄ИнB.No.6804　1.已入慧根等之懺罪等　　　(32-10)

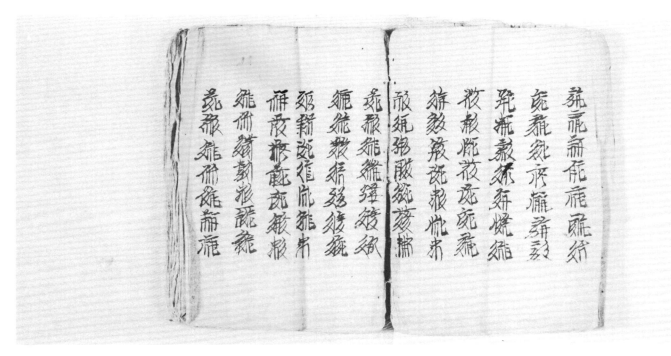

俄ИнB.No.6804　1.已入慧根等之懺罪等　　　(32-11)

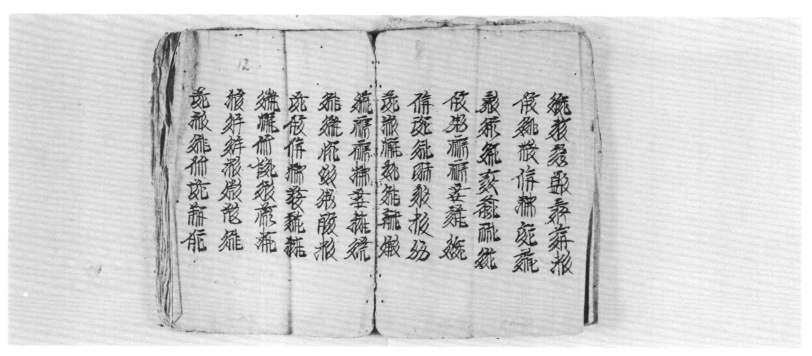

俄 Инв.No.6804　　1.已入慧根等之懺罪等　　(32-12)

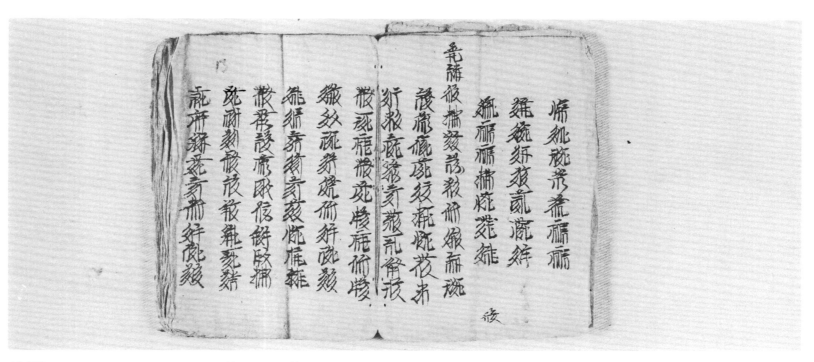

俄 Инв.No.6804　　1.已入慧根等之懺罪等　　(32-13)

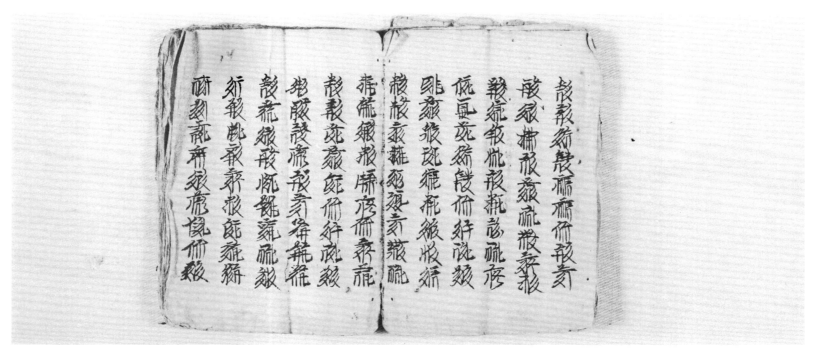

俄 Инв.No.6804　　1.已入慧根等之懺罪等　　(32-14)

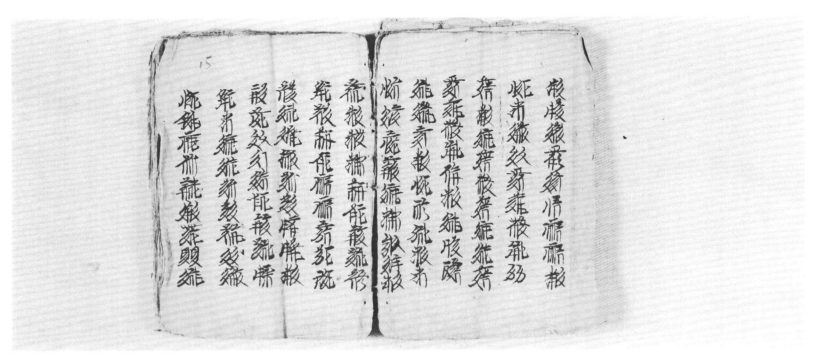

俄 **И**нв.No.6804　　1.已入慧根等之懺罪等　　　(32-15)

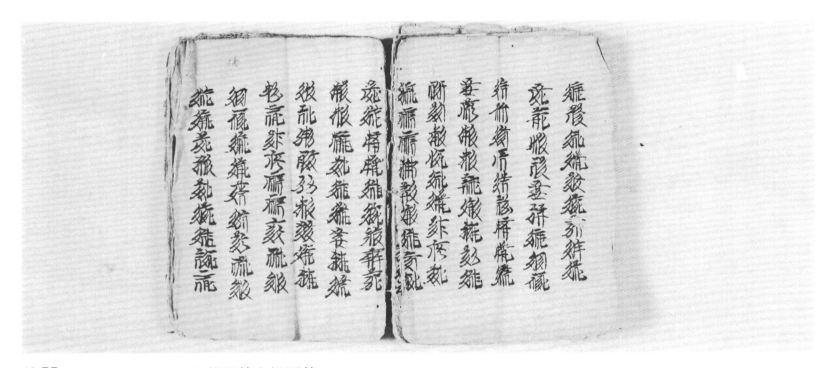

俄 **И**нв.No.6804　　1.已入慧根等之懺罪等　　　(32-16)

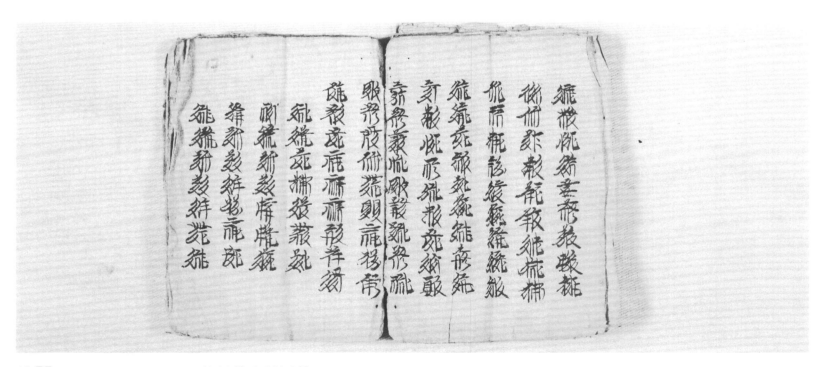

俄 **И**нв.No.6804　　1.已入慧根等之懺罪等　　　(32-17)

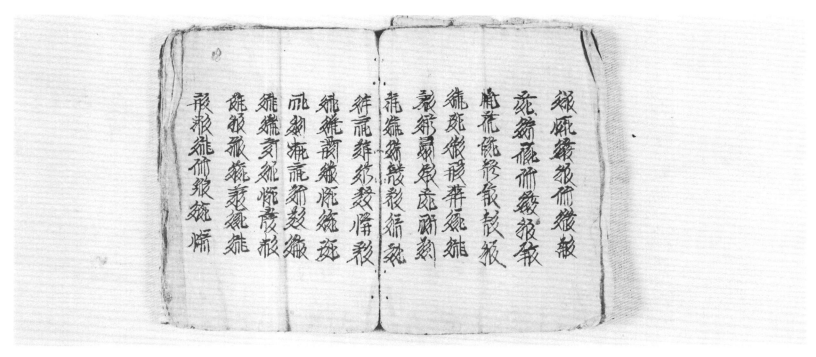

俄 **И**нв.No.6804　　1.已入慧根等之懺罪等　　　(32-18)

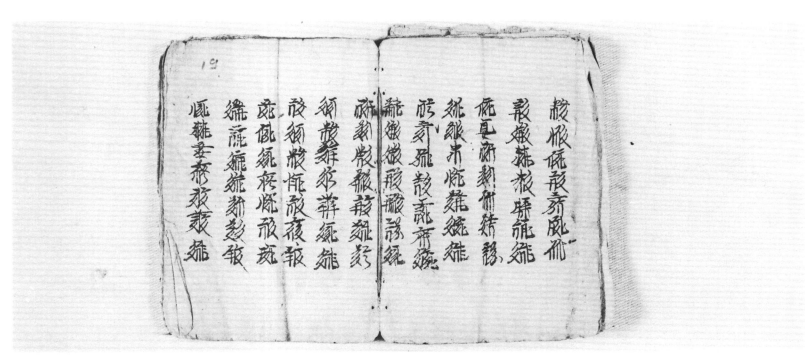

俄 **И**нв.No.6804　　1.已入慧根等之懺罪等　　　(32-19)

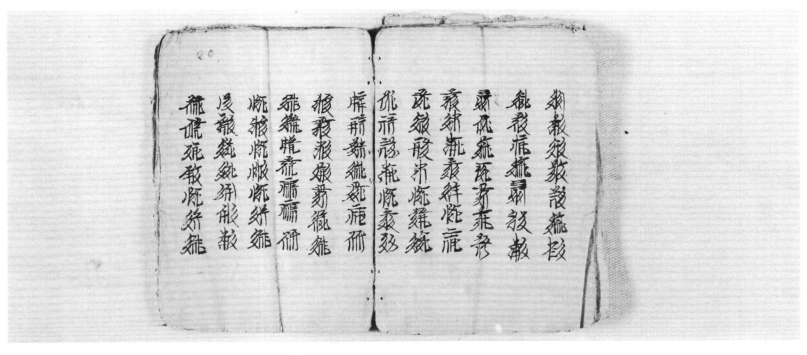

俄 **И**нв.No.6804　　1.已入慧根等之懺罪等　　　(32-20)

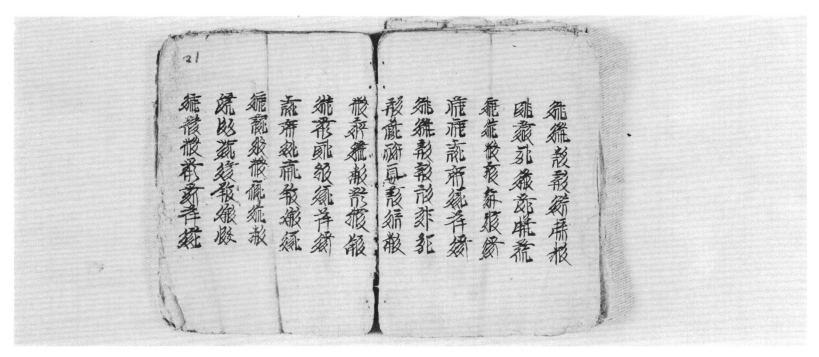

俄 **И**нв.No.6804　　1.已入慧根等之懺罪等　　　(32-21)

俄 **И**нв.No.6804　　1.已入慧根等之懺罪等　　　(32-22)

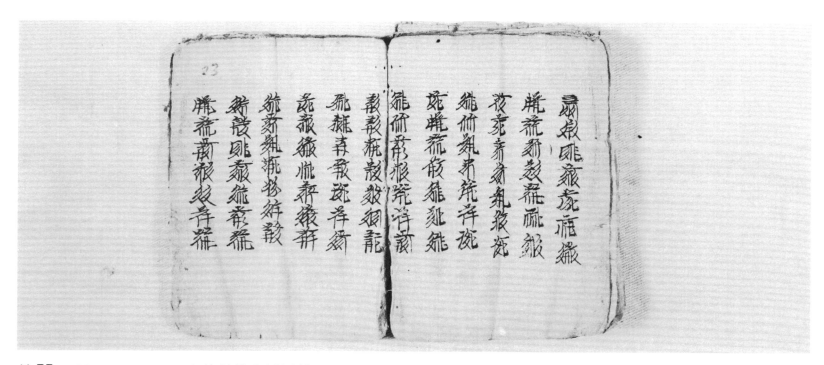

俄 **И**нв.No.6804　　1.已入慧根等之懺罪等　　　(32-23)

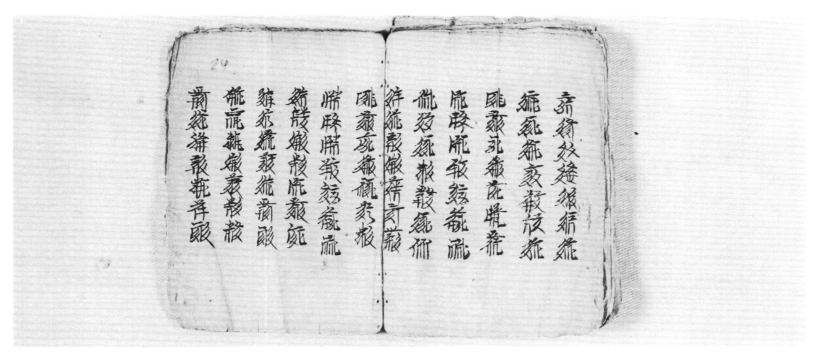

俄 **И**нв.No.6804　1.已入慧根等之懺罪等　　(32-24)

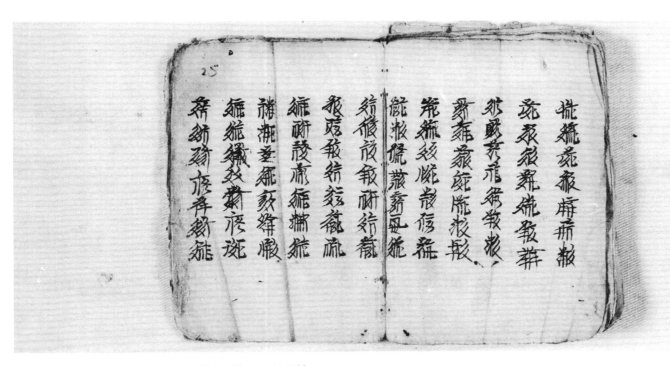

俄 **И**нв.No.6804　1.已入慧根等之懺罪等　　(32-25)

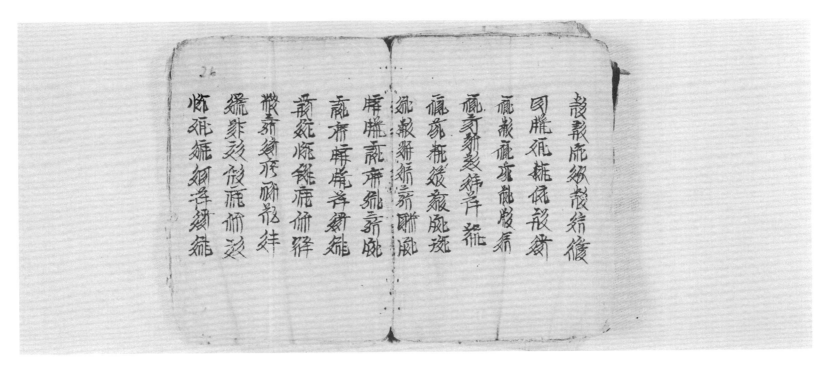

俄 **И**нв.No.6804　1.已入慧根等之懺罪等　　(32-26)

俄 **И**нв.No.6804　　1.已入慧根等之懺罪等　　　(32-27)

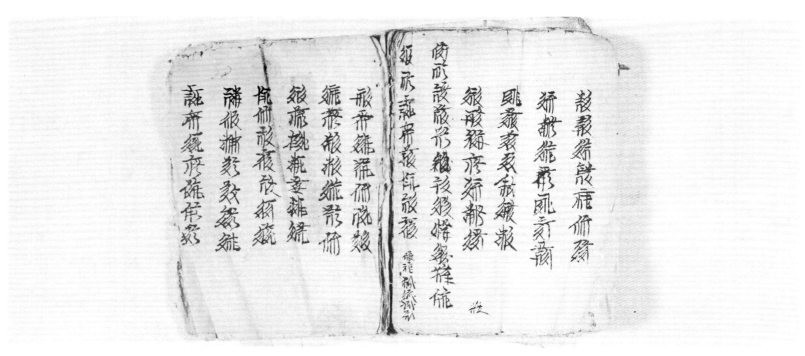

俄 **И**нв.No.6804　　2.金剛乘根本犯墮　　　(32-28)

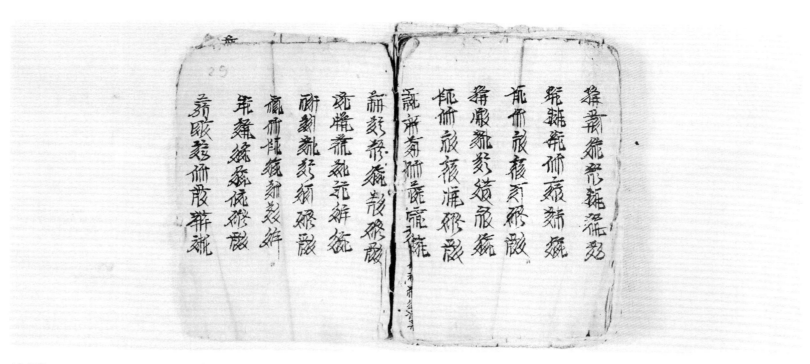

俄 **И**нв.No.6804　　2.金剛乘根本犯墮　　　(32-29)

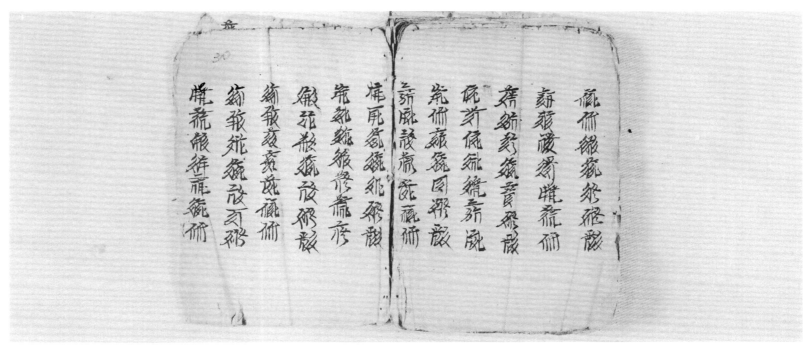

俄 **И**нв.No.6804　2.金剛乘根本犯墮　　　(32-30)

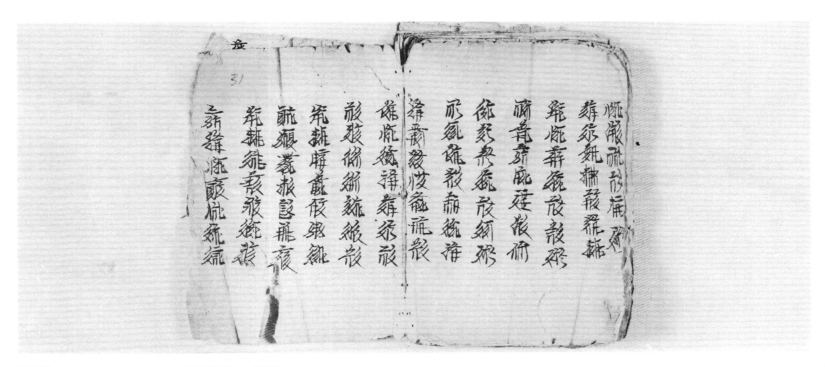

俄 **И**нв.No.6804　2.金剛乘根本犯墮　　　(32-31)

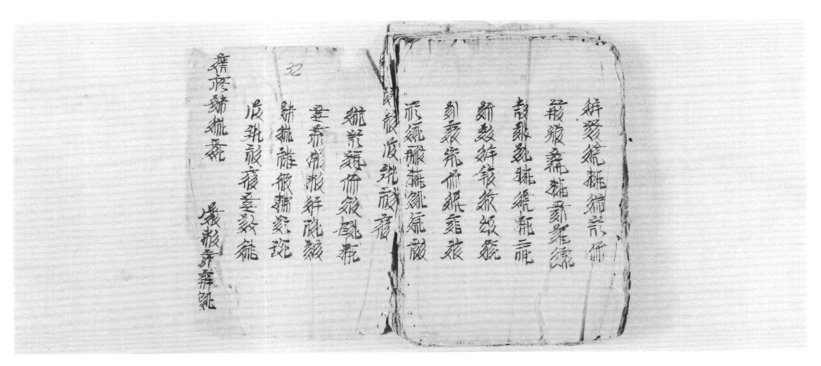

俄 **И**нв.No.6804　2.金剛乘根本犯墮　　　(32-32)

俄 **И**нв.No.8343　　念竟時諸佛前誦七支偈　　(9-1)

俄 **И**нв.No.8343　　念竟時諸佛前誦七支偈　　(9-2)

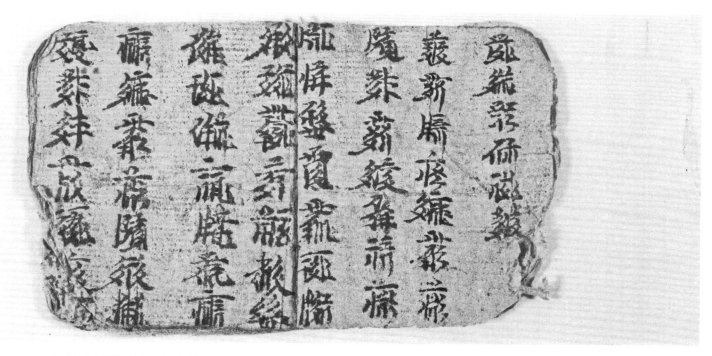

俄 **И**нв.No.8343　　念竟時諸佛前誦七支偈　　(9-3)

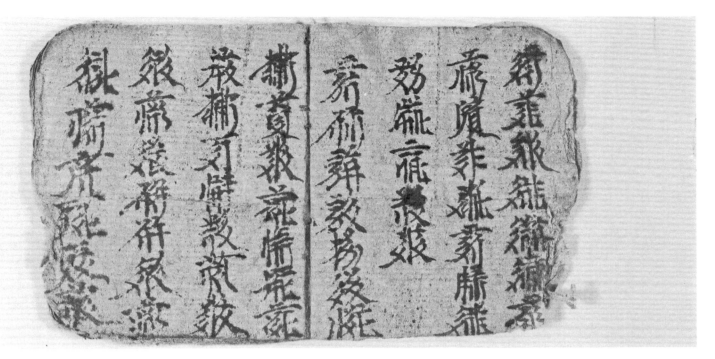

俄 **И**нв.No.8343　念竟時諸佛前誦七支偈　　　(9-4)

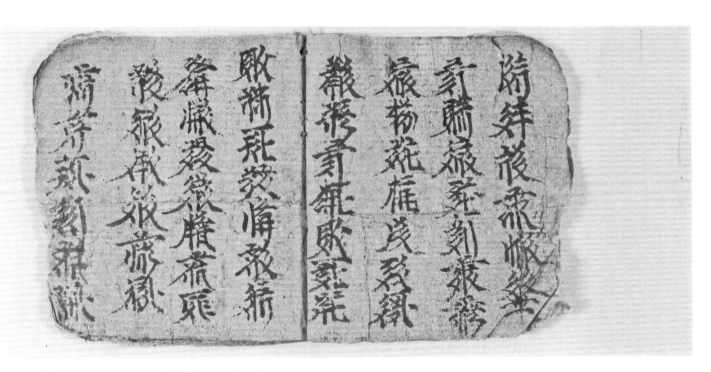

俄 **И**нв.No.8343　念竟時諸佛前誦七支偈　　　(9-5)

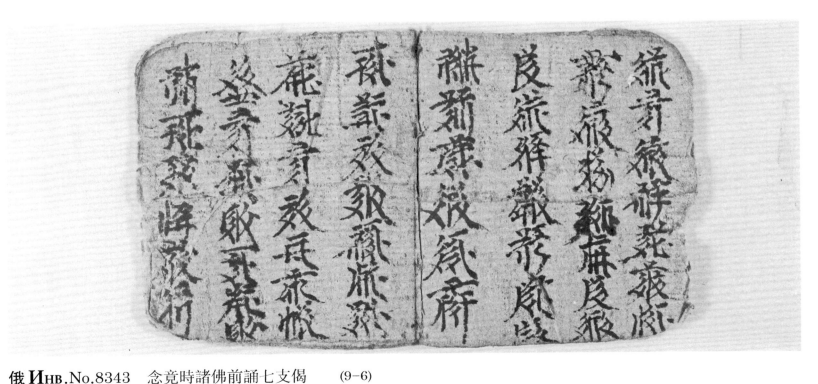

俄 **И**нв.No.8343　念竟時諸佛前誦七支偈　　　(9-6)

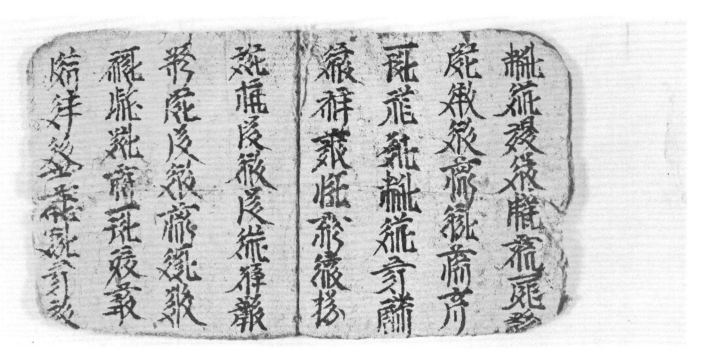

俄 **И**нв.No.8343　念竟時諸佛前誦七支偈　　　(9-7)

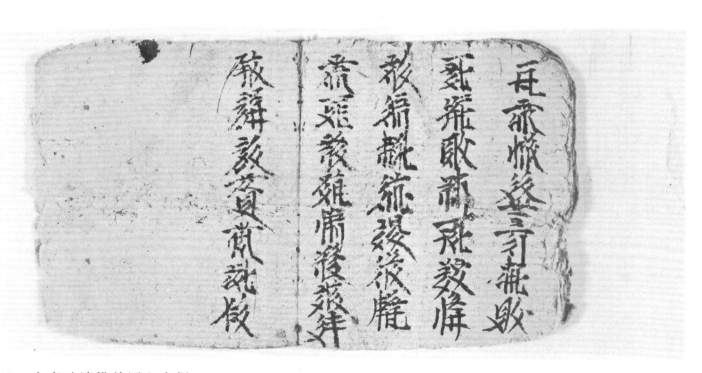

俄 **И**нв.No.8343　念竟時諸佛前誦七支偈　　　(9-8)

俄 **И**нв.No.8343　念竟時諸佛前誦七支偈　　　(9-9)

俄 Инв.No.6820　亡死回還要門

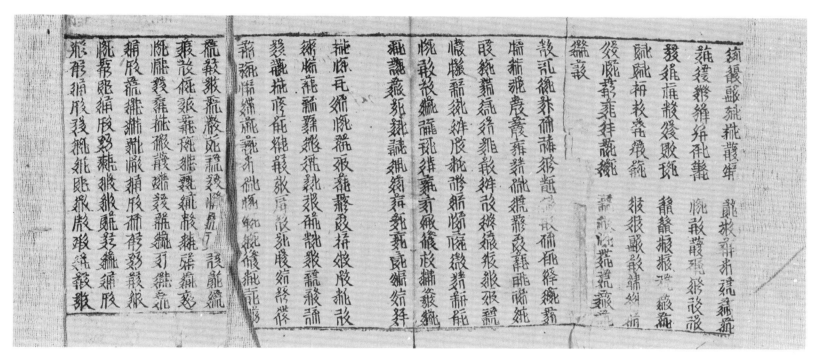

俄 Инв.No.7460　發願文

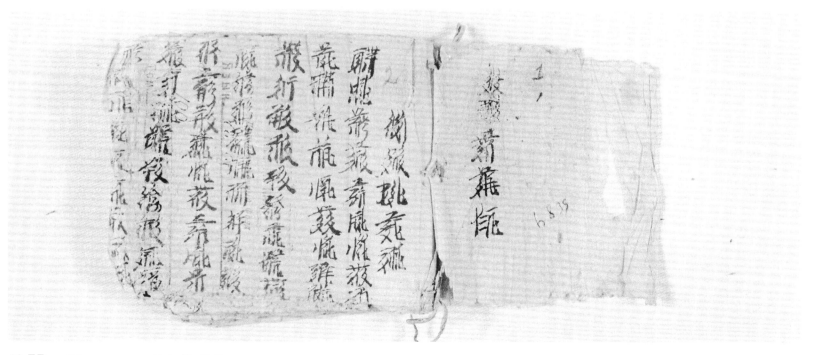

俄 Инв.No.6839　廣大供養典　　　(30-1)

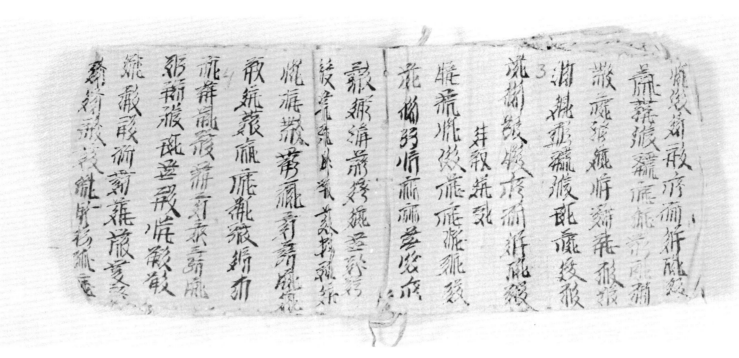

俄 Инв.No.6839　廣大供養典　　(30-2)

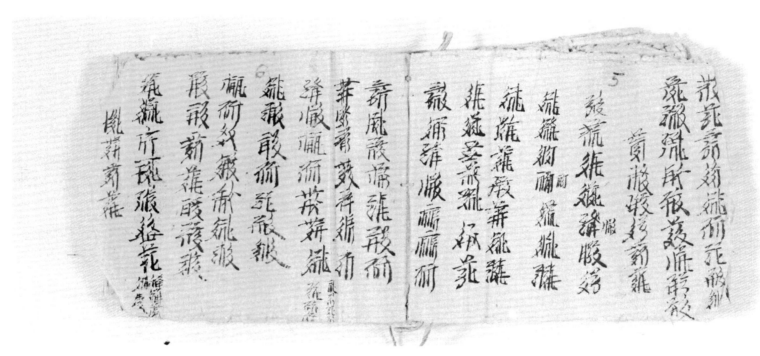

俄 Инв.No.6839　廣大供養典　　(30-3)

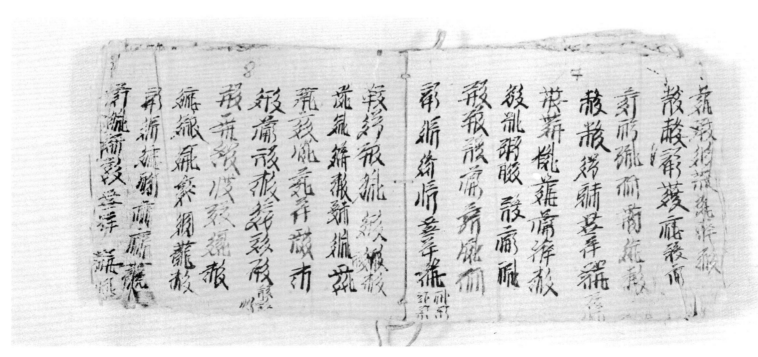

俄 Инв.No.6839　廣大供養典　　(30-4)

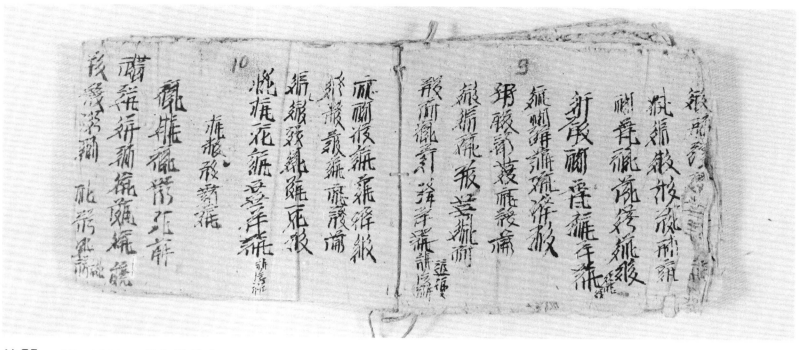

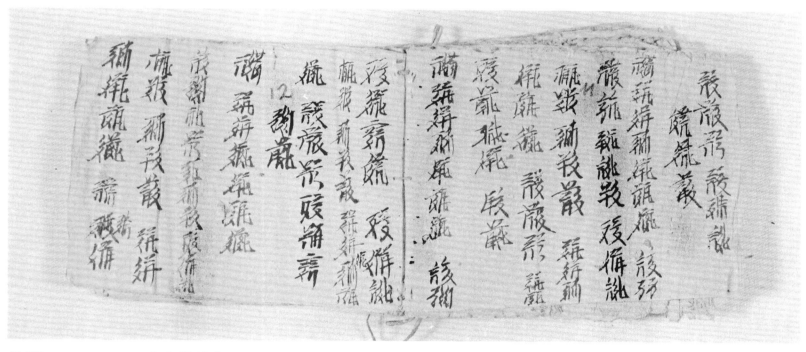

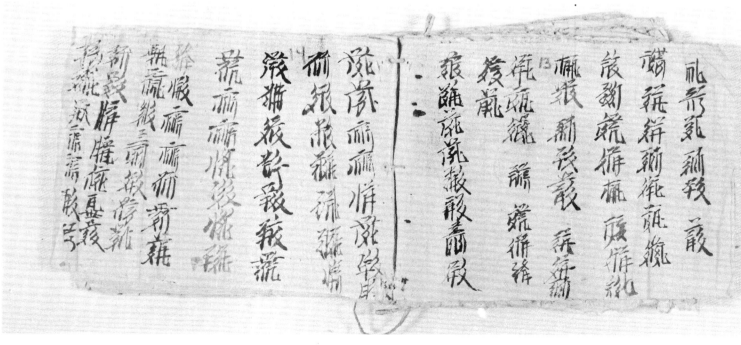

俄 ИНВ.No.6839　廣大供養典　　　（30-8）

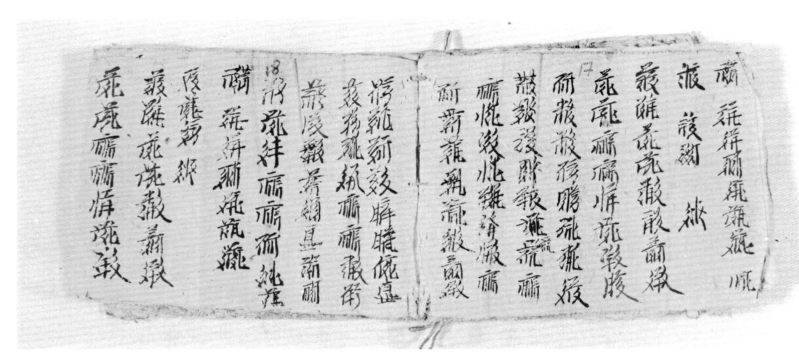

俄 ИНВ.No.6839　廣大供養典　　　（30-9）

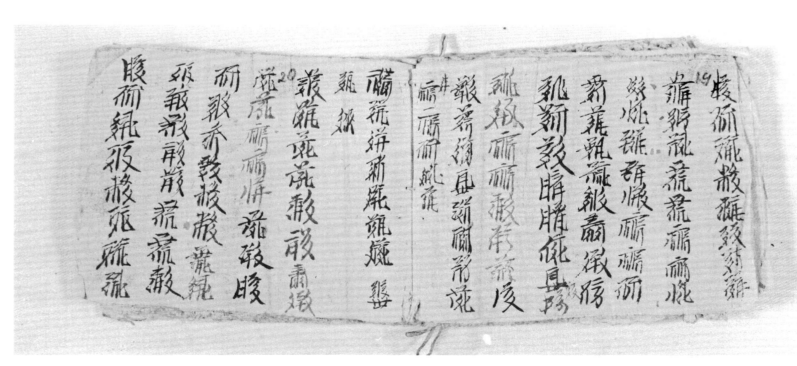

俄 ИНВ.No.6839　廣大供養典　　　（30-10）

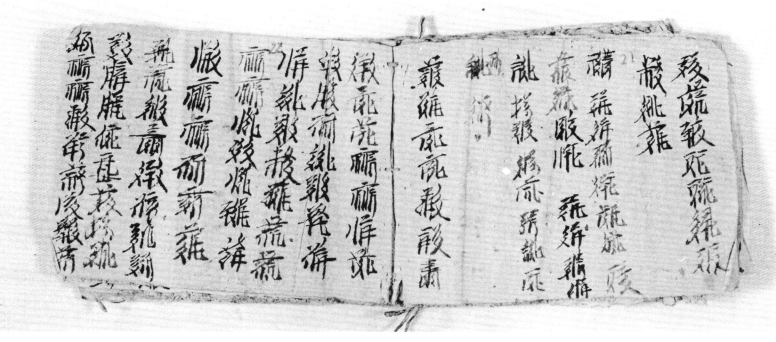

俄 ИнВ.No.6839　廣大供養典　(30-11)

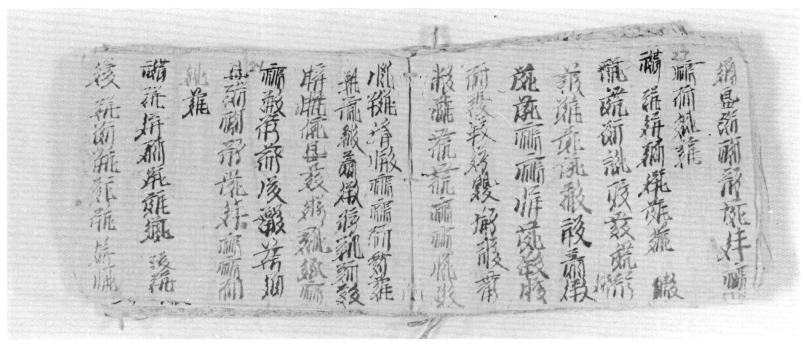

俄 ИнВ.No.6839　廣大供養典　(30-12)

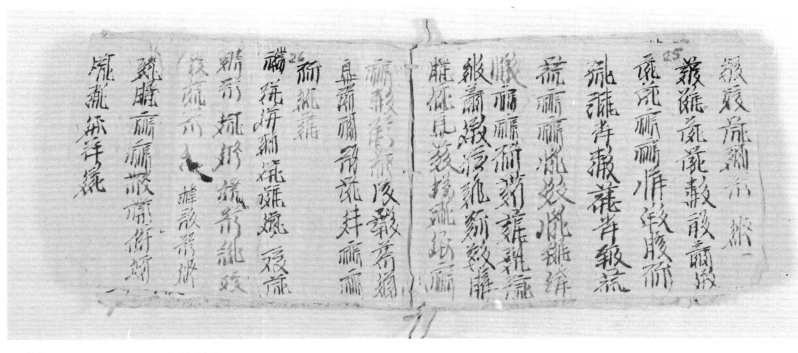

俄 ИнВ.No.6839　廣大供養典　(30-13)

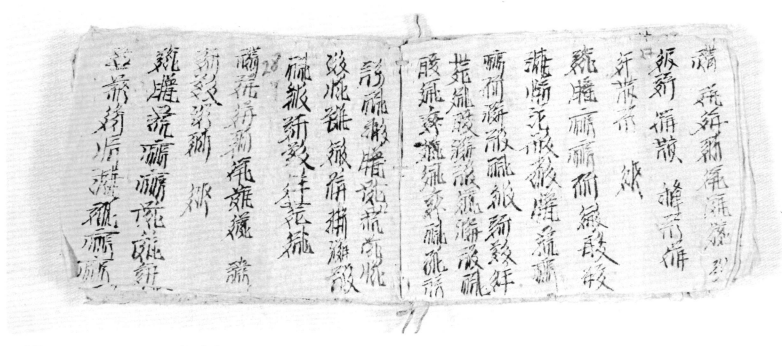

俄ИнB.No.6839　廣大供養典　　　（30-14）

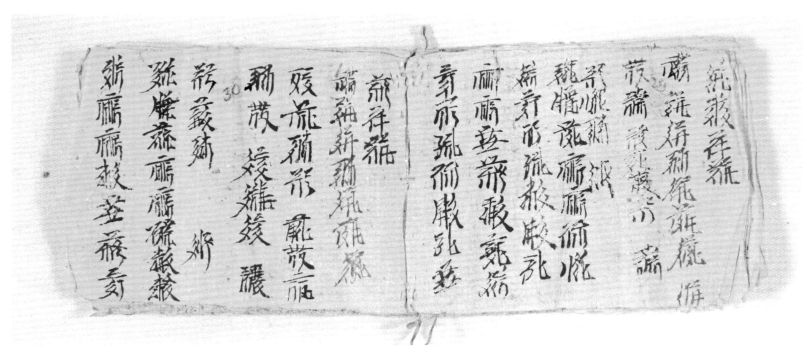

俄ИнB.No.6839　廣大供養典　　　（30-15）

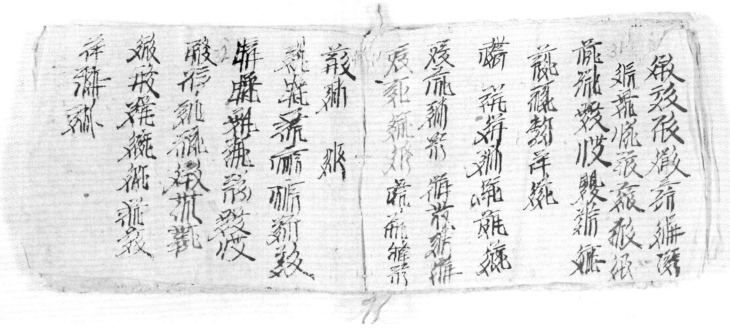

俄ИнB.No.6839　廣大供養典　　　（30-16）

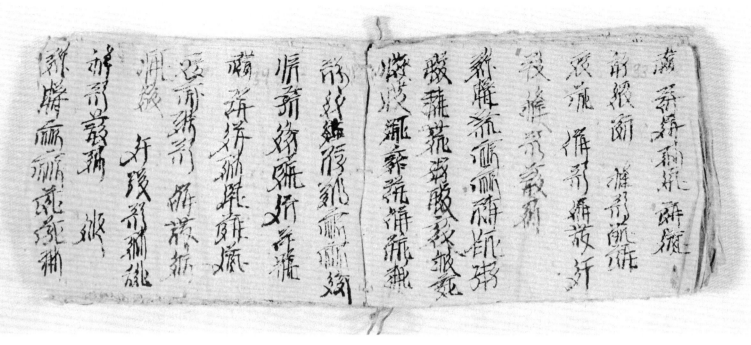

俄Инв.No.6839　廣大供養典　　　(30-17)

俄Инв.No.6839　廣大供養典　　　(30-18)

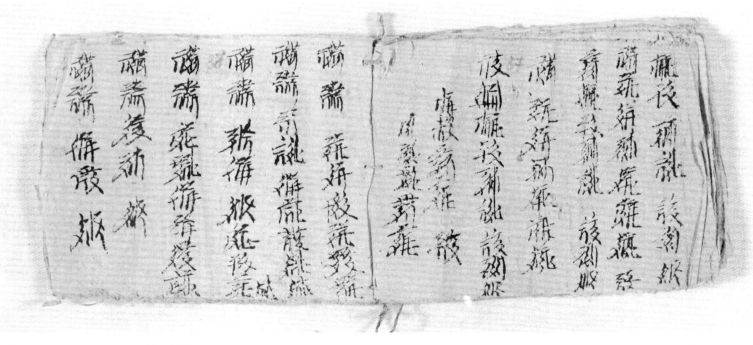

俄Инв.No.6839　廣大供養典　　　(30-19)

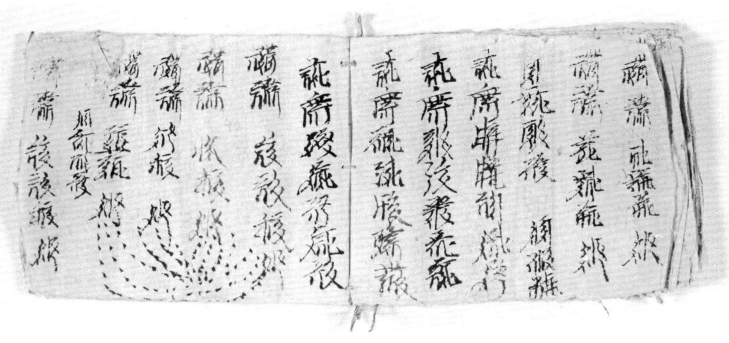

俄 Инв.No.6839　廣大供養典　　　(30-20)

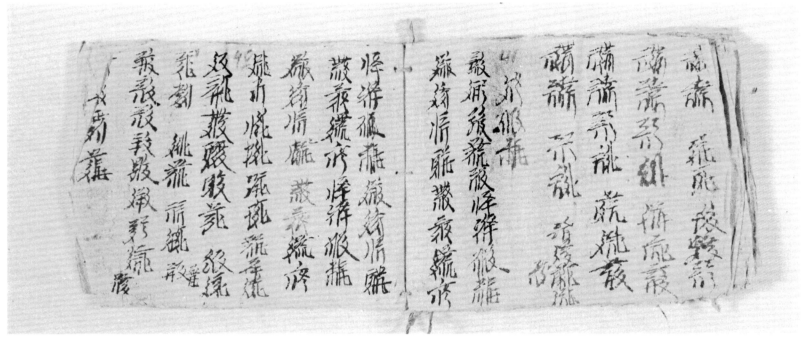

俄 Инв.No.6839　廣大供養典　　　(30-21)

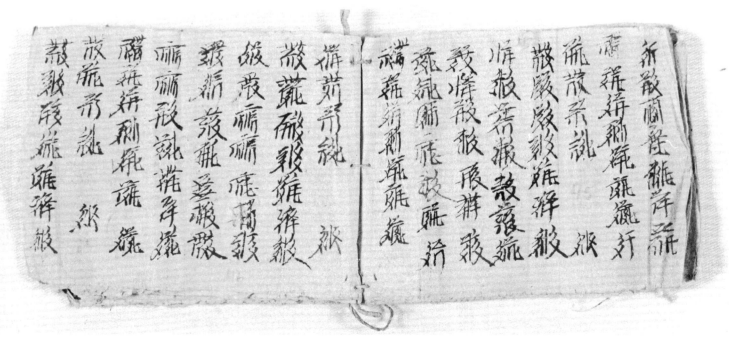

俄 Инв.No.6839　廣大供養典　　　(30-22)

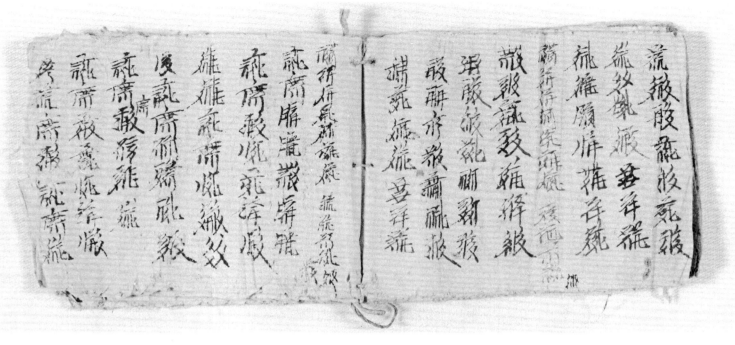

俄 ИнВ.No.6839　　廣大供養典　　　　（30-23）

俄 ИнВ.No.6839　　廣大供養典　　　　（30-24）

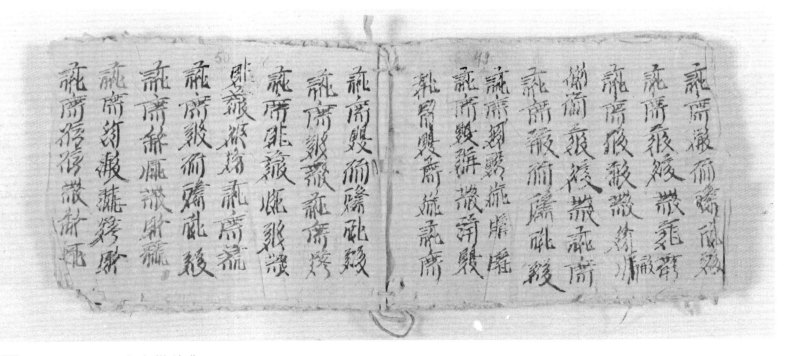

俄 ИнВ.No.6839　　廣大供養典　　　　（30-25）

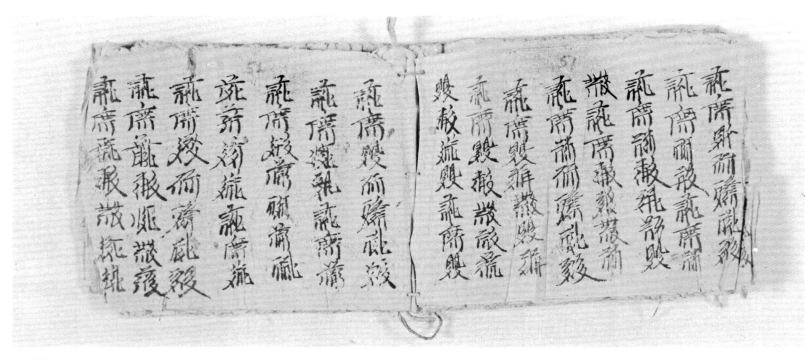

俄 **И**нв.No.6839 廣大供養典 (30-26)

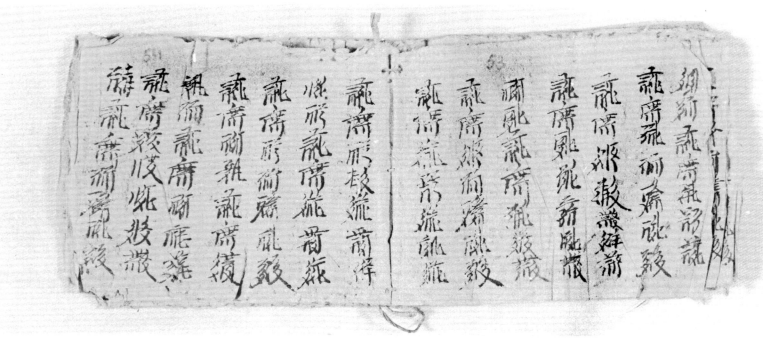

俄 **И**нв.No.6839 廣大供養典 (30-27)

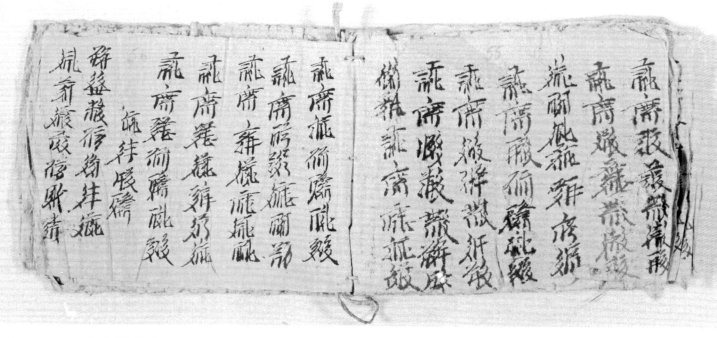

俄 **И**нв.No.6839 廣大供養典 (30-28)

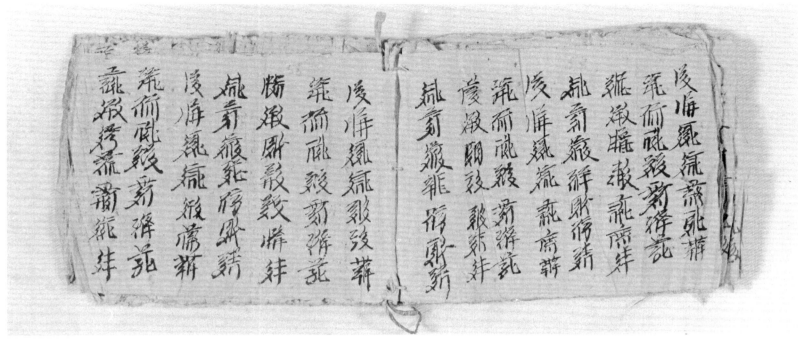

俄 **И**нв.No.6839　　廣大供養典　　　(30-29)

俄 **И**нв.No.6839　　廣大供養典　　　(30-30)

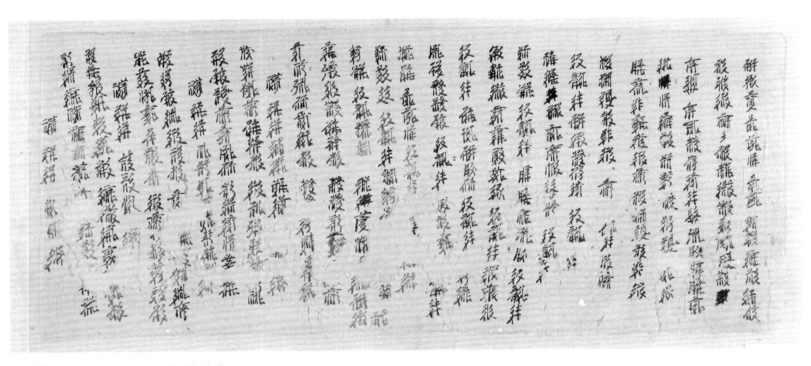

俄 **И**нв.No.4922　　廣大供養典　　　(6-1)

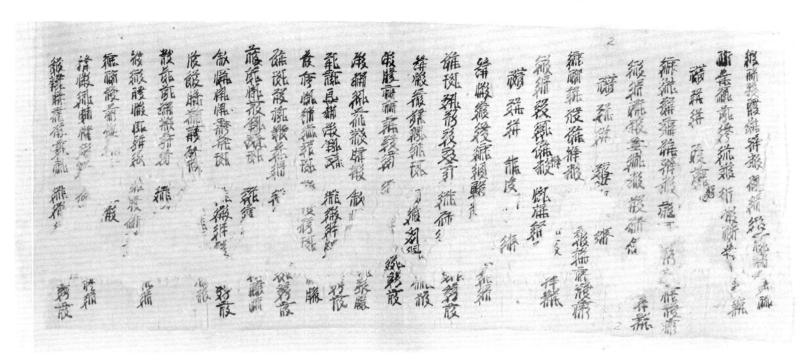

俄Инв.No.4922　廣大供養典　　(6-2)

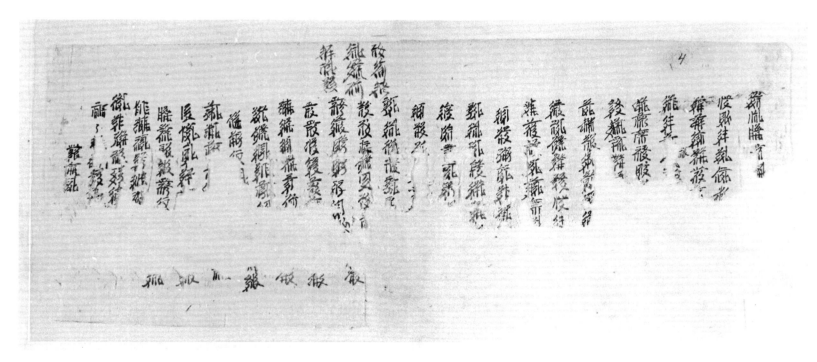

俄Инв.No.4922　廣大供養典　　(6-3)

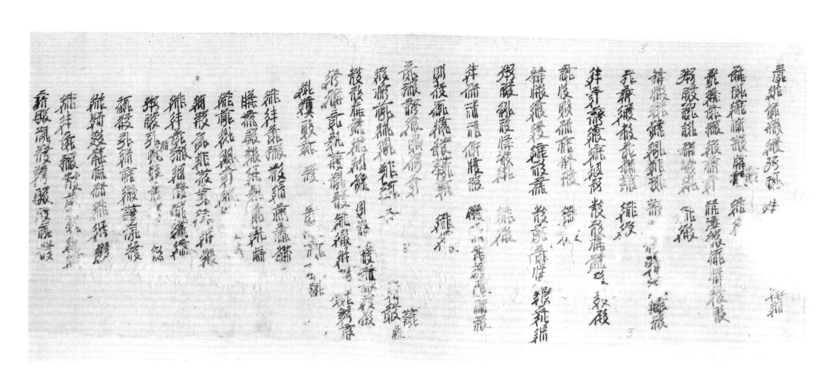

俄Инв.No.4922　廣大供養典　　(6-4)

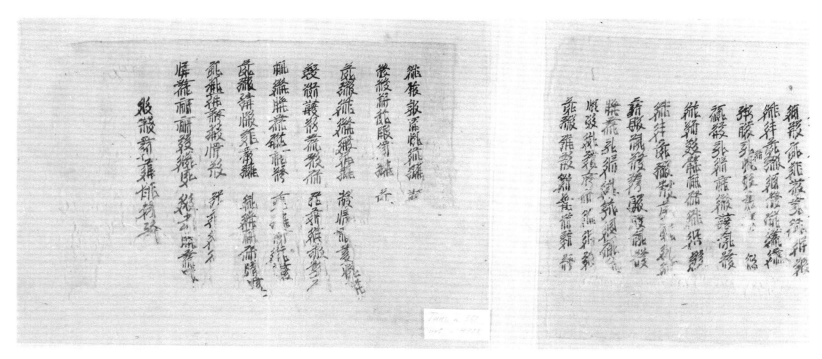

俄 **И**нв.No.4922　廣大供養典　　　(6-5)

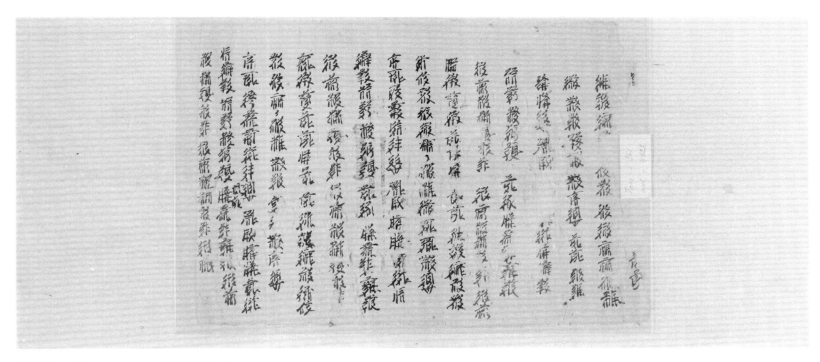

俄 **И**нв.No.4922　廣大供養典　　　(6-6)

俄 **И**нв.No.5062　1.修持儀軌　　(8-1)

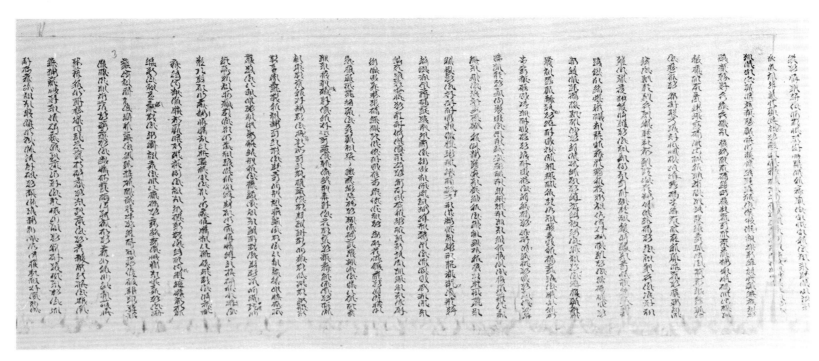

俄 **И**нв.No.5062　1.修持儀軌　　　(8-2)

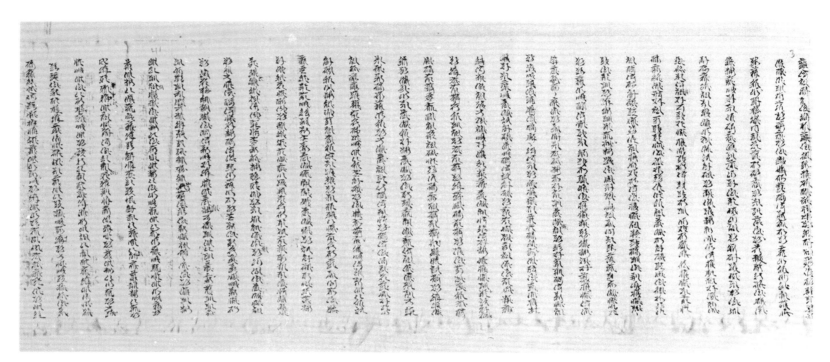

俄 **И**нв.No.5062　1.修持儀軌　　　(8-3)

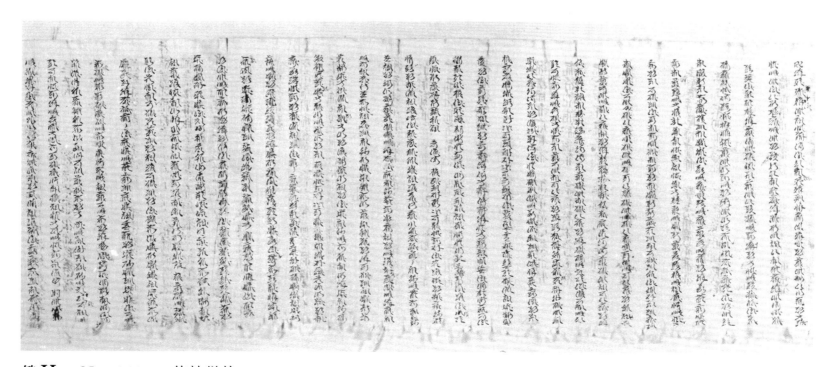

俄 **И**нв.No.5062　1.修持儀軌　　　(8-4)

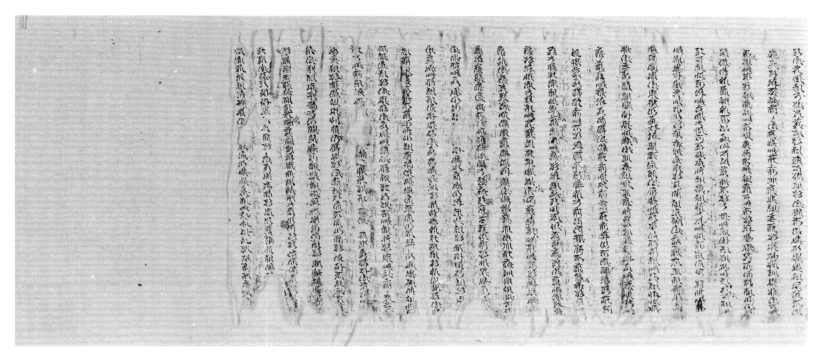

俄 Инв.No.5062　1.修持儀軌　　(8-5)

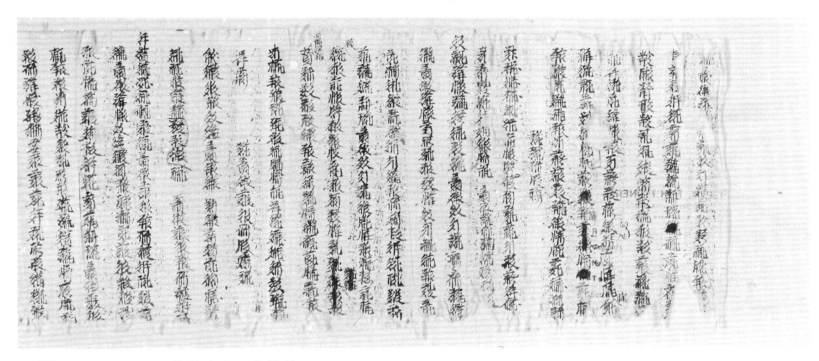

俄 Инв.No.5062　2.依做廣大三寶供養　　(8-6)

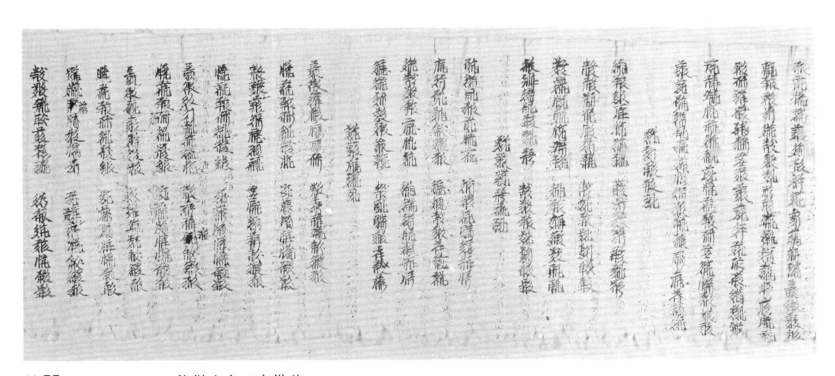

俄 Инв.No.5062　2.依做廣大三寶供養　　(8-7)

俄 Инв.No.5062　2.依做廣大三寶供養　　　(8-8)

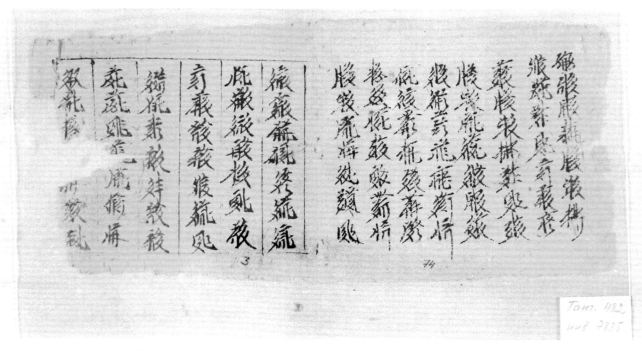

俄 Инв.No.7835　做請神典　開室窗典　六道十地五宅等　　(33-1)

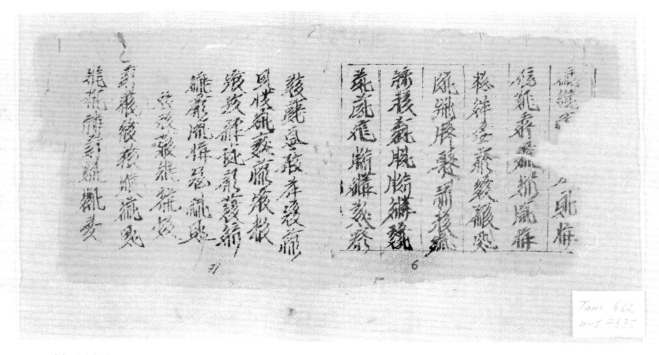

俄 Инв.No.7835　做請神典　開室窗典　六道十地五宅等　　(33-2)

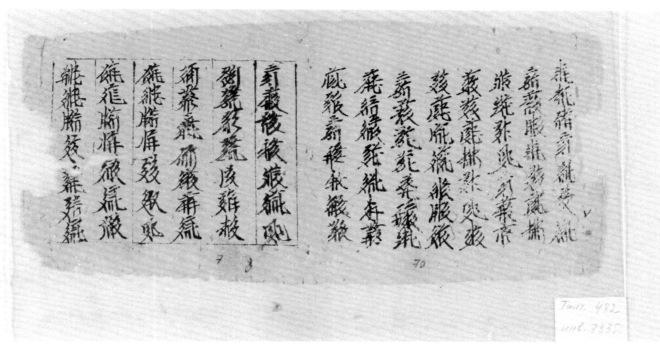

俄 Инв.No.7835　做請神典　開室窗典　六道十地五宅等　　　(33-3)

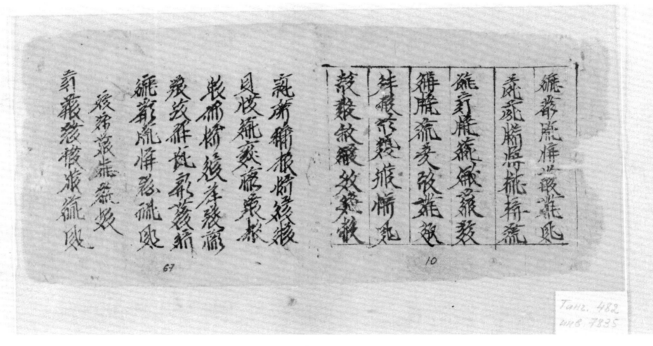

俄 Инв.No.7835　做請神典　開室窗典　六道十地五宅等　　　(33-4)

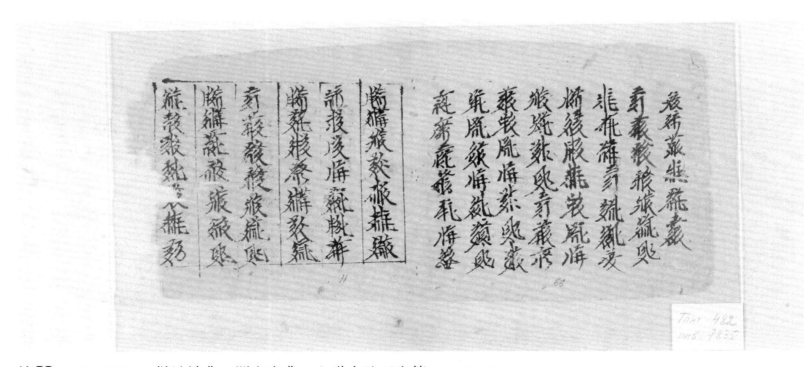

俄 Инв.No.7835　做請神典　開室窗典　六道十地五宅等　　　(33-5)

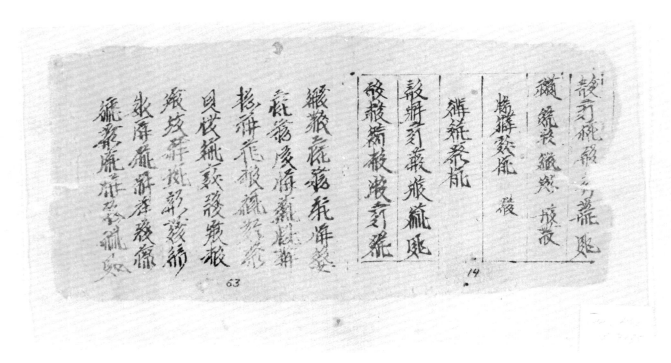

俄 **И**нв.No.7835　做請神典　開室窗典　六道十地五宅等　　　(33-6)

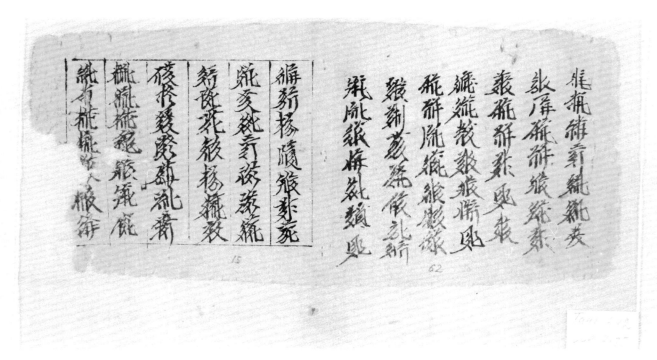

俄 **И**нв.No.7835　做請神典　開室窗典　六道十地五宅等　　　(33-7)

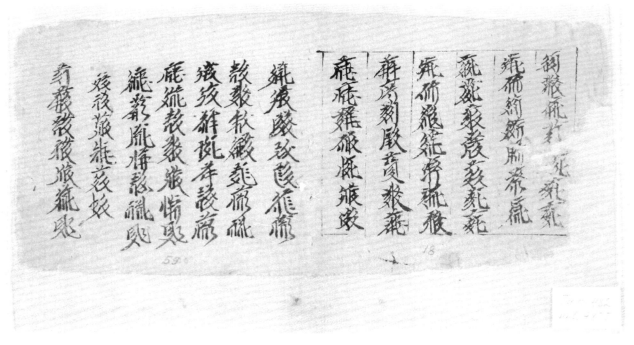

俄 **И**нв.No.7835　做請神典　開室窗典　六道十地五宅等　　　(33-8)

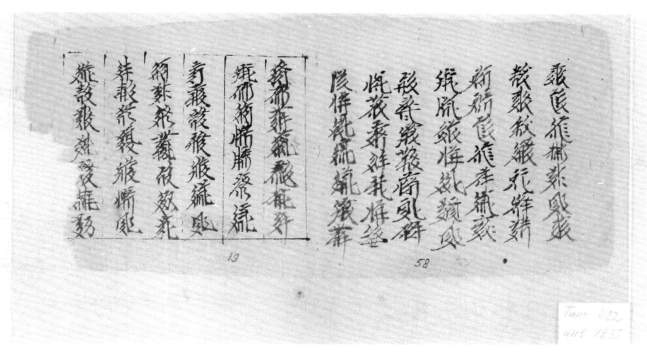

俄 **И**нв.No.7835　　做請神典　　開室窗典　　六道十地五宅等　　　　(33-9)

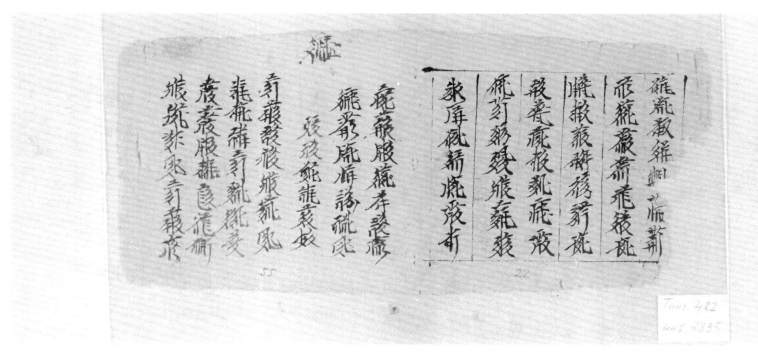

俄 **И**нв.No.7835　　做請神典　　開室窗典　　六道十地五宅等　　　　(33-10)

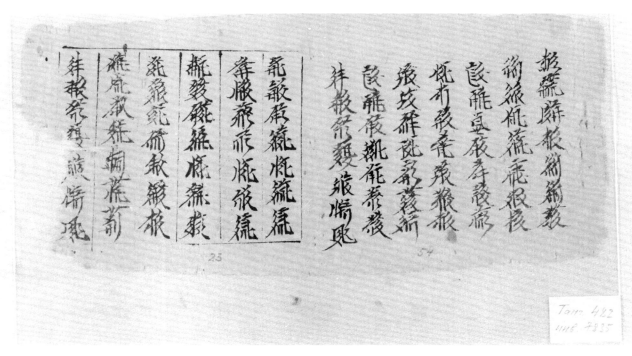

俄 **И**нв.No.7835　　做請神典　　開室窗典　　六道十地五宅等　　　　(33-11)

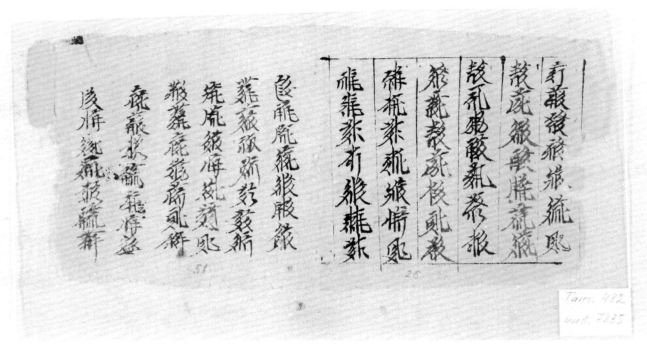

俄 **И**нв.No.7835　　做請神典　開室窗典　六道十地五宅等　　　(33-12)

俄 **И**нв.No.7835　　做請神典　開室窗典　六道十地五宅等　　　(33-13)

俄 **И**нв.No.7835　　做請神典　開室窗典　六道十地五宅等　　　(33-14)

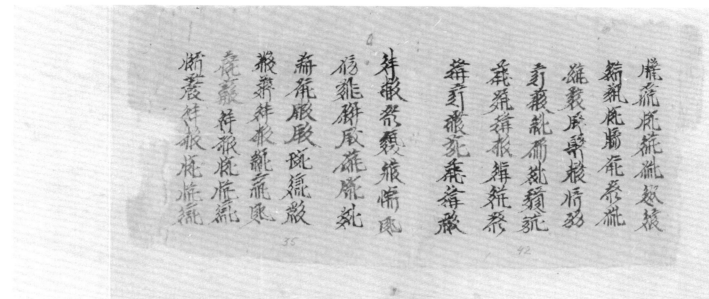

俄Инв.No.7835　做請神典　開室窗典　六道十地五宅等　　　（33-15）

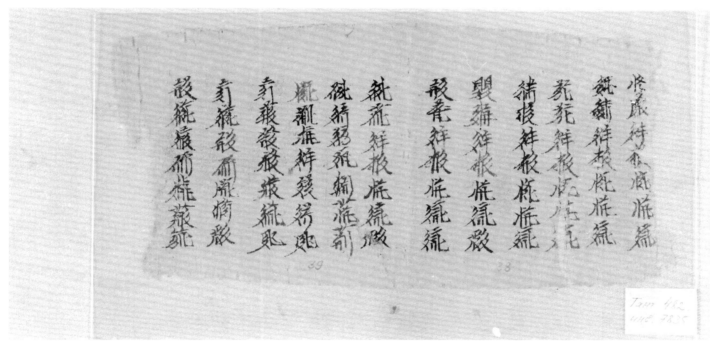

俄Инв.No.7835　做請神典　開室窗典　六道十地五宅等　　　（33-16）

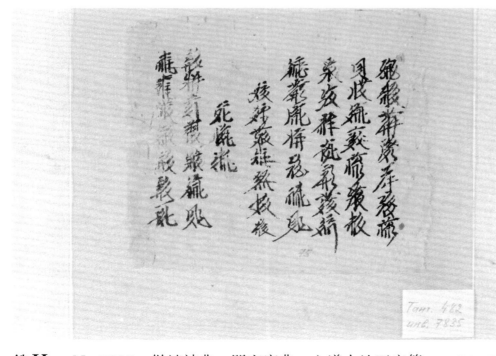

俄Инв.No.7835　做請神典　開室窗典　六道十地五宅等　　　（33-17）

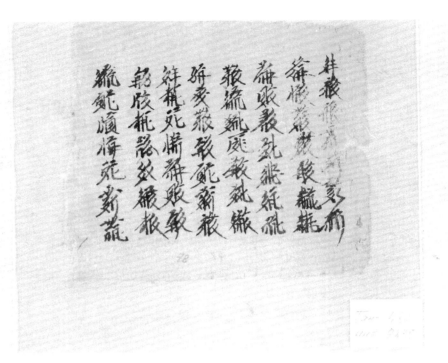

俄 ИнВ.No.7835　做請神典　開室窗典　六道十地五宅等　　　(33-18)

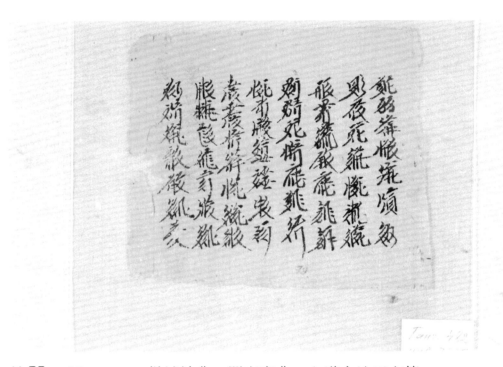

俄 ИнВ.No.7835　做請神典　開室窗典　六道十地五宅等　　　(33-19)

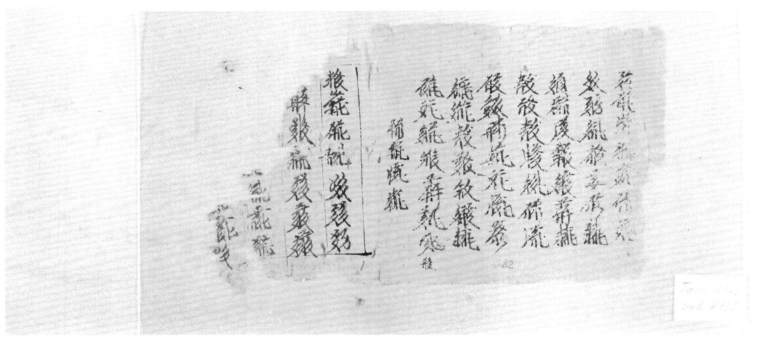

俄 ИнВ.No.7835　做請神典　開室窗典　六道十地五宅等　　　(33-20)

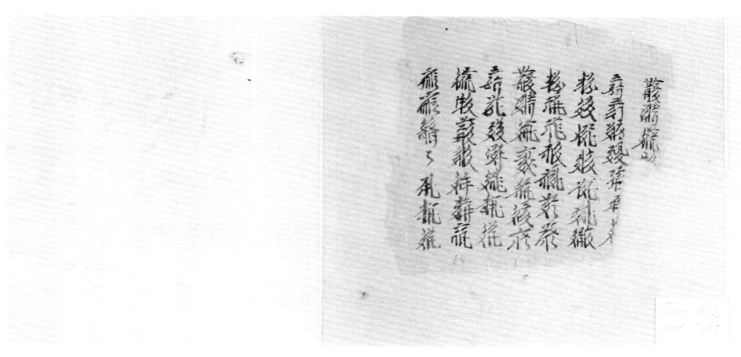

俄 Инв.No.7835　做請神典　開室窗典　六道十地五宅等　　　(33-21)

俄 Инв.No.7835　做請神典　開室窗典　六道十地五宅等　　　(33-22)

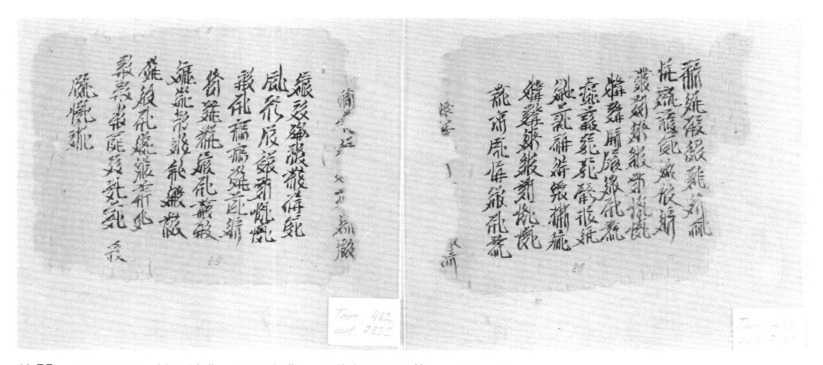

俄 Инв.No.7835　做請神典　開室窗典　六道十地五宅等　　　(33-23)

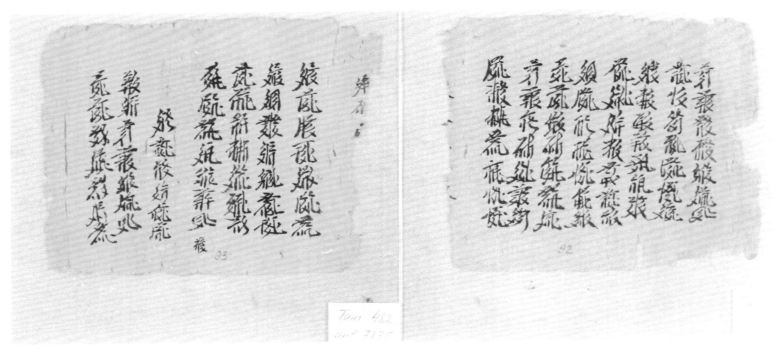

俄 **И**нв.No.7835　做請神典　開室窗典　六道十地五宅等　　　(33-24)

俄 **И**нв.No.7835　做請神典　開室窗典　六道十地五宅等　　　(33-25)

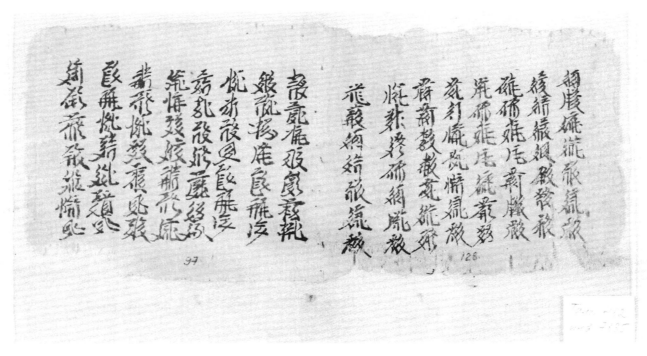

俄 **И**нв.No.7835　做請神典　開室窗典　六道十地五宅等　　　(33-26)

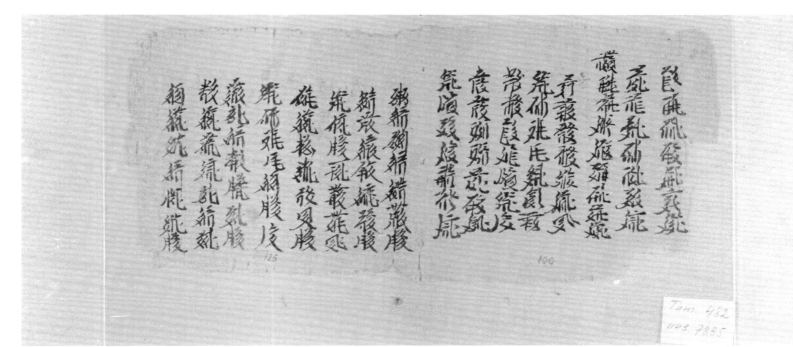

俄 **Инв**.No.7835　做請神典　開室窗典　六道十地五宅等　　　(33-27)

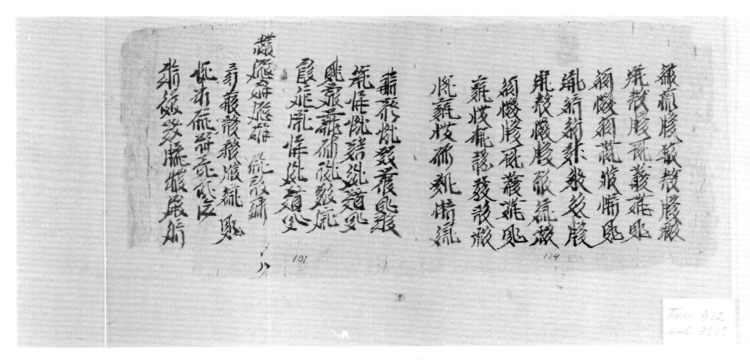

俄 **Инв**.No.7835　做請神典　開室窗典　六道十地五宅等　　　(33-28)

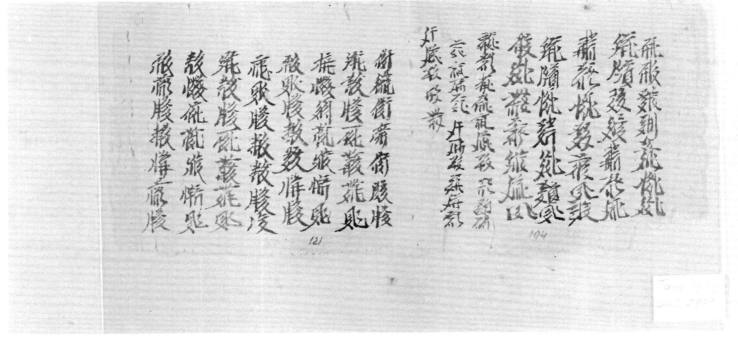

俄 **Инв**.No.7835　做請神典　開室窗典　六道十地五宅等　　　(33-29)

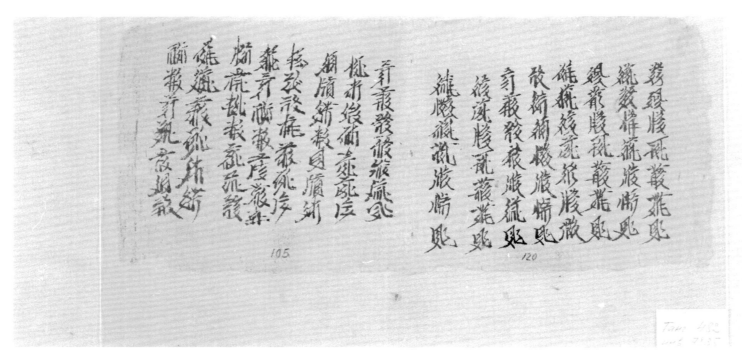

俄Инв.No.7835　做請神典　開室窗典　六道十地五宅等　　　（33-30）

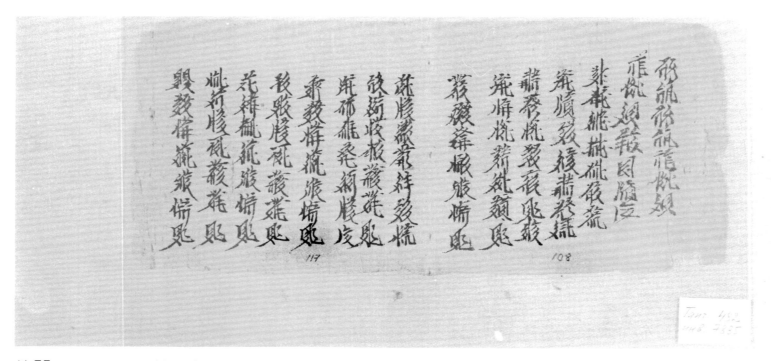

俄Инв.No.7835　做請神典　開室窗典　六道十地五宅等　　　（33-31）

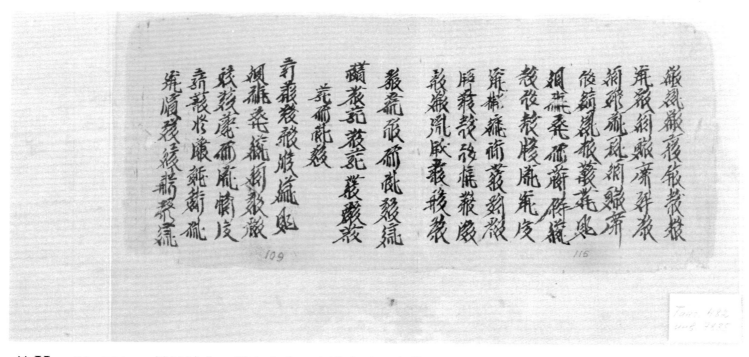

俄Инв.No.7835　做請神典　開室窗典　六道十地五宅等　　　（33-32）

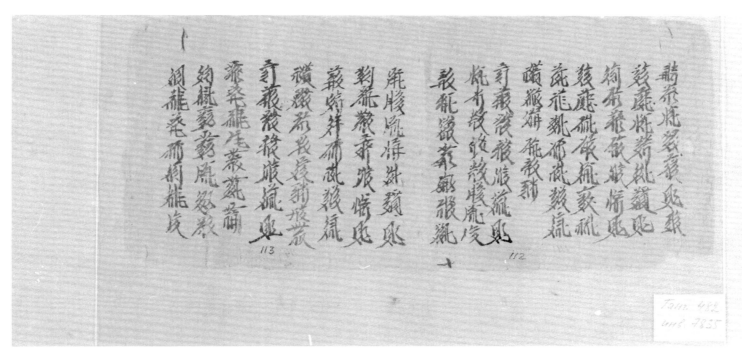

俄 **И**нв.No.7835　做請神典　開室窗典　六道十地五宅等　　　(33-33)

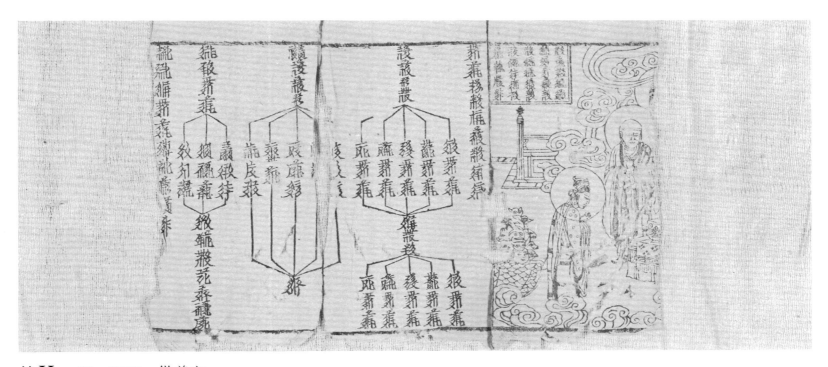

俄 **И**нв.No.4768　供養文

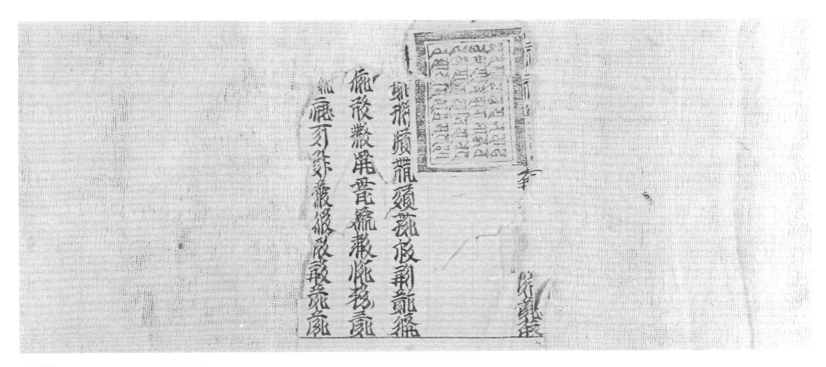

俄 **И**нв.No.6712　陀羅尼

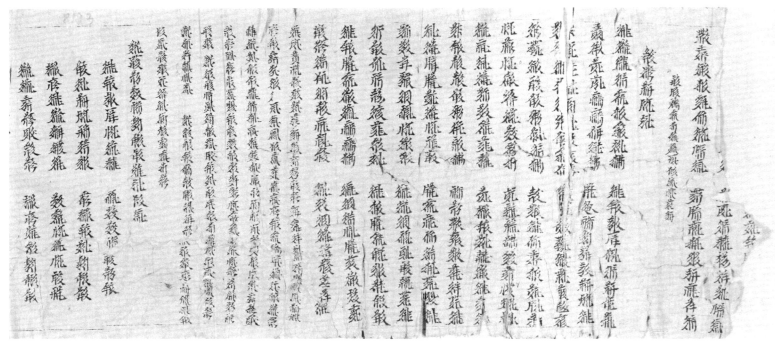

俄 Инв.No.8193　不共集輪供養做次第　　　（3-1）

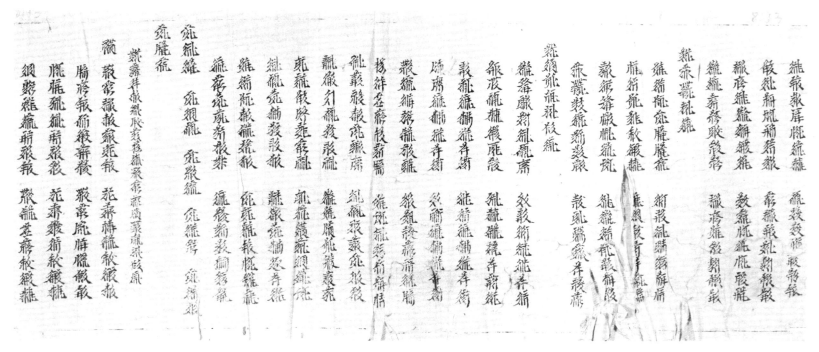

俄 Инв.No.8193　不共集輪供養做次第　　　（3-2）

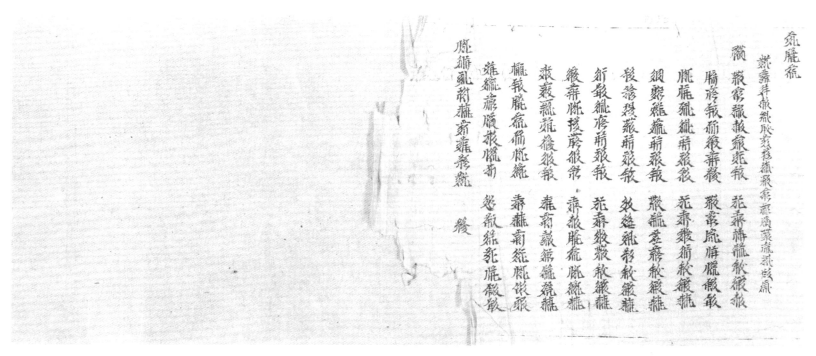

俄 Инв.No.8193　不共集輪供養做次第　　　（3-3）

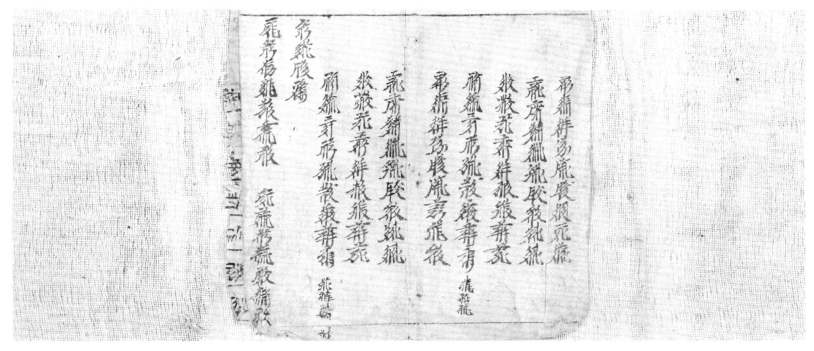

俄 **И**нв.No.8064　師次第讚嘆等　　(2-1)

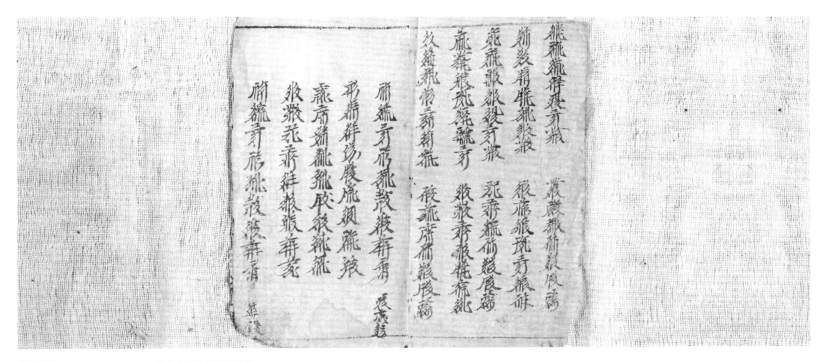

俄 **И**нв.No.8064　師次第讚嘆等　　(2-2)

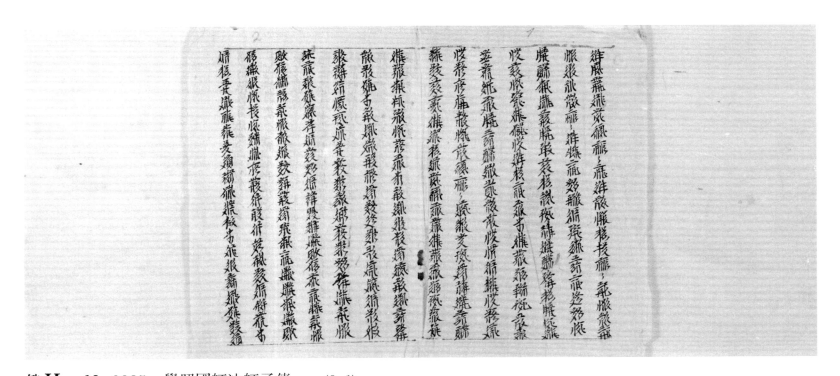

俄 **И**нв.No.2885　覺照國師法師子傳　　(6-1)

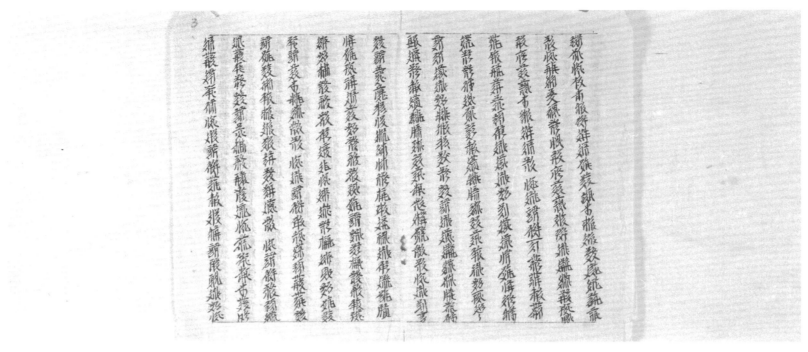

俄 **И**нв.No.2885　覺照國師法師子傳　　　(6-2)

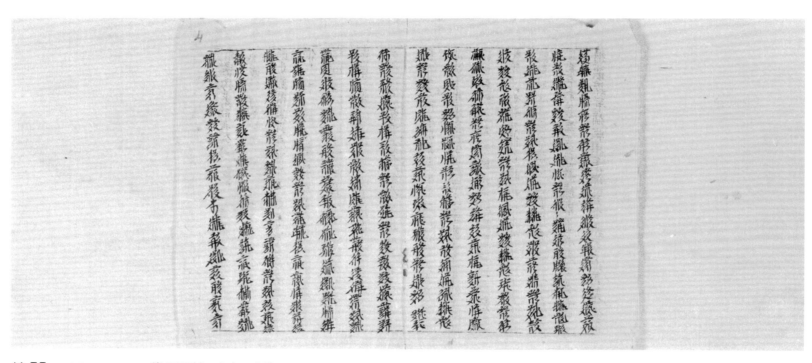

俄 **И**нв.No.2885　覺照國師法師子傳　　　(6-3)

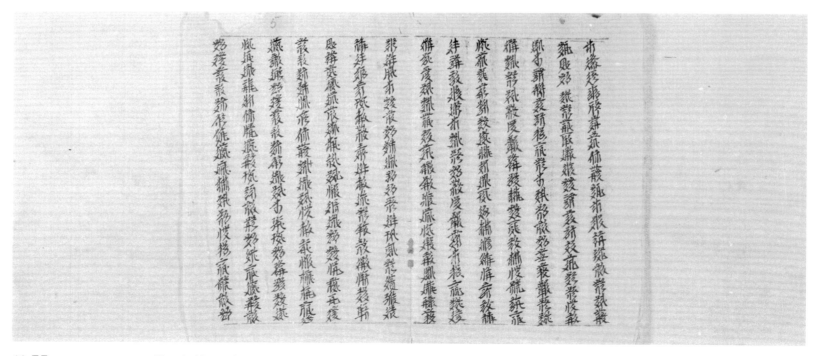

俄 **И**нв.No.2885　覺照國師法師子傳　　　(6-4)

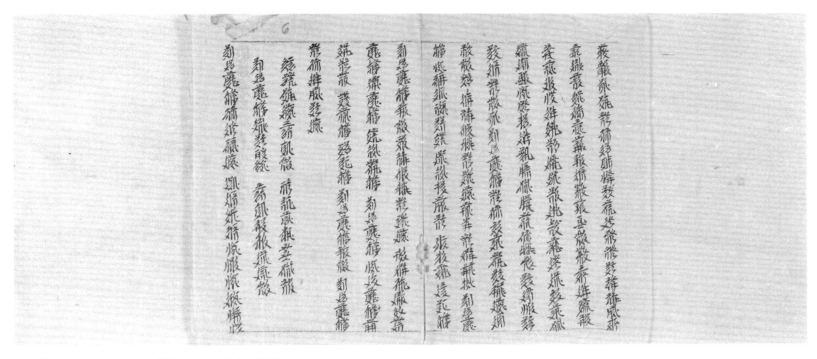

俄 Инв.No.2885　覺照國師法師子傳　　　(6-5)

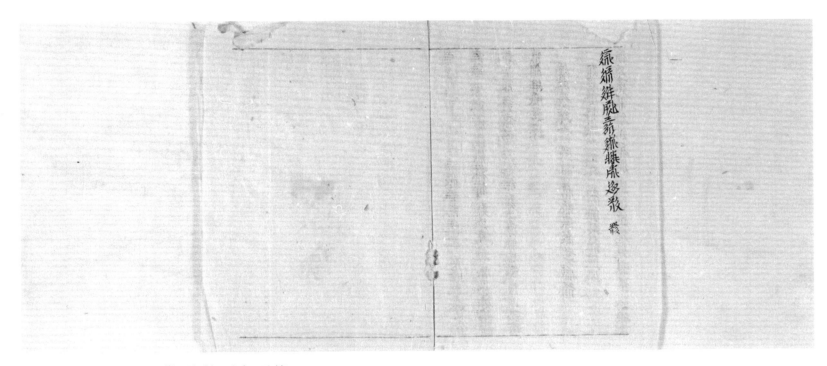

俄 Инв.No.2885　覺照國師法師子傳　　　(6-6)

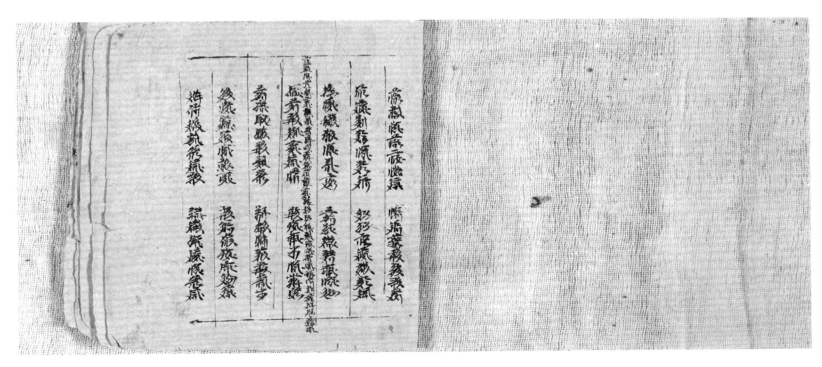

俄 Инв.No.6858　修持儀軌　　　(6-1)

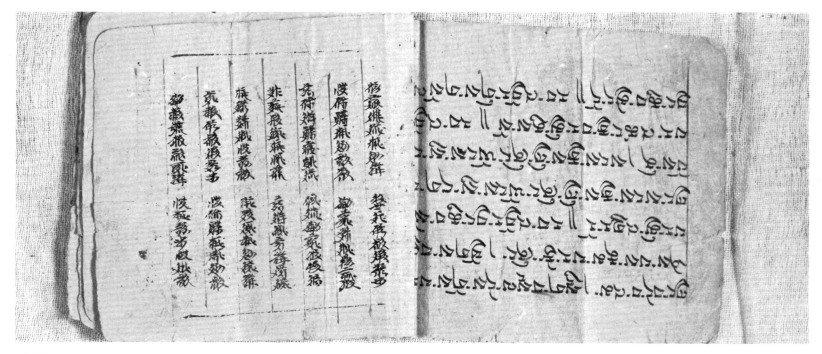

俄 Инв.No.6858　修持儀軌　　（6-2）

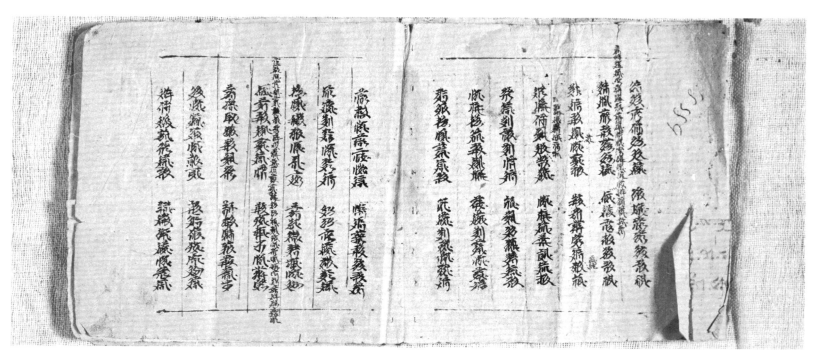

俄 Инв.No.6858　修持儀軌　　（6-3）

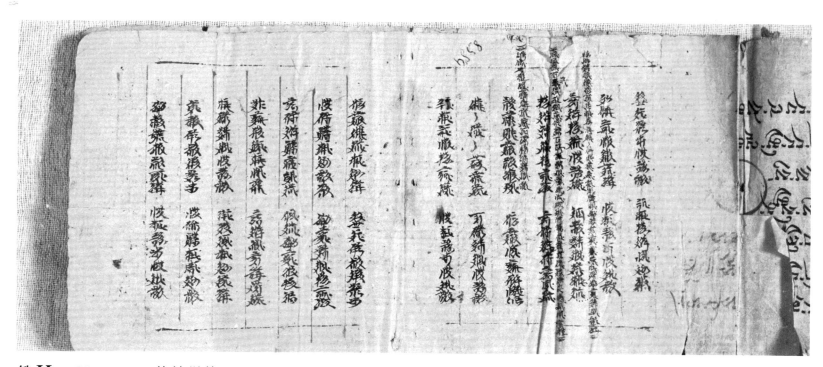

俄 Инв.No.6858　修持儀軌　　（6-4）

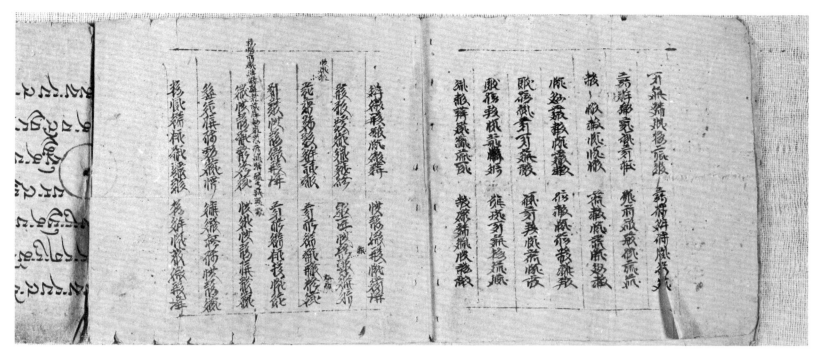

俄 **И**нв.No.6858　修持儀軌　　　(6-5)

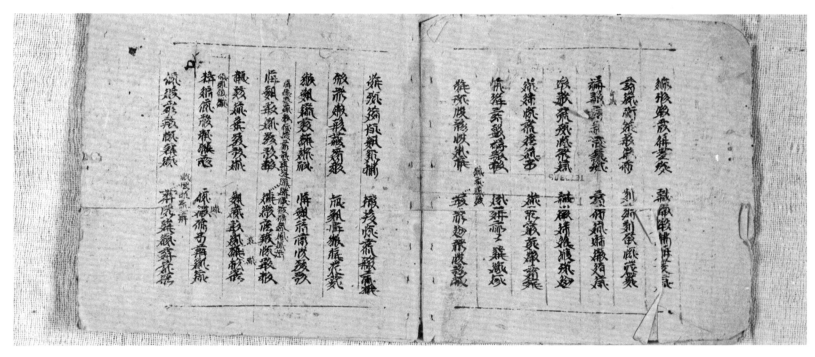

俄 **И**нв.No.6858　修持儀軌　　　(6-6)

俄 **И**нв.No.6381　修持儀軌　　　(2-1)

俄 **И**нв.No.6381　修持儀軌　　(2-2)

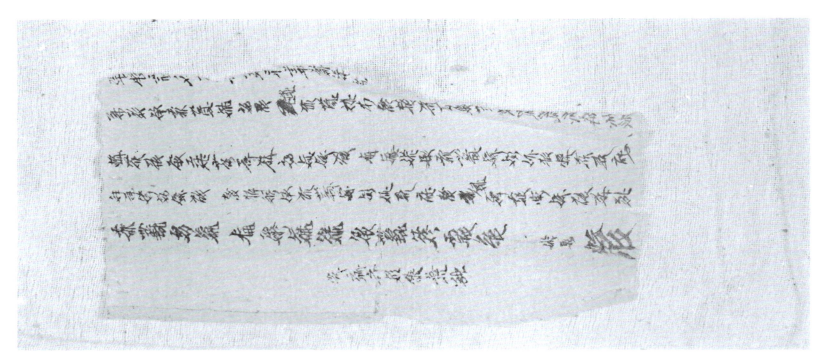

俄 **И**нв.No.6063　迴向文

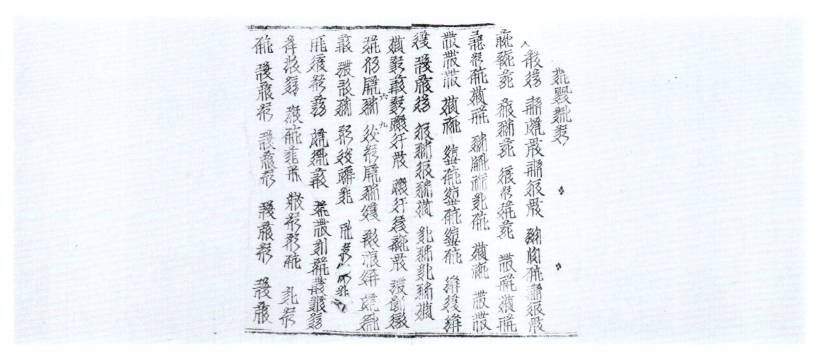

俄 **И**нв.No.5778　陀羅尼

俄 Инв.No.2533　密教修持儀軌　　（66-1）

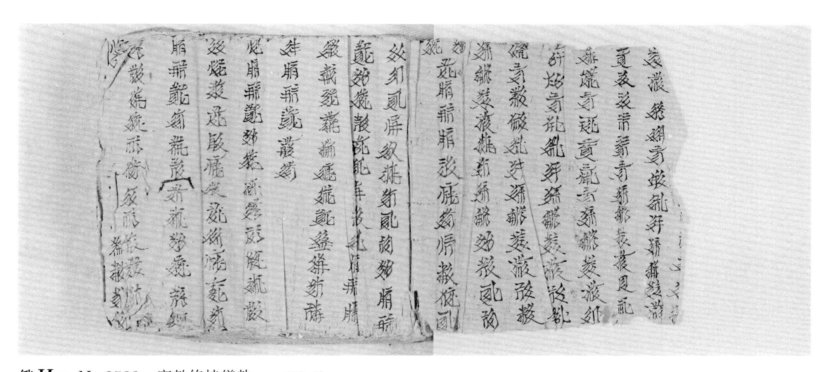

俄 Инв.No.2533　密教修持儀軌　　（66-2）

俄 Инв.No.2533　密教修持儀軌　　（66-3）

俄 **И**нв.No.2533　密教修持儀軌　　　（66-4）

俄 **И**нв.No.2533　密教修持儀軌　　　（66-5）

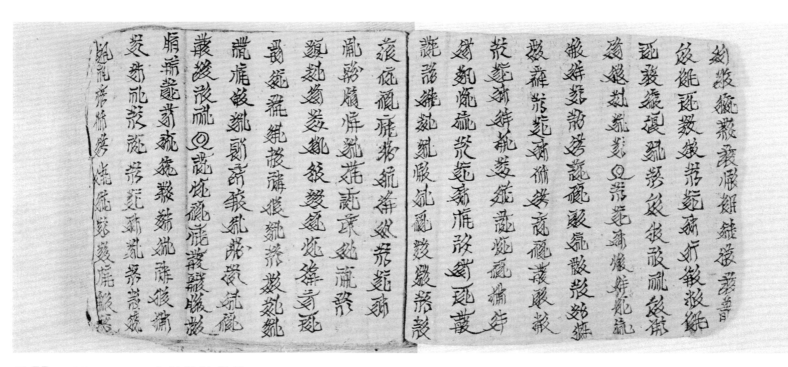

俄 **И**нв.No.2533　密教修持儀軌　　　（66-6）

俄 **И**нв.No.2533　密教修持儀軌　　（66-7）

俄 **И**нв.No.2533　密教修持儀軌　　（66-8）

俄 **И**нв.No.2533　密教修持儀軌　　（66-9）

俄 Инв.No.2533 密教修持儀軌 (66–10)

俄 Инв.No.2533 密教修持儀軌 (66–11)

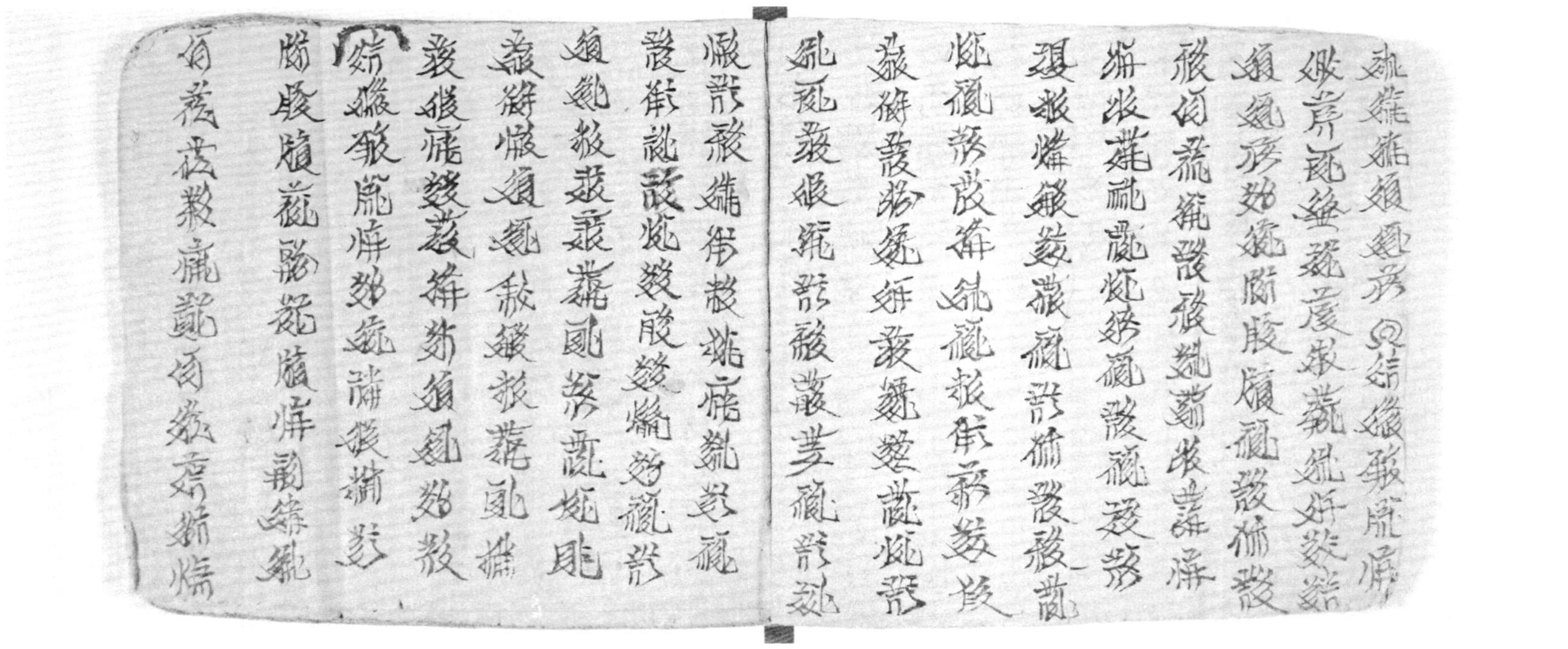

俄 Инв.No.2533 密教修持儀軌 (66–12)

俄 **И**нв.No.2533　密教修持儀軌　　　(66-13)

俄 **И**нв.No.2533　密教修持儀軌　　　(66-14)

俄 **И**нв.No.2533　密教修持儀軌　　　(66-15)

俄Инв.No.2533　密教修持儀軌　　(66—16)

俄Инв.No.2533　密教修持儀軌　　(66—17)

俄Инв.No.2533　密教修持儀軌　　(66—18)

俄 **Инв**.No.2533　密教修持儀軌　　　（66-19）

俄 **Инв**.No.2533　密教修持儀軌　　　（66-20）

俄 **Инв**.No.2533　密教修持儀軌　　　（66-21）

俄 **И**нв.No.2533　　密教修持儀軌　　　　（66-22）

俄 **И**нв.No.2533　　密教修持儀軌　　　　（66-23）

俄 **И**нв.No.2533　　密教修持儀軌　　　　（66-24）

俄 **И**нв.No.2533　密教修持儀軌　　　(66-25)

俄 **И**нв.No.2533　密教修持儀軌　　　(66-26)

俄 **И**нв.No.2533　密教修持儀軌　　　(66-27)

俄 **И**нв.No.2533　密教修持儀軌　　　(66-28)

俄 **И**нв.No.2533　密教修持儀軌　　　(66-29)

俄 **И**нв.No.2533　密教修持儀軌　　　(66-30)

俄 Инв.No.2533　密教修持儀軌　　（66-31）

俄 Инв.No.2533　密教修持儀軌　　（66-32）

俄 Инв.No.2533　密教修持儀軌　　（66-33）

俄 **И**нв.No.2533　密教修持儀軌　　　(66-34)

俄 **И**нв.No.2533　密教修持儀軌　　　(66-35)

俄 **И**нв.No.2533　密教修持儀軌　　　(66-36)

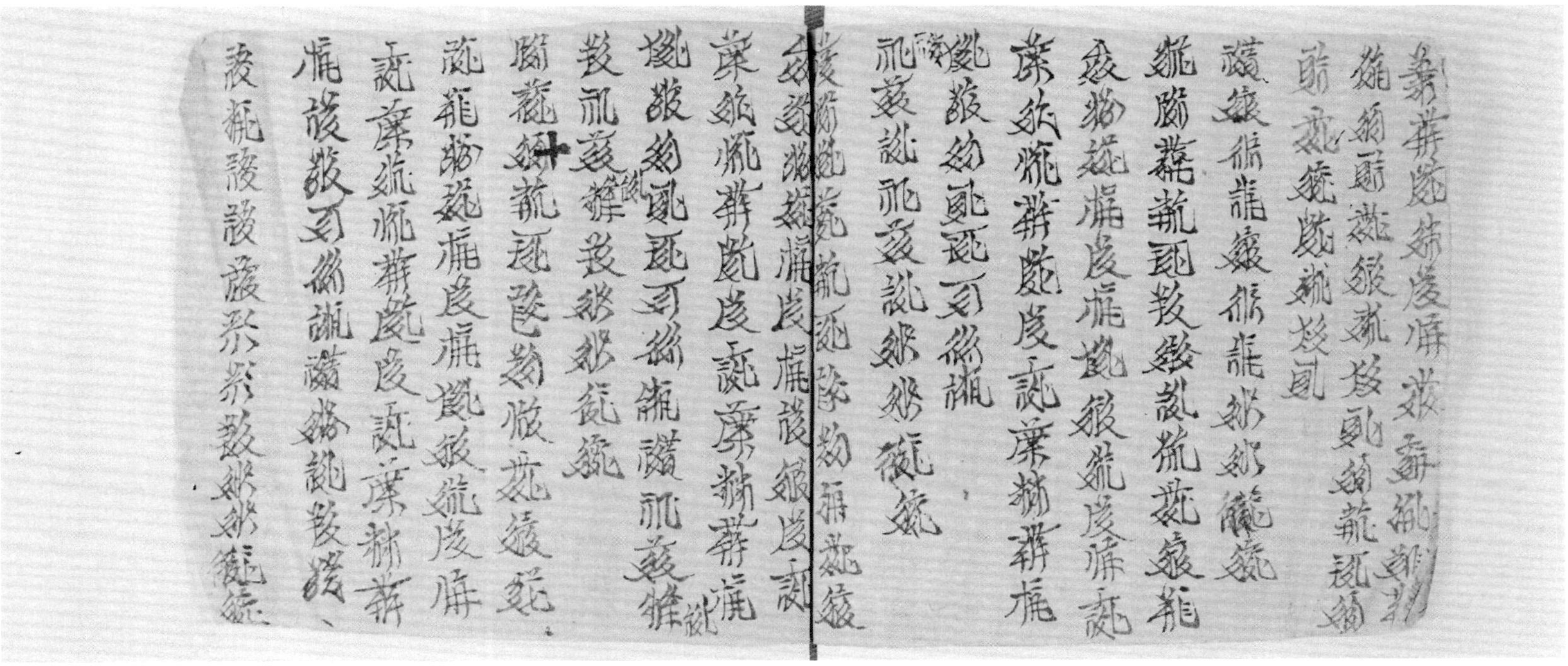

俄 Инв.No.2533　密教修持儀軌　(66–37)

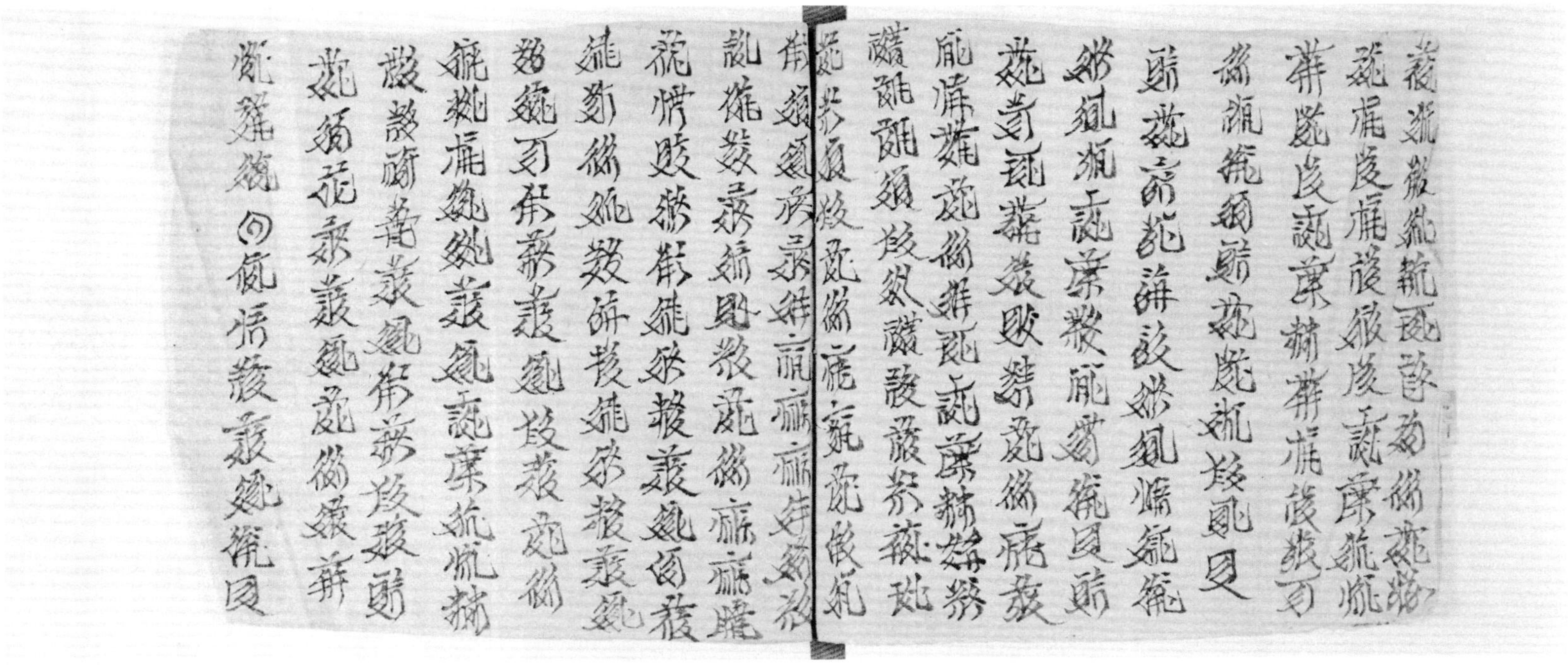

俄 Инв.No.2533　密教修持儀軌　(66–38)

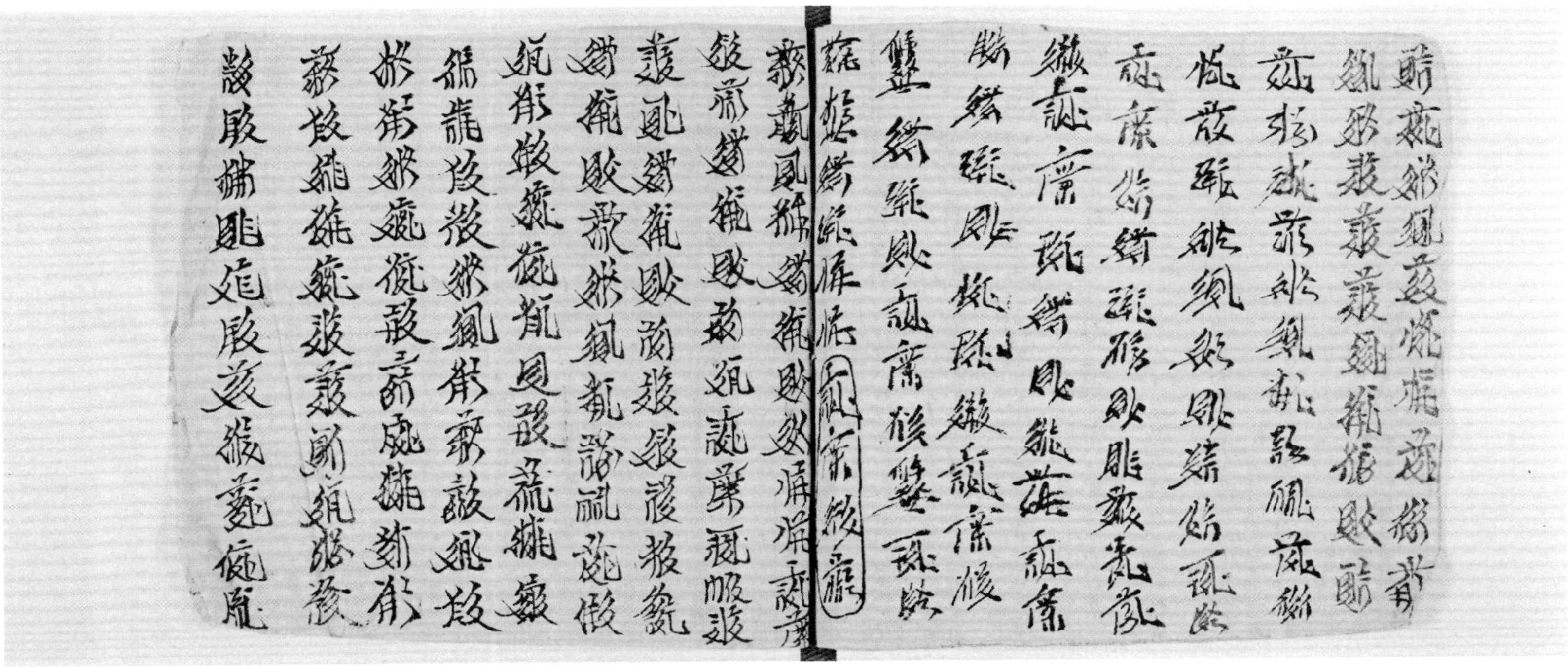

俄 Инв.No.2533　密教修持儀軌　(66–39)

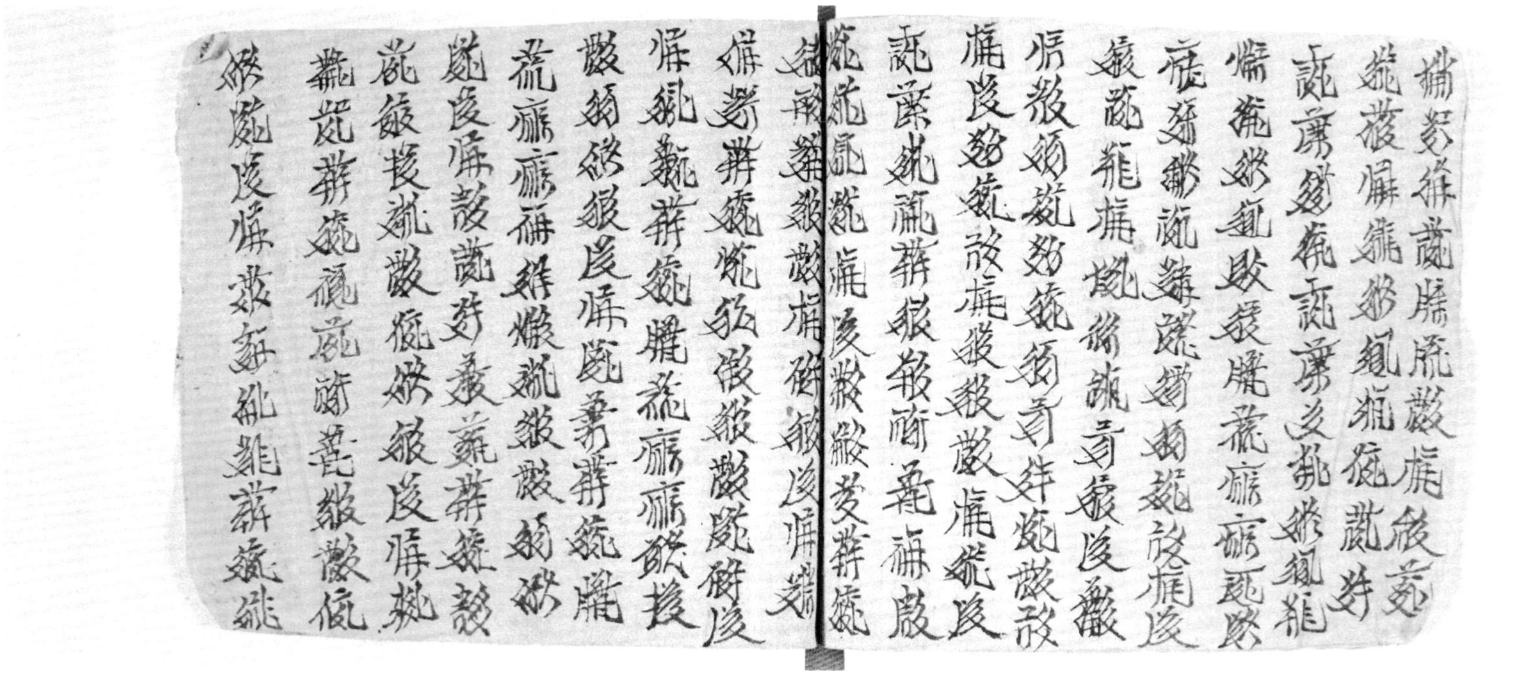

俄 Инв.No.2533　密教修持儀軌　　(66-40)

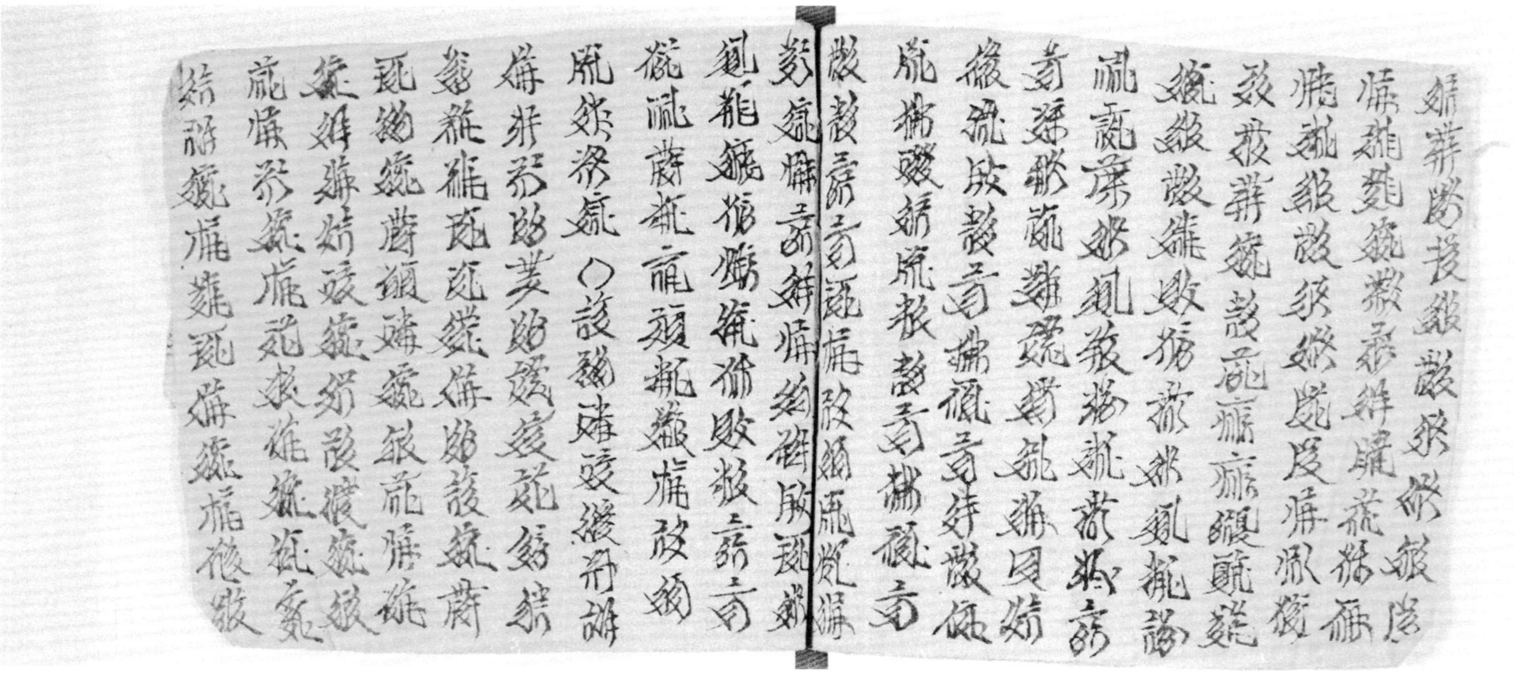

俄 Инв.No.2533　密教修持儀軌　　(66-41)

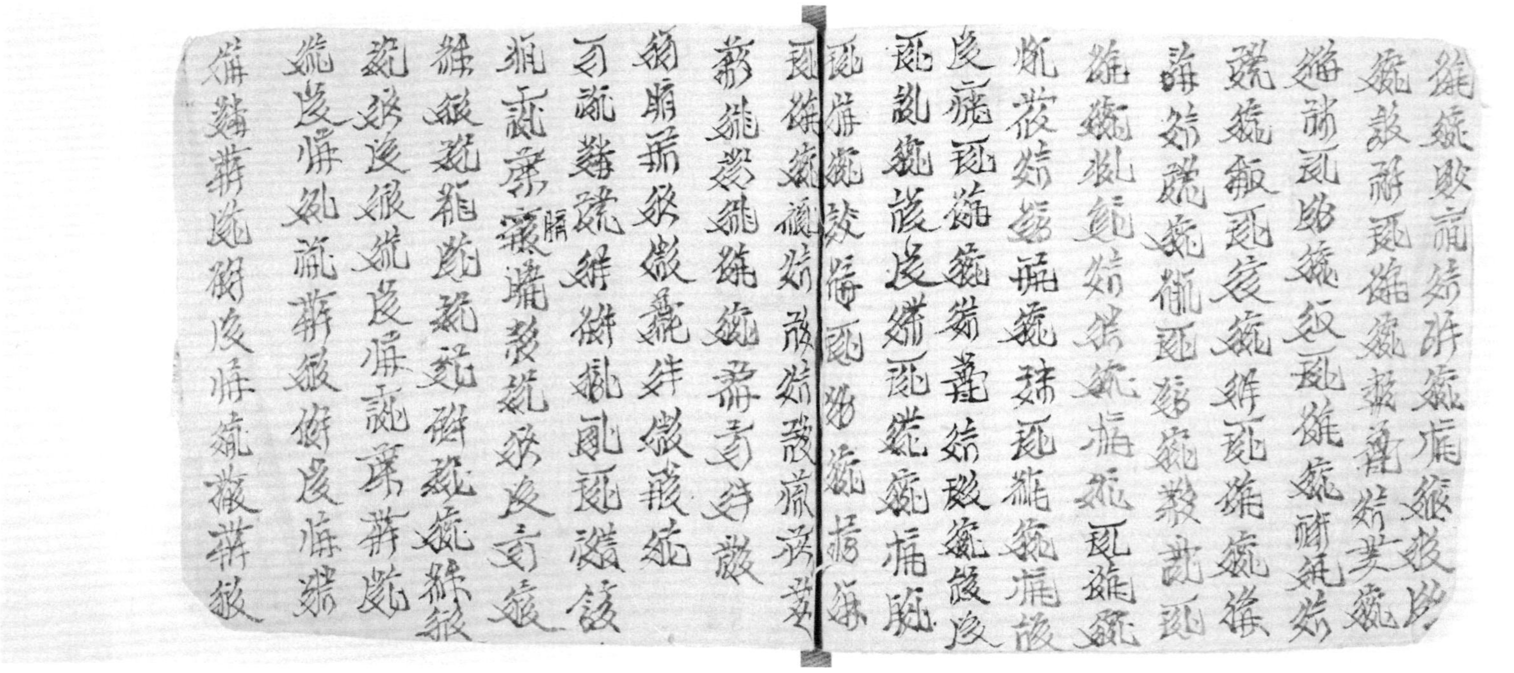

俄 Инв.No.2533　密教修持儀軌　　(66-42)

俄 **И**нв.No.2533　密教修持儀軌　　　(66-43)

俄 **И**нв.No.2533　密教修持儀軌　　　(66-44)

俄 **И**нв.No.2533　密教修持儀軌　　　(66-45)

俄Инв.No.2533 密教修持儀軌 (66-46)

俄Инв.No.2533 密教修持儀軌 (66-47)

俄Инв.No.2533 密教修持儀軌 (66-48)

俄Инв.No.2533　密教修持儀軌　　（66-49）

俄Инв.No.2533　密教修持儀軌　　（66-50）

俄Инв.No.2533　密教修持儀軌　　（66-51）

俄 **И**нв.No.2533　密教修持儀軌　　　(66-52)

俄 **И**нв.No.2533　密教修持儀軌　　　(66-53)

俄 **И**нв.No.2533　密教修持儀軌　　　(66-54)

俄ИНВ.No.2533　密教修持儀軌　　　（66-55）

俄ИНВ.No.2533　密教修持儀軌　　　（66-56）

俄ИНВ.No.2533　密教修持儀軌　　　（66-57）

俄 Инв.No.2533　密教修持儀軌　　　（66-58）

俄 Инв.No.2533　密教修持儀軌　　　（66-59）

俄 Инв.No.2533　密教修持儀軌　　　（66-60）

俄 Инв.No.2533　密教修持儀軌　　　(66–61)

俄 Инв.No.2533　密教修持儀軌　　　(66–62)

俄 Инв.No.2533　密教修持儀軌　　　(66–63)

俄 Инв.No.2533　密教修持儀軌　　　（66-64）

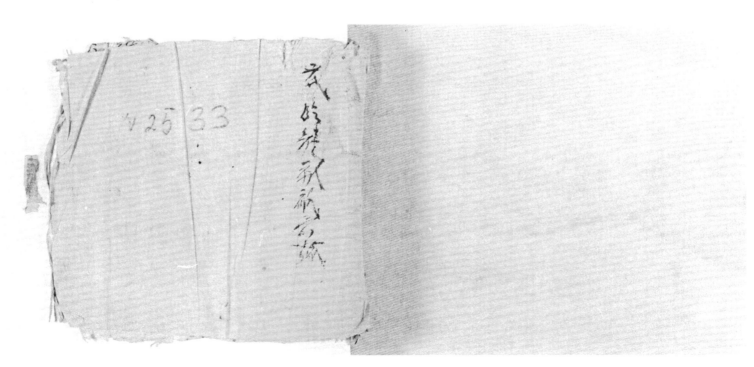

俄 Инв.No.2533　密教修持儀軌　　　（66-65）

俄 Инв.No.2533　密教修持儀軌　　　（66-66）

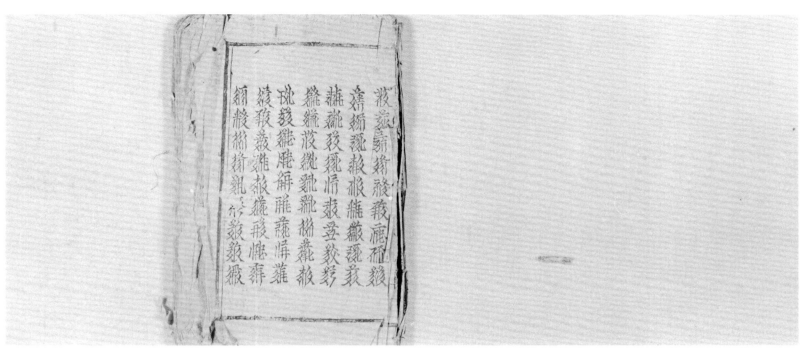

俄Инв.No.2852　等持集品　　　(46-1)

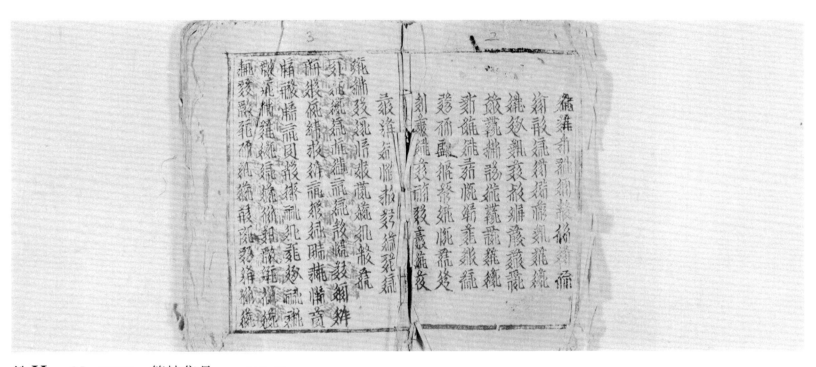

俄Инв.No.2852　等持集品　　　(46-2)

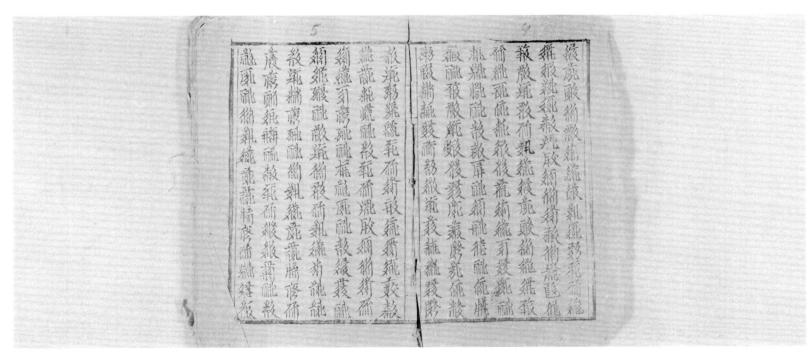

俄Инв.No.2852　等持集品　　　(46-3)

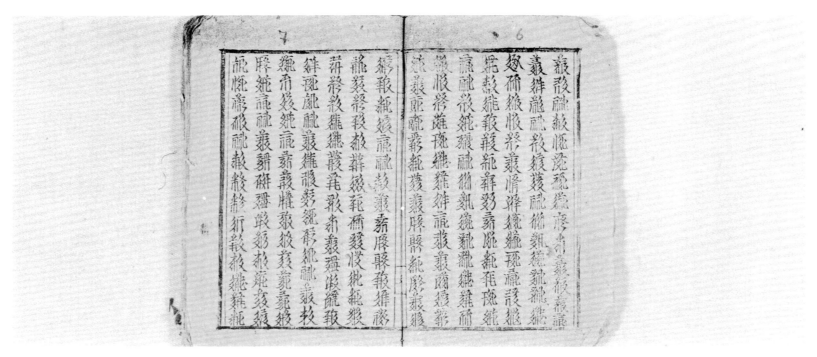

俄 Инв.No.2852　等持集品　　(46-4)

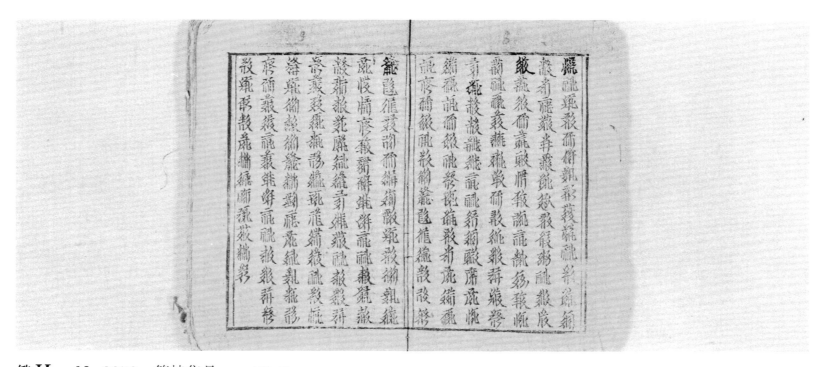

俄 Инв.No.2852　等持集品　　(46-5)

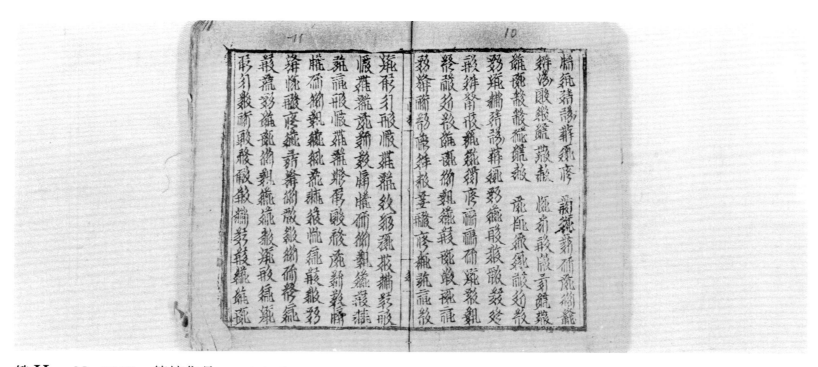

俄 Инв.No.2852　等持集品　　(46-6)

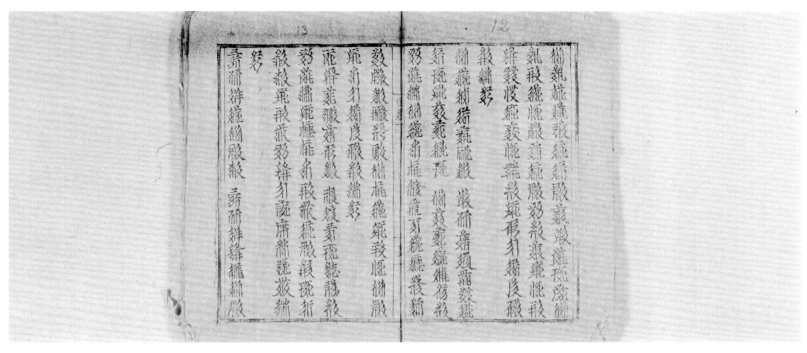

俄 Инв.No.2852　　等持集品　　　（46-7）

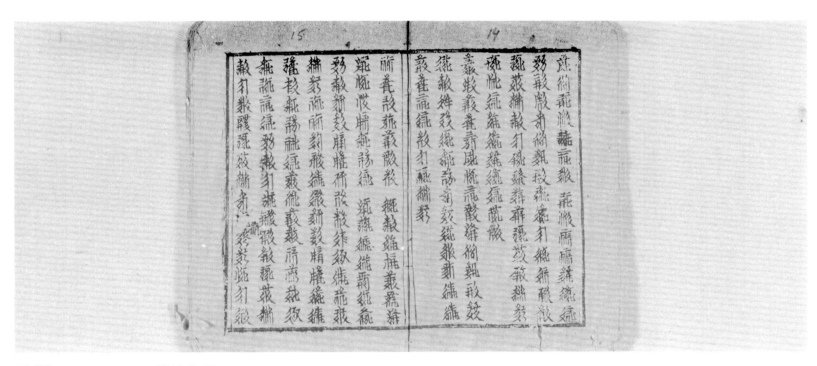

俄 Инв.No.2852　　等持集品　　　（46-8）

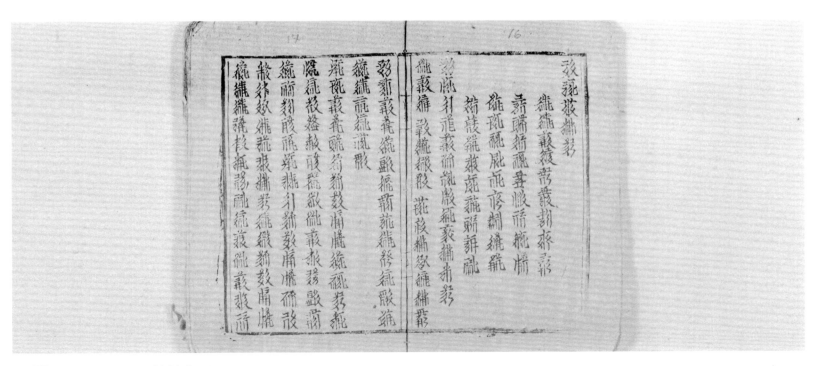

俄 Инв.No.2852　　等持集品　　　（46-9）

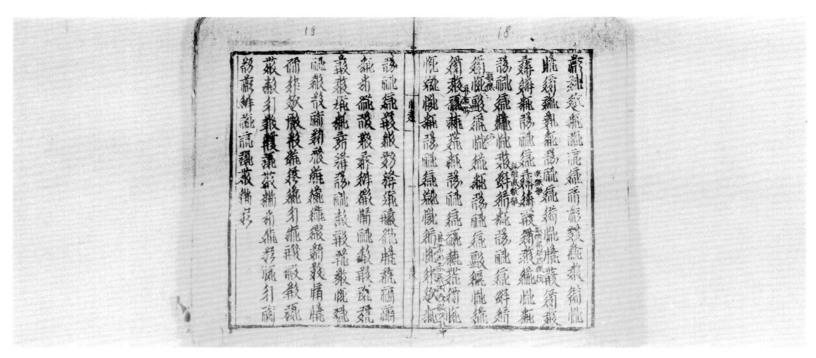

俄 Инв.No.2852　等持集品　　　（46-10）

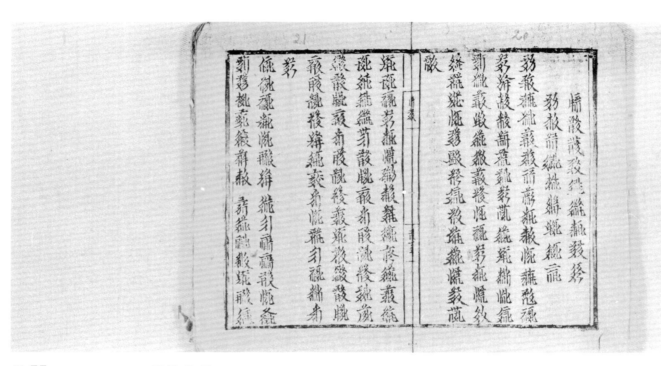

俄 Инв.No.2852　等持集品　　　（46-11）

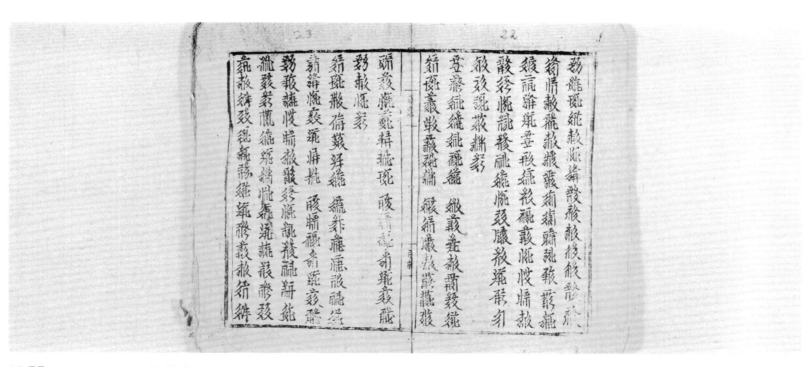

俄 Инв.No.2852　等持集品　　　（46-12）

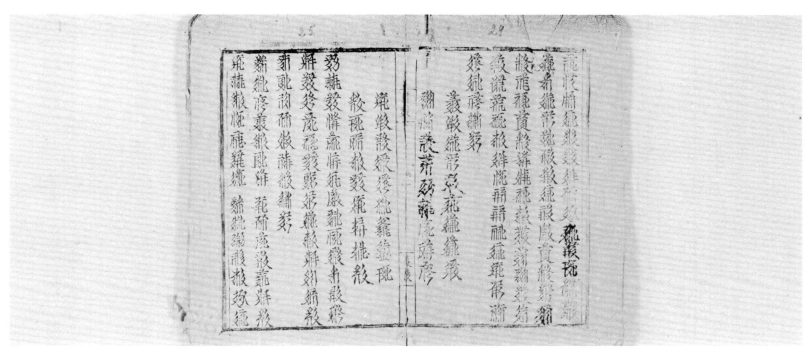

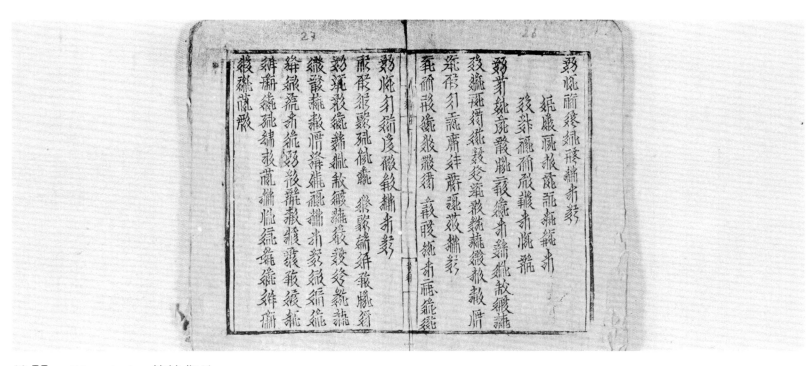

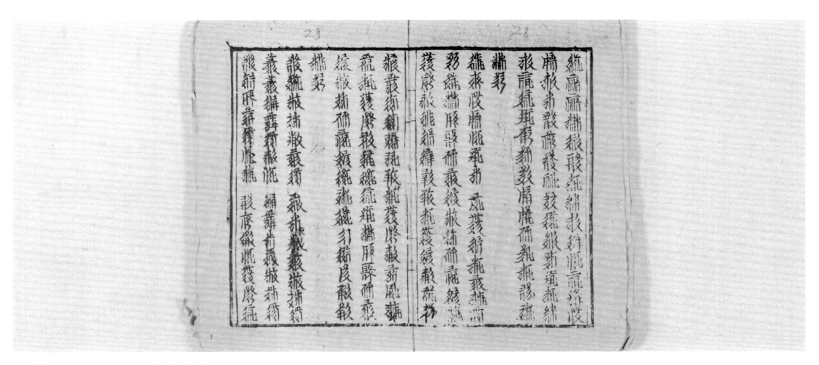

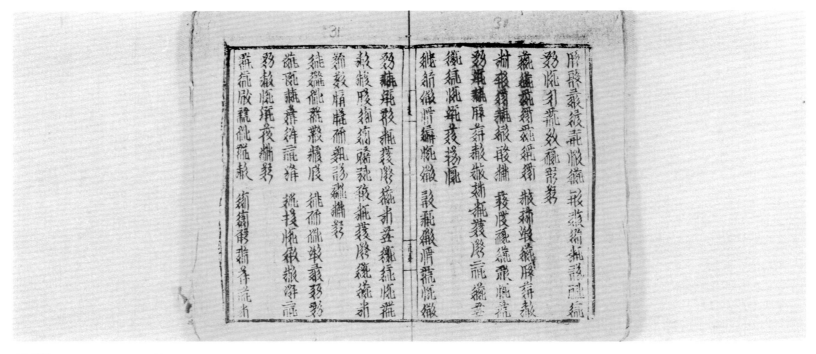

俄 **И**нв.No.2852　等持集品　　　(46-16)

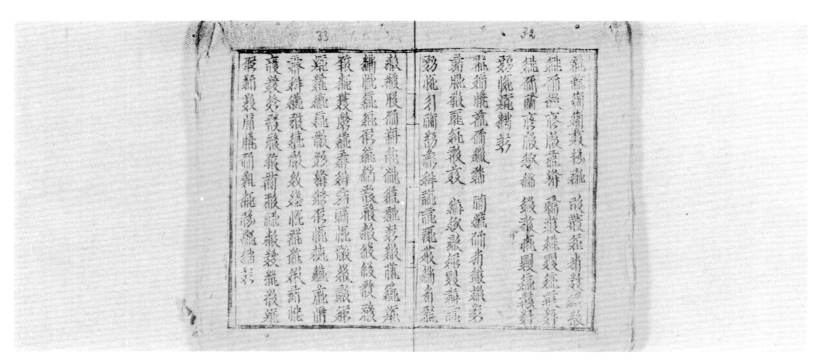

俄 **И**нв.No.2852　等持集品　　　(46-17)

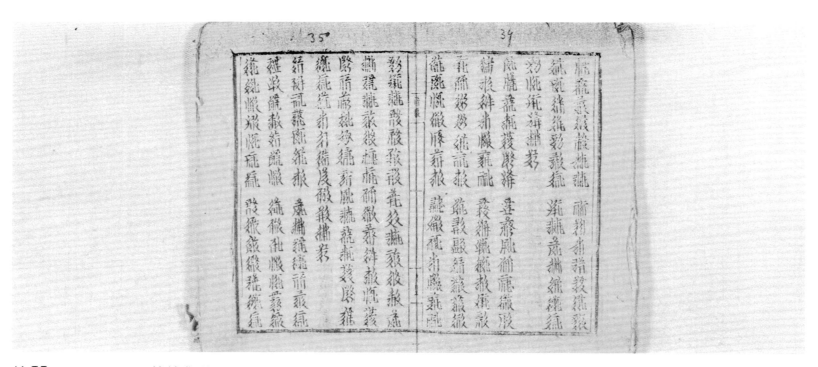

俄 **И**нв.No.2852　等持集品　　　(46-18)

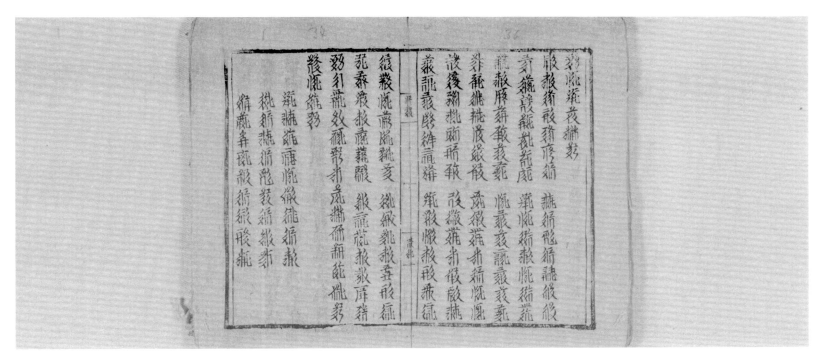

俄 **И**нв.No.2852　　等持集品　　　　(46-19)

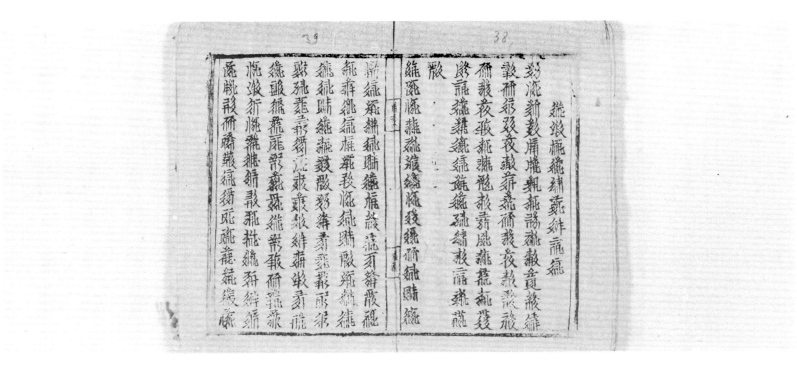

俄 **И**нв.No.2852　　等持集品　　　　(46-20)

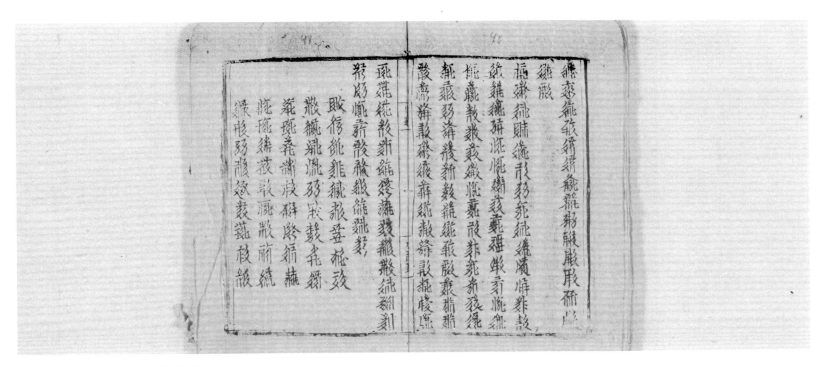

俄 **И**нв.No.2852　　等持集品　　　　(46-21)

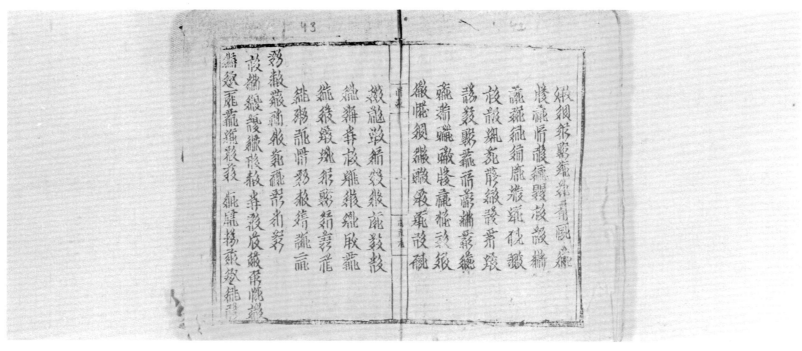

俄 **И**нв.No.2852　等持集品　　　(46-22)

俄 **И**нв.No.2852　等持集品　　　(46-23)

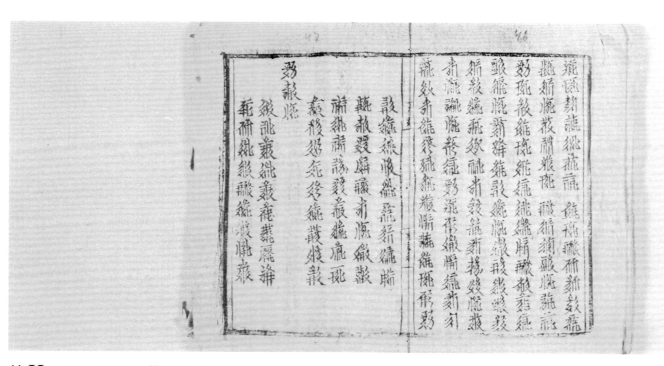

俄 **И**нв.No.2852　等持集品　　　(46-24)

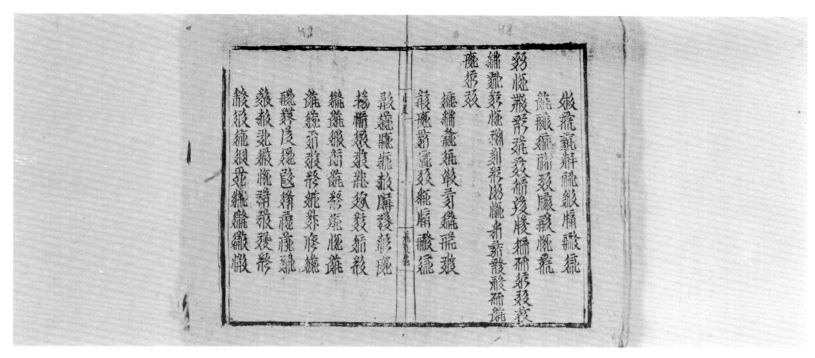

俄 **И**нв.No.2852　等持集品　　　(46-25)

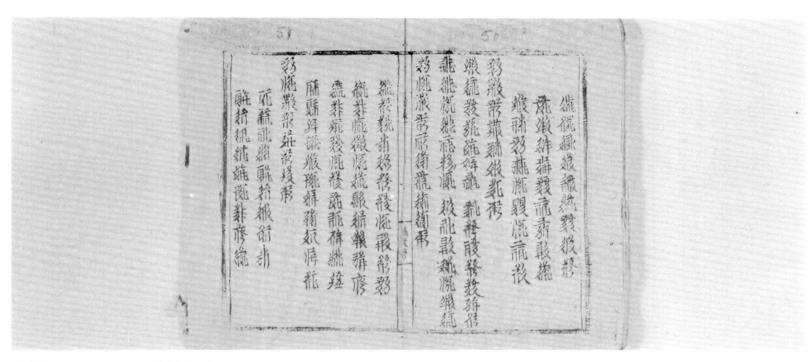

俄 **И**нв.No.2852　等持集品　　　(46-26)

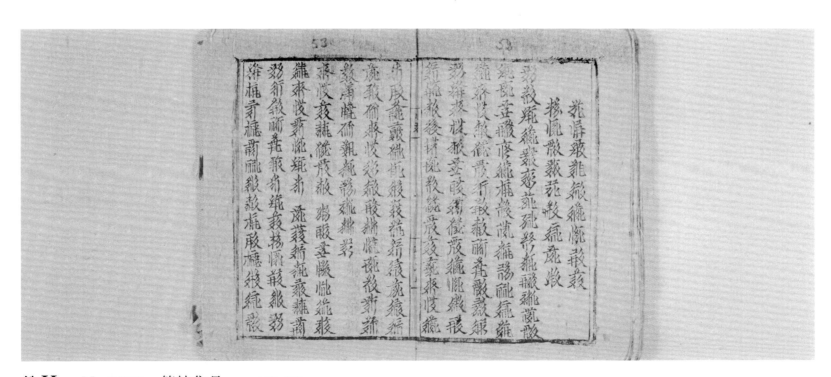

俄 **И**нв.No.2852　等持集品　　　(46-27)

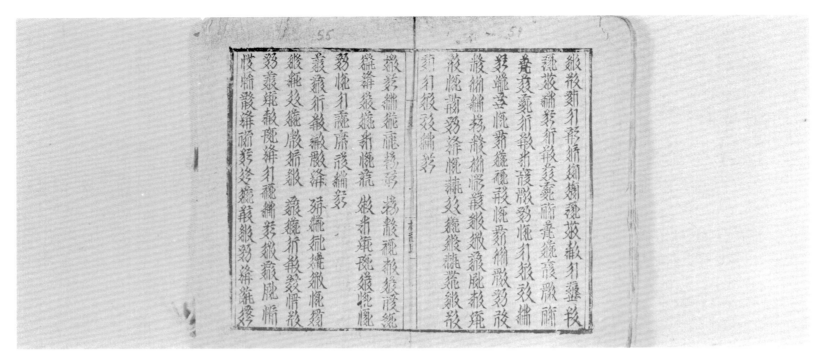

俄 **И**нв.No.2852　等持集品　　　(46-28)

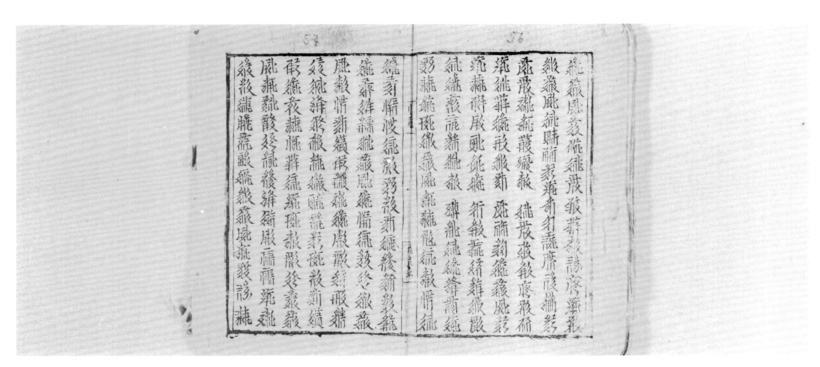

俄 **И**нв.No.2852　等持集品　　　(46-29)

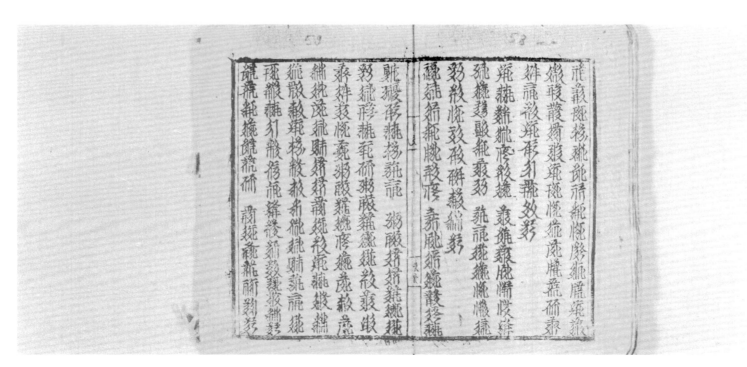

俄 **И**нв.No.2852　等持集品　　　(46-30)

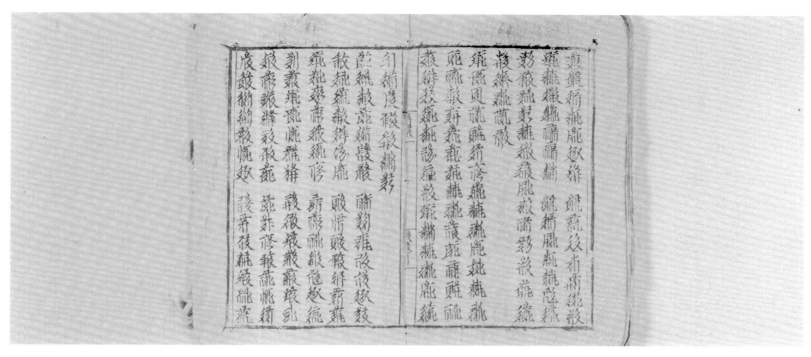

俄 **И**нв.No.2852　　等持集品　　　(46-31)

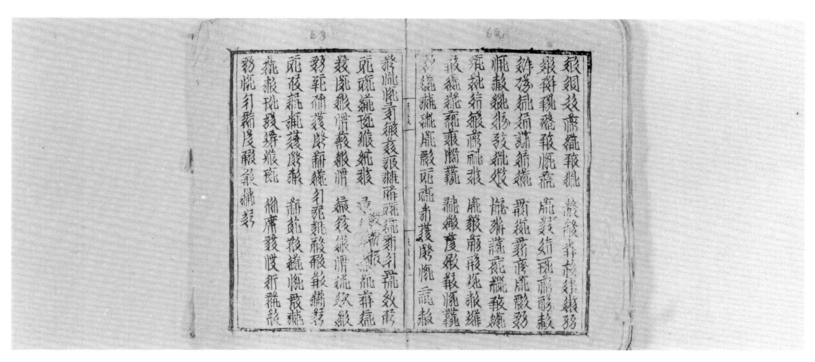

俄 **И**нв.No.2852　　等持集品　　　(46-32)

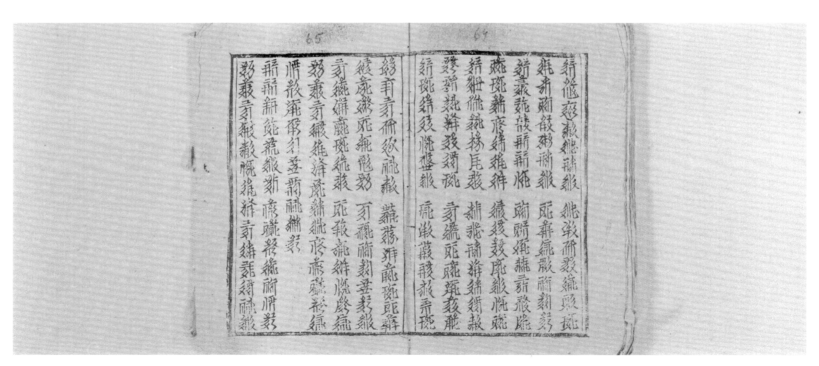

俄 **И**нв.No.2852　　等持集品　　　(46-33)

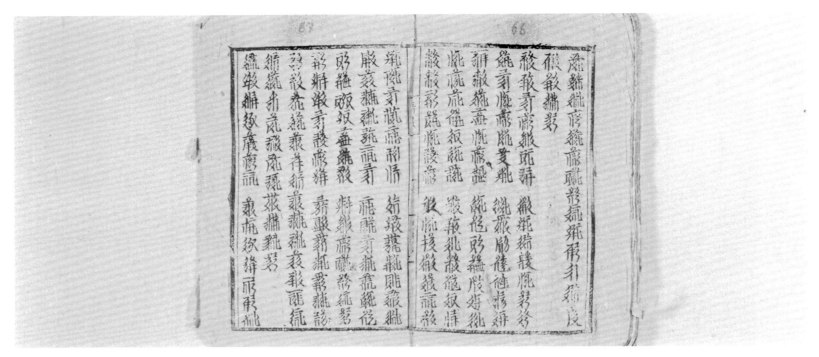

俄 **И**нв.No.2852 等持集品 (46-34)

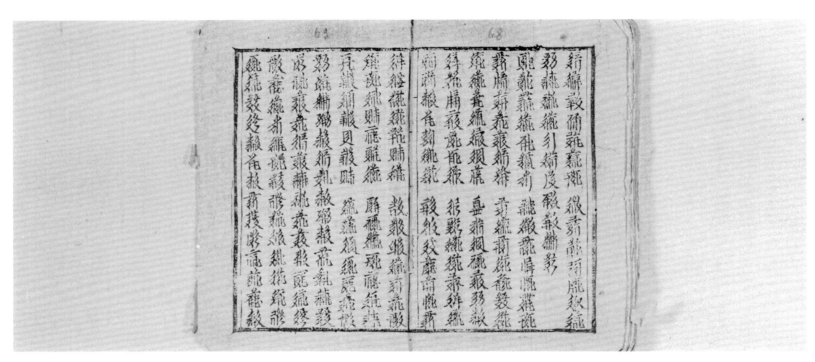

俄 **И**нв.No.2852 等持集品 (46-35)

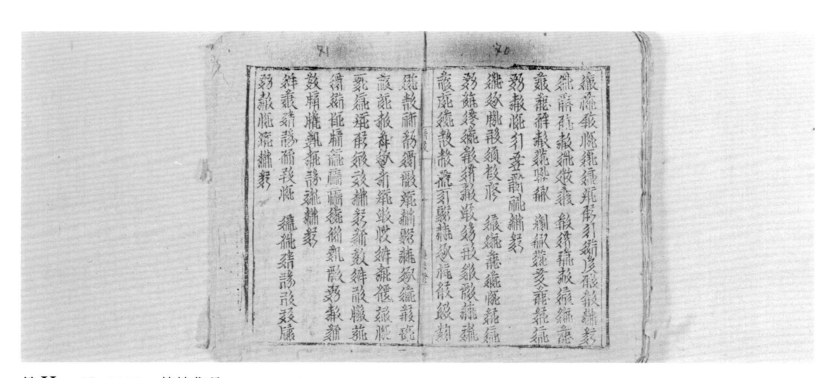

俄 **И**нв.No.2852 等持集品 (46-36)

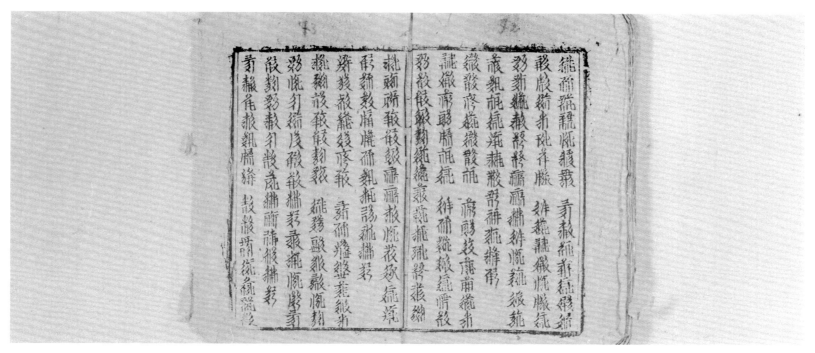

俄 **И**нв.No.2852　等持集品　　(46-37)

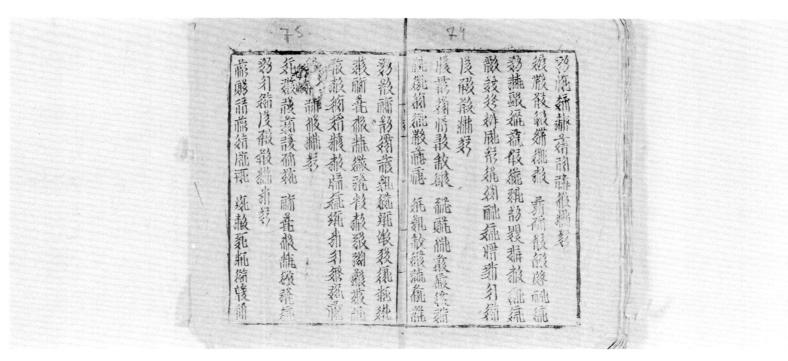

俄 **И**нв.No.2852　等持集品　　(46-38)

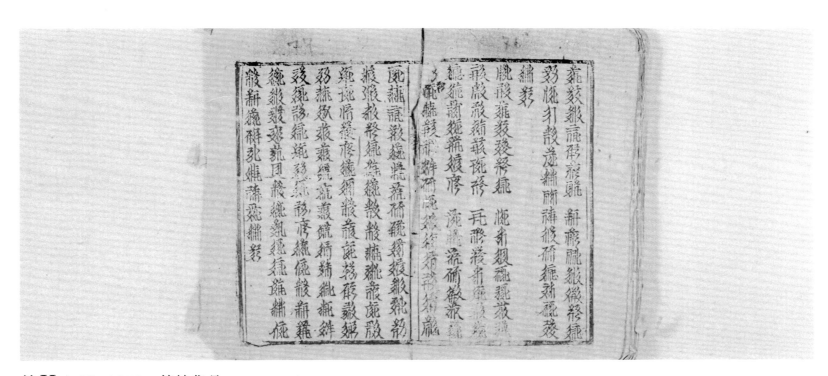

俄 **И**нв.No.2852　等持集品　　(46-39)

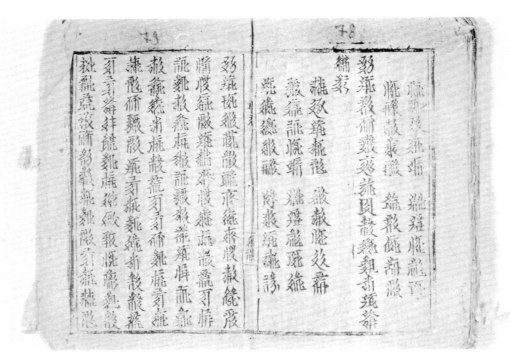

俄 **И**нв.No.2852　等持集品　　　(46-40)

俄 **И**нв.No.2852　等持集品　　　(46-41)

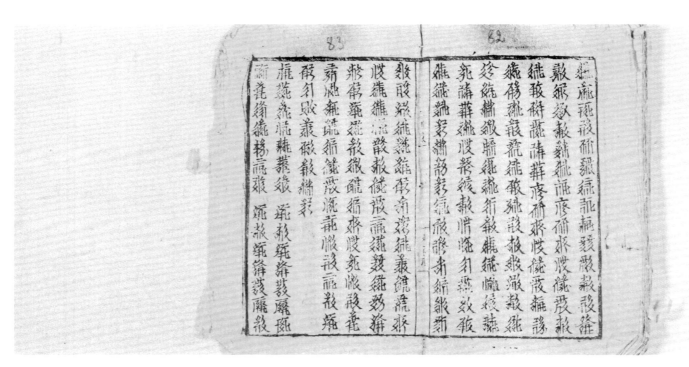

俄 **И**нв.No.2852　等持集品　　　(46-42)

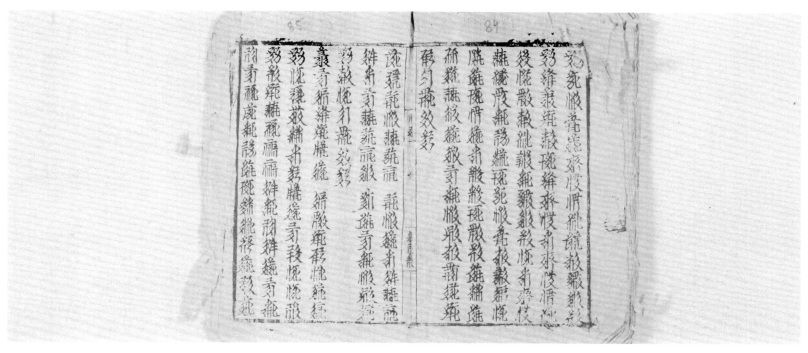

俄 Инв.No.2852　等持集品　　　(46-43)

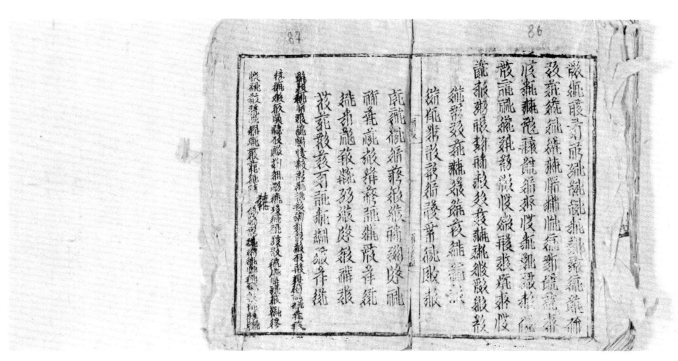

俄 Инв.No.2852　等持集品　　　(46-44)

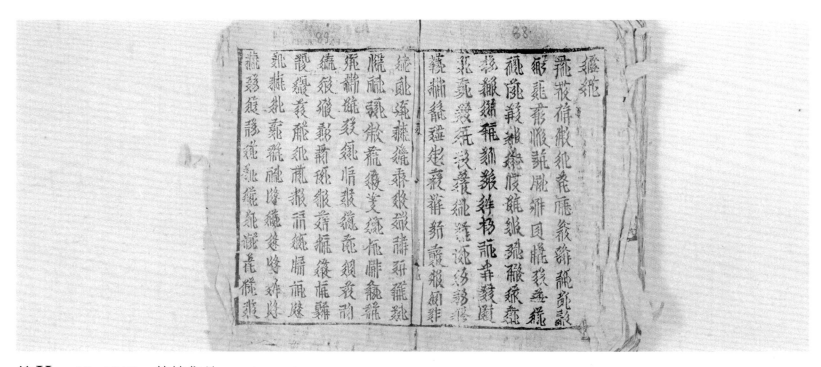

俄 Инв.No.2852　等持集品　　　(46-45)

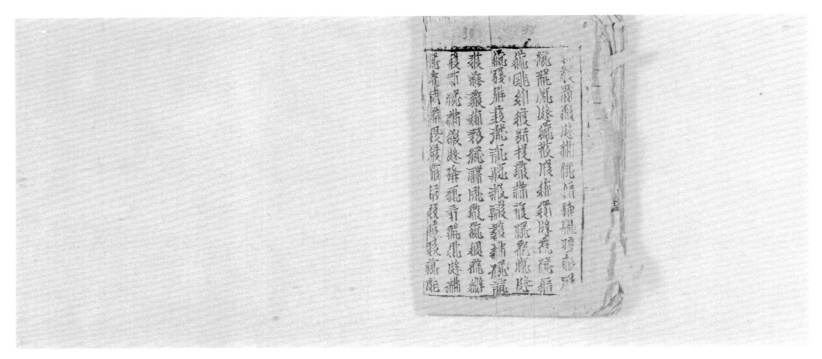

俄 **И**нв.No.2852　　等持集品　　　(46-46)

俄 **И**нв.No.4484　　普遍刹土所傳如來法圓滿要義　　　(2-1)

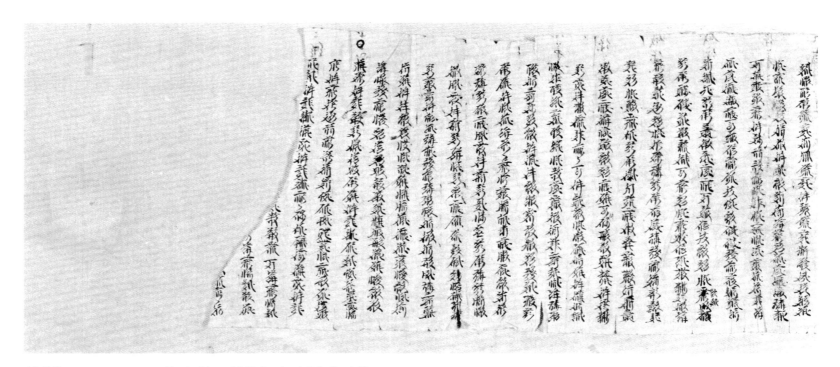

俄 **И**нв.No.4484　　普遍刹土所傳如來法圓滿要義　　　(2-2)

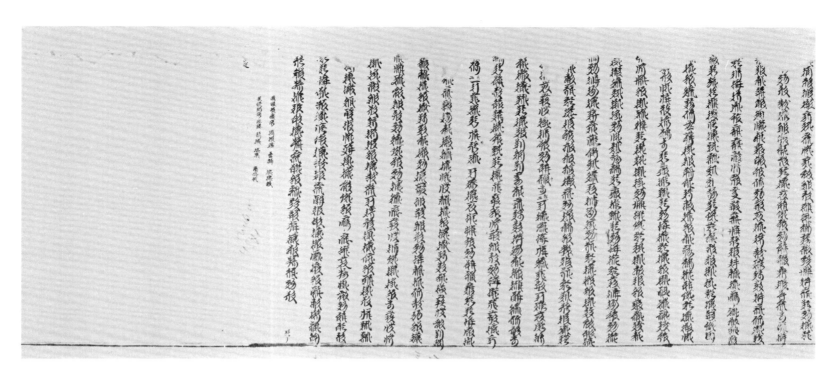

俄 **И**нв.No.4871　戒律文

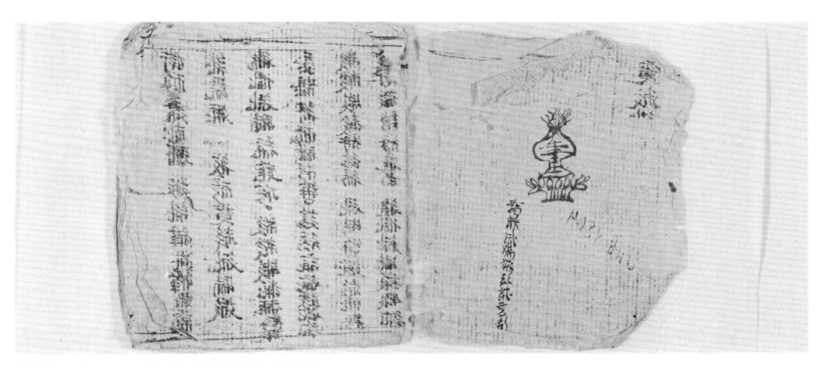

俄 **И**нв.No.804　佛説令盜禍息除陀羅尼經　　　(7-1)

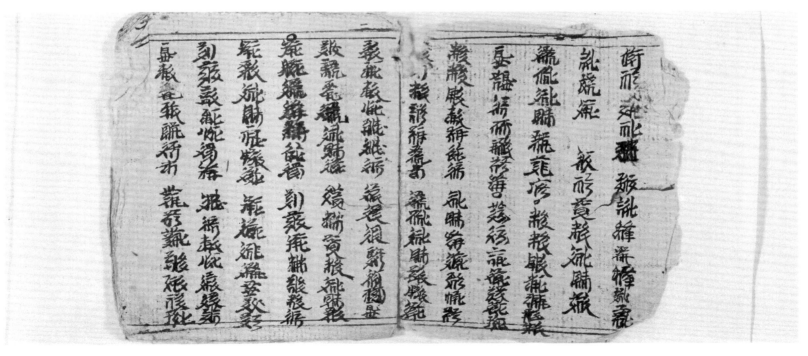

俄 **И**нв.No.804　佛説令盜禍息除陀羅尼經　　　(7-2)

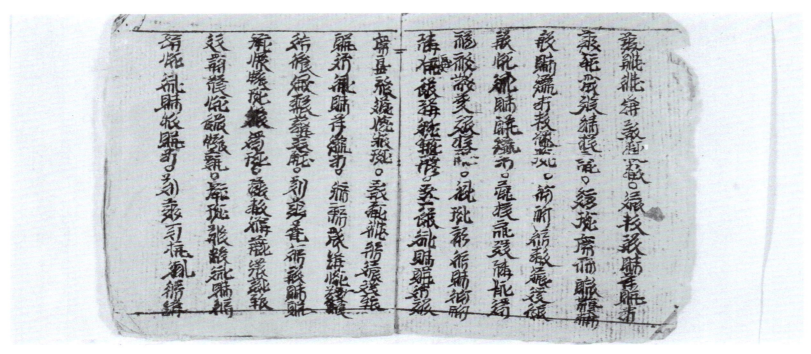

俄ИHB.No.804　佛説令盜禍息除陀羅尼經　　　(7-3)

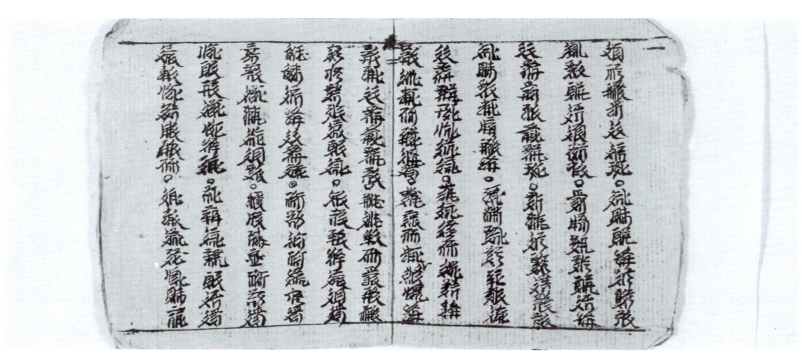

俄ИHB.No.804　佛説令盜禍息除陀羅尼經　　　(7-4)

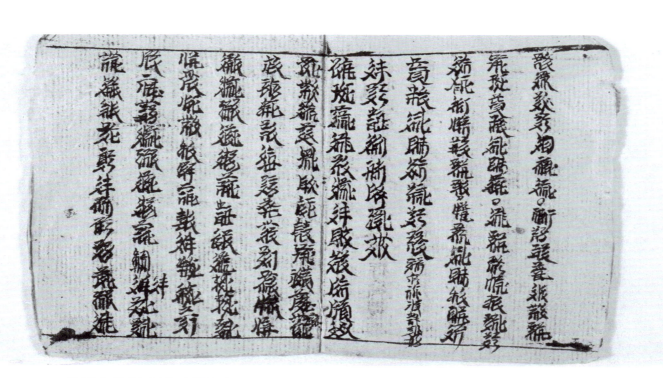

俄ИHB.No.804　佛説令盜禍息除陀羅尼經　　　(7-5)

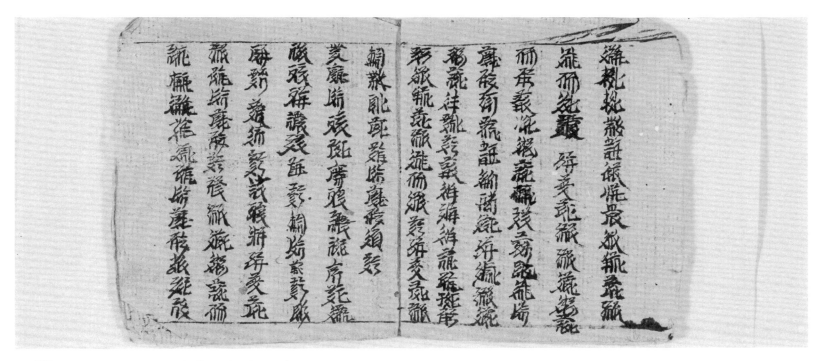

俄 **И**нв.No.804　佛説令盗禍息除陀羅尼經　　　(7-6)

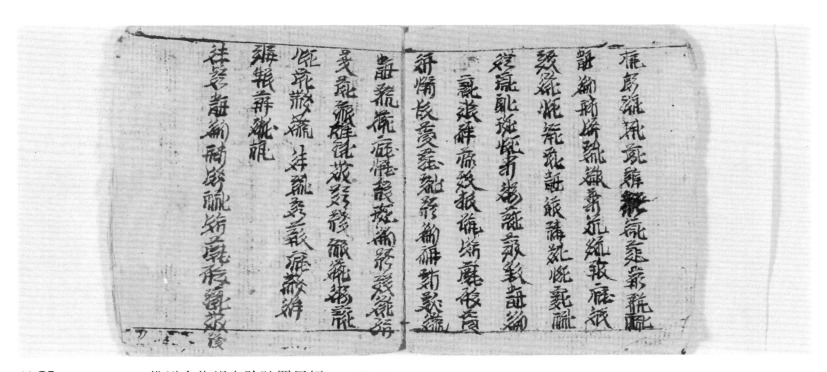

俄 **И**нв.No.804　佛説令盗禍息除陀羅尼經　　　(7-7)

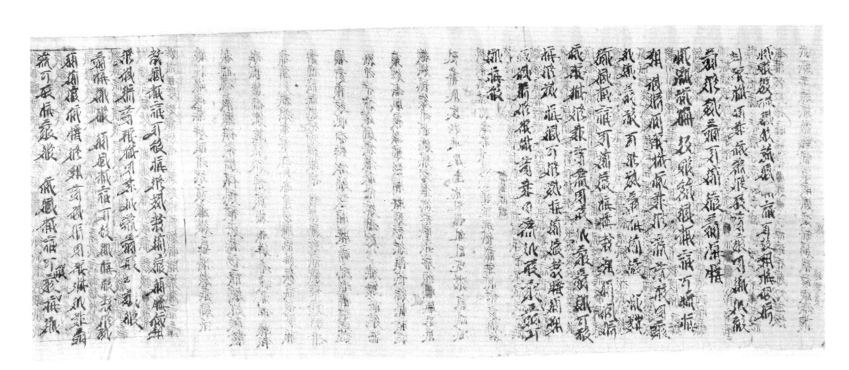

俄 **И**нв.No.4810　十二因緣生祥瑞經上卷等　　(11-1)

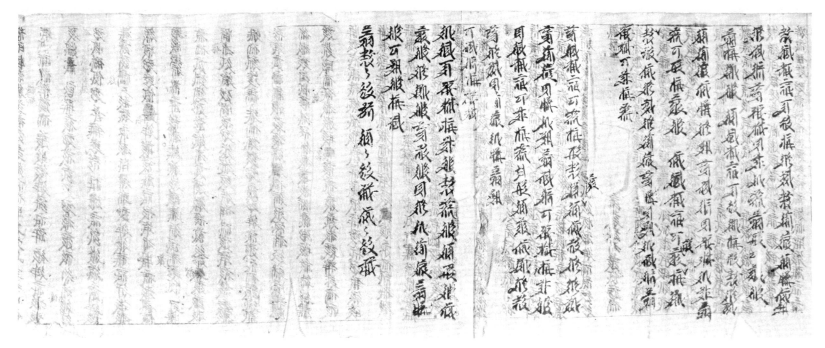

俄 Инв.Nо.4810　十二因緣生祥瑞經上卷等　　　（11-2）

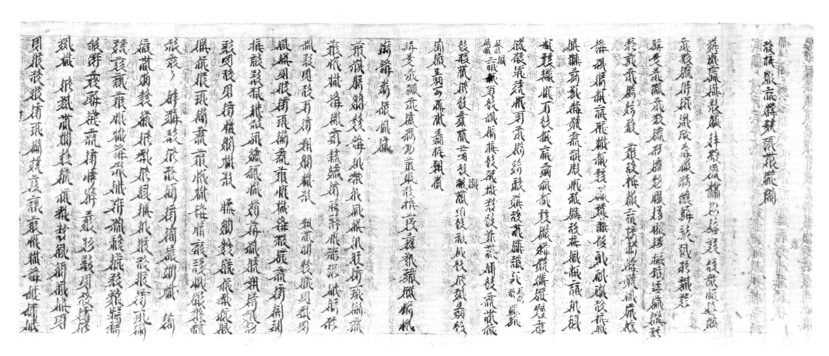

俄 Инв.Nо.4810　十二因緣生祥瑞經上卷等　　　（11-3）

俄 Инв.Nо.4810　十二因緣生祥瑞經上卷等　　　（11-4）

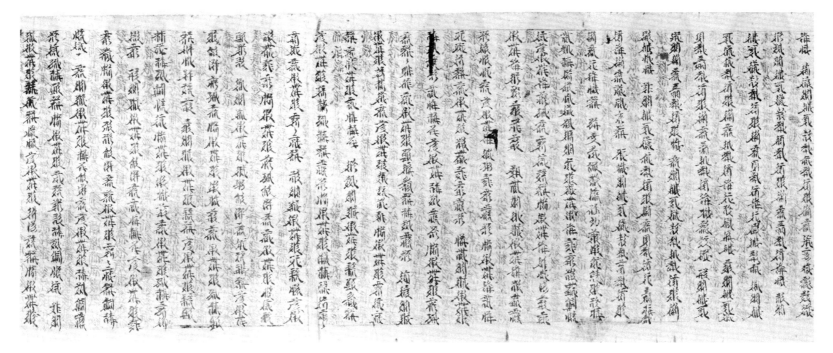

俄 Инв.No.4810　十二因緣生祥瑞經上卷等　　　（11-5）

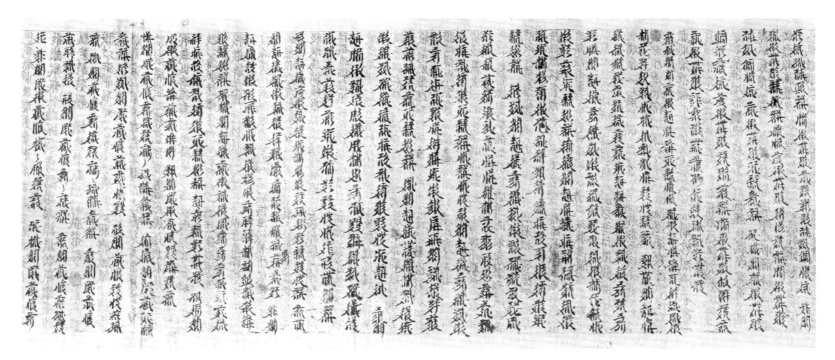

俄 Инв.No.4810　十二因緣生祥瑞經上卷等　　　（11-6）

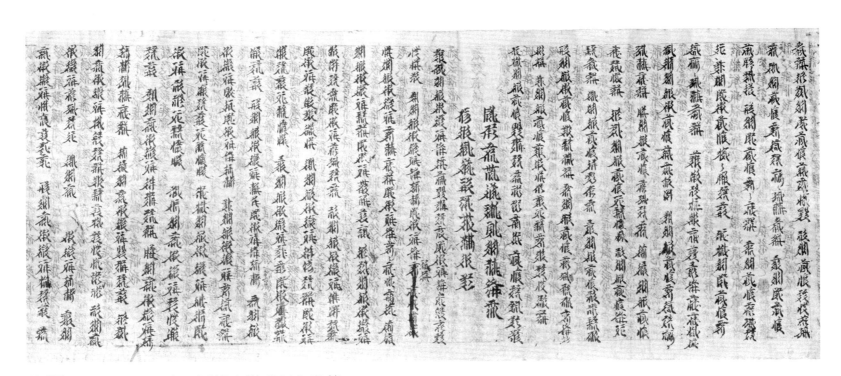

俄 Инв.No.4810　十二因緣生祥瑞經上卷等　　　（11-7）

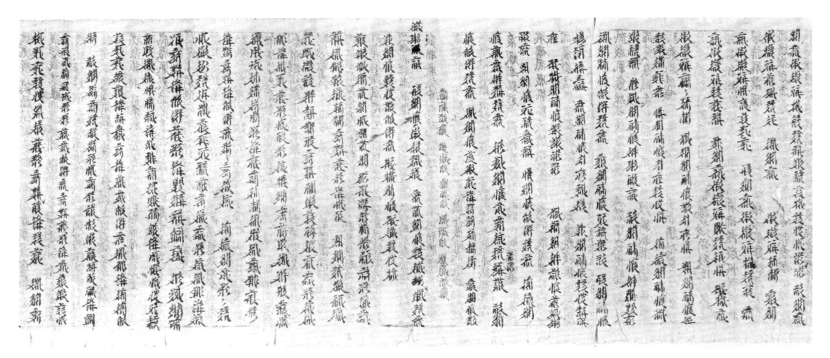

俄 Инв.No.4810　十二因緣生祥瑞經上卷等　　　(11-8)

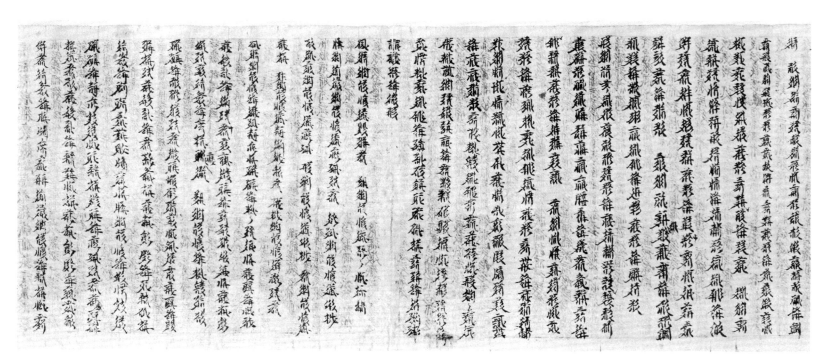

俄 Инв.No.4810　十二因緣生祥瑞經上卷等　　　(11-9)

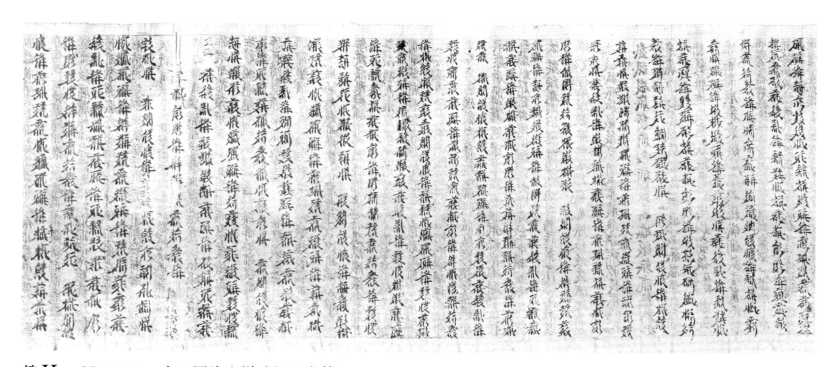

俄 Инв.No.4810　十二因緣生祥瑞經上卷等　　　(11-10)

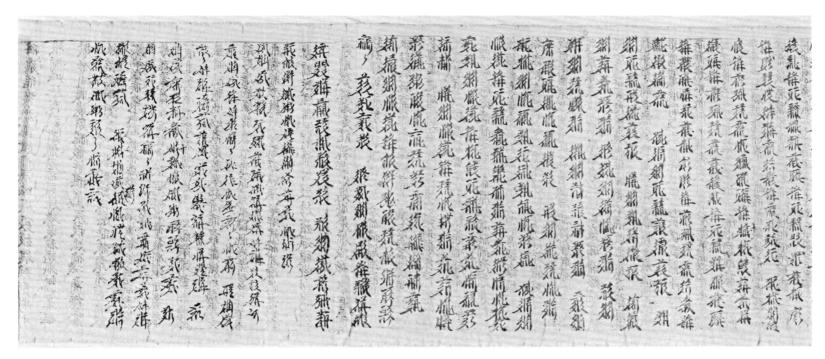

俄 **И**нв.No.4810　十二因緣生祥瑞經上卷等　　　(11-11)

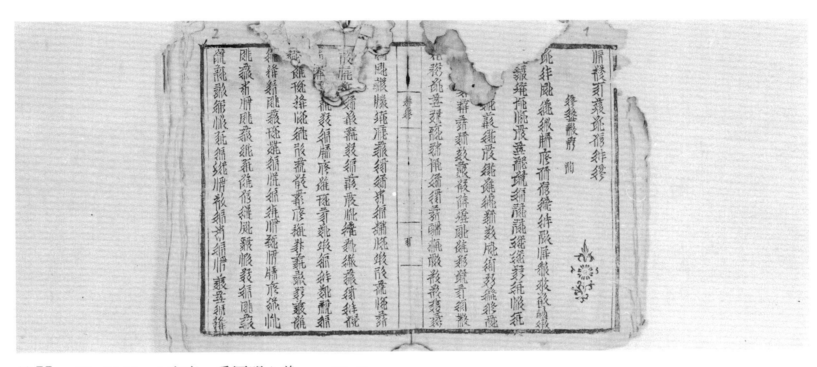

俄 **И**нв.No.2848　1.究竟一乘圓明心義　　(30-1)

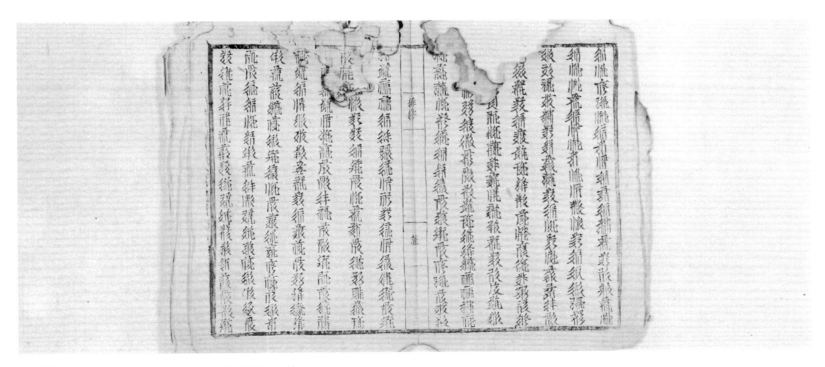

俄 **И**нв.No.2848　1.究竟一乘圓明心義　　(30-2)

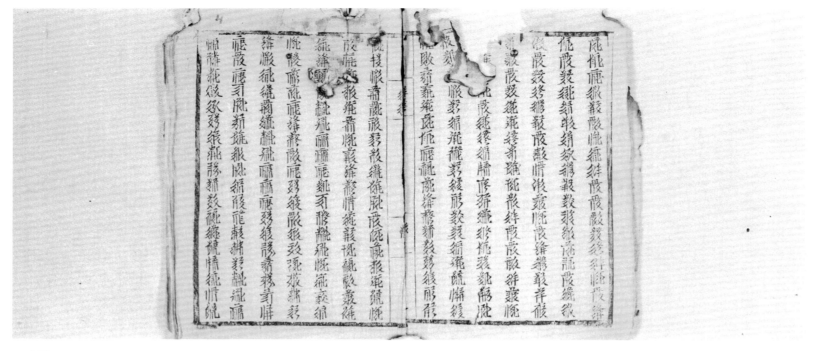

俄Инв.No.2848　1.究竟一乘圓明心義　　　（30-3）

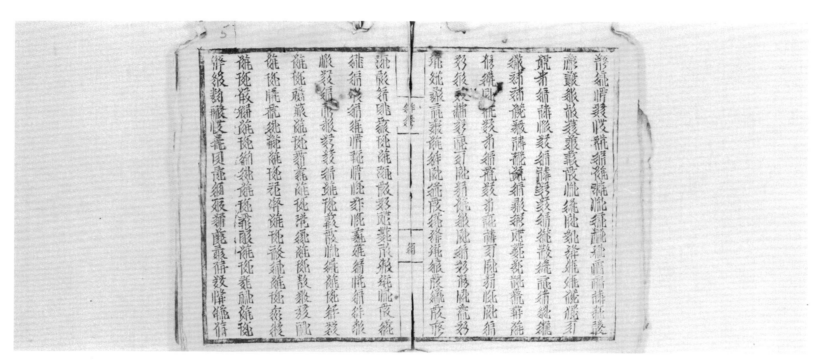

俄Инв.No.2848　1.究竟一乘圓明心義　　　（30-4）

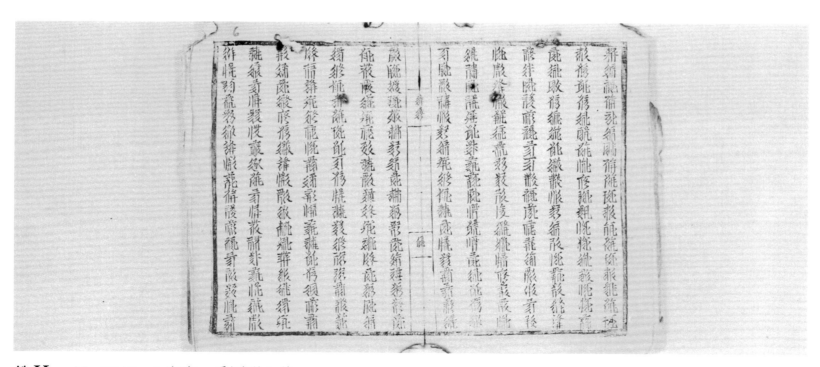

俄Инв.No.2848　1.究竟一乘圓明心義　　　（30-5）

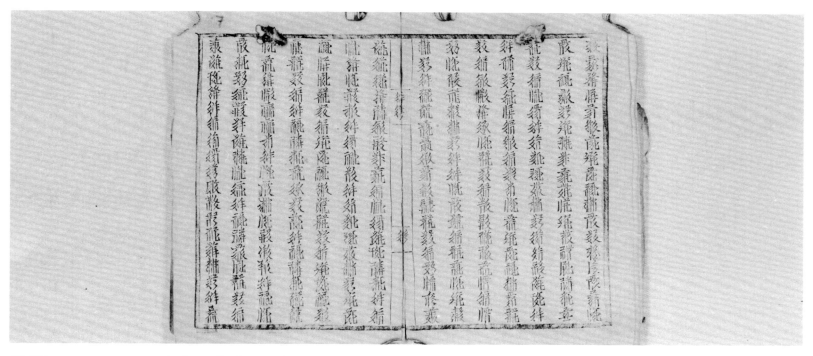

俄 Инв.No.2848　1.究竟一乘圓明心義　　(30-6)

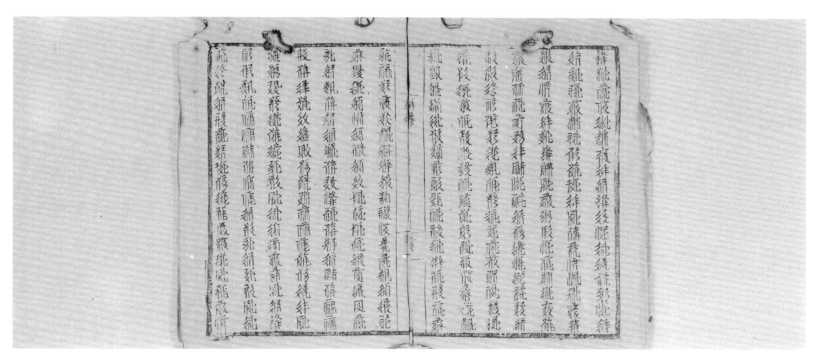

俄 Инв.No.2848　1.究竟一乘圓明心義　　(30-7)

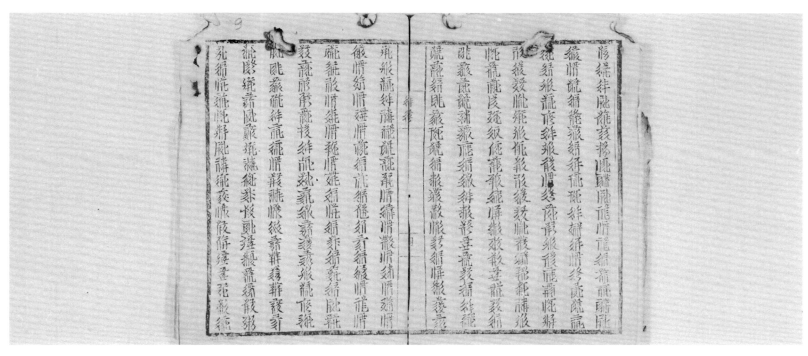

俄 Инв.No.2848　1.究竟一乘圓明心義　　(30-8)

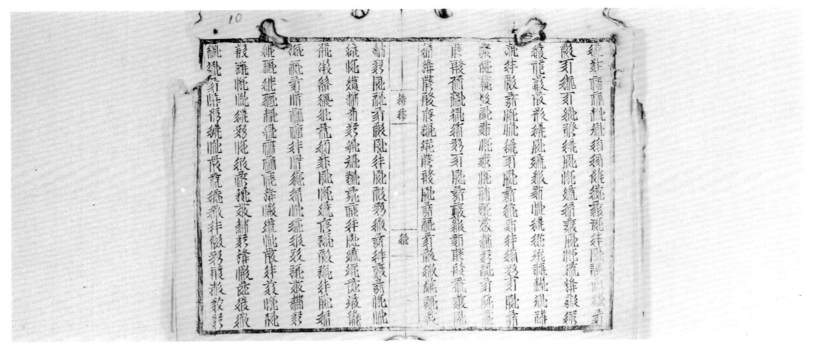

俄 ИнВ.No.2848　1.究竟一乘圓明心義　　　(30-9)

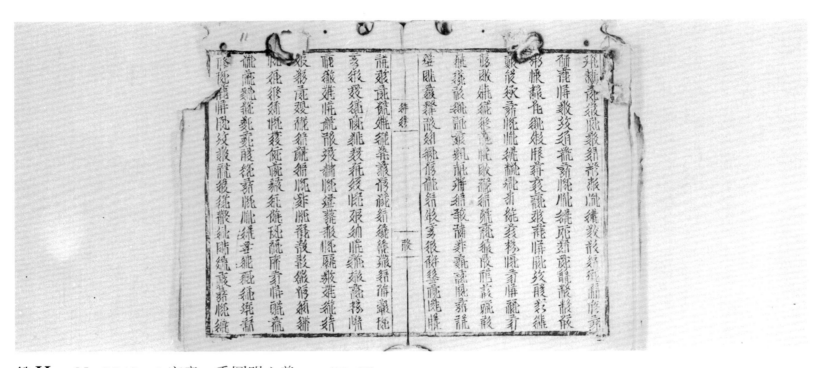

俄 ИнВ.No.2848　1.究竟一乘圓明心義　　　(30-10)

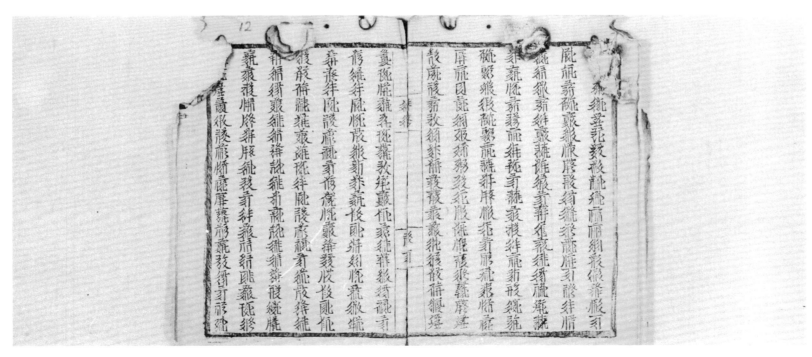

俄 ИнВ.No.2848　1.究竟一乘圓明心義　　　(30-11)

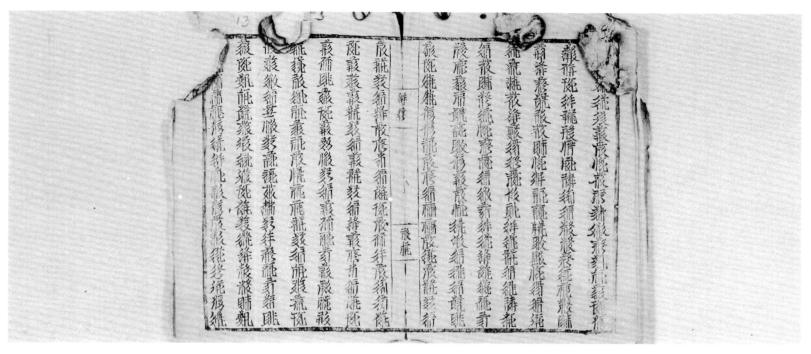

俄 Инв.No.2848　1.究竟一乘圆明心义　　　(30-12)

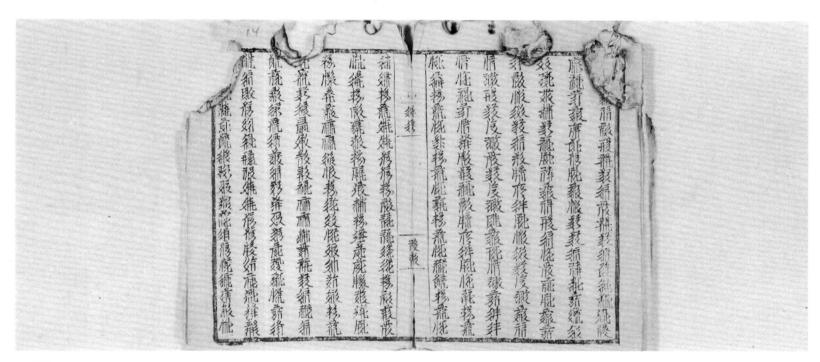

俄 Инв.No.2848　1.究竟一乘圆明心义　　　(30-13)

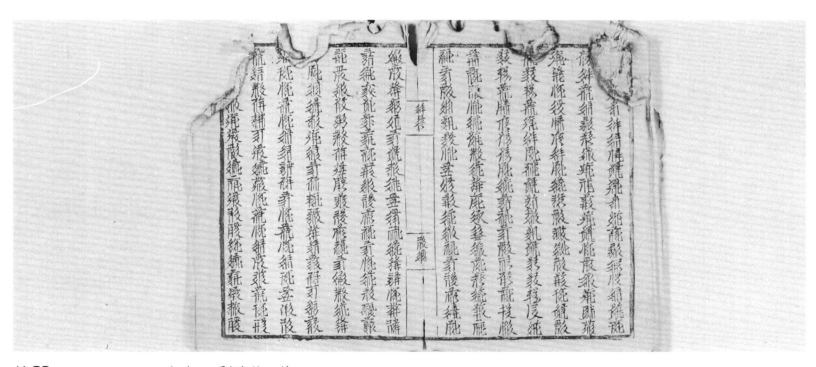

俄 Инв.No.2848　1.究竟一乘圆明心义　　　(30-14)

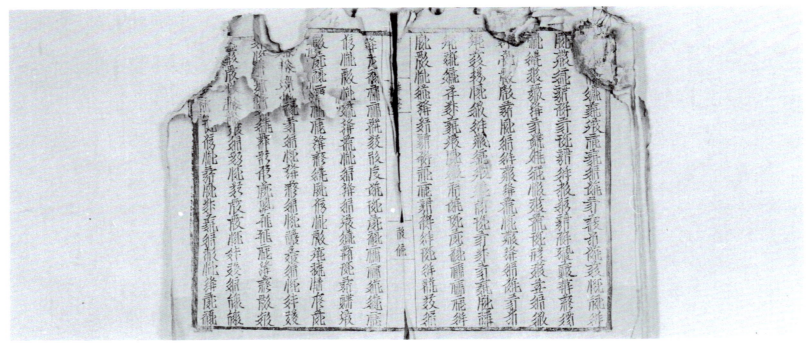

俄 Инв.No.2848　1.究竟一乘圓明心義　　(30-15)

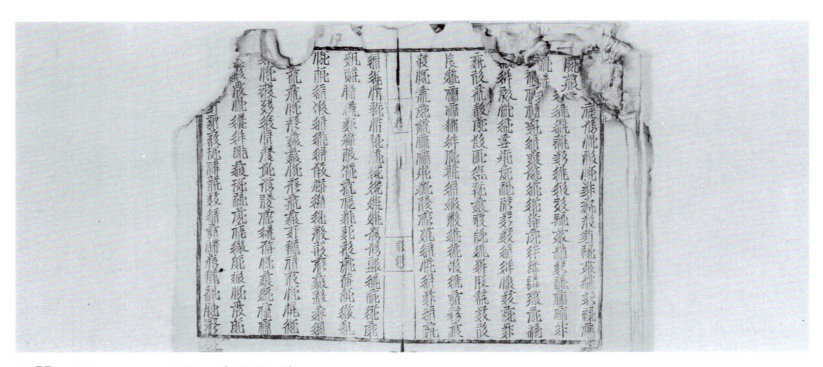

俄 Инв.No.2848　1.究竟一乘圓明心義　　(30-16)

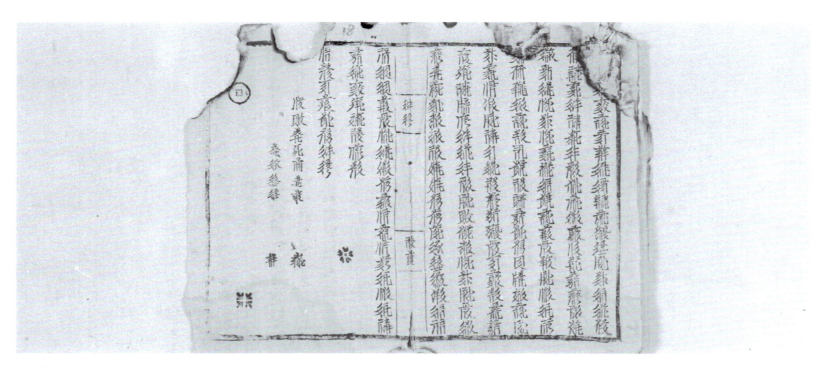

俄 Инв.No.2848　1.究竟一乘圓明心義　　(30-17)

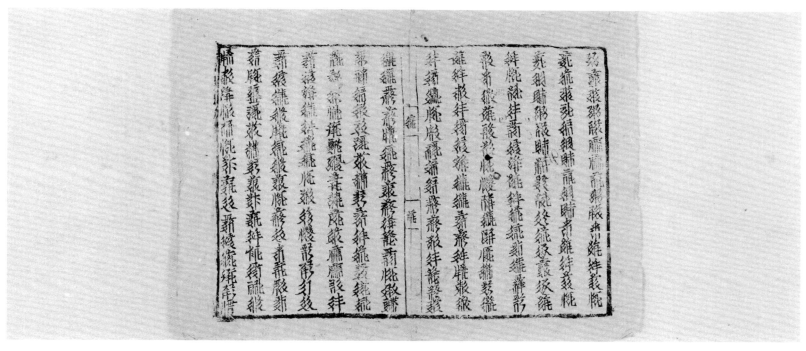

俄 **И**нв.No.2848　2.圓心鏡　　　(30—18)

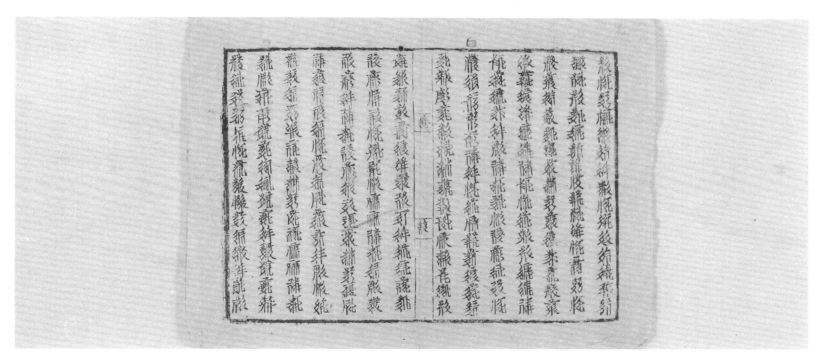

俄 **И**нв.No.2848　2.圓心鏡　　　(30—19)

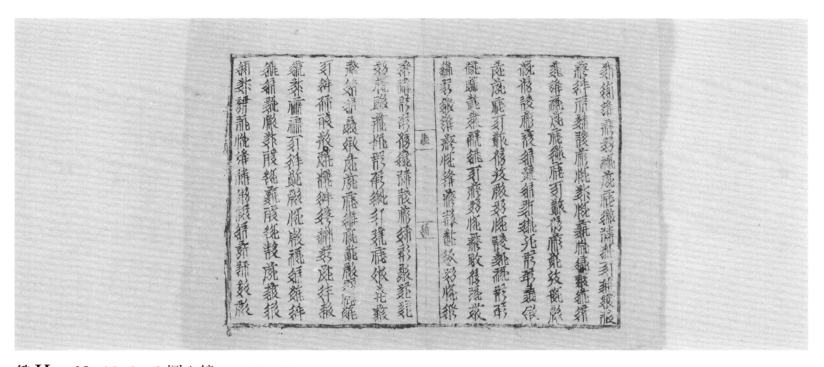

俄 **И**нв.No.2848　2.圓心鏡　　　(30—20)

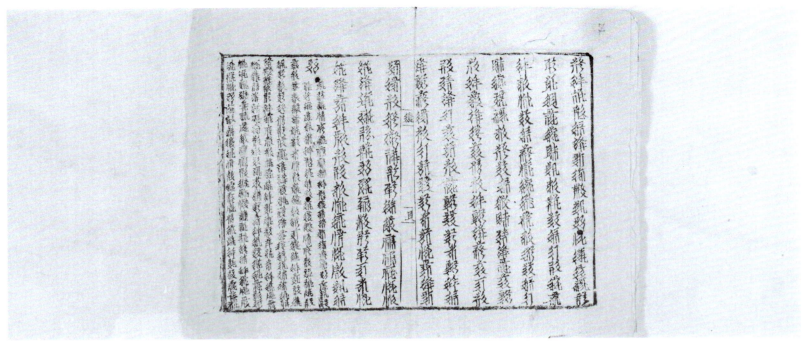

俄 ИнB.No.2848　2.圓心鏡　　　(30-21)

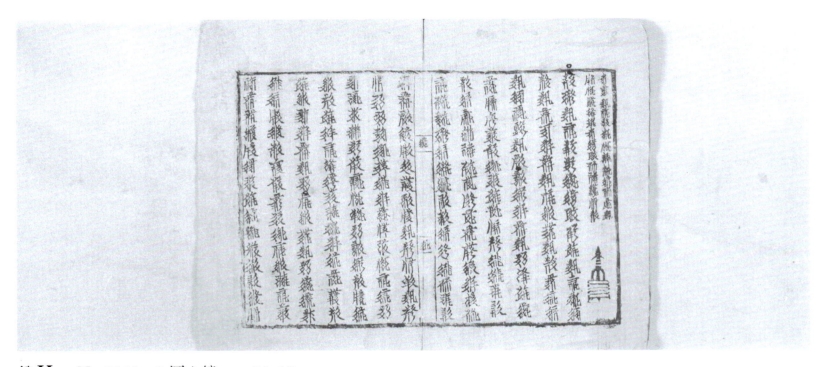

俄 ИнB.No.2848　2.圓心鏡　　　(30-22)

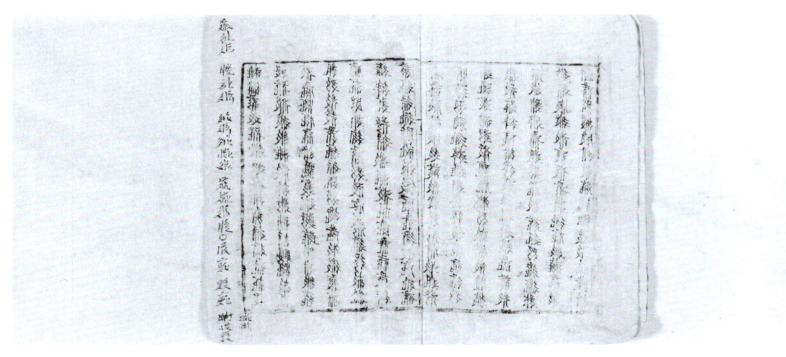

俄 ИнB.No.2848　2.圓心鏡　　　(30-23)

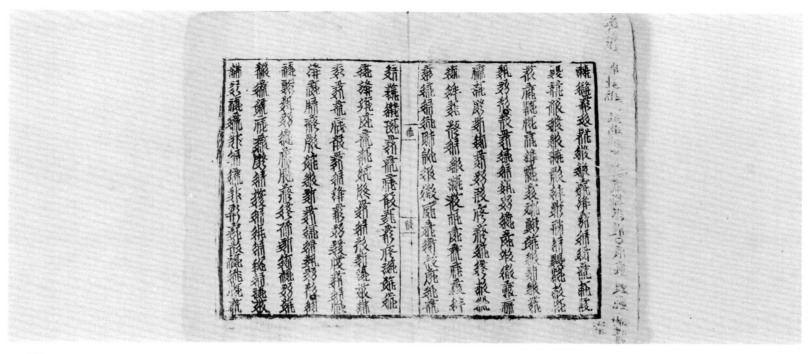

俄Инв.No.2848　2.圓心鏡　　　(30-24)

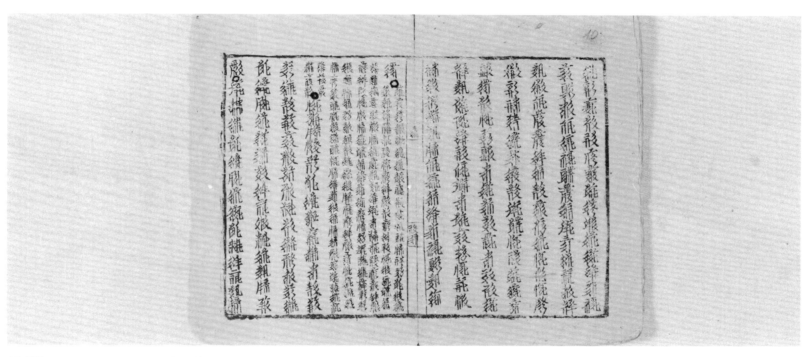

俄Инв.No.2848　2.圓心鏡　　　(30-25)

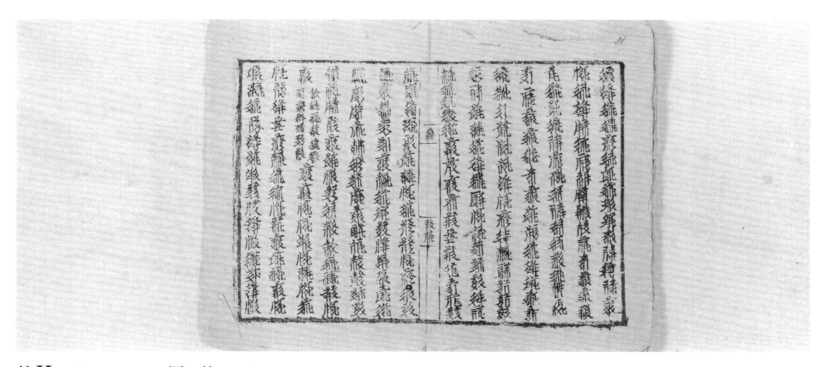

俄Инв.No.2848　2.圓心鏡　　　(30-26)

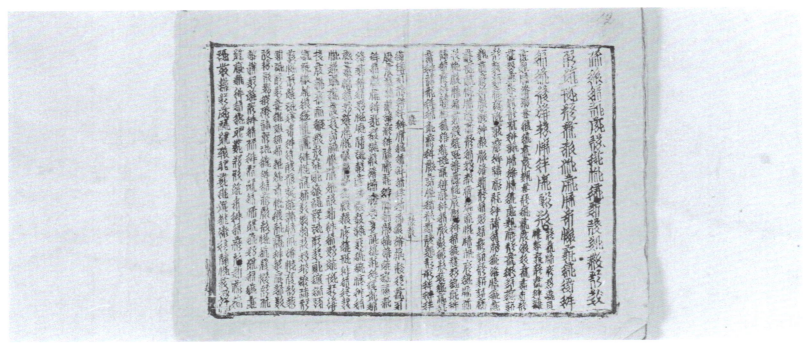

俄 ИHB.No.2848　2.圓心鏡　　(30-27)

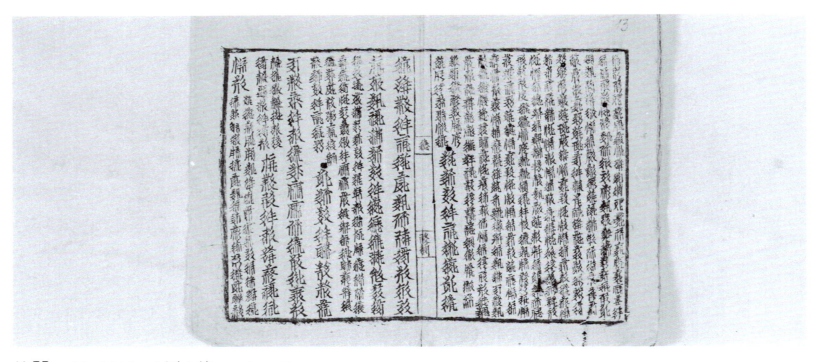

俄 ИHB.No.2848　2.圓心鏡　　(30-28)

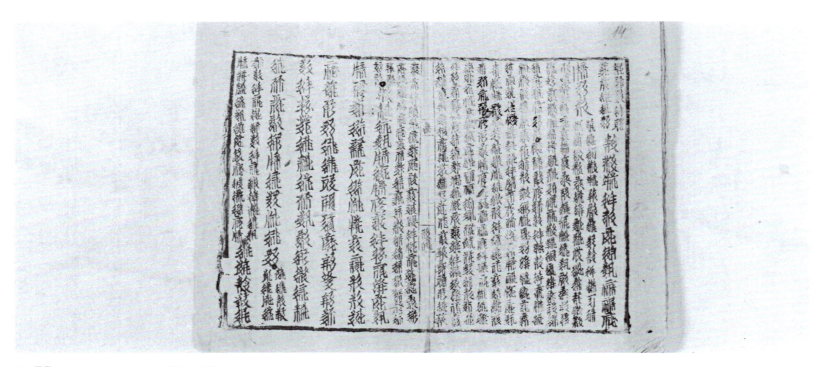

俄 ИHB.No.2848　2.圓心鏡　　(30-29)

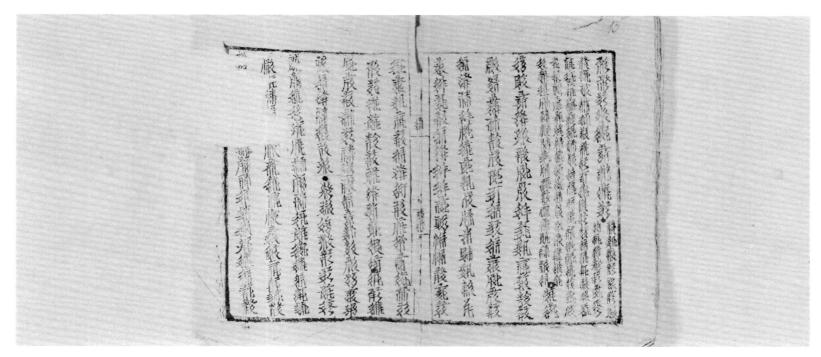

俄ИнВ.No.2848　2.圓心鏡　　　(30-30)

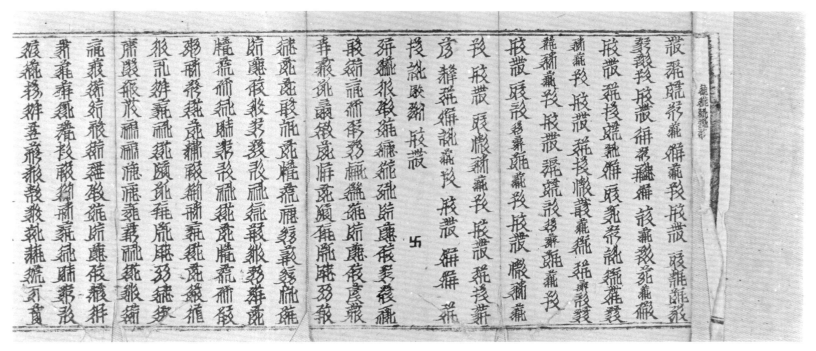

俄ИнВ.No.2844　最上意陀羅尼經　　　(3-1)

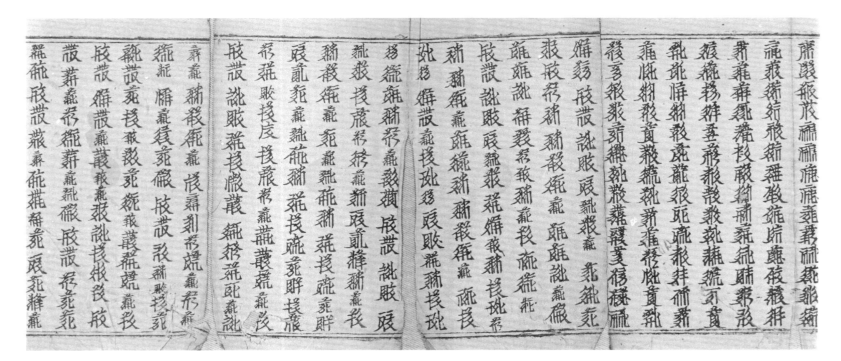

俄ИнВ.No.2844　最上意陀羅尼經　　　(3-2)

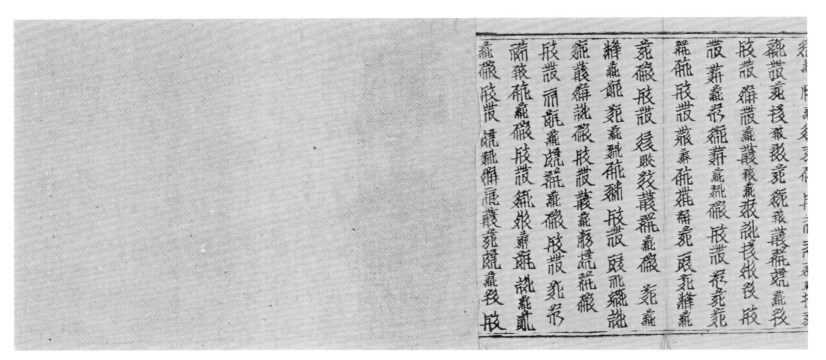

俄ИHB.No.2844　最上意陀羅尼經　　　(3-3)

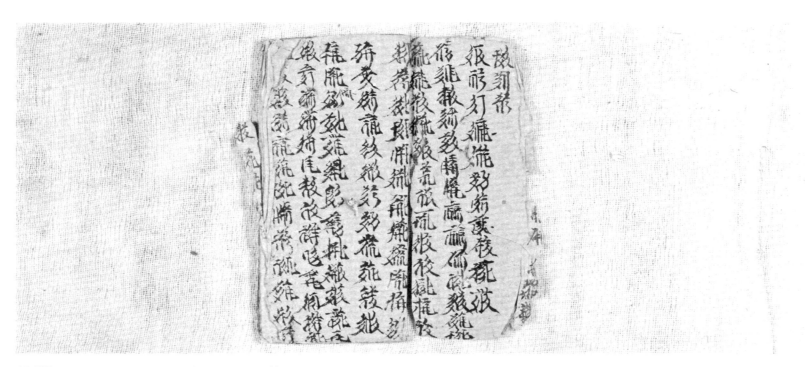

俄ИHB.No.6522　最上意陀羅尼經等　　(18-1)

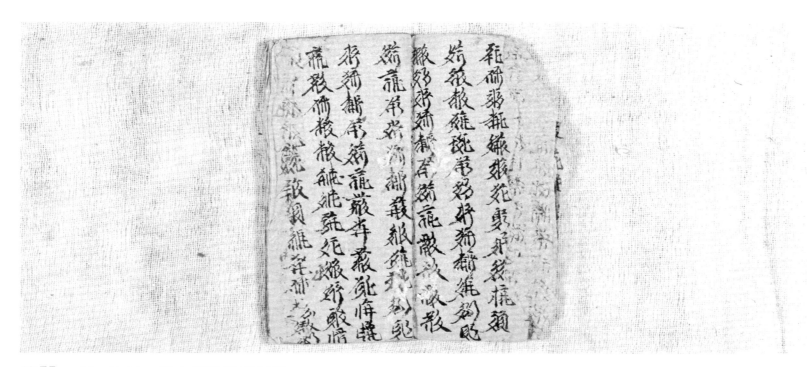

俄ИHB.No.6522　最上意陀羅尼經等　　(18-2)

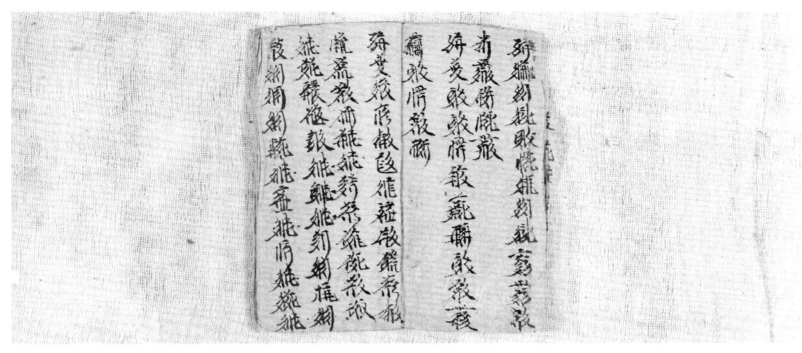

俄 **И**нв.No.6522　最上意陀羅尼經等　　(18-3)

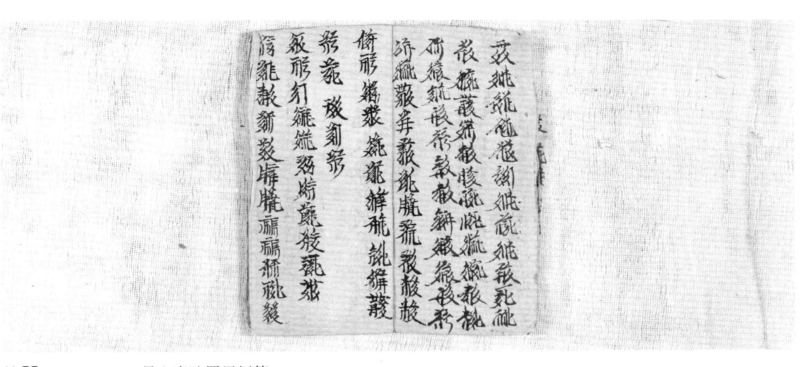

俄 **И**нв.No.6522　最上意陀羅尼經等　　(18-4)

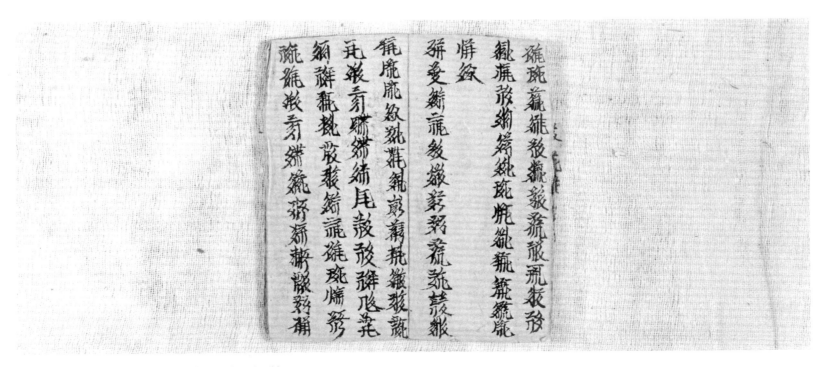

俄 **И**нв.No.6522　最上意陀羅尼經等　　(18-5)

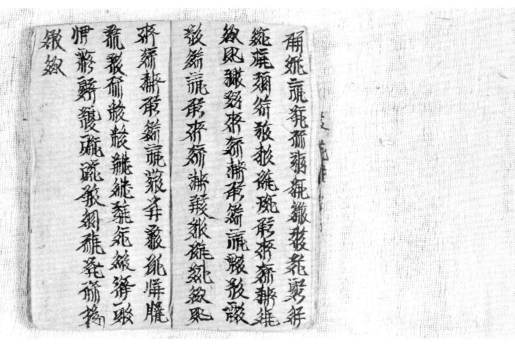

俄 **И**нв.No.6522　最上意陀羅尼經等　　(18-6)

俄 **И**нв.No.6522　最上意陀羅尼經等　　(18-7)

俄 **И**нв.No.6522　最上意陀羅尼經等　　(18-8)

俄Инв.No.6522　最上意陀羅尼經等　　(18-9)

俄Инв.No.6522　最上意陀羅尼經等　　(18-10)

俄Инв.No.6522　最上意陀羅尼經等　　(18-11)

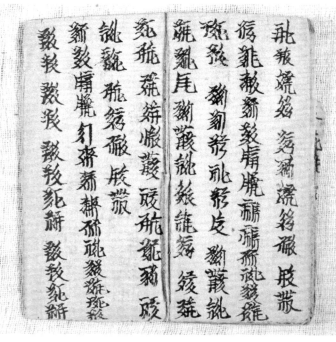

俄 **И**нв.No.6522　最上意陀羅尼經等　　(18-12)

俄 **И**нв.No.6522　最上意陀羅尼經等　　(18-13)

俄 **И**нв.No.6522　最上意陀羅尼經等　　(18-14)

俄 **И**нв.No.6522　最上意陀羅尼經等　　(18-15)

俄 **И**нв.No.6522　最上意陀羅尼經等　　(18-16)

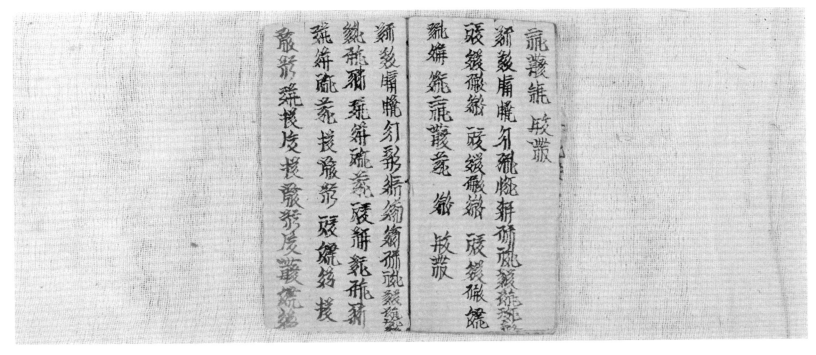

俄 **И**нв.No.6522　最上意陀羅尼經等　　(18-17)

俄 ИнВ.No.6522　最上意陀羅尼經等　　(18-18)

俄 ИнВ.No.7122　1.佛説聖曜母陀羅尼經　　(8-1)

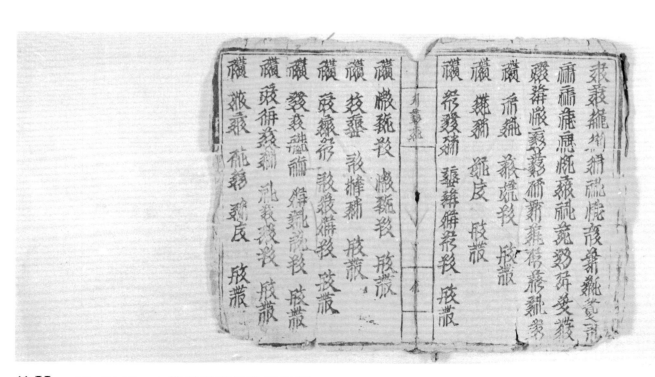

俄 ИнВ.No.7122　1.佛説聖曜母陀羅尼經　　(8-2)

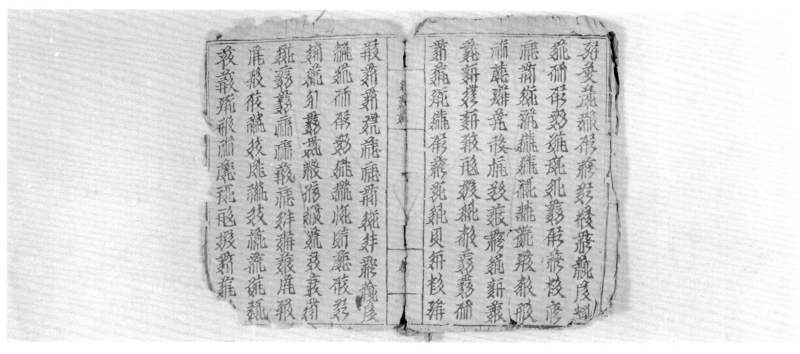

**俄 И**нв.No.7122　1.佛説聖曜母陀羅尼經　　　(8-3)

**俄 И**нв.No.7122　1.佛説聖曜母陀羅尼經　　　(8-4)

**俄 И**нв.No.7122　1.佛説聖曜母陀羅尼經　　　(8-5)

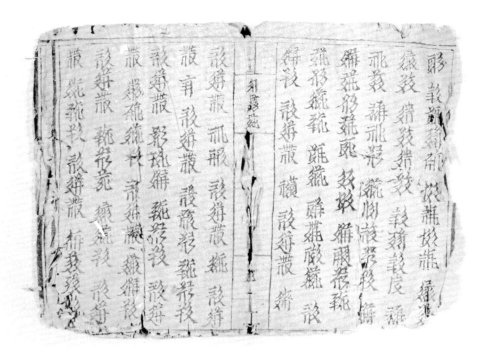

俄 Инв.No.7122　　1.佛説聖曜母陀羅尼經　　　(8-6)

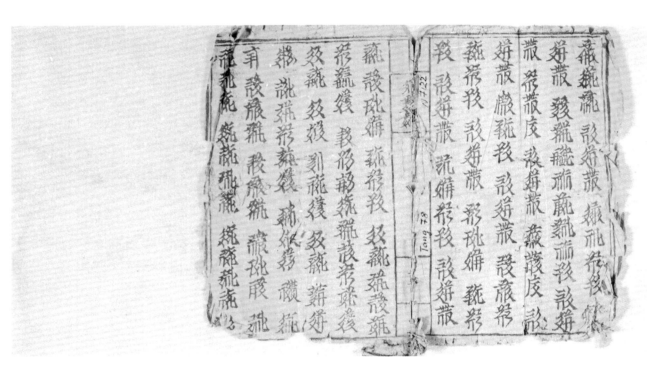

俄 Инв.No.7122　　1.佛説聖曜母陀羅尼經　　　(8-7)

俄 Инв.No.7122　　2.銅人針灸經　　　(8-8)

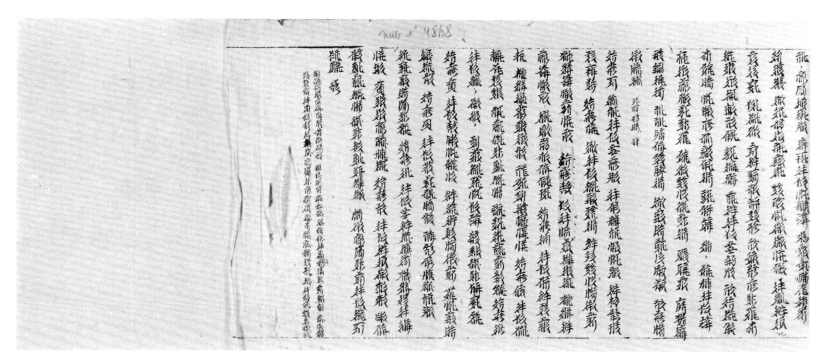

俄 **И**нв.No.4868 念佛鏡

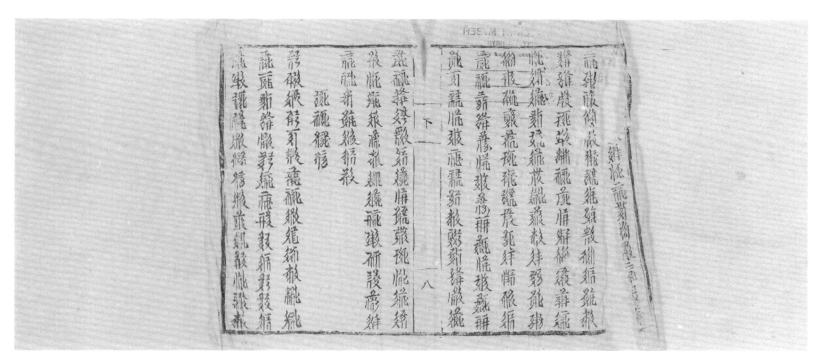

俄 **И**нв.No.2862 經法明照 察識智經 惑悟異別等 (15-1)

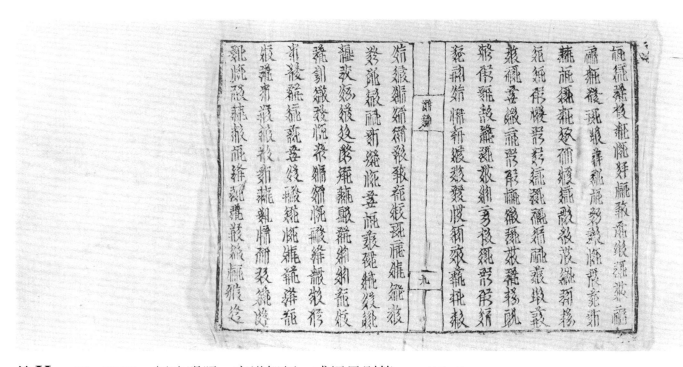

俄 **И**нв.No.2862 經法明照 察識智經 惑悟異別等 (15-2)

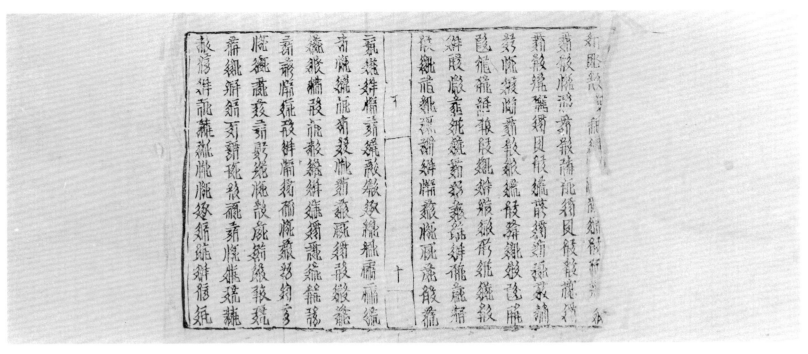

俄 Инв.No.2862　經法明照　察識智經　惑悟異別等　　　(15-3)

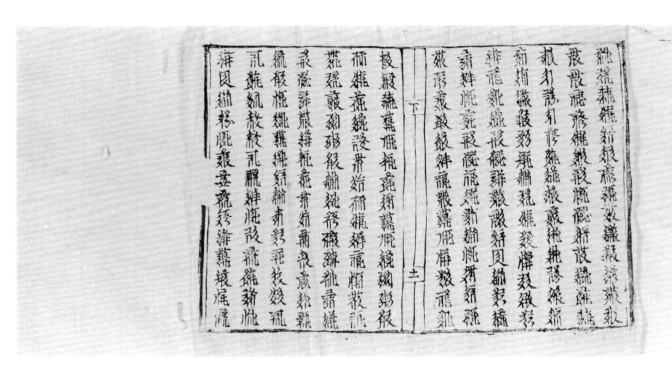

俄 Инв.No.2862　經法明照　察識智經　惑悟異別等　　　(15-4)

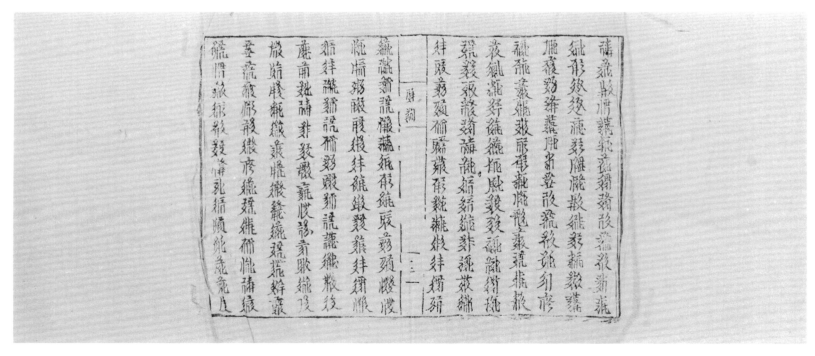

俄 Инв.No.2862　經法明照　察識智經　惑悟異別等　　　(15-5)

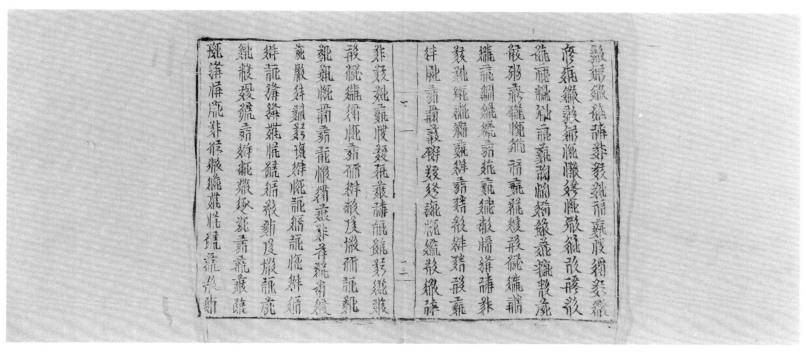

俄Инв.No.2862　經法明照　察識智經　惑悟異別等　　　(15-6)

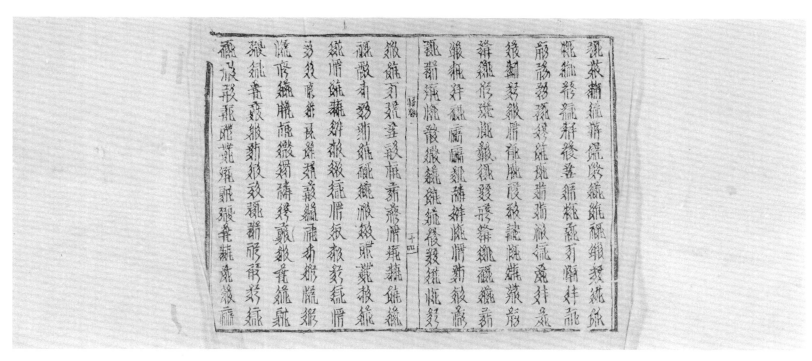

俄Инв.No.2862　經法明照　察識智經　惑悟異別等　　　(15-7)

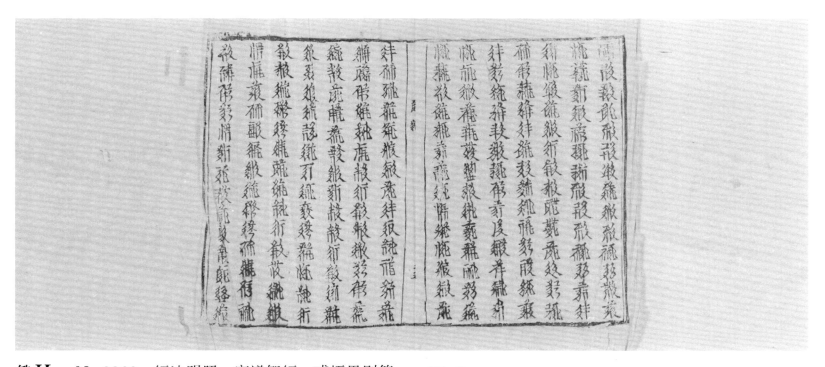

俄Инв.No.2862　經法明照　察識智經　惑悟異別等　　　(15-8)

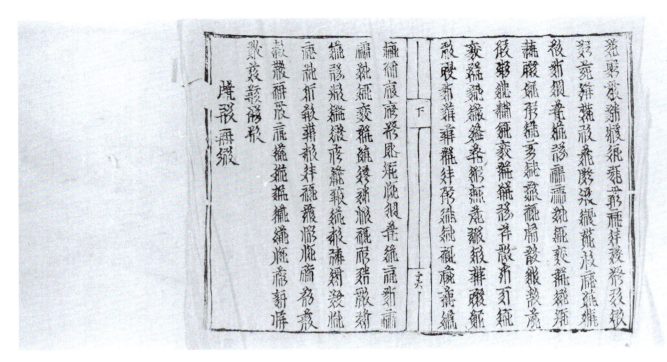

俄ИнB.No.2862　經法明照　察識智經　惑悟異別等　　　(15-9)

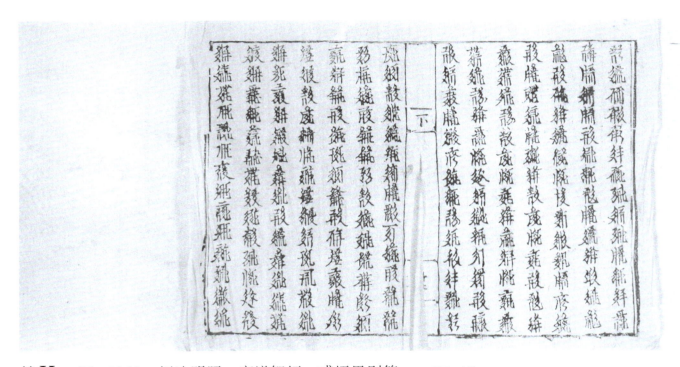

俄ИнB.No.2862　經法明照　察識智經　惑悟異別等　　　(15-10)

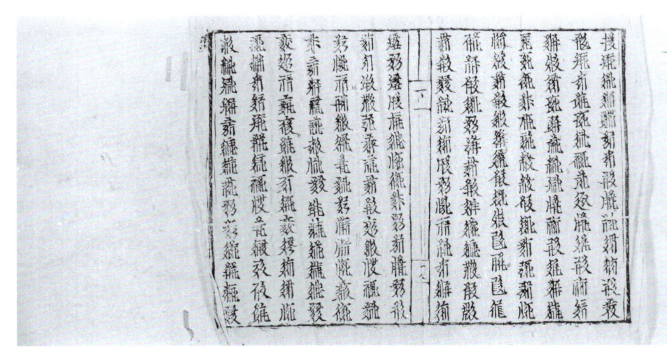

俄ИнB.No.2862　經法明照　察識智經　惑悟異別等　　　(15-11)

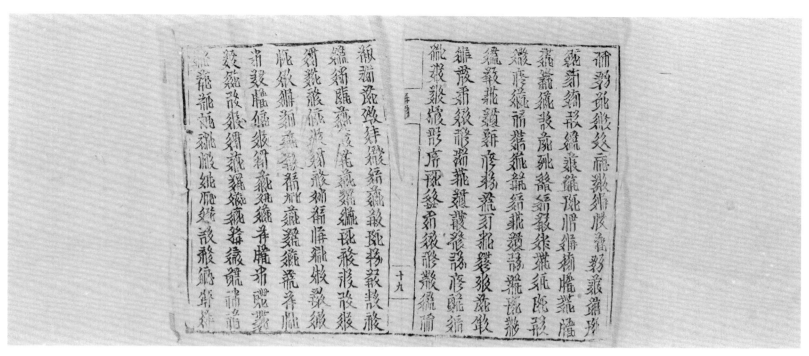

俄 Инв.No.2862　經法明照　察識智經　惑悟異別等　　　(15-12)

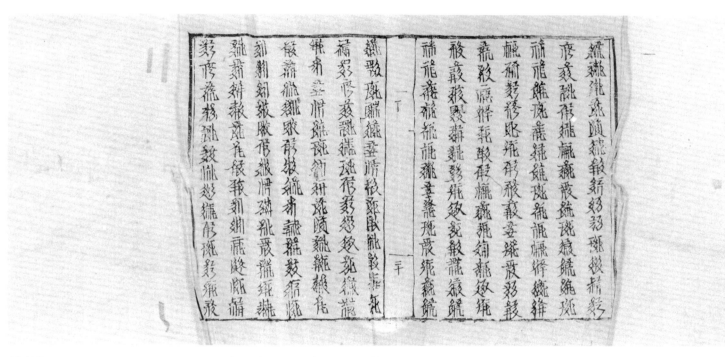

俄 Инв.No.2862　經法明照　察識智經　惑悟異別等　　　(15-13)

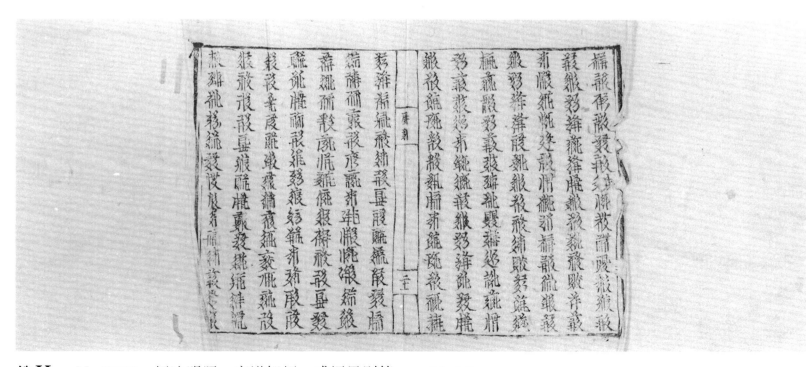

俄 Инв.No.2862　經法明照　察識智經　惑悟異別等　　　(15-14)

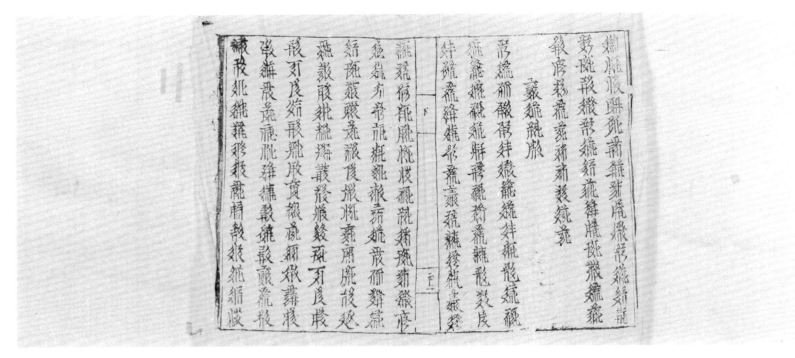

俄 Инв.No.2862　經法明照　察識智經　惑悟異別等　　　(15-15)

俄 Инв.No.881　菩薩業空度記　　(13-1)

俄 Инв.No.881　菩薩業空度記　　(13-2)

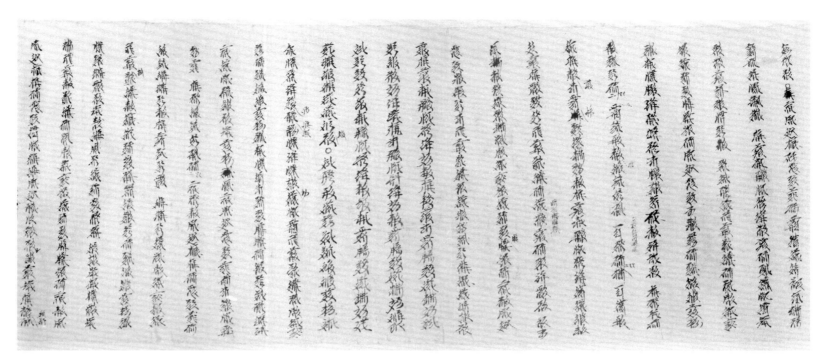

俄Инв.No.881　菩薩業空度記　　　(13-3)

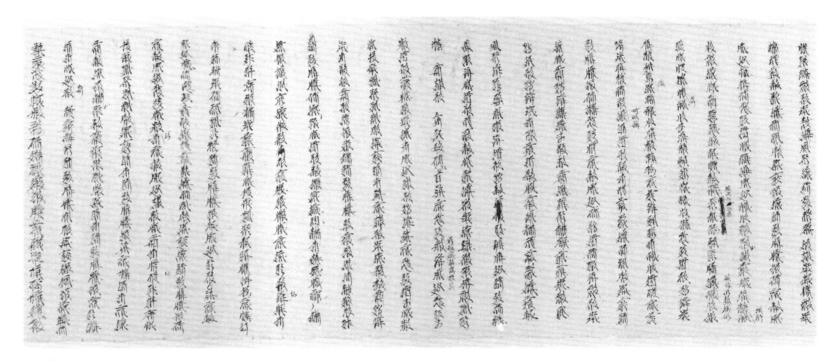

俄Инв.No.881　菩薩業空度記　　　(13-4)

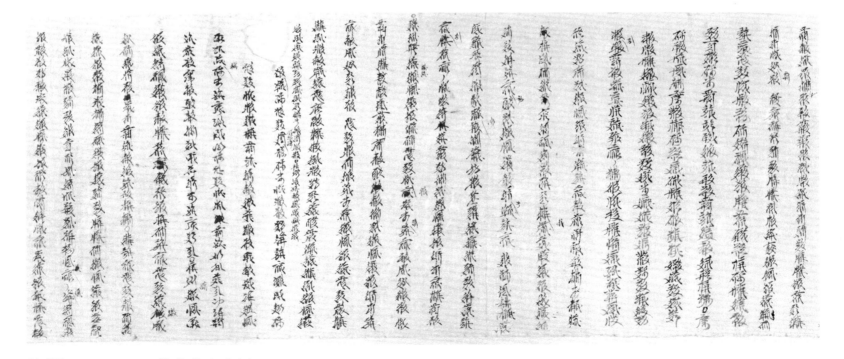

俄Инв.No.881　菩薩業空度記　　　(13-5)

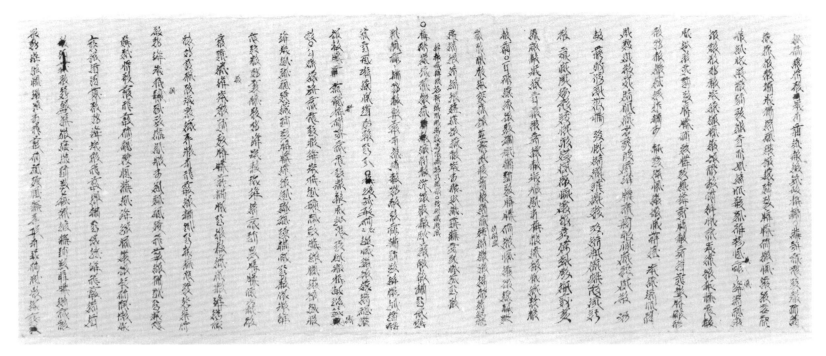

俄 ИНВ.No.881　菩薩業空度記　　　(13-6)

俄 ИНВ.No.881　菩薩業空度記　　　(13-7)

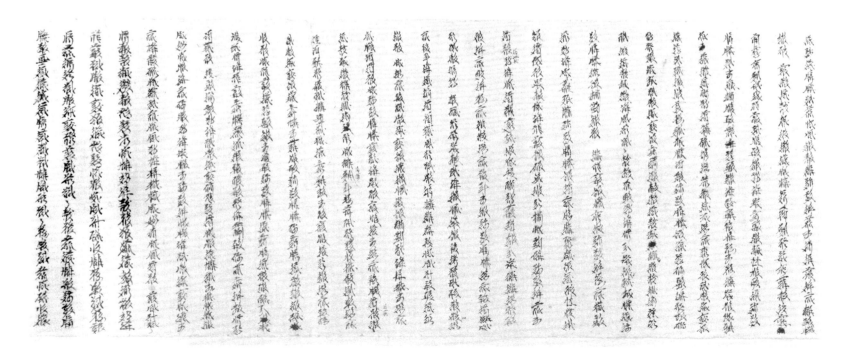

俄 ИНВ.No.881　菩薩業空度記　　　(13-8)

俄Инв.No.881　菩薩業空度記　　　(13-9)

俄Инв.No.881　菩薩業空度記　　　(13-10)

俄Инв.No.881　菩薩業空度記　　　(13-11)

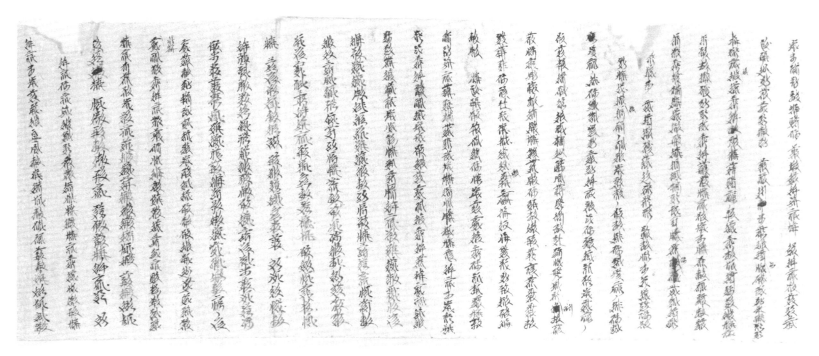

**俄 Инв.No.881** 菩薩業空度記 (13-12)

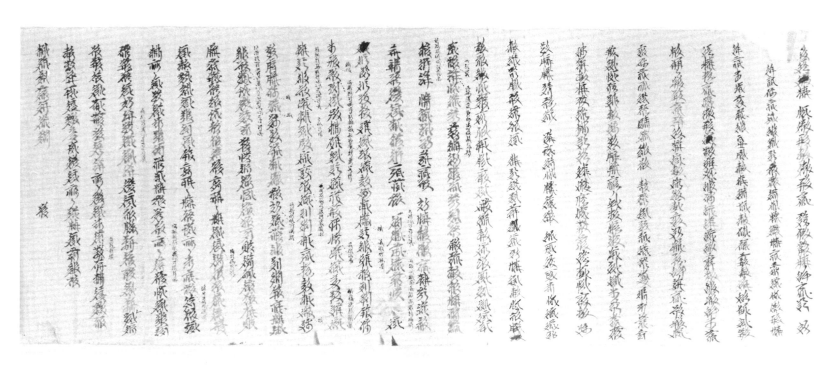

**俄 Инв.No.881** 菩薩業空度記 (13-13)

**俄 Инв.No.5928** 菩薩行空度記第二之上半 (16-1)

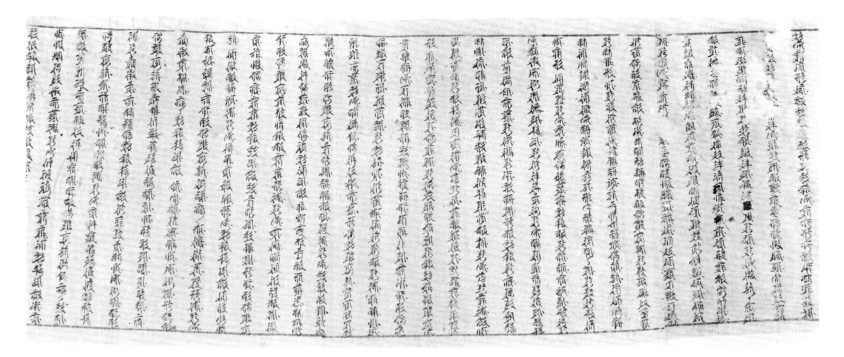

俄ИнB.No.5928　菩薩行空度記第二之上半　　　(16-2)

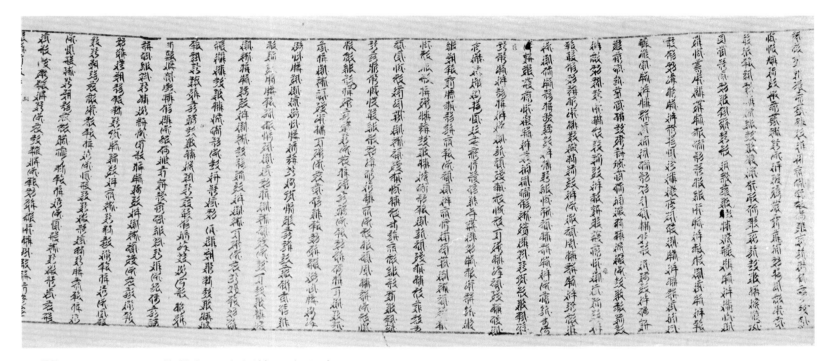

俄ИнB.No.5928　菩薩行空度記第二之上半　　　(16-3)

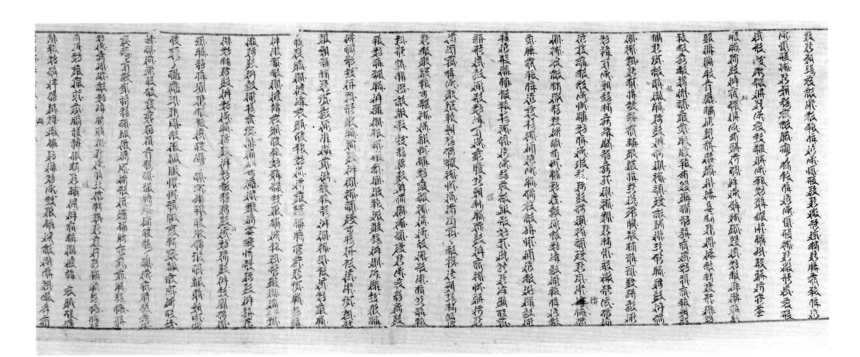

俄ИнB.No.5928　菩薩行空度記第二之上半　　　(16-4)

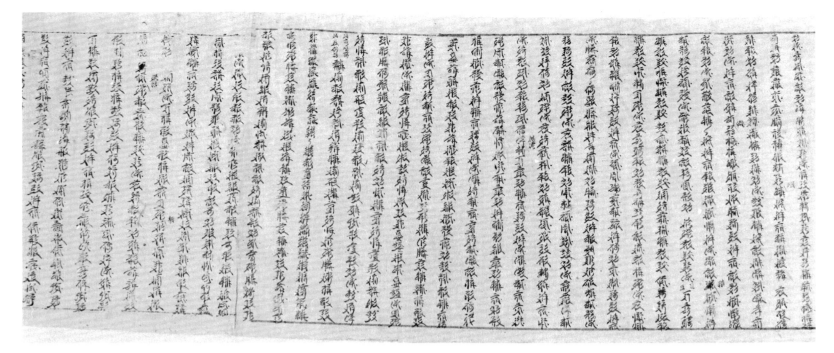

俄Инв.No.5928　菩薩行空度記第二之上半　　　　(16-5)

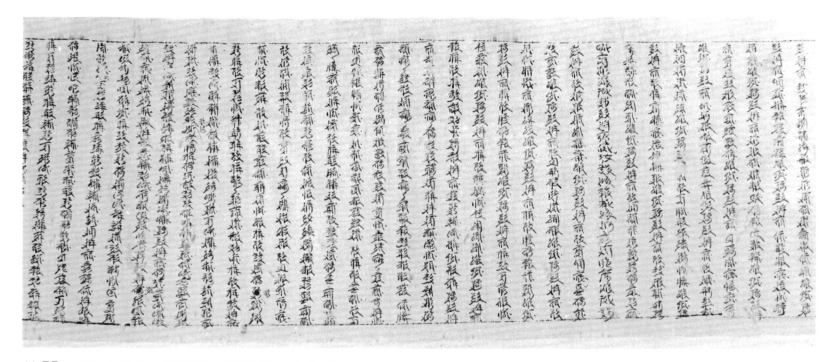

俄Инв.No.5928　菩薩行空度記第二之上半　　　　(16-6)

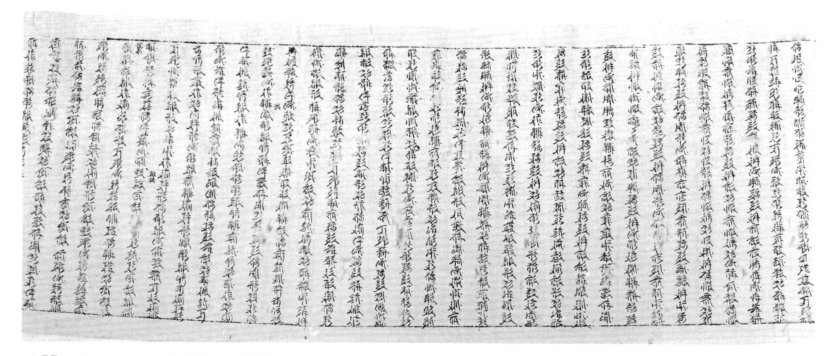

俄Инв.No.5928　菩薩行空度記第二之上半　　　　(16-7)

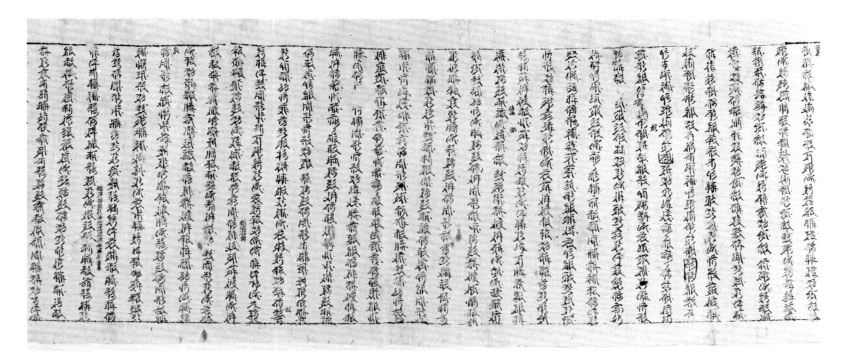

俄 ИНВ.No.5928　菩薩行空度記第二之上半　　　(16-8)

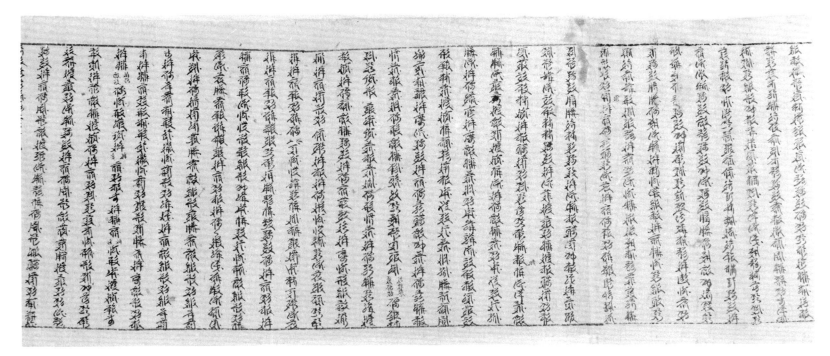

俄 ИНВ.No.5928　菩薩行空度記第二之上半　　　(16-9)

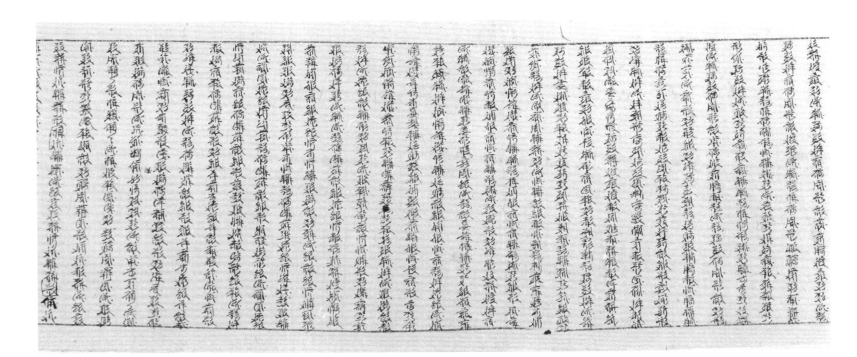

俄 ИНВ.No.5928　菩薩行空度記第二之上半　　　(16-10)

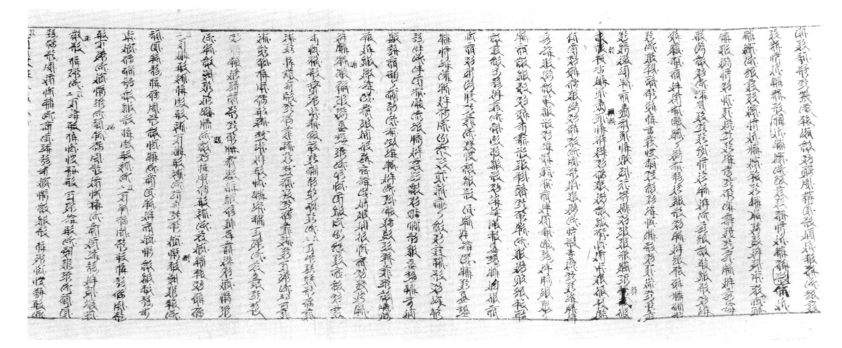

俄 Инв.No.5928　菩薩行空度記第二之上半　　　(16-11)

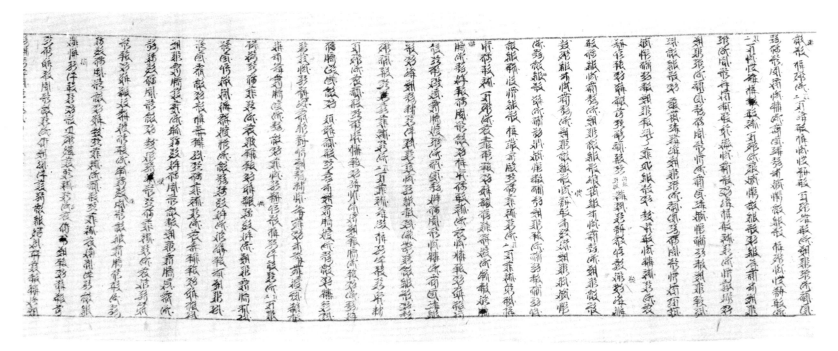

俄 Инв.No.5928　菩薩行空度記第二之上半　　　(16-12)

俄 Инв.No.5928　菩薩行空度記第二之上半　　　(16-13)

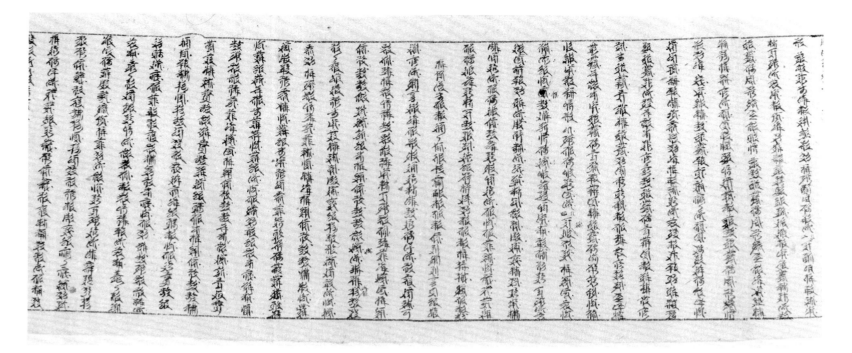

俄 Инв.No.5928　菩薩行空度記第二之上半　　　(16-14)

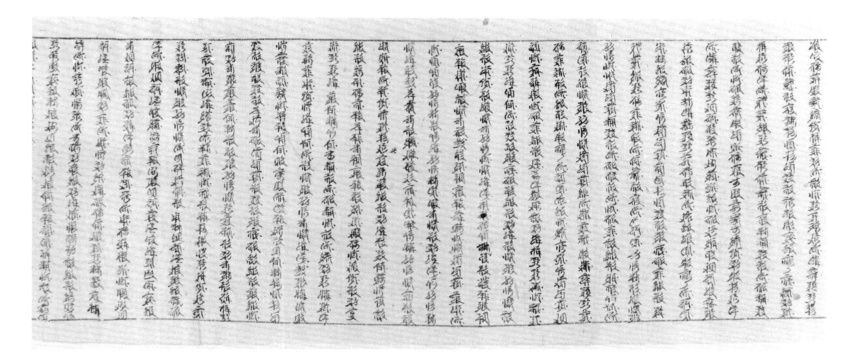

俄 Инв.No.5928　菩薩行空度記第二之上半　　　(16-15)

俄 Инв.No.5928　菩薩行空度記第二之上半　　　(16-16)

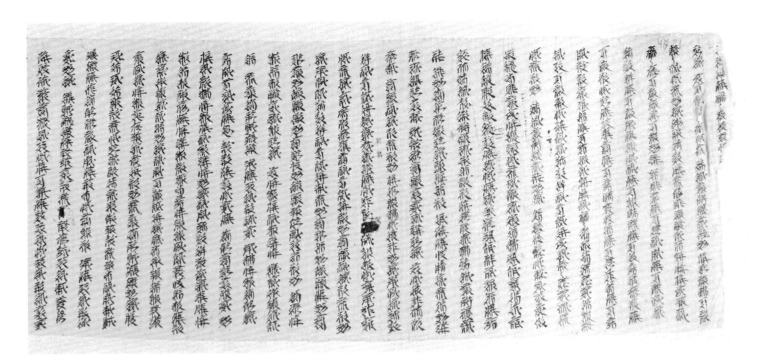

俄 Инв.No.4721　二十七品之顯疏　　　(15-1)

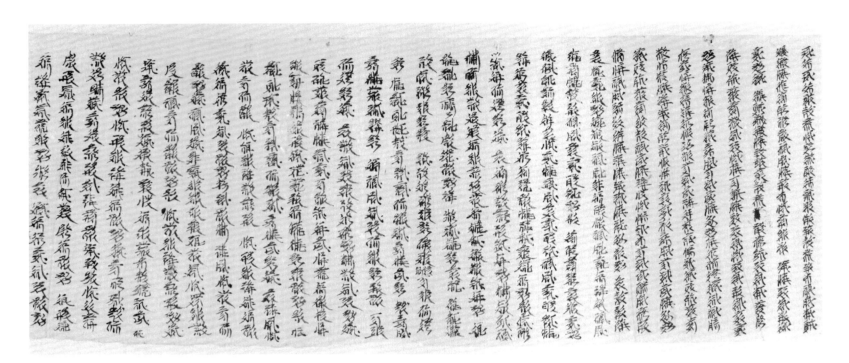

俄 Инв.No.4721　二十七品之顯疏　　　(15-2)

俄 Инв.No.4721　二十七品之顯疏　　　(15-3)

俄Инв.No.4721　二十七品之顯疏　　　(15-4)

俄Инв.No.4721　二十七品之顯疏　　　(15-5)

俄Инв.No.4721　二十七品之顯疏　　　(15-6)

俄Инв.No.4721　二十七品之顯疏　　(15-7)

俄Инв.No.4721　二十七品之顯疏　　(15-8)

俄Инв.No.4721　二十七品之顯疏　　(15-9)

俄 Инв.No.4721　二十七品之顯疏　　(15-10)

俄 Инв.No.4721　二十七品之顯疏　　(15-11)

俄 Инв.No.4721　二十七品之顯疏　　(15-12)

俄 Инв.No.4721　二十七品之顯疏　　(15-13)

俄 Инв.No.4721　二十七品之顯疏　　(15-14)

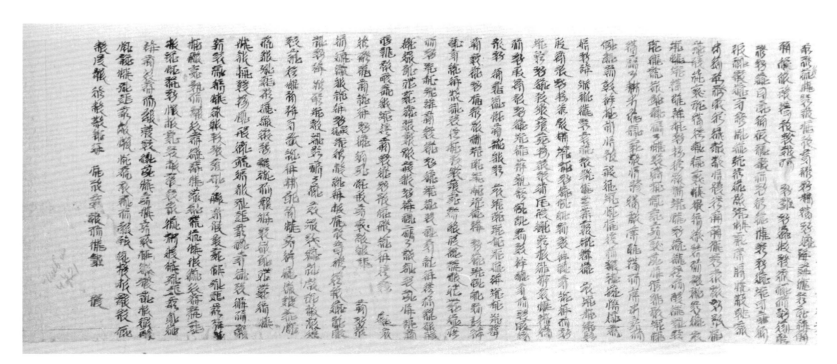

俄 Инв.No.4721　二十七品之顯疏　　(15-15)

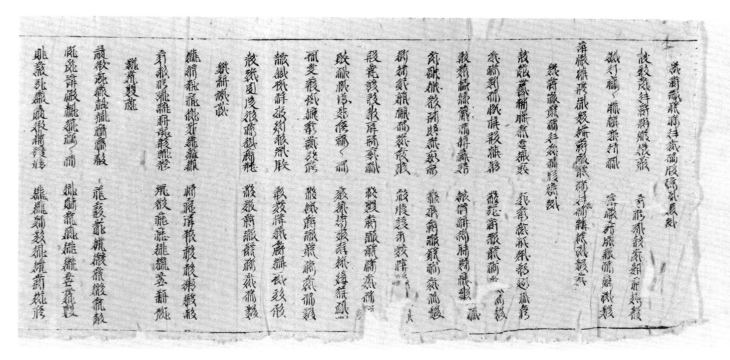

俄 Инв.No.4869　頂尊相勝佛母等供養懺罪　　　(16-1)

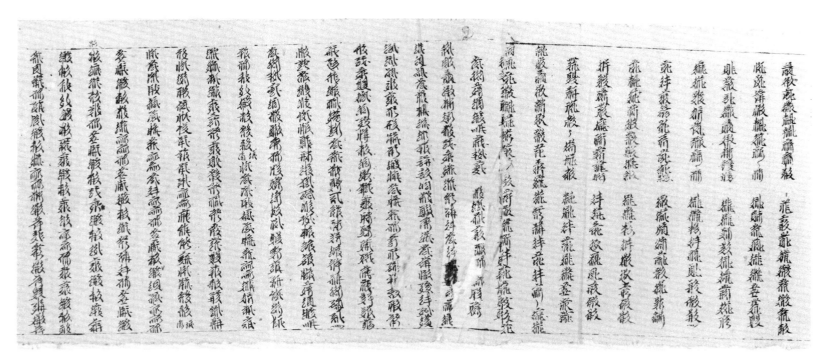

俄 Инв.No.4869　頂尊相勝佛母等供養懺罪　　　(16-2)

俄 Инв.No.4869　頂尊相勝佛母等供養懺罪　　　(16-3)

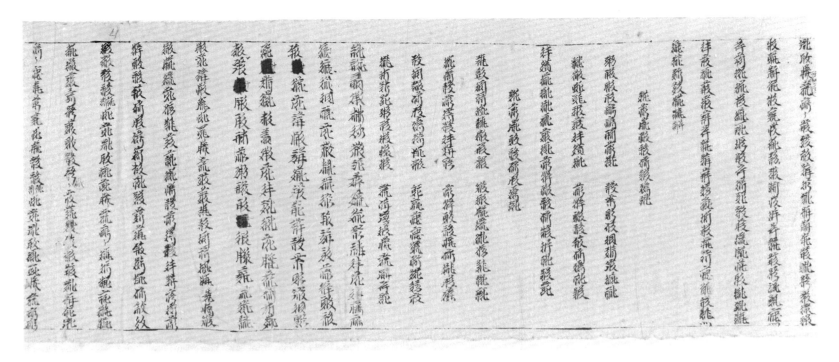

俄 Инв.No.4869　　頂尊相勝佛母等供養懺罪　　　（16-4）

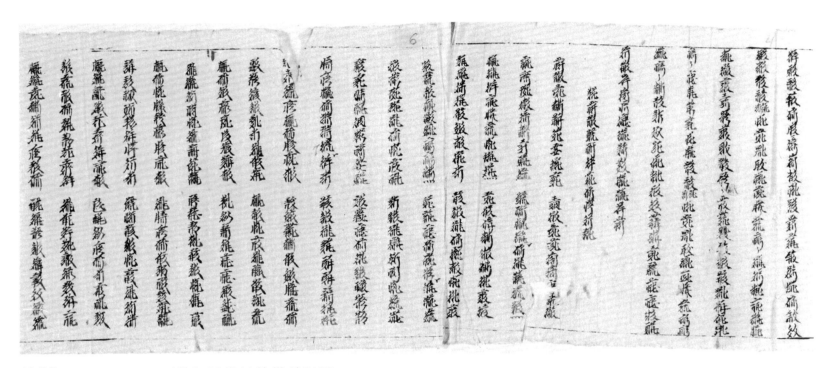

俄 Инв.No.4869　　頂尊相勝佛母等供養懺罪　　　（16-5）

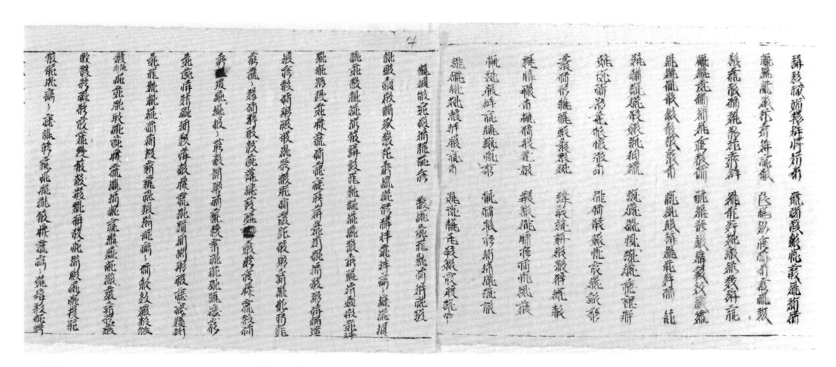

俄 Инв.No.4869　　頂尊相勝佛母等供養懺罪　　　（16-6）

俄 **И**нв.No.4869　頂尊相勝佛母等供養懺罪　　　(16-7)

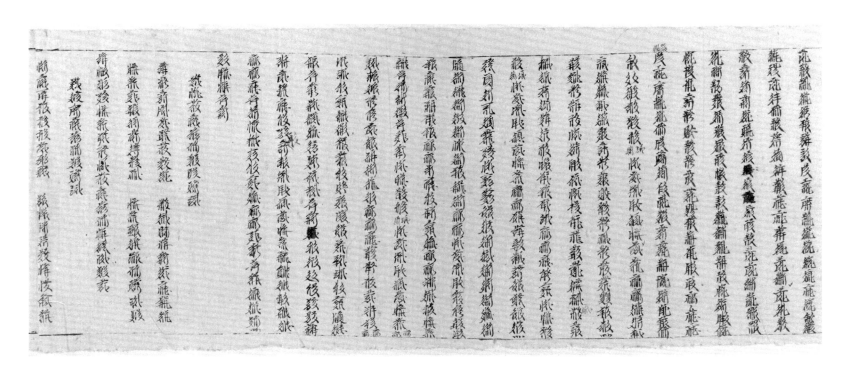

俄 **И**нв.No.4869　頂尊相勝佛母等供養懺罪　　　(16-8)

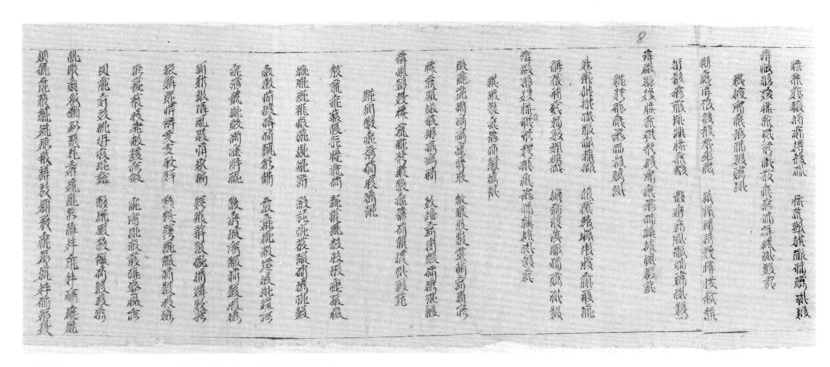

俄 **И**нв.No.4869　頂尊相勝佛母等供養懺罪　　　(16-9)

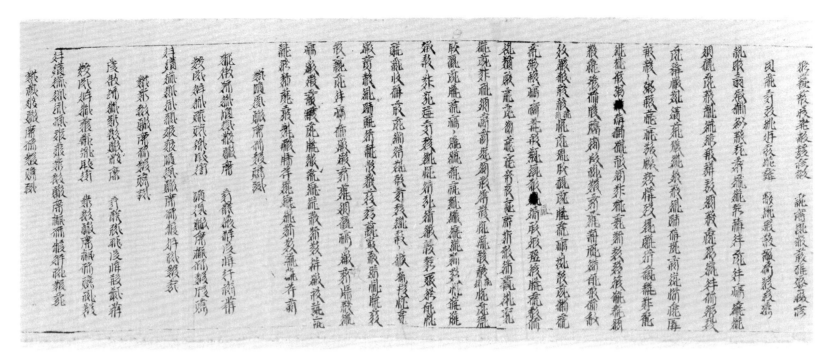

俄ИНВ.No.4869　頂尊相勝佛母等供養懺罪　　　(16-10)

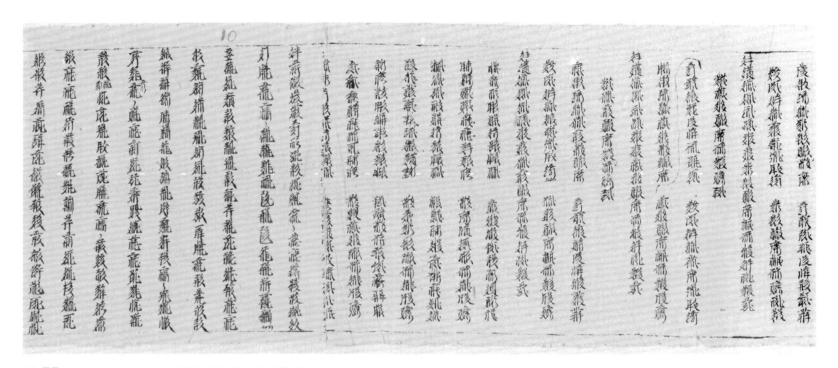

俄ИНВ.No.4869　頂尊相勝佛母等供養懺罪　　　(16-11)

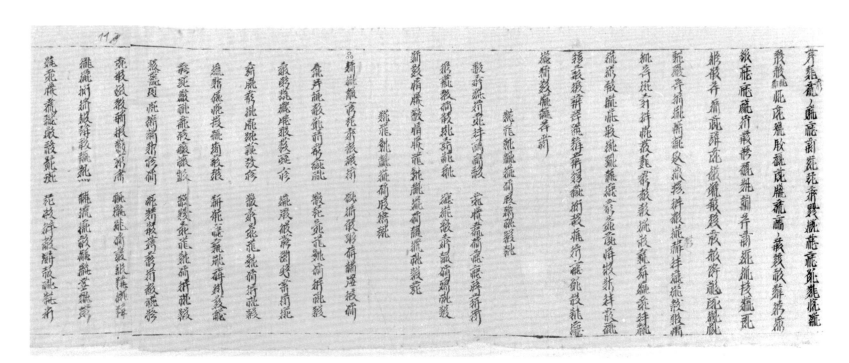

俄ИНВ.No.4869　頂尊相勝佛母等供養懺罪　　　(16-12)

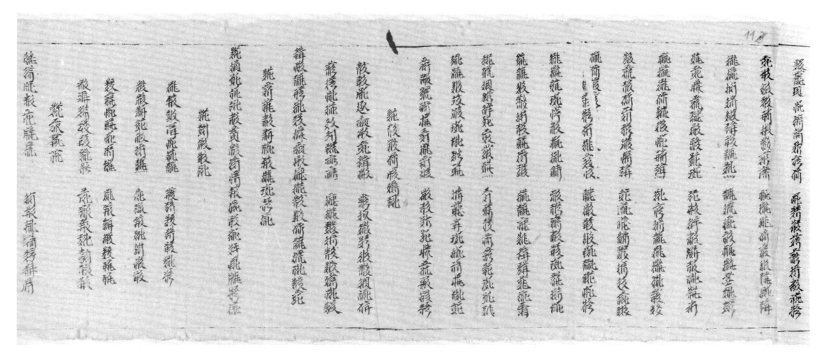

俄 Инв.No.4869　頂尊相勝佛母等供養懺罪　　　(16-13)

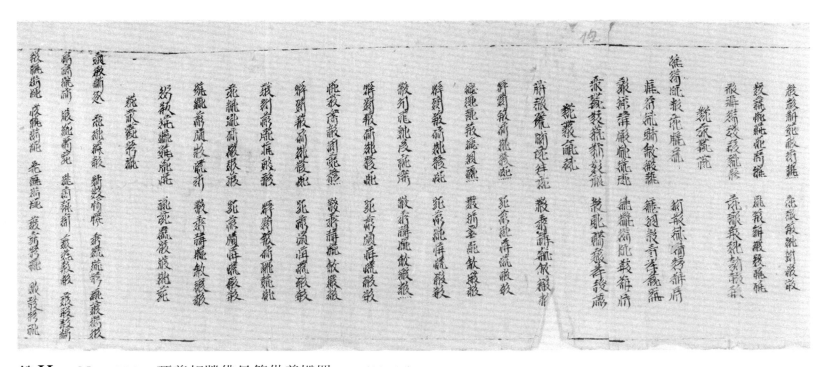

俄 Инв.No.4869　頂尊相勝佛母等供養懺罪　　　(16-14)

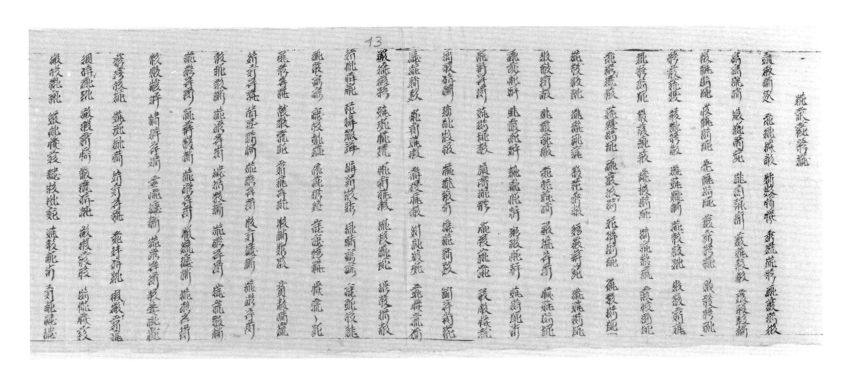

俄 Инв.No.4869　頂尊相勝佛母等供養懺罪　　　(16-15)

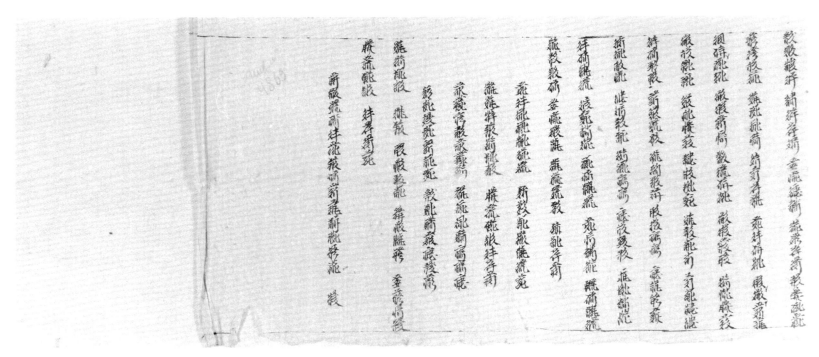

俄 Инв.No.4869　頂尊相勝佛母等供養懺罪　　(16-16)

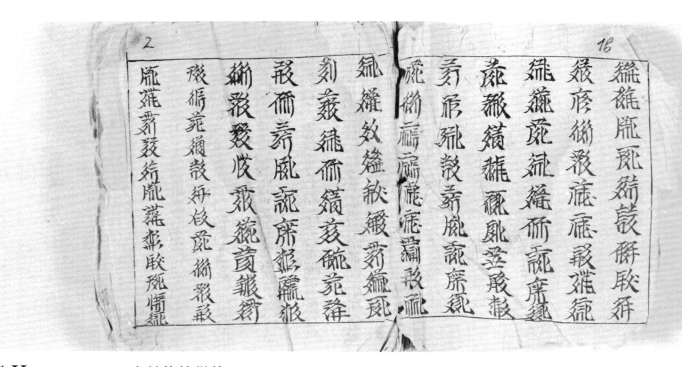

俄 Инв.No.3817　密教修持儀軌　　(57-1)

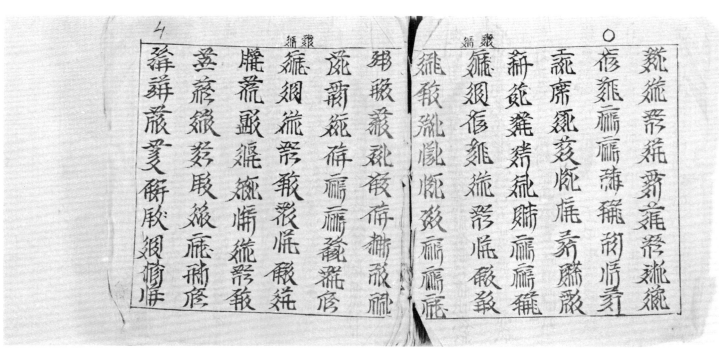

俄 Инв.No.3817　密教修持儀軌　　(57-2)

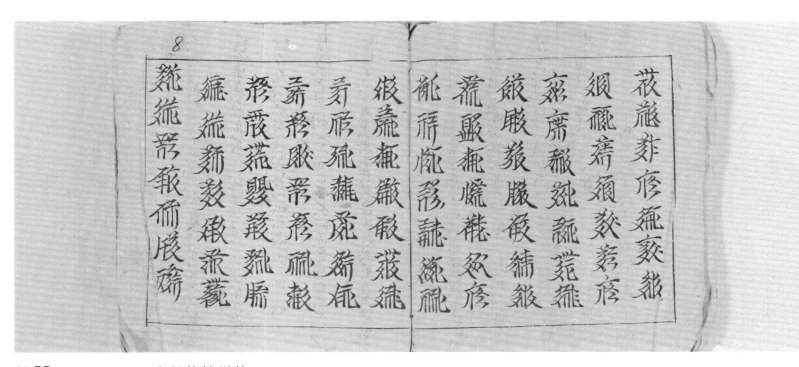

俄 Инв.No.3817　　密教修持儀軌　　(57-3)

俄 Инв.No.3817　　密教修持儀軌　　(57-4)

俄 Инв.No.3817　　密教修持儀軌　　(57-5)

俄 Инв.No.3817　密教修持儀軌　　　(57-6)

俄 Инв.No.3817　密教修持儀軌　　　(57-7)

俄 Инв.No.3817　密教修持儀軌　　　(57-8)

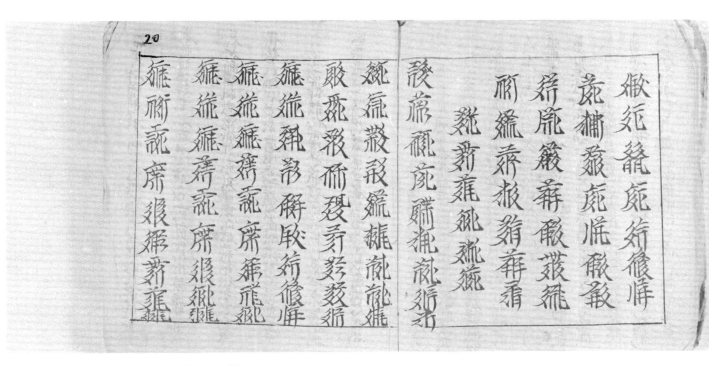

俄ИНВ.No.3817　密教修持儀軌　　(57-9)

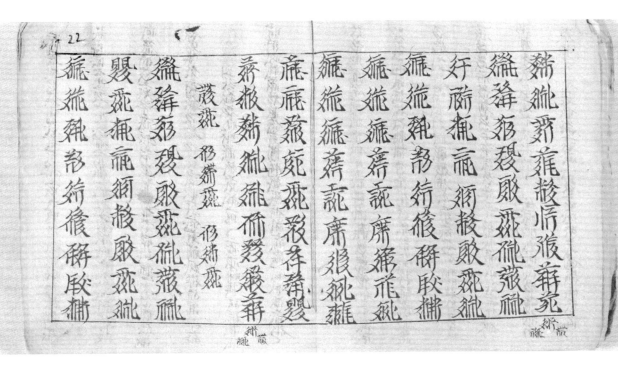

俄ИНВ.No.3817　密教修持儀軌　　(57-10)

俄ИНВ.No.3817　密教修持儀軌　　(57-11)

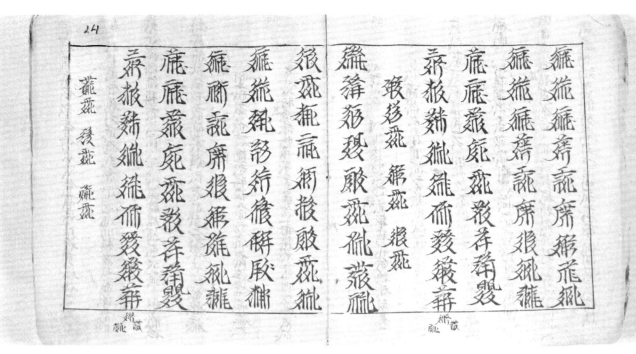

俄 Инв.No.3817　密教修持儀軌　　　(57-12)

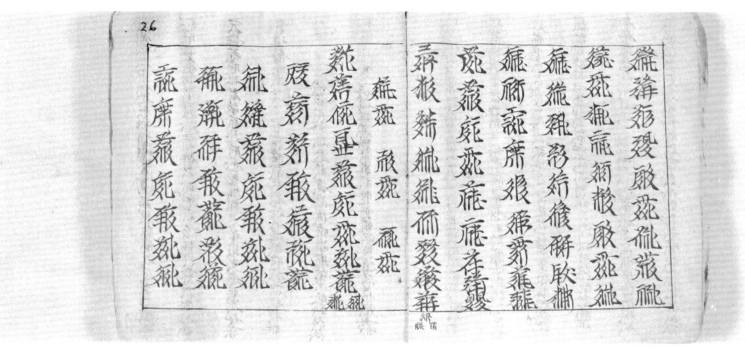

俄 Инв.No.3817　密教修持儀軌　　　(57-13)

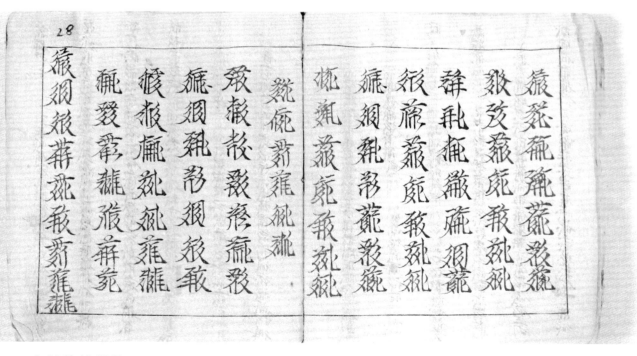

俄 Инв.No.3817　密教修持儀軌　　　(57-14)

30

俄 Инв.No.3817　密教修持儀軌　　　(57-15)

32

俄 Инв.No.3817　密教修持儀軌　　　(57-16)

34

俄 Инв.No.3817　密教修持儀軌　　　(57-17)

俄 Инв.No.3817　密教修持儀軌　　　(57-18)

俄 Инв.No.3817　密教修持儀軌　　　(57-19)

俄 Инв.No.3817　密教修持儀軌　　　(57-20)

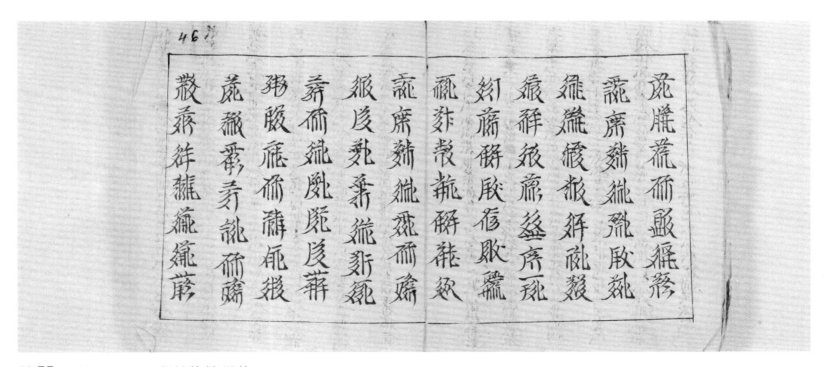

俄 **И**нв.No.3817　密教修持儀軌　　　(57–21)

俄 **И**нв.No.3817　密教修持儀軌　　　(57–22)

俄 **И**нв.No.3817　密教修持儀軌　　　(57–23)

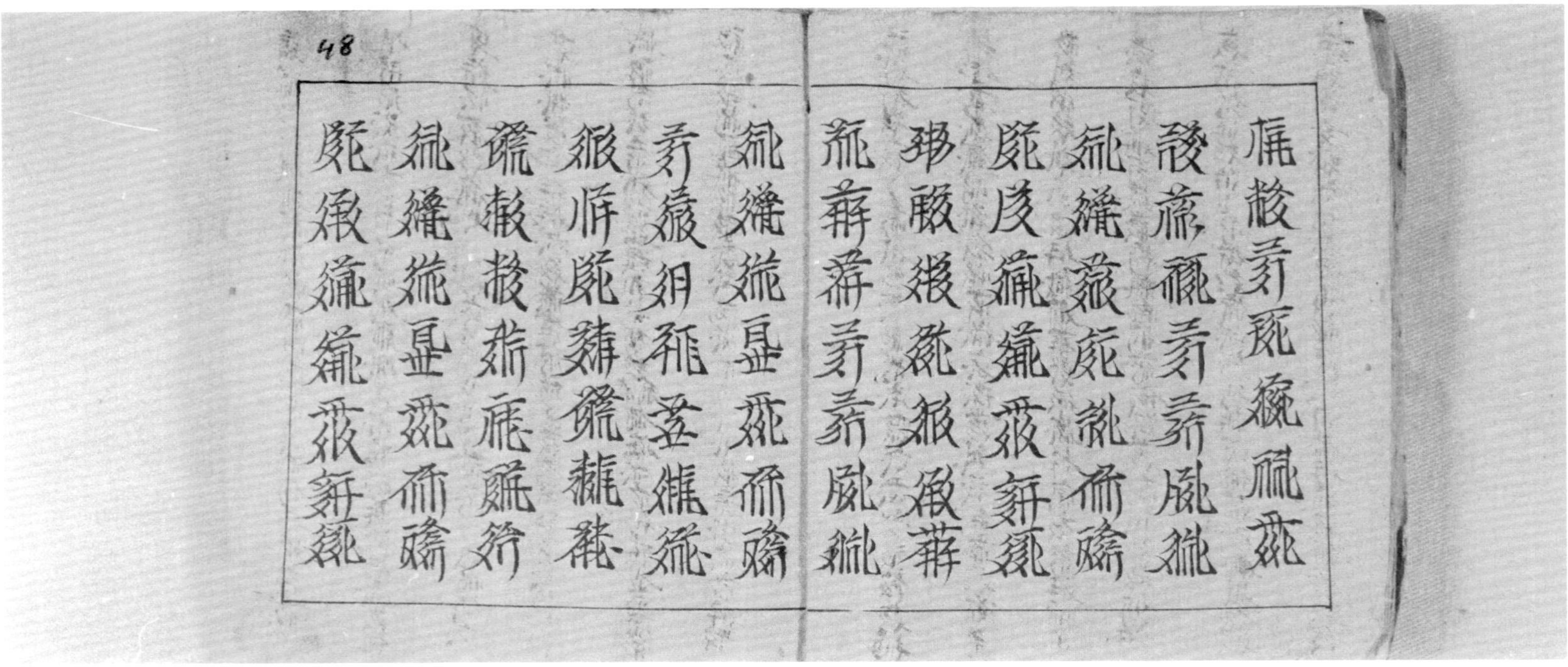

俄 Инв.No.3817　密教修持儀軌　(57–24)

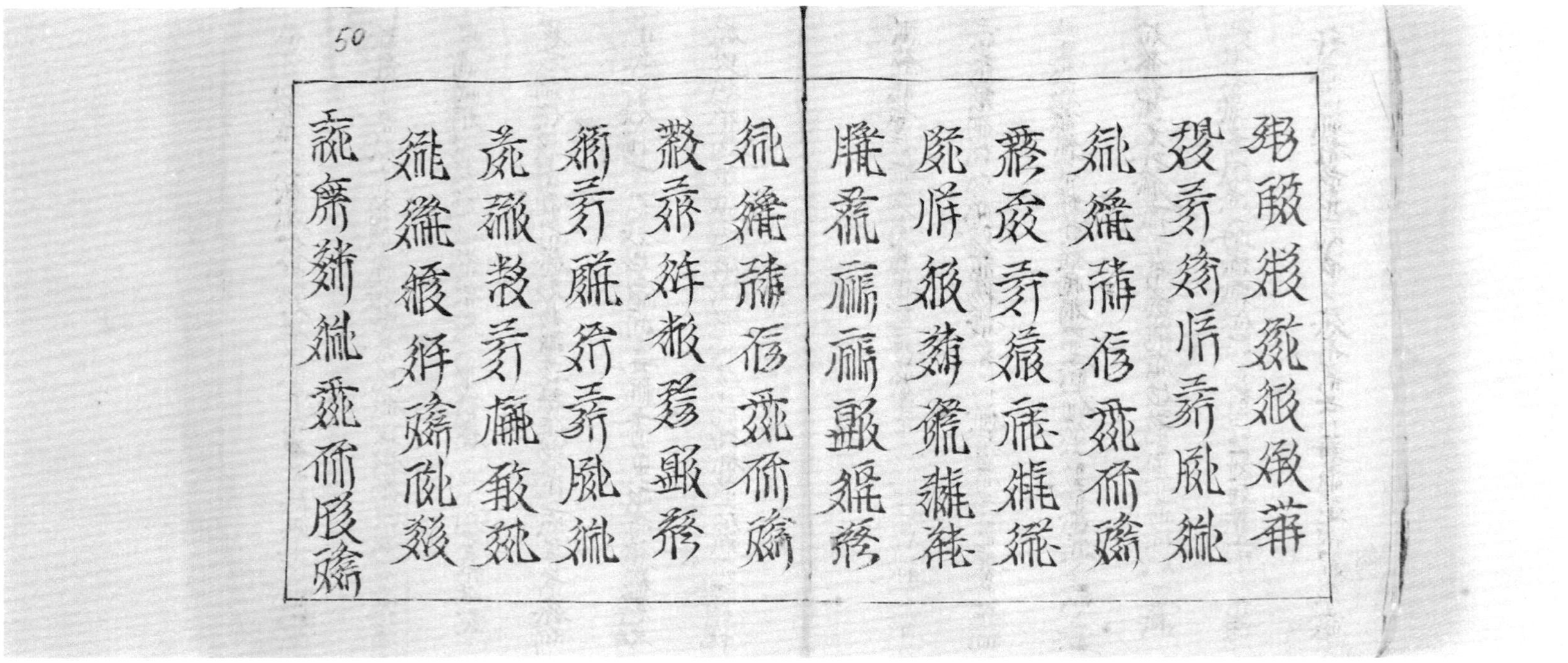

俄 Инв.No.3817　密教修持儀軌　(57–25)

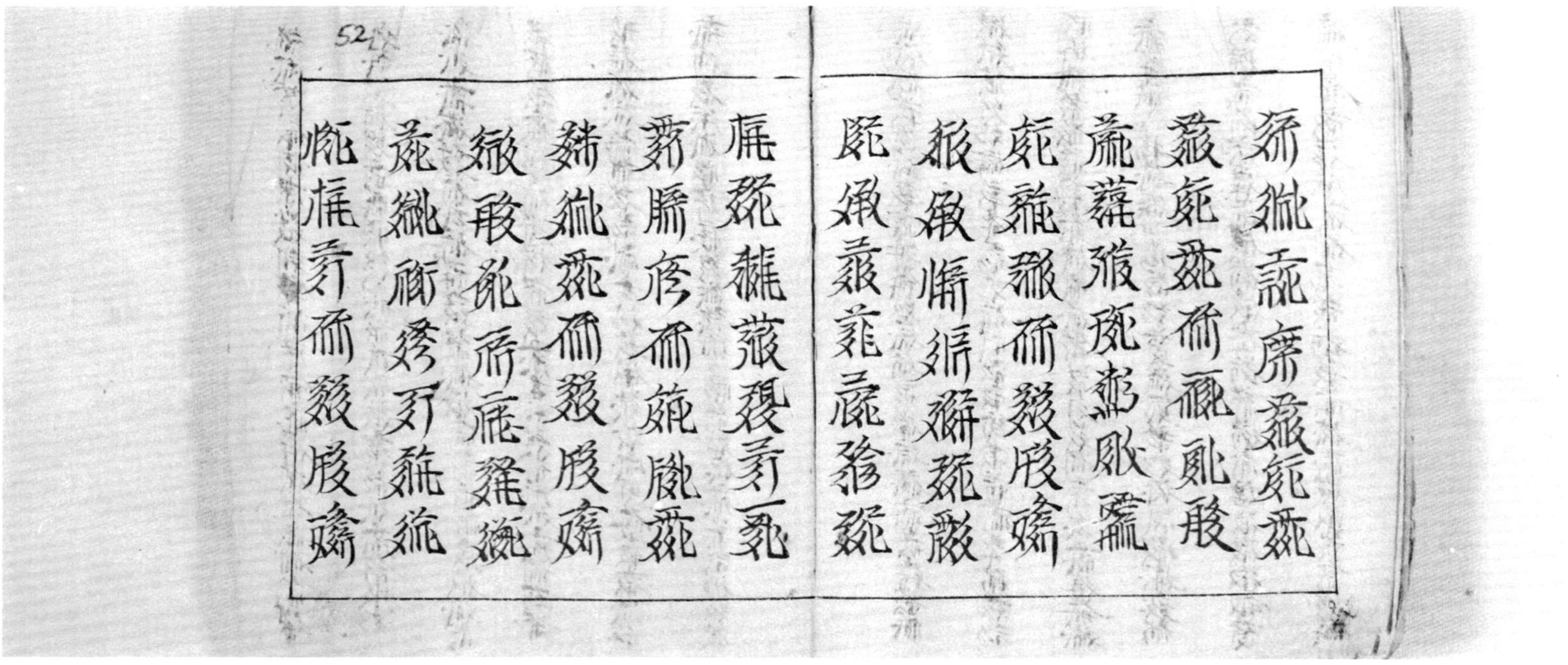

俄 Инв.No.3817　密教修持儀軌　(57–26)

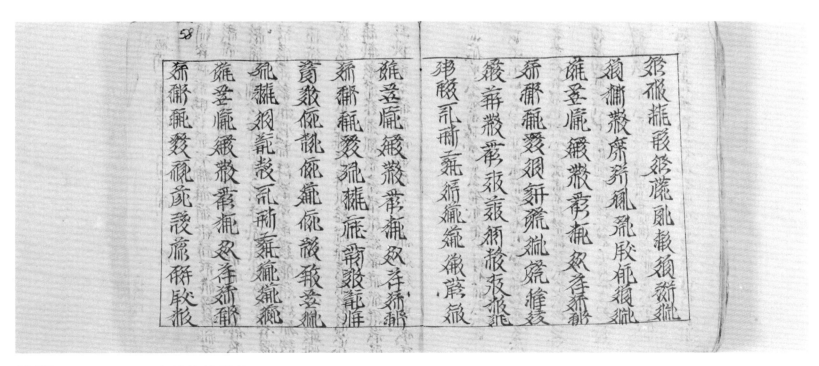

俄 **И**нв.No.3817　密教修持儀軌　　(57-27)

俄 **И**нв.No.3817　密教修持儀軌　　(57-28)

俄 **И**нв.No.3817　密教修持儀軌　　(57-29)

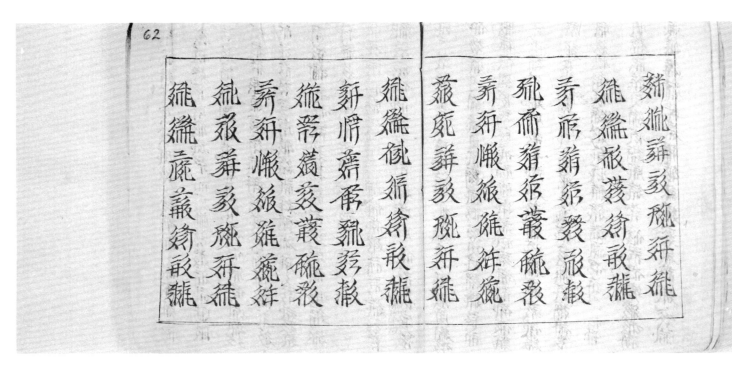

俄 Инв.No.3817　密教修持儀軌　　　(57-30)

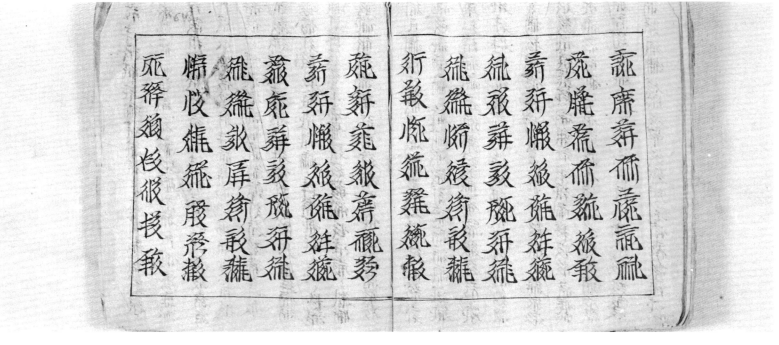

俄 Инв.No.3817　密教修持儀軌　　　(57-31)

俄 Инв.No.3817　密教修持儀軌　　　(57-32)

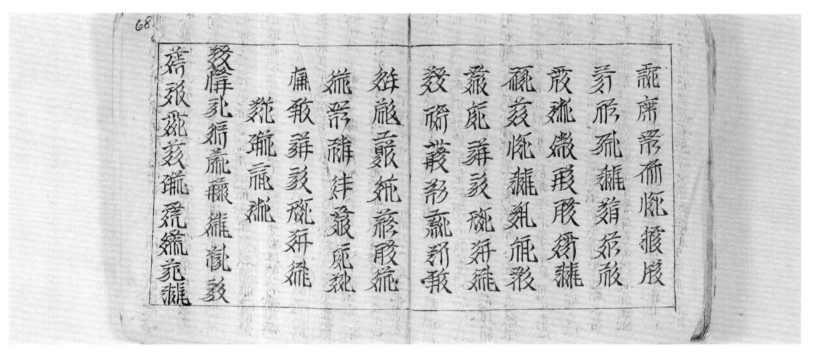

俄 Инв.No.3817　密教修持儀軌　　　(57-33)

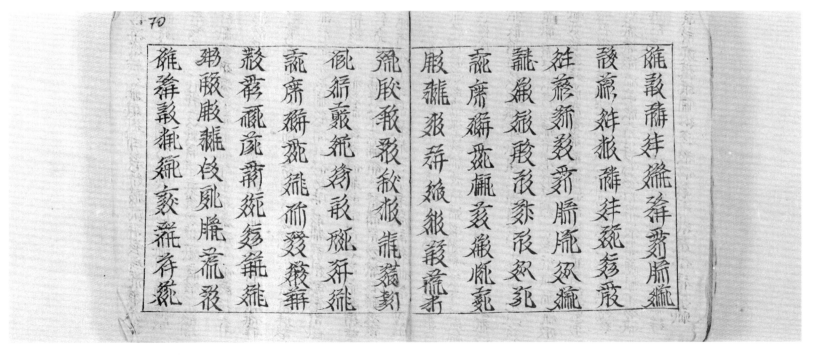

俄 Инв.No.3817　密教修持儀軌　　　(57-34)

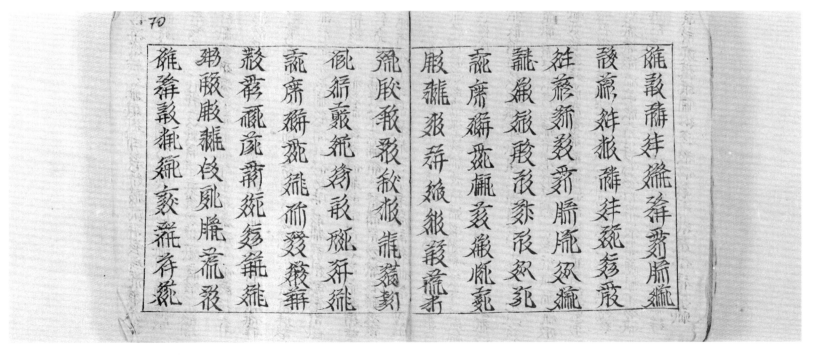

俄 Инв.No.3817　密教修持儀軌　　　(57-35)

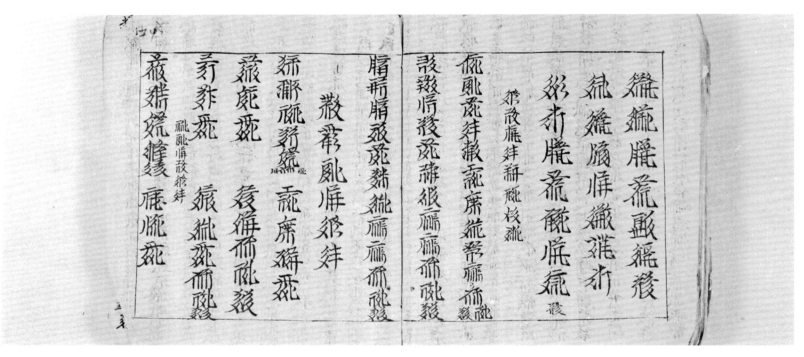

俄 Инв.No.3817　密教修持儀軌　　　(57-36)

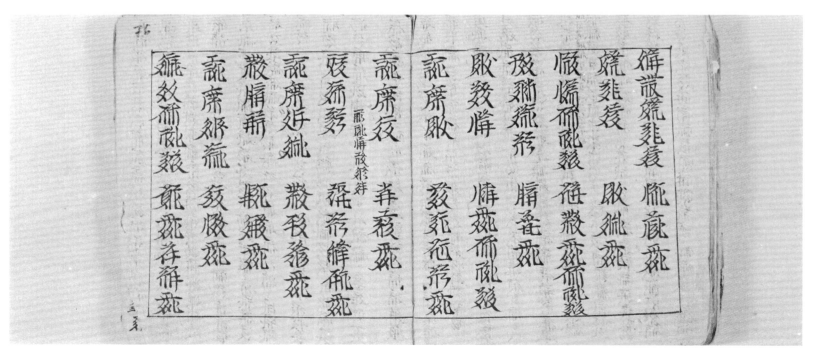

俄 Инв.No.3817　密教修持儀軌　　　(57-37)

俄 Инв.No.3817　密教修持儀軌　　　(57-38)

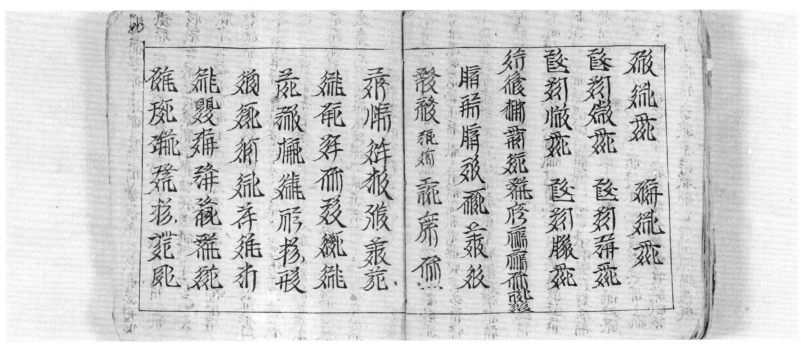

俄 **Инв.**No.3817　密教修持儀軌　　(57-39)

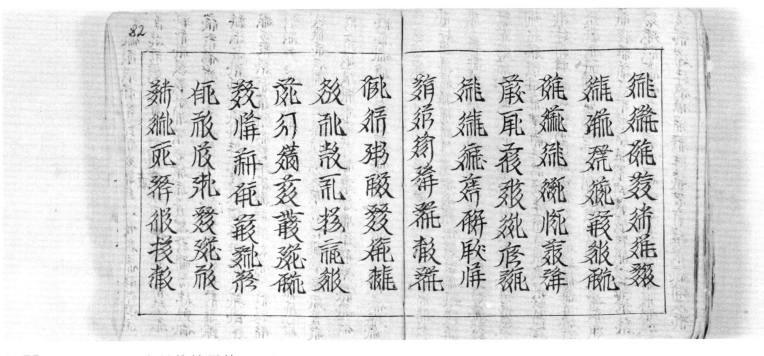

俄 **Инв.**No.3817　密教修持儀軌　　(57-40)

俄 **Инв.**No.3817　密教修持儀軌　　(57-41)

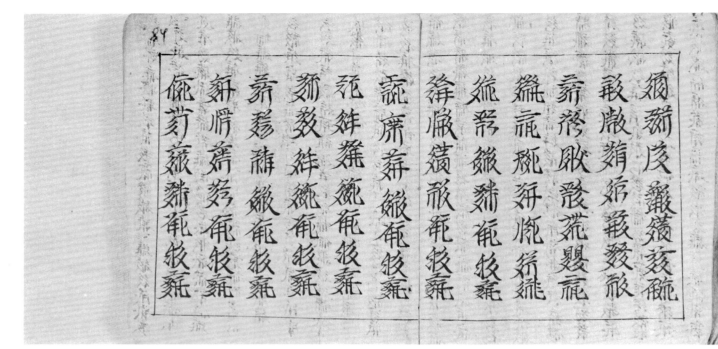

俄 Инв.No.3817　密教修持儀軌　　(57-42)

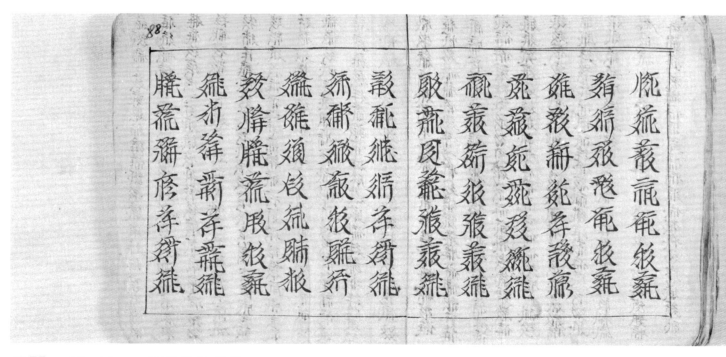

俄 Инв.No.3817　密教修持儀軌　　(57-43)

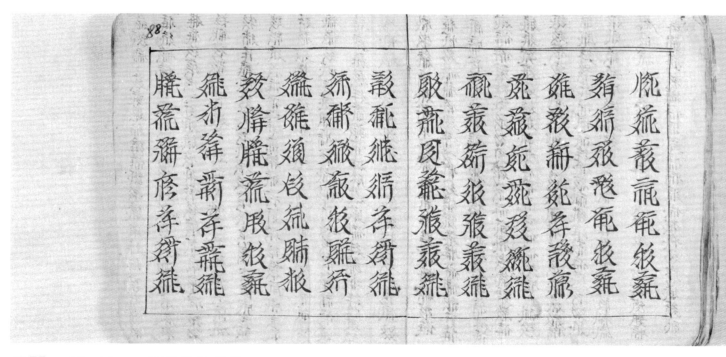

俄 Инв.No.3817　密教修持儀軌　　(57-44)

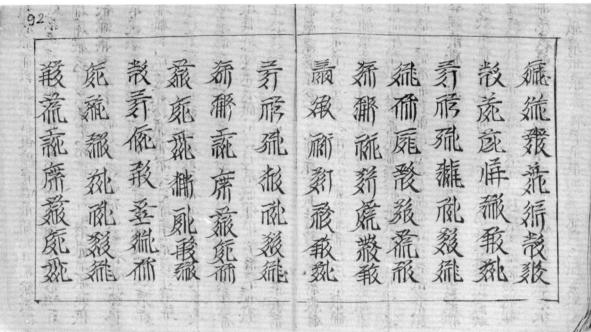

俄 Инв.No.3817 　密教修持儀軌 　　(57-45)

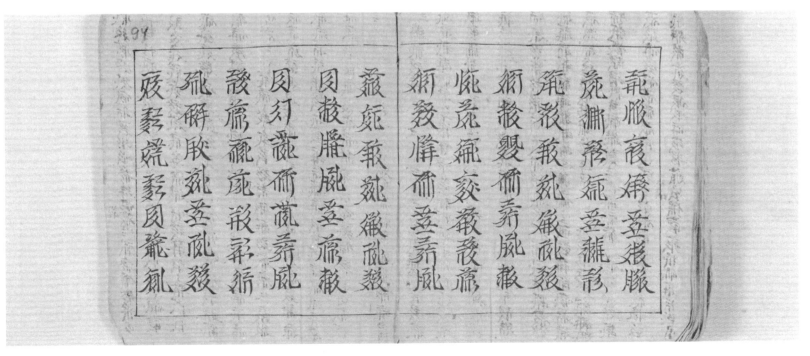

俄 Инв.No.3817 　密教修持儀軌 　　(57-46)

俄 Инв.No.3817 　密教修持儀軌 　　(57-47)

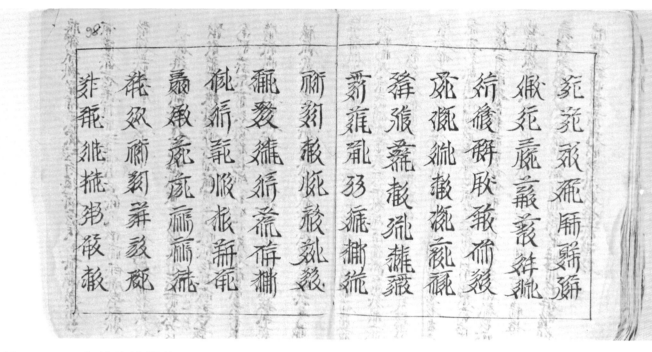

俄 **И**нв.No.3817　密教修持儀軌　　　(57-48)

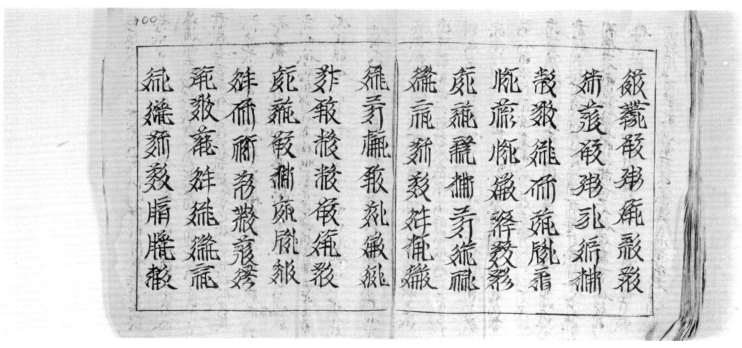

俄 **И**нв.No.3817　密教修持儀軌　　　(57-49)

俄 **И**нв.No.3817　密教修持儀軌　　　(57-50)

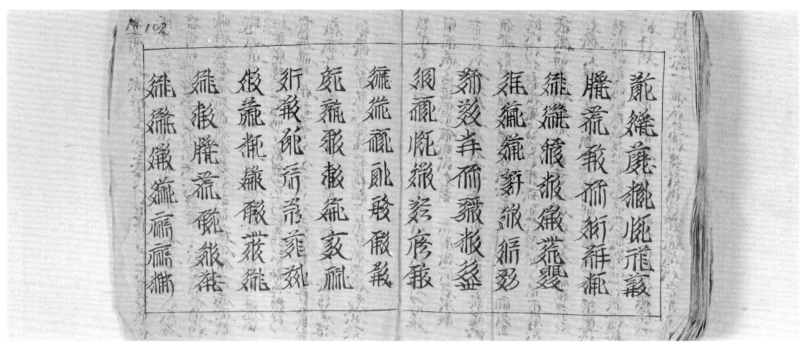

俄 **И**нв.No.3817　密教修持儀軌　　(57-51)

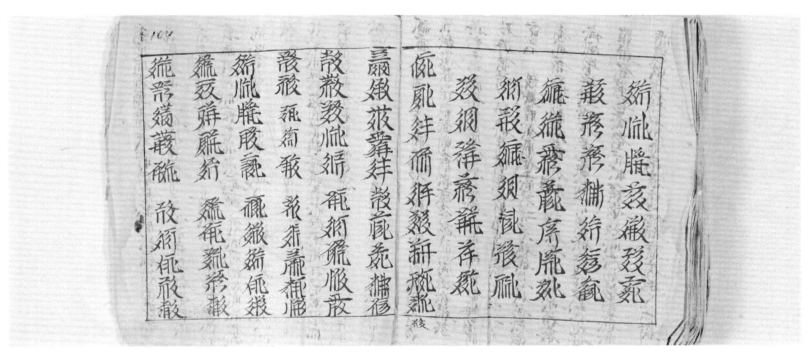

俄 **И**нв.No.3817　密教修持儀軌　　(57-52)

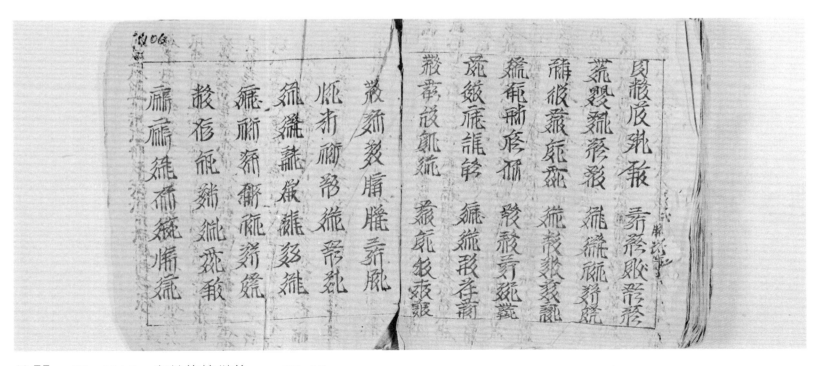

俄 **И**нв.No.3817　密教修持儀軌　　(57-53)

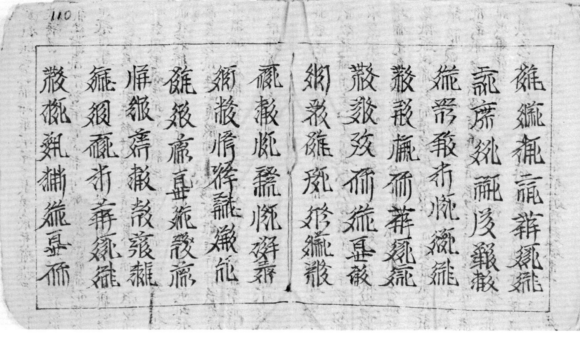

俄Инв.No.3817　密教修持儀軌　　(57-54)

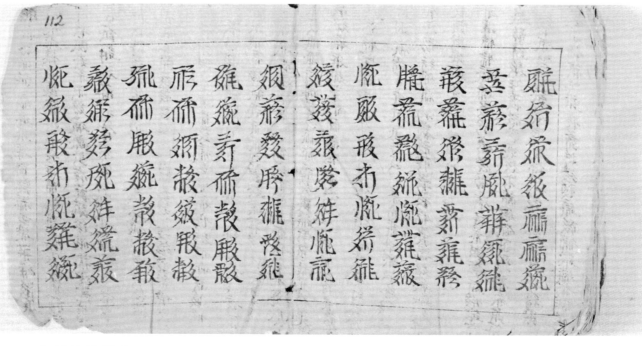

俄Инв.No.3817　密教修持儀軌　　(57-55)

俄Инв.No.3817　密教修持儀軌　　(57-56)

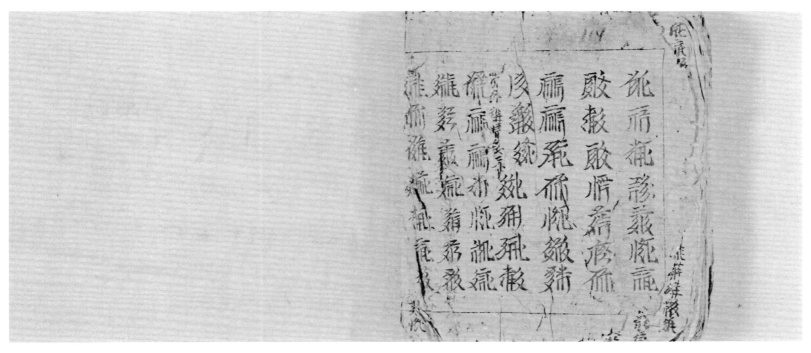

俄 ИНВ.No.3817 　密教修持儀軌 　　　(57-57)

俄 ИНВ.No.5076 　七種道患和四種要義等 　　　(25-1)

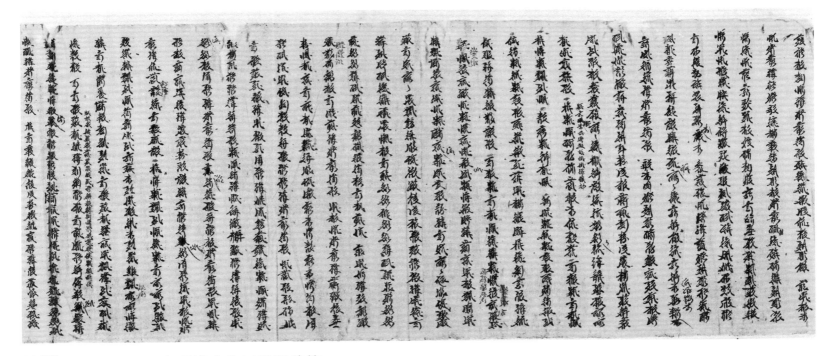

俄 ИНВ.No.5076 　七種道患和四種要義等 　　　(25-2)

俄Инв.No.5076　七種道患和四種要義等　　　(25-3)

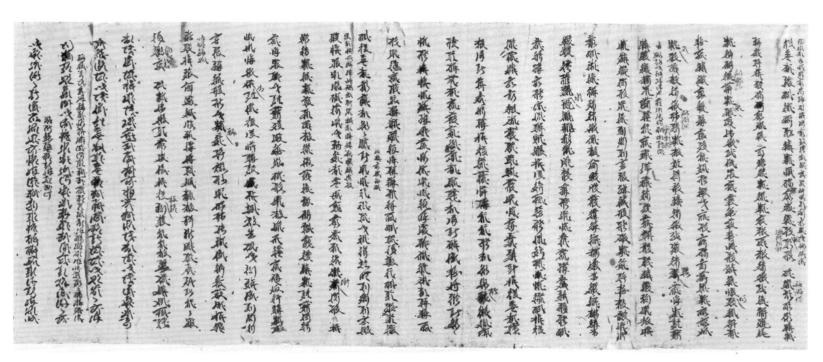

俄Инв.No.5076　七種道患和四種要義等　　　(25-4)

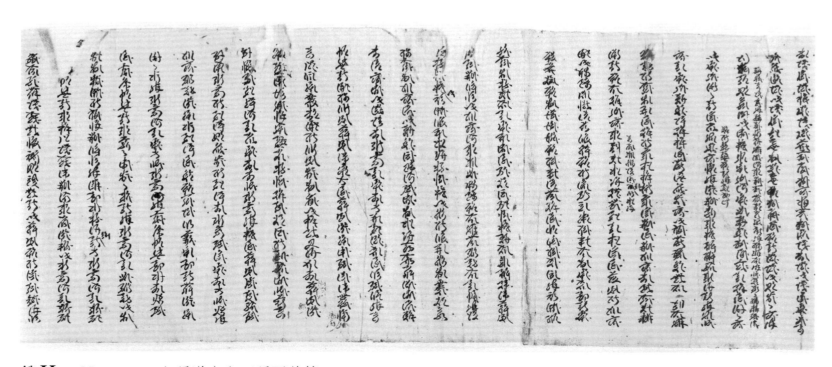

俄Инв.No.5076　七種道患和四種要義等　　　(25-5)

俄 ИнВ.No.5076　七種道患和四種要義等　　(25-6)

俄 ИнВ.No.5076　七種道患和四種要義等　　(25-7)

俄 ИнВ.No.5076　七種道患和四種要義等　　(25-8)

俄 Инв.No.5076 七種道患和四種要義等 (25-9)

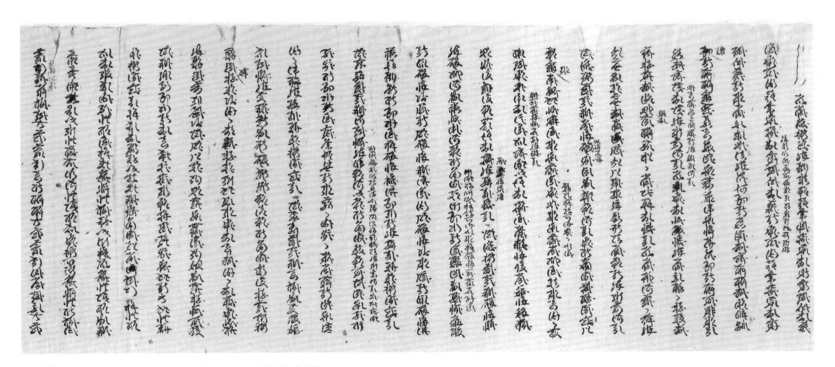

俄 Инв.No.5076 七種道患和四種要義等 (25-10)

俄 Инв.No.5076 七種道患和四種要義等 (25-11)

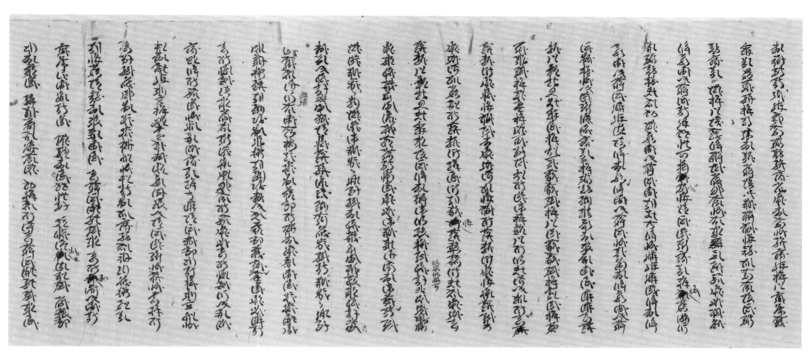

俄 Инв.No.5076　七種道患和四種要義等　　　(25-12)

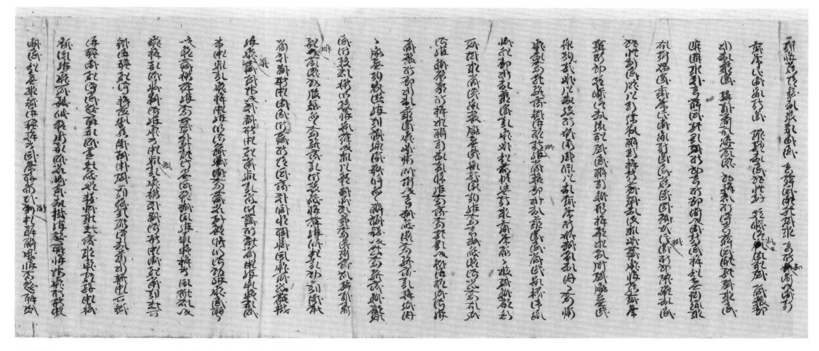

俄 Инв.No.5076　七種道患和四種要義等　　　(25-13)

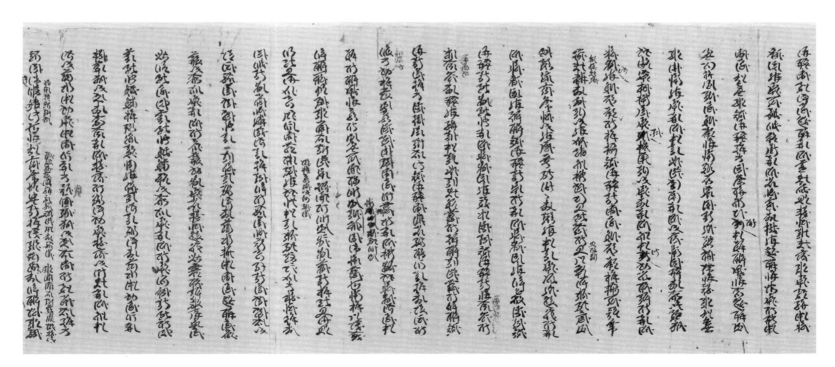

俄 Инв.No.5076　七種道患和四種要義等　　　(25-14)

俄 **И**нв.No.5076　七種道患和四種要義等　　　(25-15)

俄 **И**нв.No.5076　七種道患和四種要義等　　　(25-16)

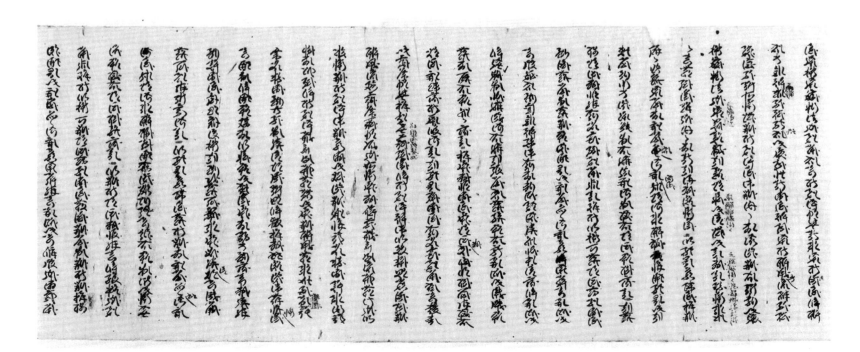

俄 **И**нв.No.5076　七種道患和四種要義等　　　(25-17)

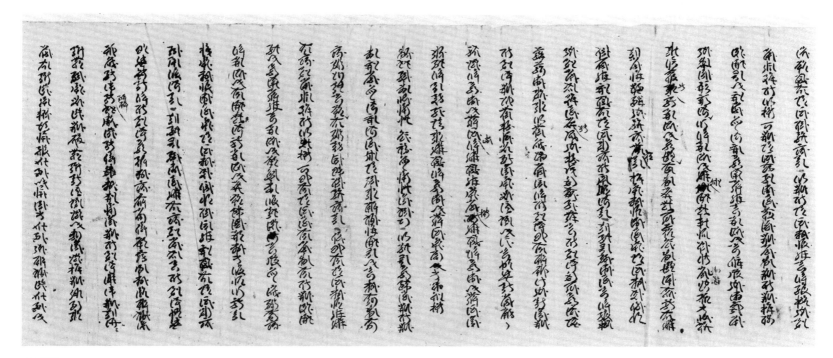

俄 Инв.No.5076 　七種道患和四種要義等 　　　(25-18)

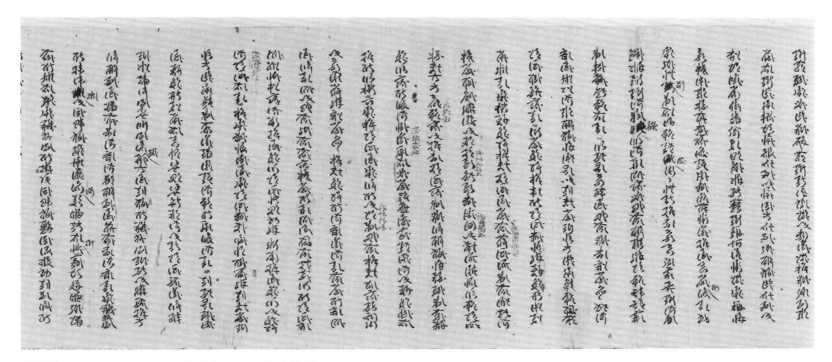

俄 Инв.No.5076 　七種道患和四種要義等 　　　(25-19)

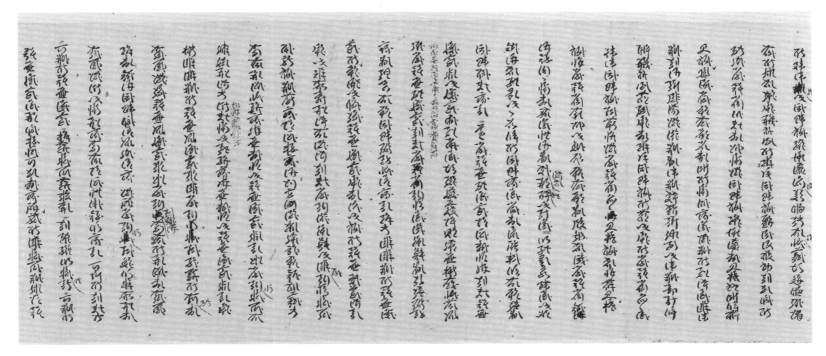

俄 Инв.No.5076 　七種道患和四種要義等 　　　(25-20)

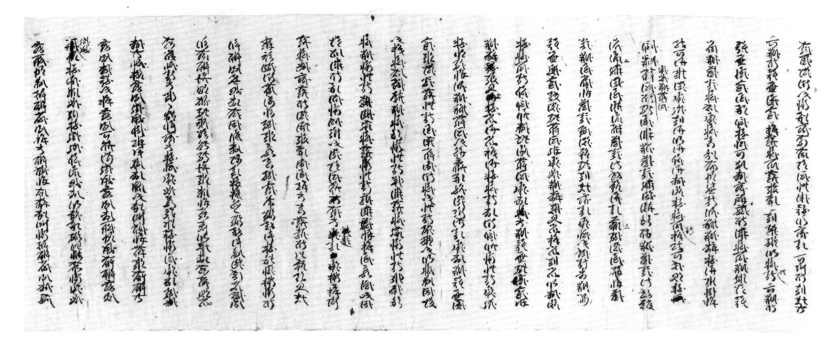

俄 **И**нв.No.5076　七種道患和四種要義等　　　(25-21)

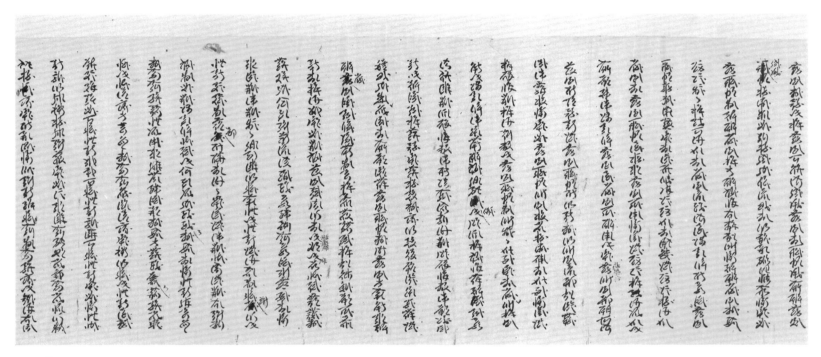

俄 **И**нв.No.5076　七種道患和四種要義等　　　(25-22)

俄 **И**нв.No.5076　七種道患和四種要義等　　　(25-23)

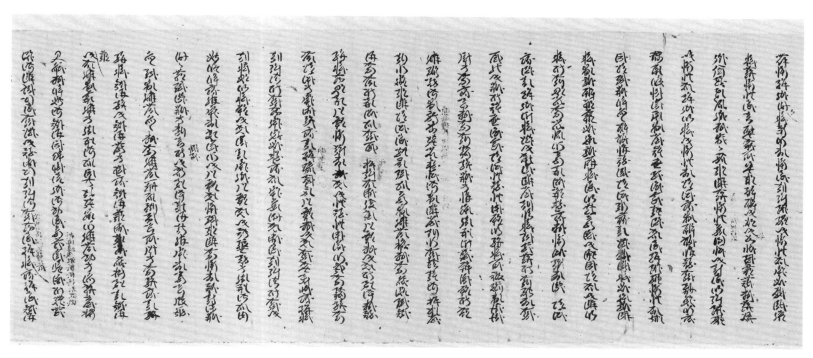

俄Инв.No.5076　七種道患和四種要義等　　(25-24)

俄Инв.No.5076　七種道患和四種要義等　　(25-25)

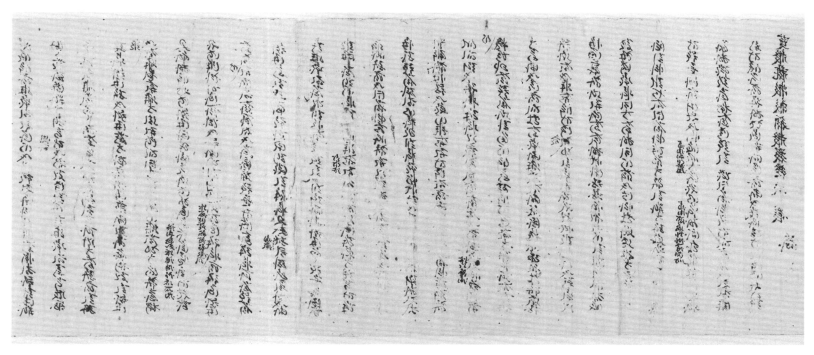

俄Инв.No.5076V　七種道患和四種要義等背隠　　(15-1)

俄 **И**нв.No.5076V　七種道患和四種要義等背隠　　(15-2)

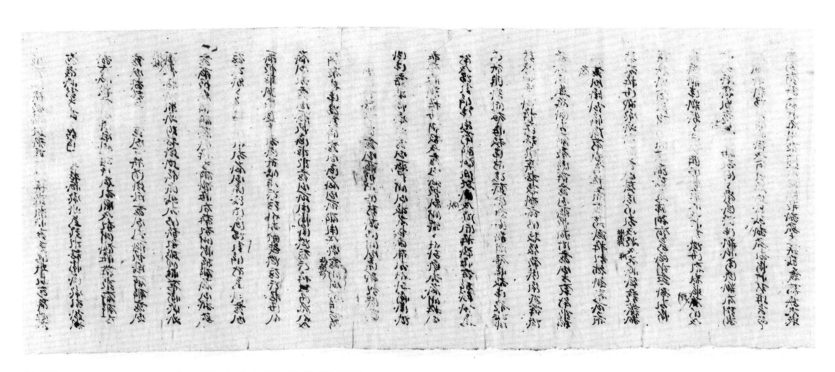

俄 **И**нв.No.5076V　七種道患和四種要義等背隠　　(15-3)

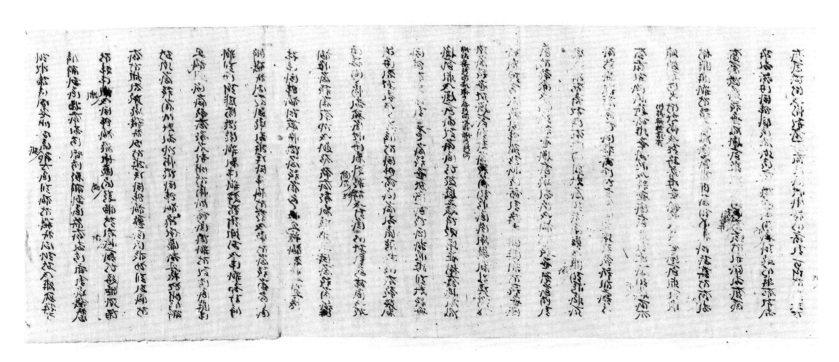

俄 **И**нв.No.5076V　七種道患和四種要義等背隠　　(15-4)

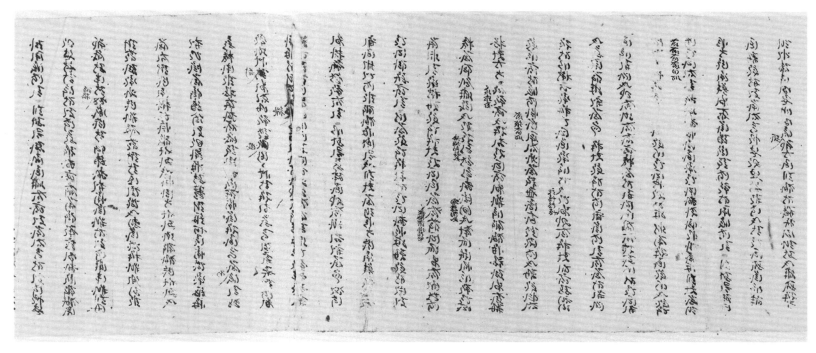

俄 **И**нв.No.5076V 　七種道患和四種要義等背隱 　(15-5)

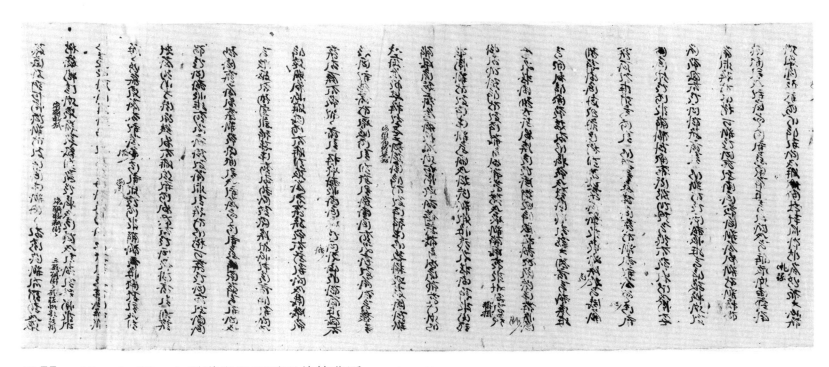

俄 **И**нв.No.5076V 　七種道患和四種要義等背隱 　(15-6)

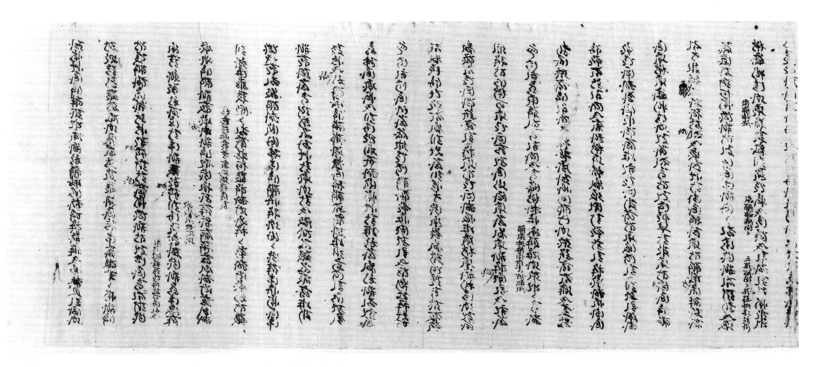

俄 **И**нв.No.5076V 　七種道患和四種要義等背隱 　(15-7)

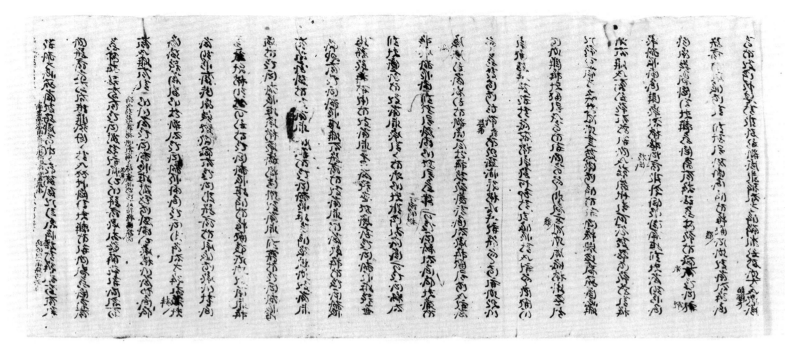

俄Инв.No.5076V　七種道患和四種要義等背隱　　　(15-8)

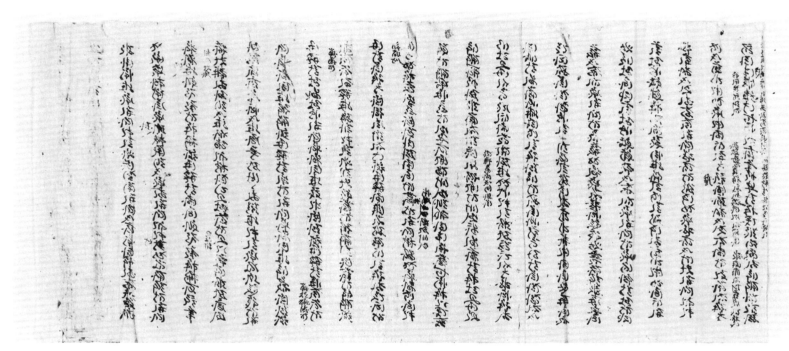

俄Инв.No.5076V　七種道患和四種要義等背隱　　　(15-9)

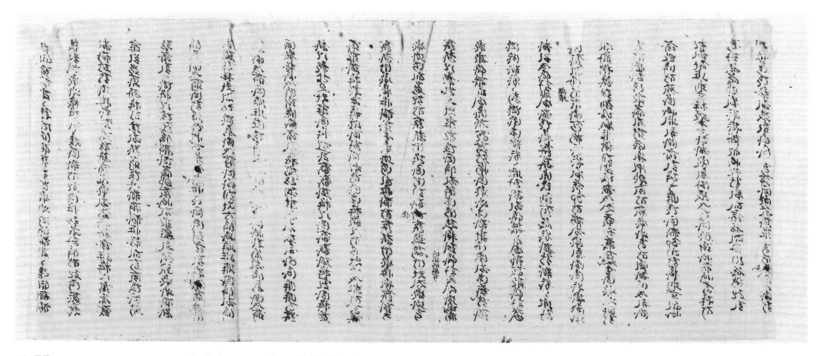

俄Инв.No.5076V　七種道患和四種要義等背隱　　　(15-10)

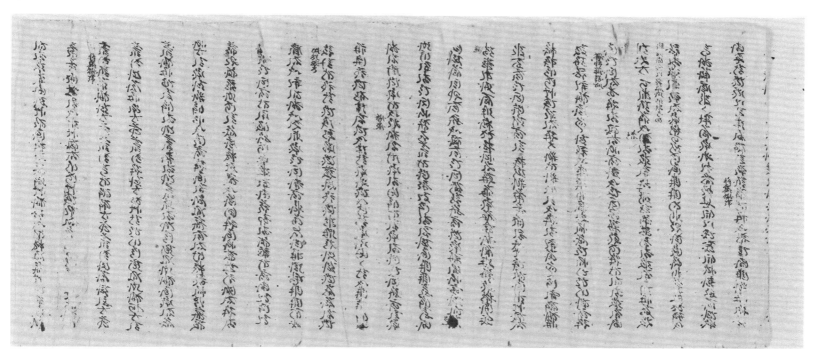

俄ИHB.No.5076V　七種道患和四種要義等背隱　　(15-11)

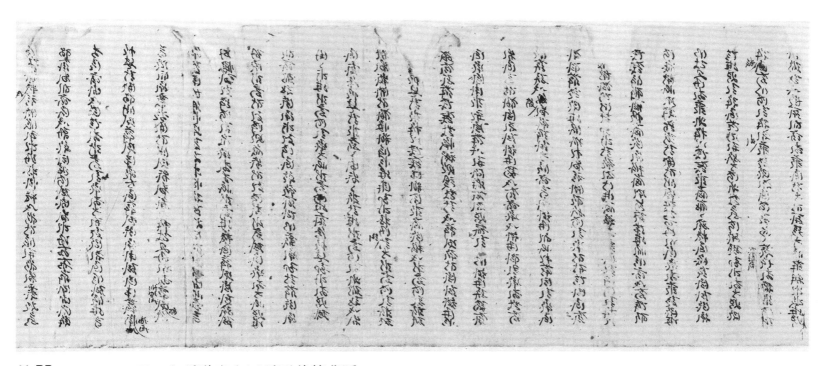

俄ИHB.No.5076V　七種道患和四種要義等背隱　　(15-12)

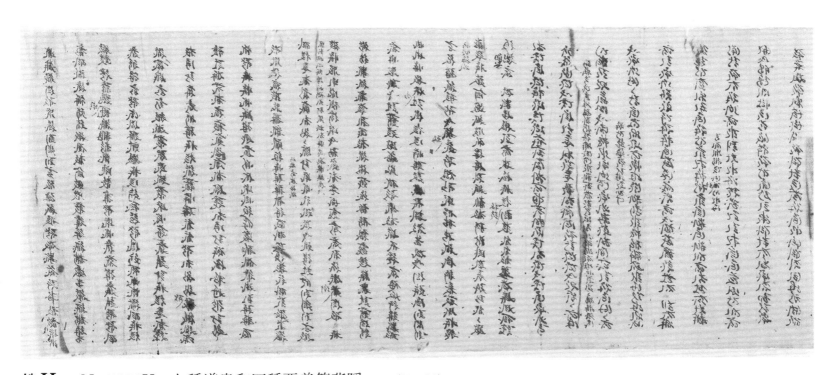

俄ИHB.No.5076V　七種道患和四種要義等背隱　　(15-13)

俄Инв.No.5076V　七種道患和四種要義等背隱　　　　(15-14)

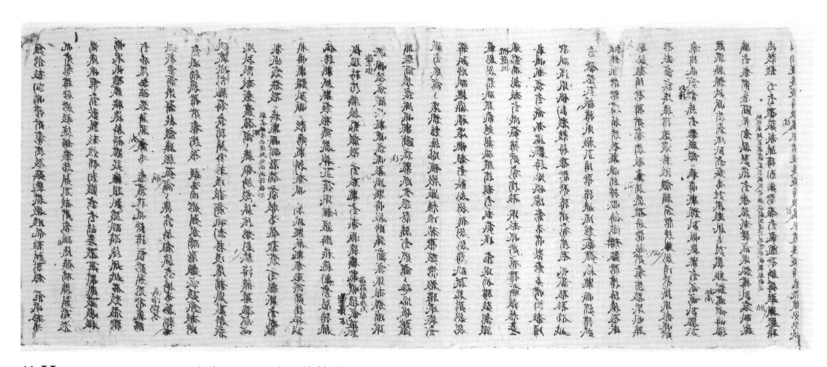

俄Инв.No.5076V　七種道患和四種要義等背隱　　　　(15-15)

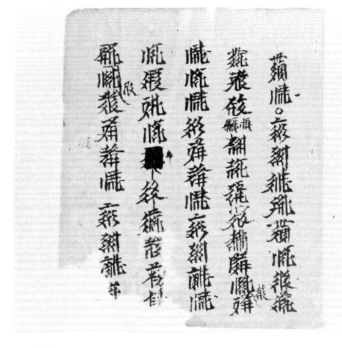
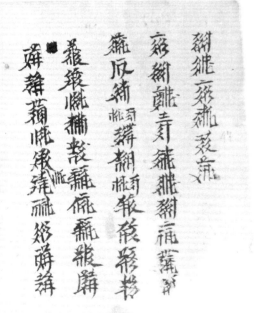

俄Инв.No.6476　療熱病要門　　　(20-1)

俄 **Инв**.No.6476　療熱病要門　　　(20-2)

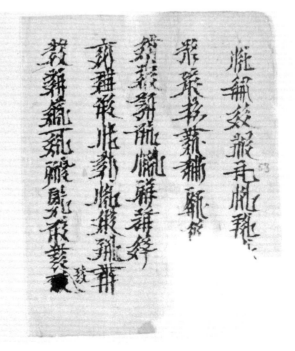

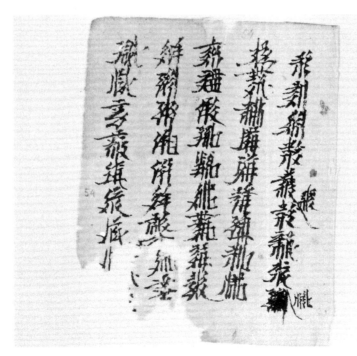

俄 **Инв**.No.6476　療熱病要門　　　(20-3)

俄 **Инв**.No.6476　療熱病要門　　　(20-4)

俄 Инв.No.6476　療熱病要門　　（20-5）

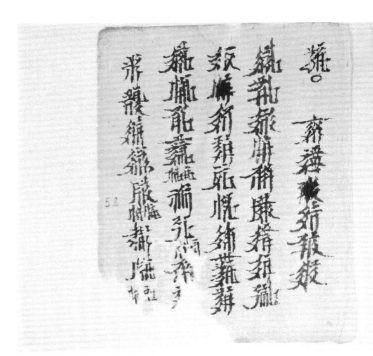

俄 Инв.No.6476　療熱病要門　　（20-6）

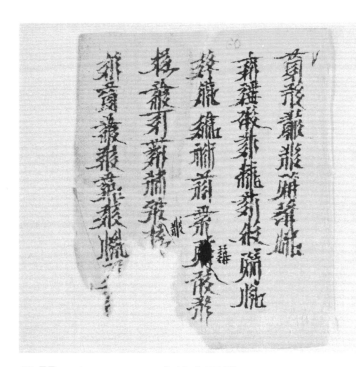

俄 Инв.No.6476　療熱病要門　　（20-7）

俄 Инв.No.6476　療熱病要門　　　(20-8)

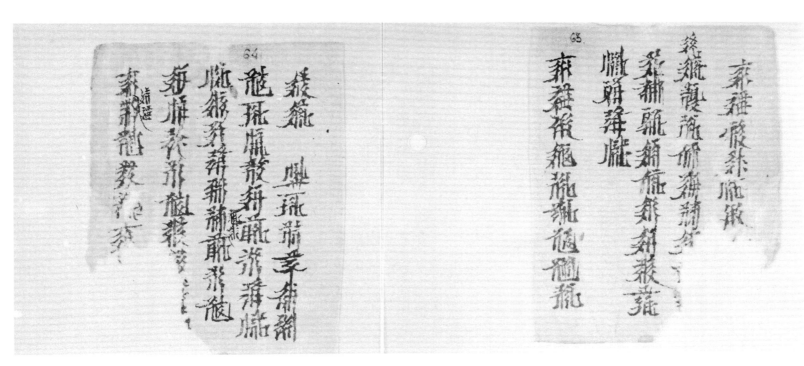

俄 Инв.No.6476　療熱病要門　　　(20-9)

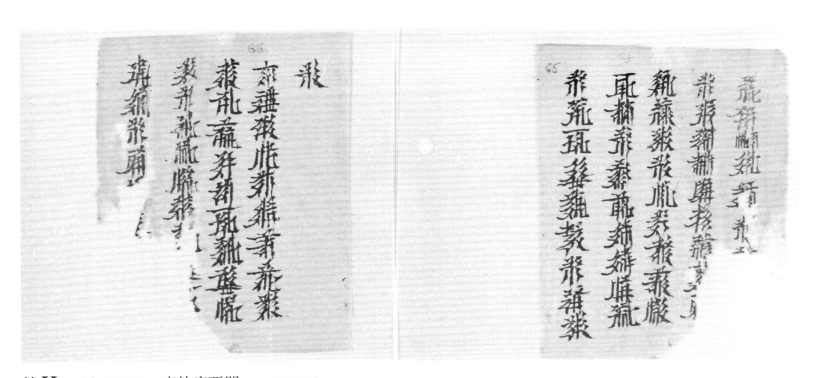

俄 Инв.No.6476　療熱病要門　　　(20-10)

255

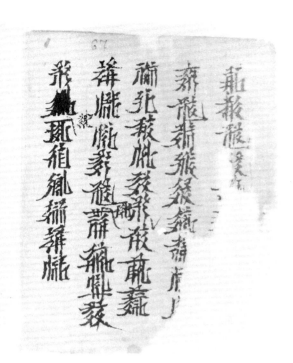

俄 **И**нв.No.6476　　療熱病要門　　　　（20-11）

俄 **И**нв.No.6476　　療熱病要門　　　　（20-12）

俄 **И**нв.No.6476　　療熱病要門　　　　（20-13）

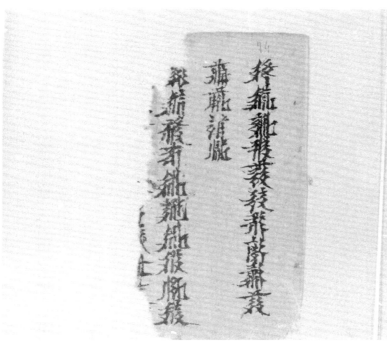
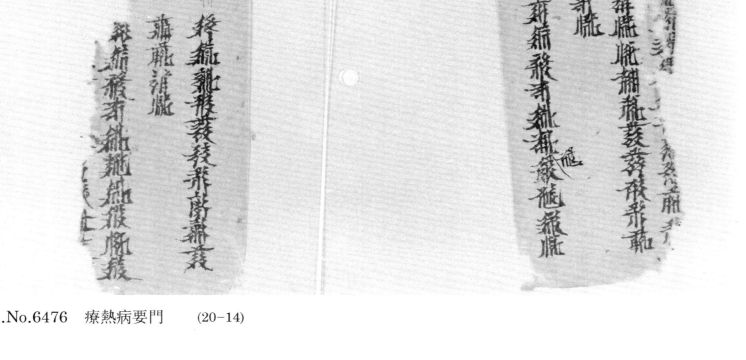

**俄 И**нв.No.6476　療熱病要門　　　(20-14)

**俄 И**нв.No.6476　療熱病要門　　　(20-15)

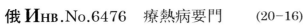

**俄 И**нв.No.6476　療熱病要門　　　(20-16)

俄 Инв.No.6476　　療熱病要門　　　（20-17）

俄 Инв.No.6476　　療熱病要門　　　（20-18）

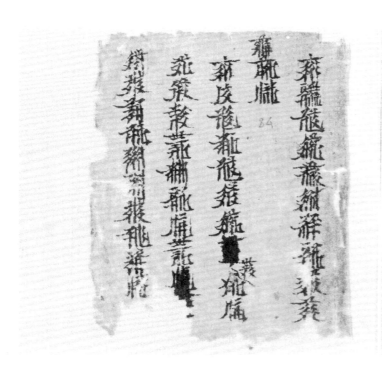
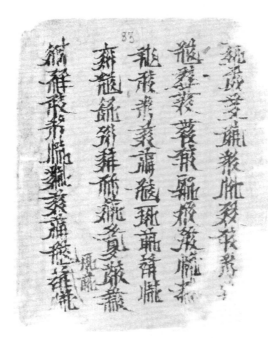

俄 Инв.No.6476　　療熱病要門　　　（20-19）

**俄ИнB.No.6476** 療熱病要門 (20-20)

**俄ИнB.No.807** 1.金翅龍王供養一卷 (45-1)

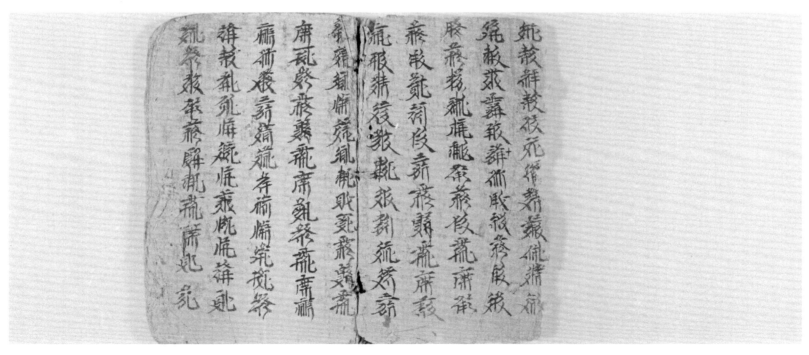

**俄ИнB.No.807** 1.金翅龍王供養一卷 (45-2)

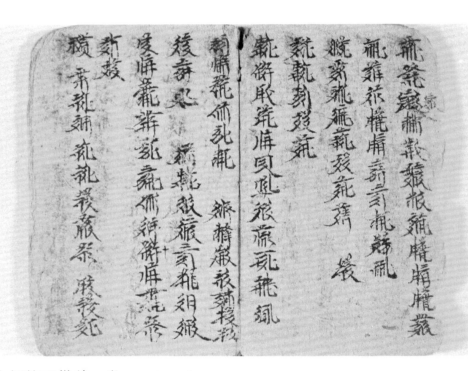

俄 Инв.No.807　　1.金翅龍王供養一卷　　　(45-3)

俄 Инв.No.807　　1.金翅龍王供養一卷　　　(45-4)

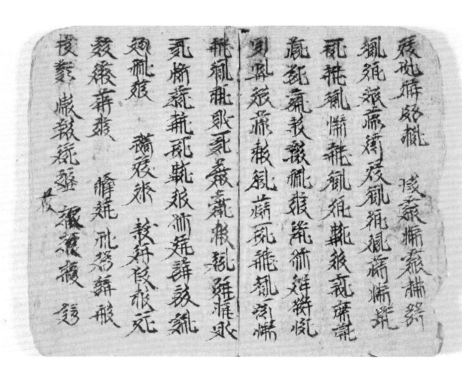

俄 Инв.No.807　　1.金翅龍王供養一卷　　　(45-5)

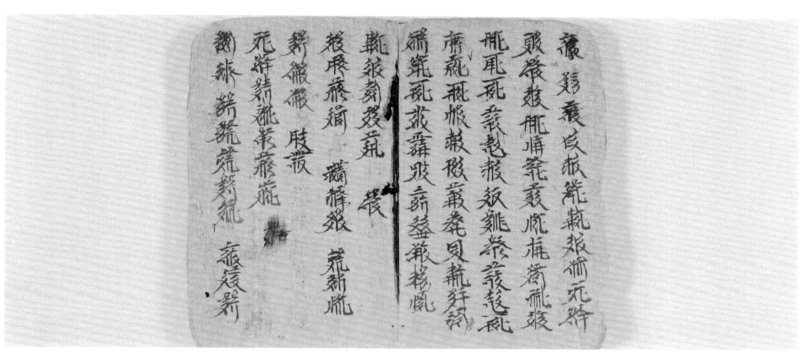

俄Инв.No.807　1.金翅龍王供養一卷　　　(45-6)

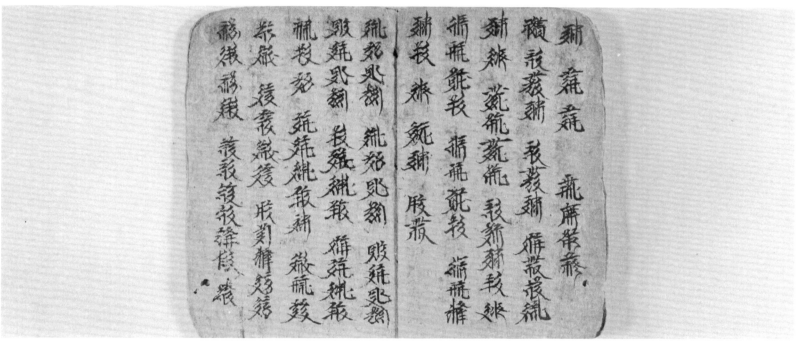

俄Инв.No.807　1.金翅龍王供養一卷　　　(45-7)

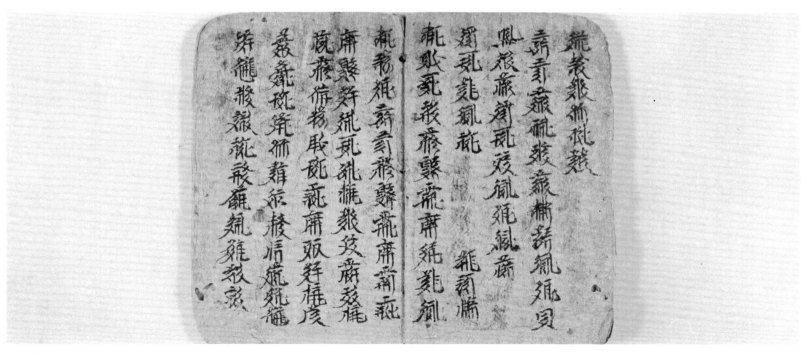

俄Инв.No.807　1.金翅龍王供養一卷　　　(45-8)

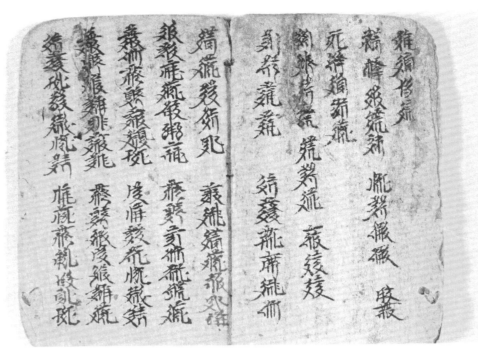

俄 **И**нв.No.807　1.金翅龍王供養一卷　　　(45-9)

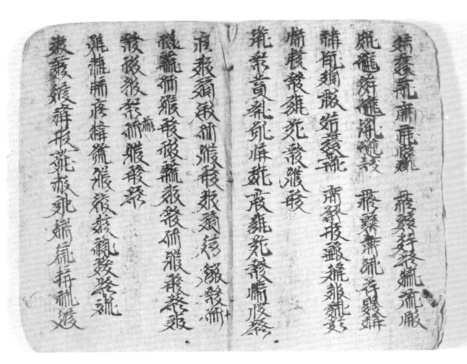

俄 **И**нв.No.807　1.金翅龍王供養一卷　　　(45-10)

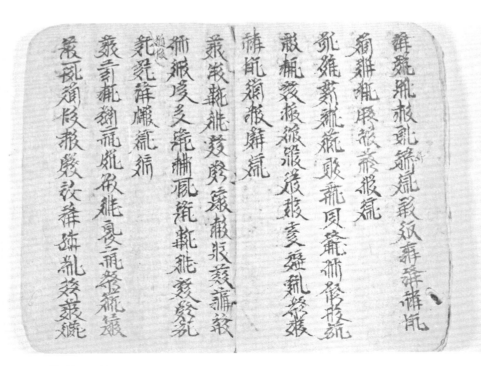

俄 **И**нв.No.807　1.金翅龍王供養一卷　　　(45-11)

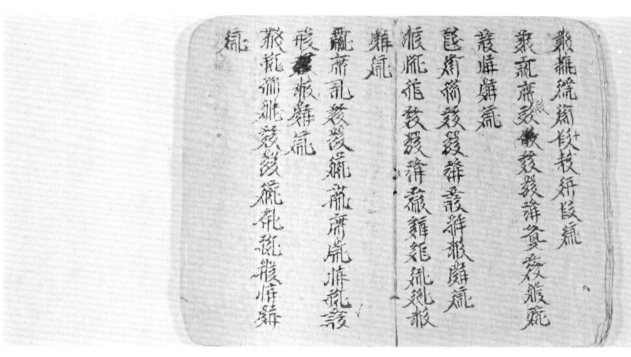

俄**И**нв.No.807　1.金翅龍王供養一卷　　(45-12)

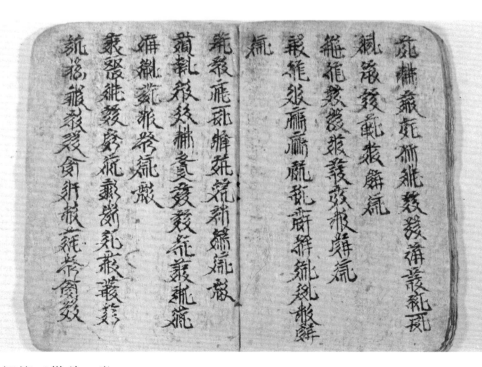

俄**И**нв.No.807　1.金翅龍王供養一卷　　(45-13)

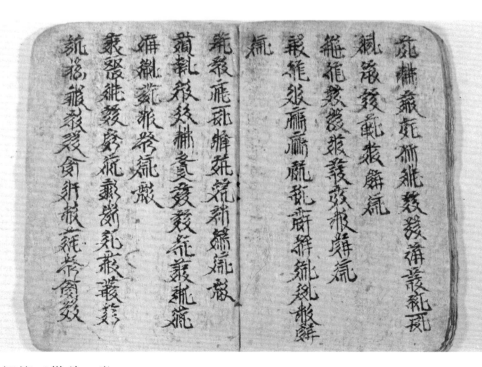

俄**И**нв.No.807　1.金翅龍王供養一卷　　(45-14)

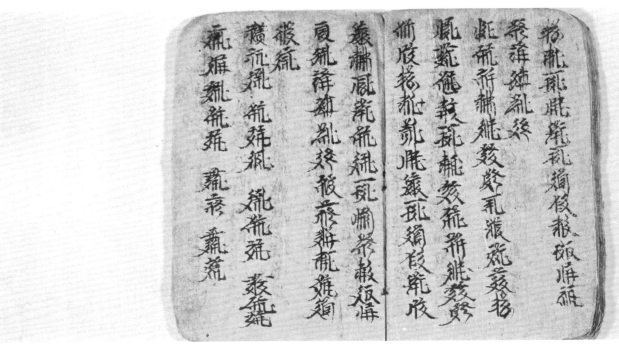

俄 **И**нв.No.807　1.金翅龍王供養一卷　　　(45-15)

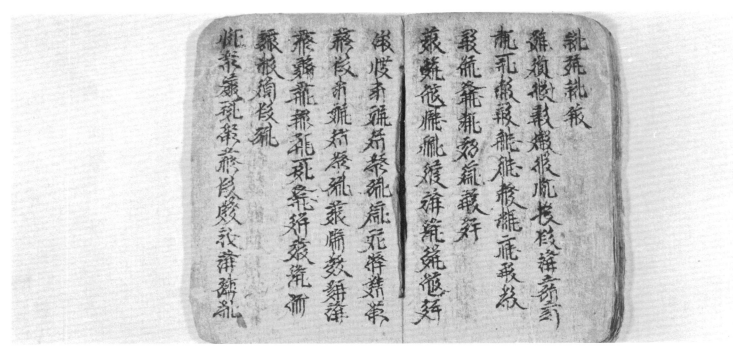

俄 **И**нв.No.807　1.金翅龍王供養一卷　　　(45-16)

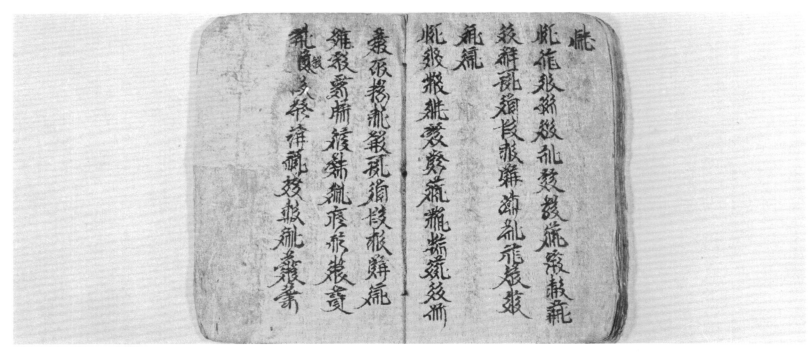

俄 **И**нв.No.807　1.金翅龍王供養一卷　　　(45-17)

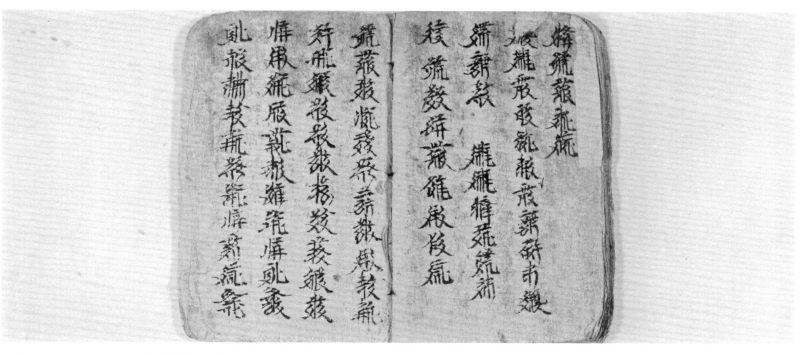

俄 **И**нв.No.807　1.金翅龍王供養一卷　　　(45-18)

俄 **И**нв.No.807　2.大師龍樹真實之往行　　(45-19)

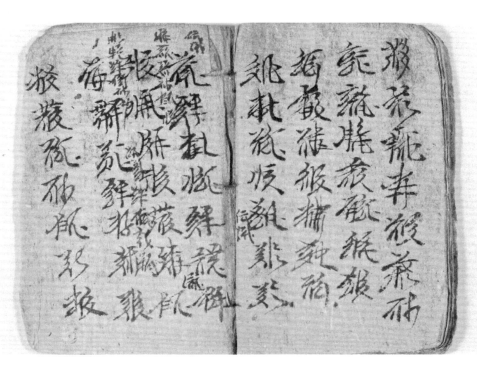

俄 **И**нв.No.807　2.大師龍樹真實之往行　　(45-20)

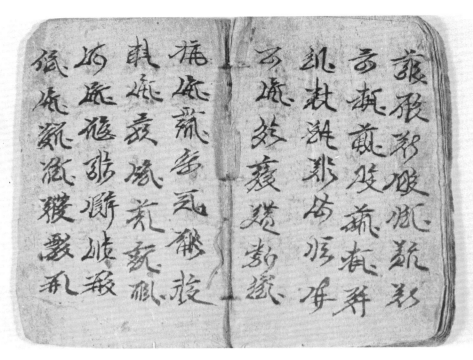

俄 **И**нв.No.807　2.大師龍樹真實之往行　　　(45-21)

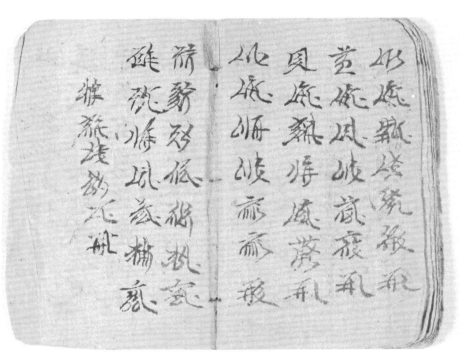

俄 **И**нв.No.807　2.大師龍樹真實之往行　　　(45-22)

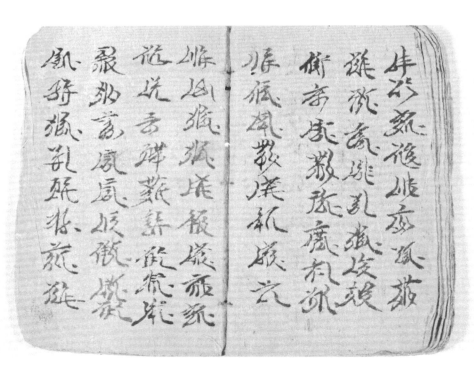

俄 **И**нв.No.807　3.佛説治瘡病經　　　(45-23)

俄 **И**нв.No.807　3.佛說治瘡病經　　　(45—24)

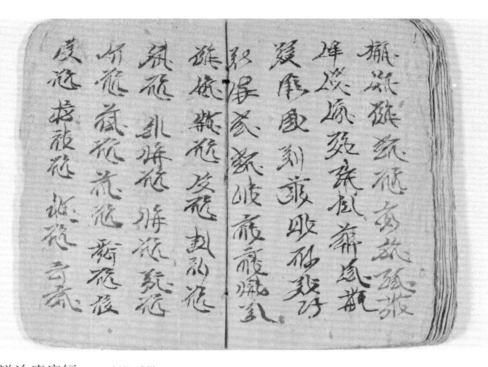

俄 **И**нв.No.807　3.佛說治瘡病經　　　(45—25)

俄 **И**нв.No.807　3.佛說治瘡病經　　　(45—26)

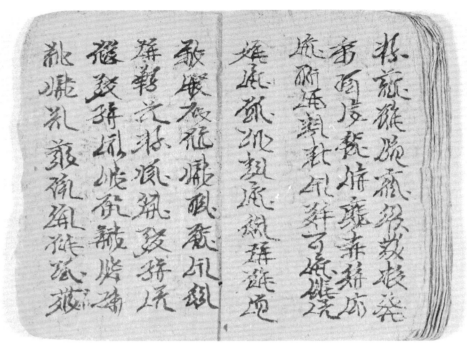

俄 **И**нв.No.807　3.佛説治瘡病經　　（45-27）

俄 **И**нв.No.807　3.佛説治瘡病經　　（45-28）

俄 **И**нв.No.807　4.治惡瘡要門　　（45-29）

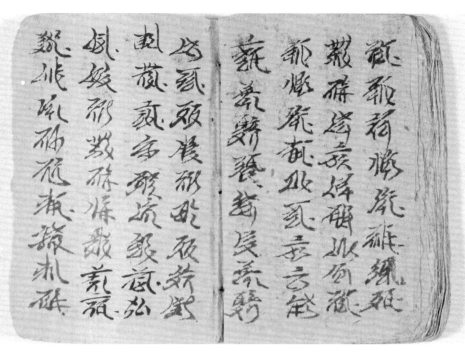

俄 ИНВ.No.807　4.治惡瘡要門　　　(45-30)

俄 ИНВ.No.807　4.治惡瘡要門　　　(45-31)

俄 ИНВ.No.807　4.治惡瘡要門　　　(45-32)

俄 Инв.No.807　4.治惡瘡要門　　　(45–33)

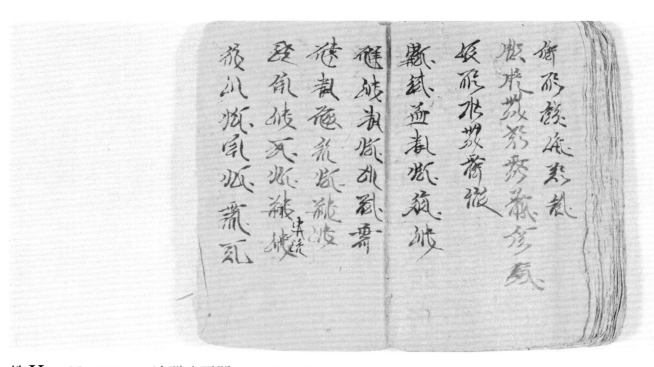

俄 Инв.No.807　4.治惡瘡要門　　　(45–34)

俄 Инв.No.807　4.治惡瘡要門　　　(45–35)

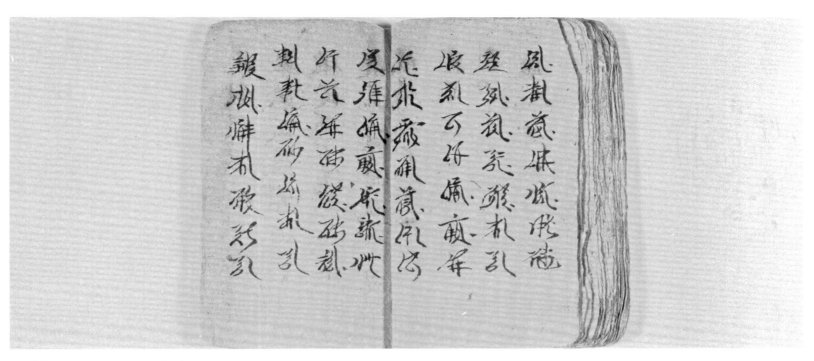

俄 Инв.No.807　　4.治惡瘡要門　　(45-36)

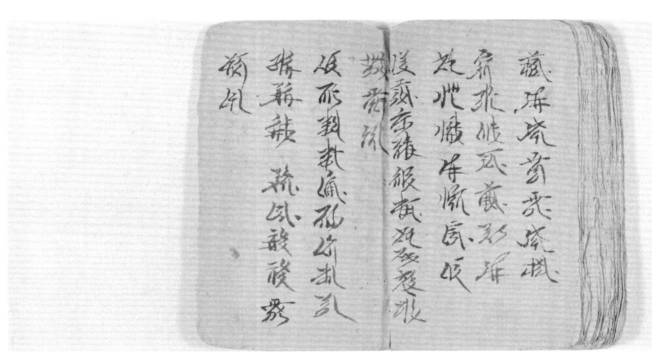

俄 Инв.No.807　　4.治惡瘡要門　　(45-37)

俄 Инв.No.807　　5.佛說帝釋般若波羅蜜多經　　(45-38)

俄 **Инв**.No.807　　5.佛説帝釋般若波羅蜜多經　　　(45–39)

俄 **Инв**.No.807　　5.佛説帝釋般若波羅蜜多經　　　(45–40)

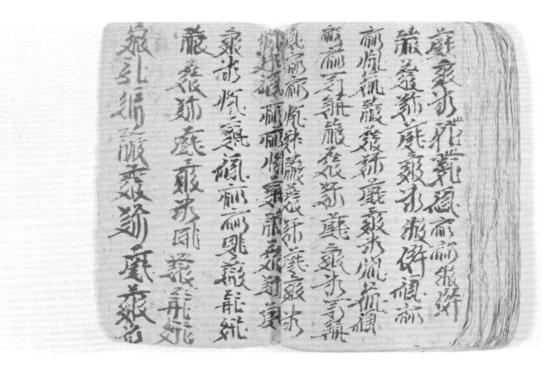

俄 **Инв**.No.807　　5.佛説帝釋般若波羅蜜多經　　　(45–41)

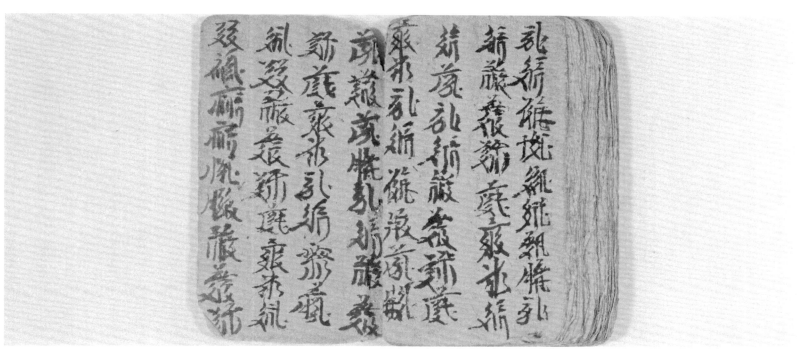

俄 **И**нв.No.807　5.佛説帝釋般若波羅蜜多經　　　(45-42)

俄 **И**нв.No.807　5.佛説帝釋般若波羅蜜多經　　　(45-43)

俄 **И**нв.No.807　5.佛説帝釋般若波羅蜜多經　　　(45-44)

俄 Инв.No.807　5.佛說帝釋般若波羅蜜多經　　　(45-45)

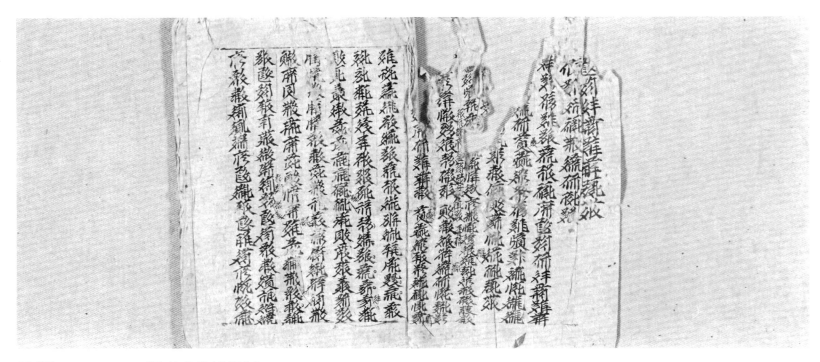

俄 Инв.No.819　閻魔成佛授記經　　　(30-1)

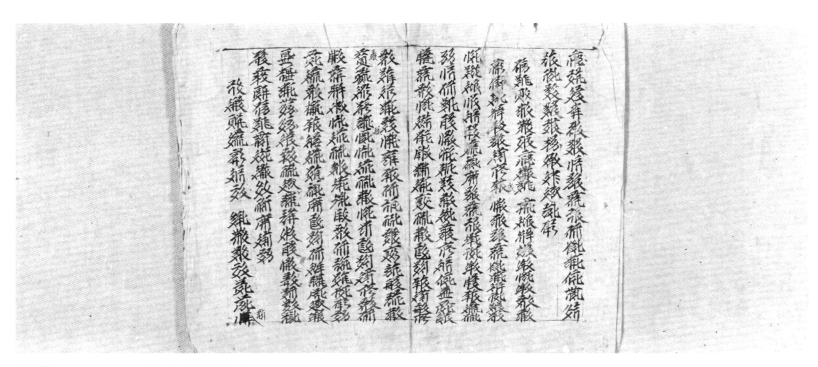

俄 Инв.No.819　閻魔成佛授記經　　　(30-2)

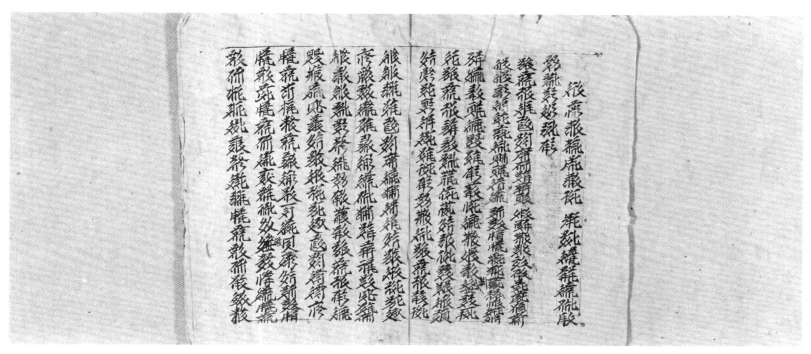

俄 **И**нв.No.819　閻魔成佛授記經　　(30-3)

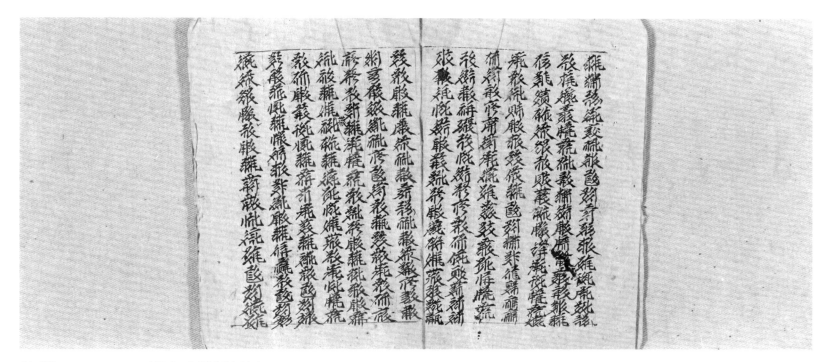

俄 **И**нв.No.819　閻魔成佛授記經　　(30-4)

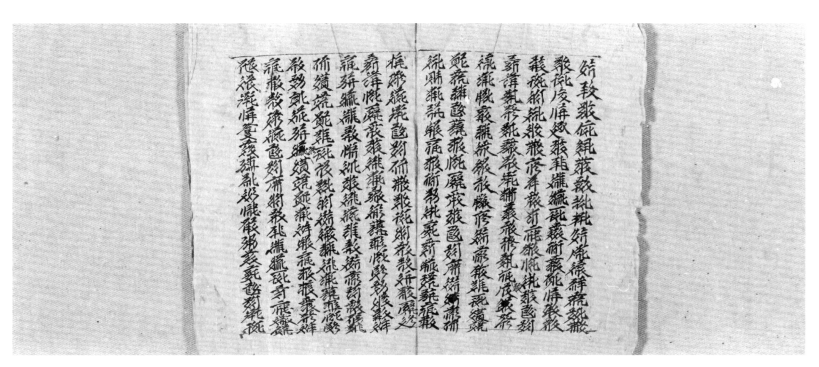

俄 **И**нв.No.819　閻魔成佛授記經　　(30-5)

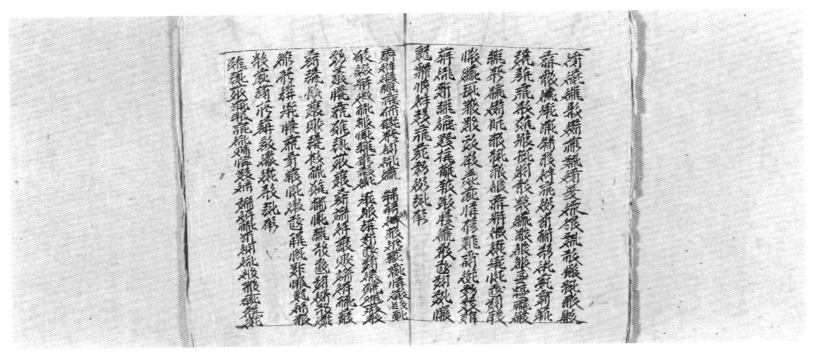

俄 ИНВ.No.819　閻魔成佛授記經　　(30-6)

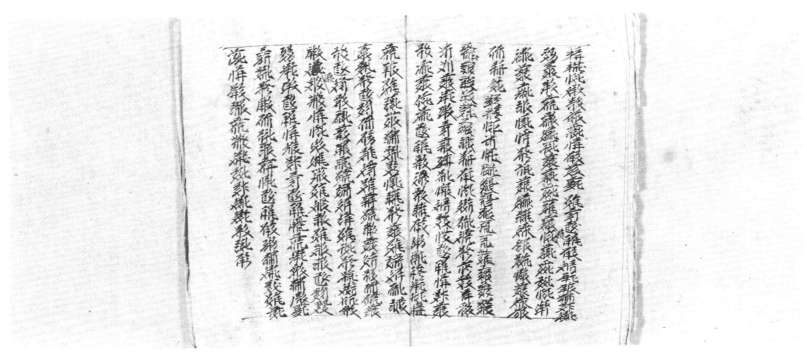

俄 ИНВ.No.819　閻魔成佛授記經　　(30-7)

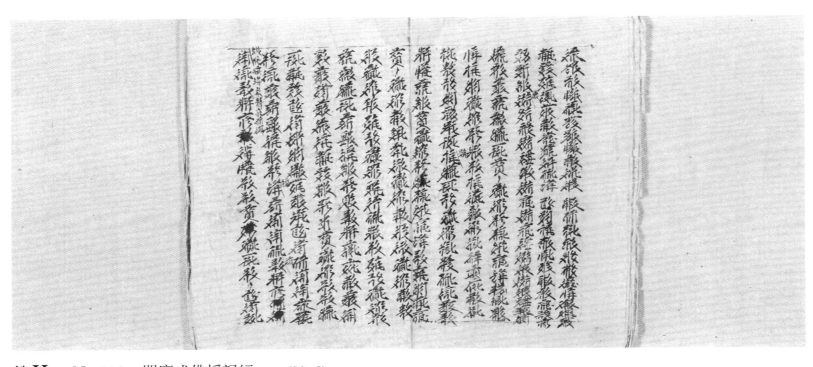

俄 ИНВ.No.819　閻魔成佛授記經　　(30-8)

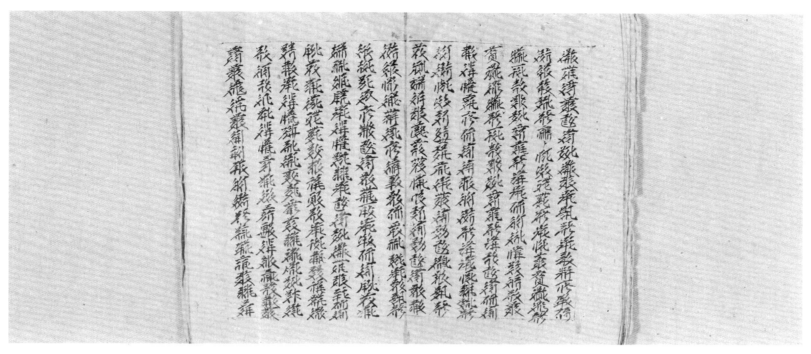

俄 ИHB.No.819　閻魔成佛授記經　　(30-9)

俄 ИHB.No.819　閻魔成佛授記經　　(30-10)

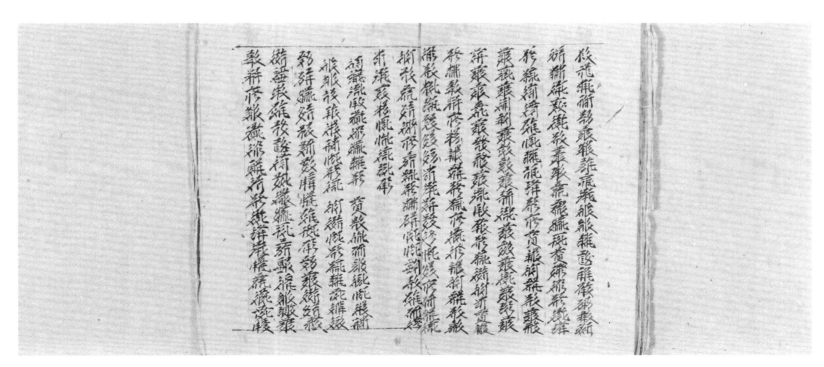

俄 ИHB.No.819　閻魔成佛授記經　　(30-11)

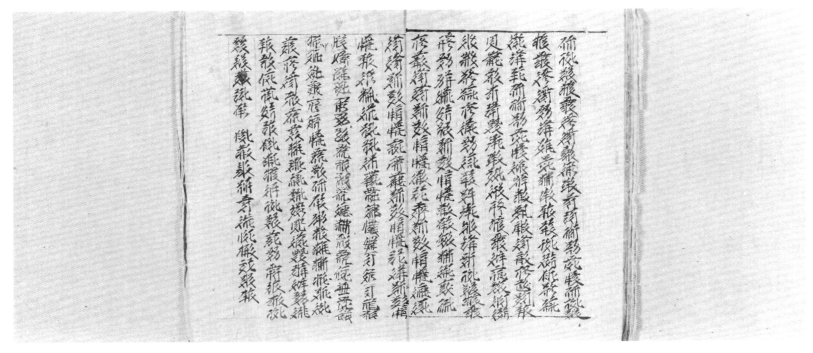

俄 **И**нв.No.819　閻魔成佛授記經　　　(30-12)

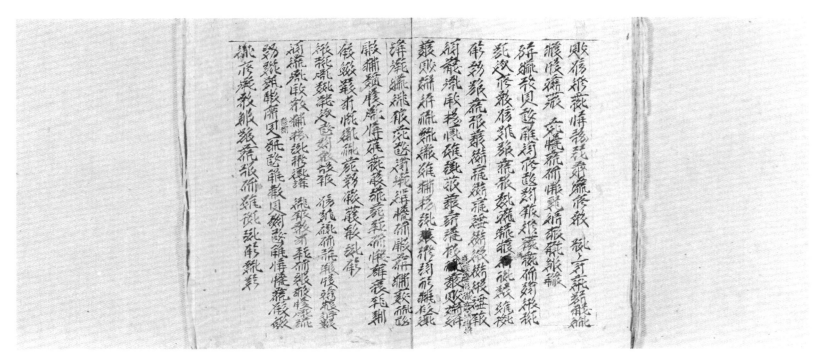

俄 **И**нв.No.819　閻魔成佛授記經　　　(30-13)

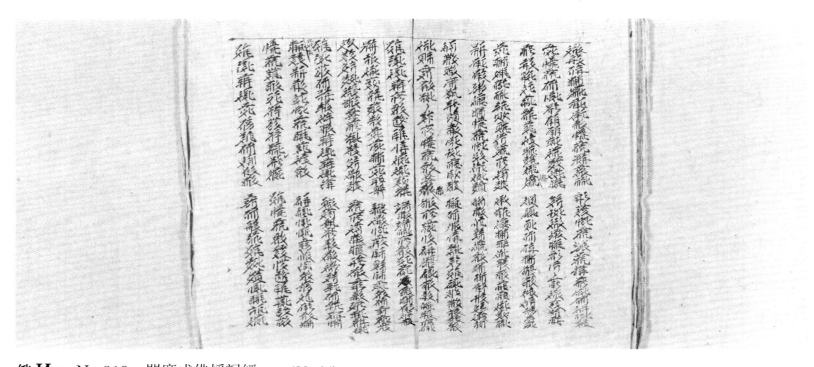

俄 **И**нв.No.819　閻魔成佛授記經　　　(30-14)

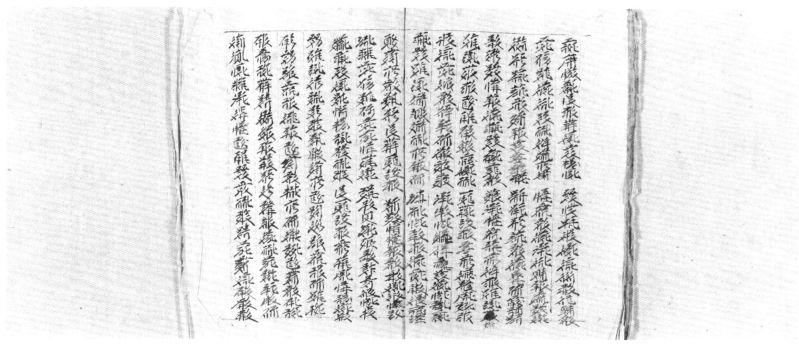

俄 Инв.No.819　閻魔成佛授記經　　　(30-15)

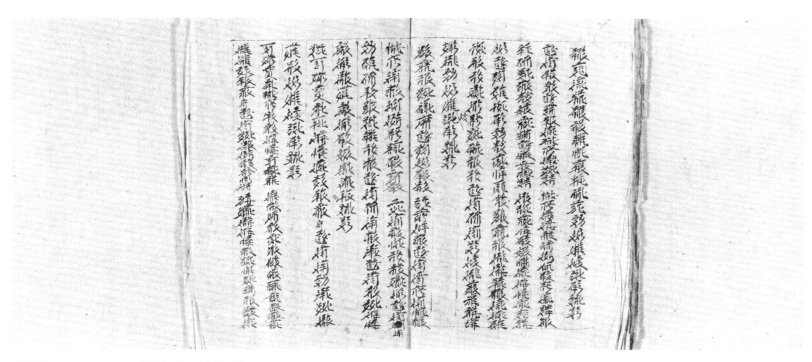

俄 Инв.No.819　閻魔成佛授記經　　　(30-16)

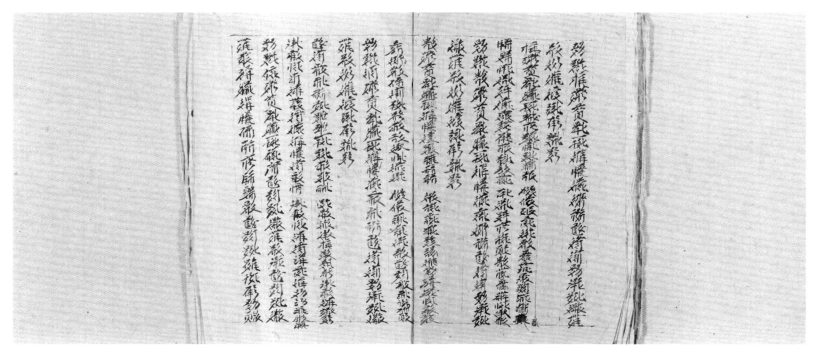

俄 Инв.No.819　閻魔成佛授記經　　　(30-17)

俄 **И**нв.No.819　閻魔成佛授記經　　　(30-18)

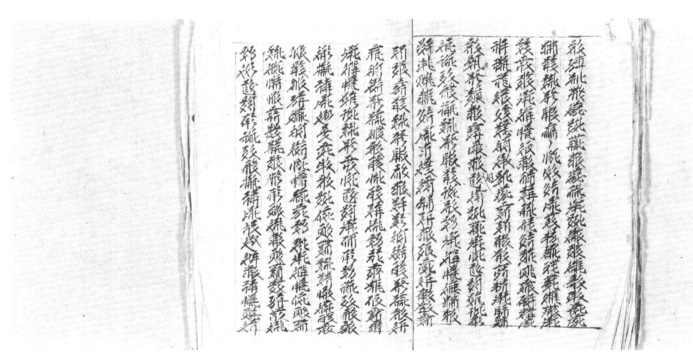

俄 **И**нв.No.819　閻魔成佛授記經　　　(30-19)

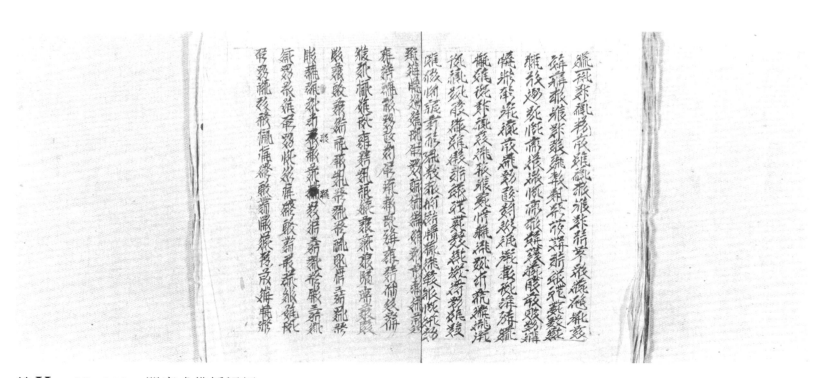

俄 **И**нв.No.819　閻魔成佛授記經　　　(30-20)

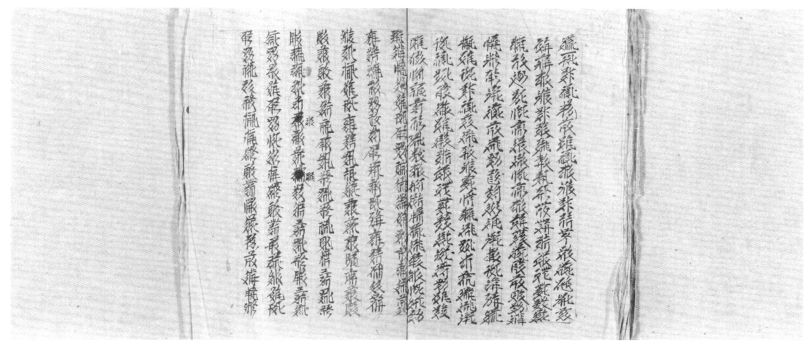

**俄Ʉʜʙ.No.819　閻魔成佛授記經　　　(30—21)**

**俄Ʉʜʙ.No.819　閻魔成佛授記經　　　(30—22)**

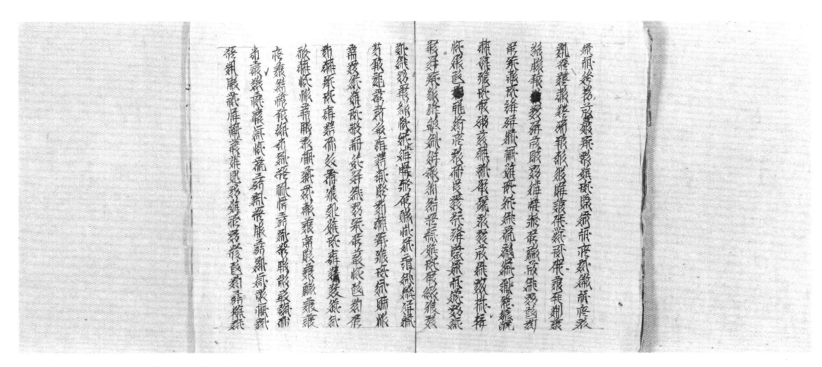

**俄Ʉʜʙ.No.819　閻魔成佛授記經　　　(30—23)**

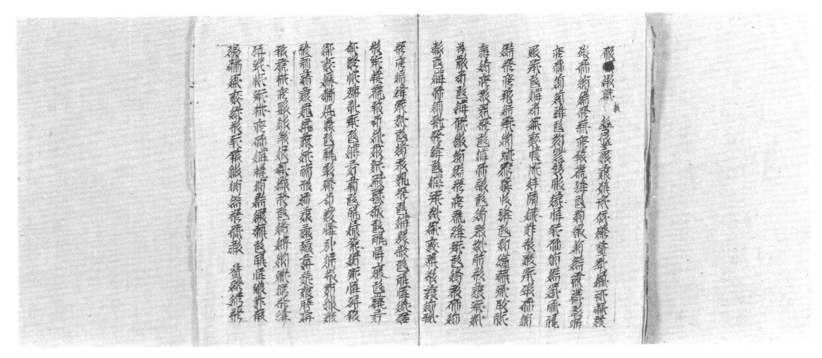

俄 Инв.No.819　閻魔成佛授記經　　　(30-24)

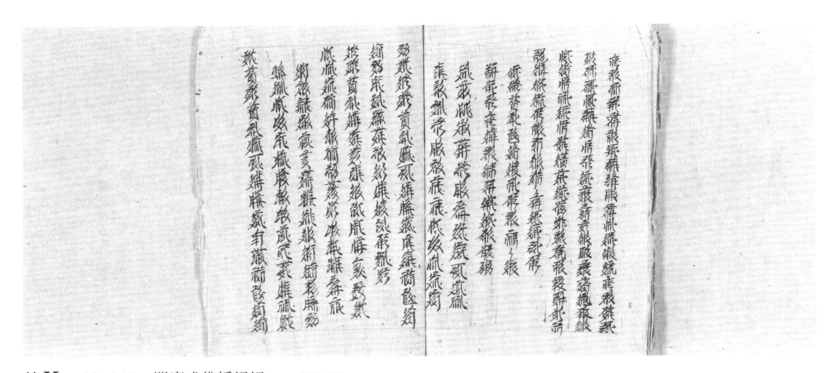

俄 Инв.No.819　閻魔成佛授記經　　　(30-25)

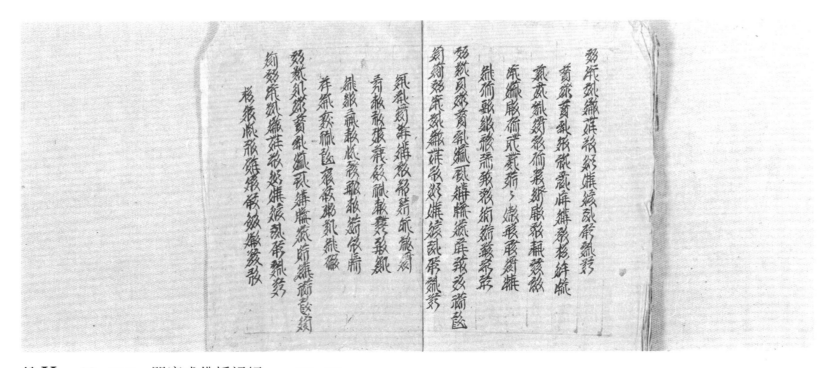

俄 Инв.No.819　閻魔成佛授記經　　　(30-26)

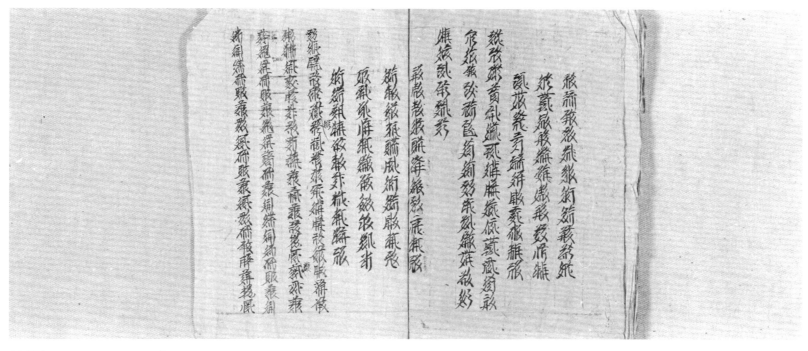

俄ИНВ.No.819　閻魔成佛授記經　　　(30-27)

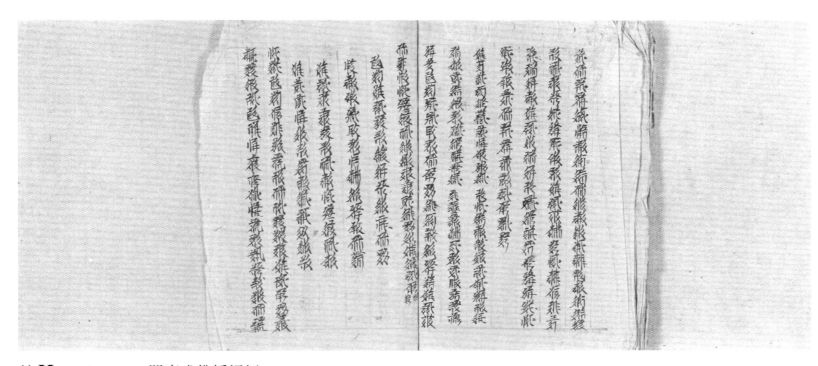

俄ИНВ.No.819　閻魔成佛授記經　　　(30-28)

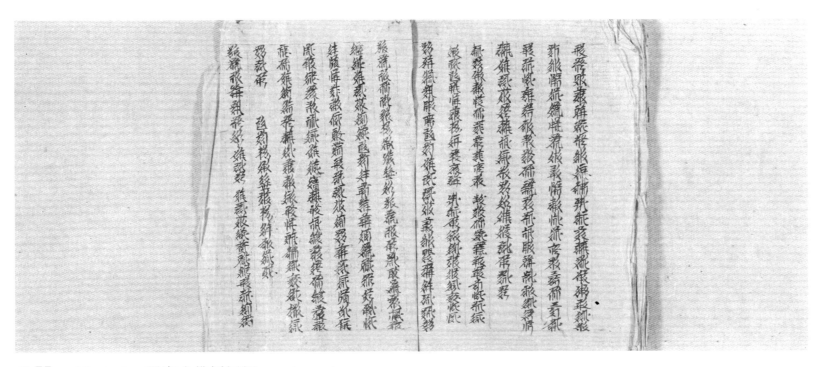

俄ИНВ.No.819　閻魔成佛授記經　　　(30-29)

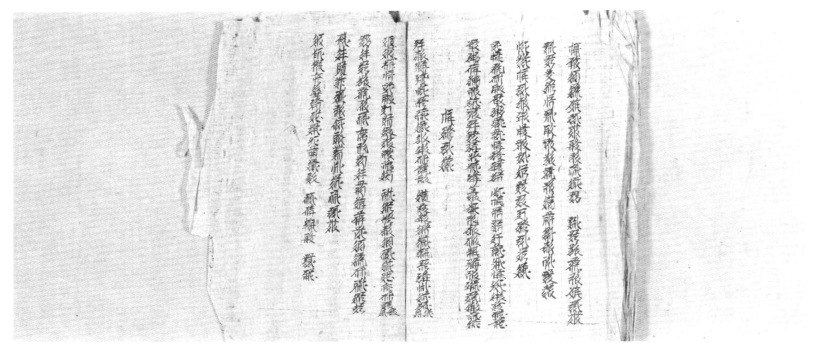

**俄  Инв.No.819** 閻魔成佛授記經 (30-30)

**俄  Инв.No.819V** 閻魔成佛授記經背隱

**俄  Инв.No.6771** 秘密供養典 （封面）

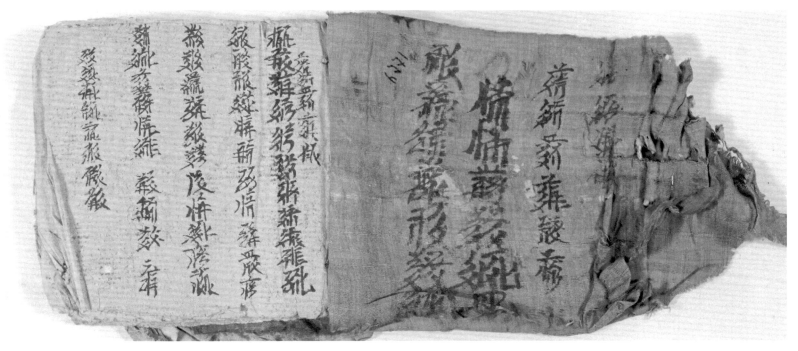

俄 **Инв**.No.6771　秘密供養典　　　(63-1)

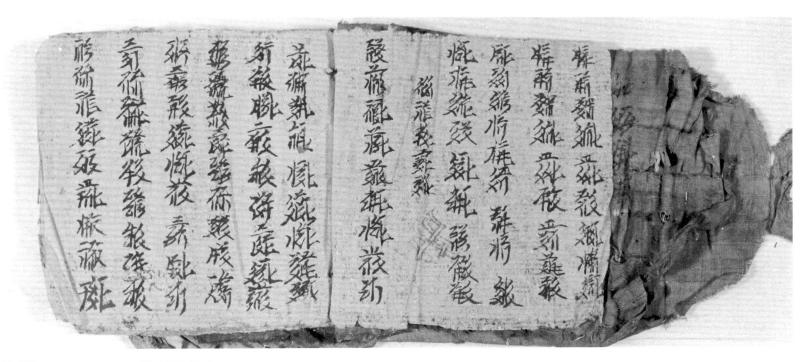

俄 **Инв**.No.6771　秘密供養典　　　(63-2)

俄 **Инв**.No.6771　秘密供養典　　　(63-3)

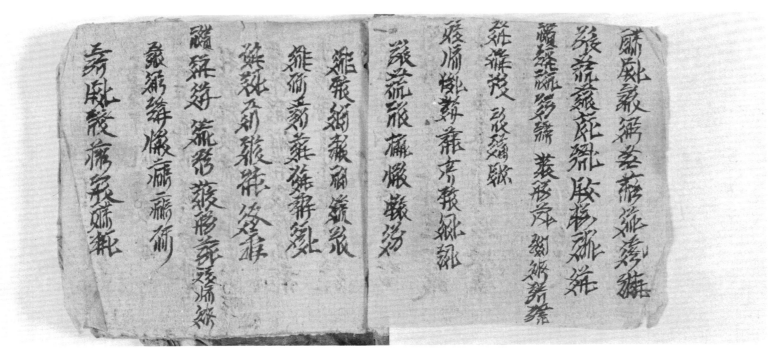

俄 **И**нв.No.6771　　秘密供養典　　　（63-4）

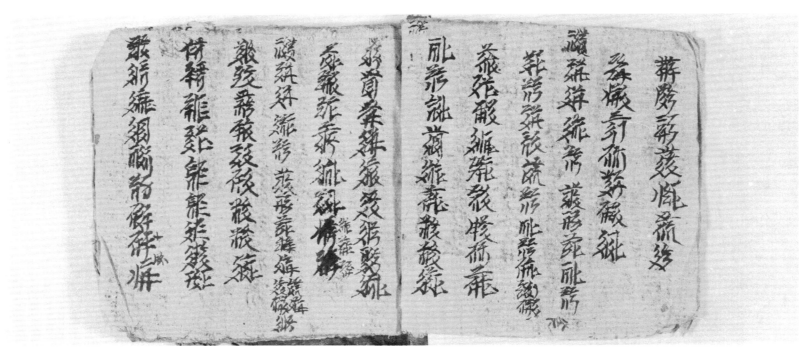

俄 **И**нв.No.6771　　秘密供養典　　　（63-5）

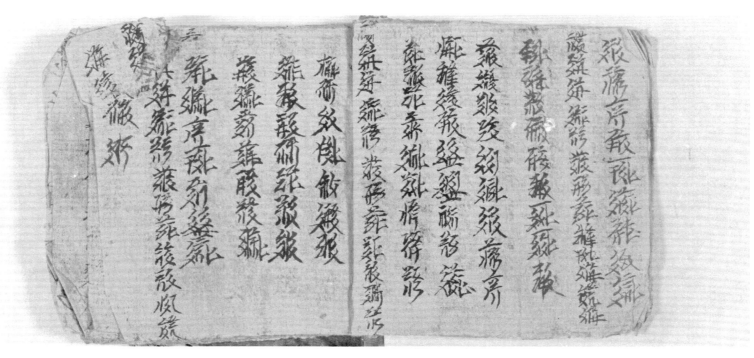

俄 **И**нв.No.6771　　秘密供養典　　　（63-6）

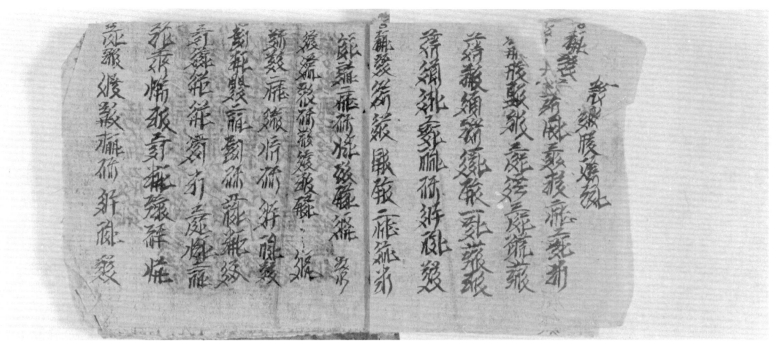

俄Инв.No.6771　秘密供養典　　　(63-7)

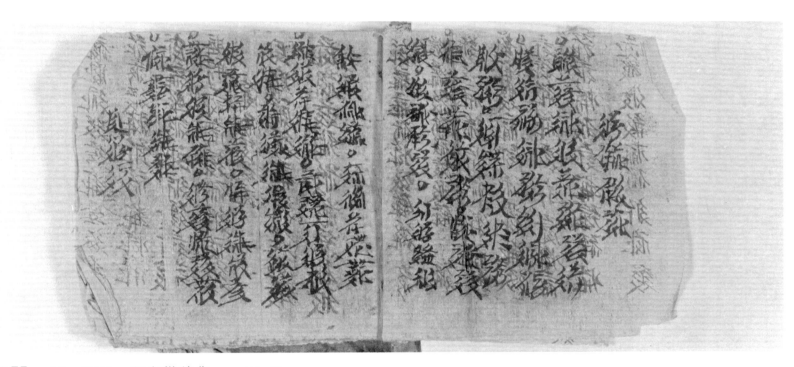

俄Инв.No.6771　秘密供養典　　　(63-8)

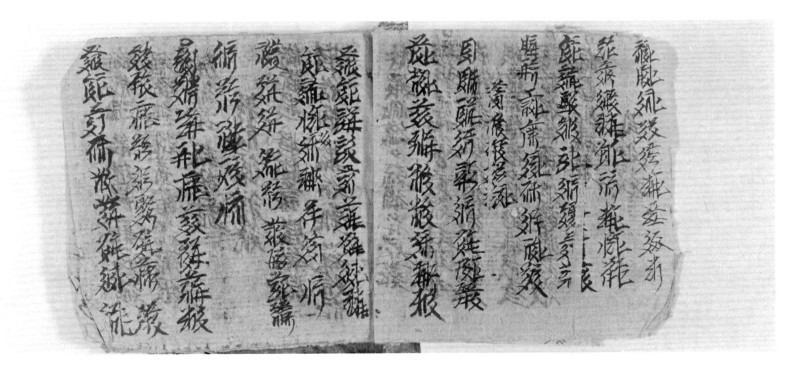

俄Инв.No.6771　秘密供養典　　　(63-9)

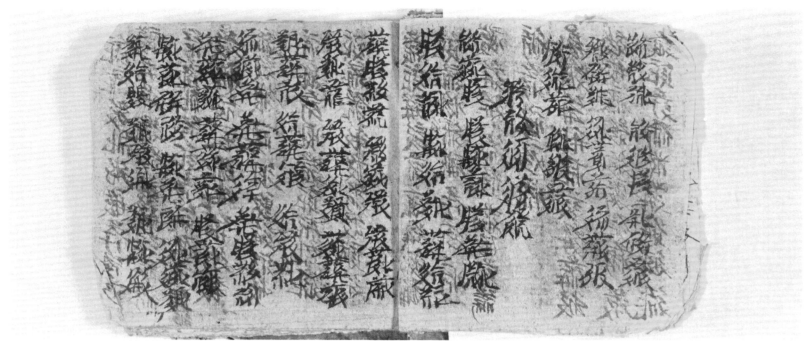

俄 **Инв**.No.6771　秘密供養典　　(63-10)

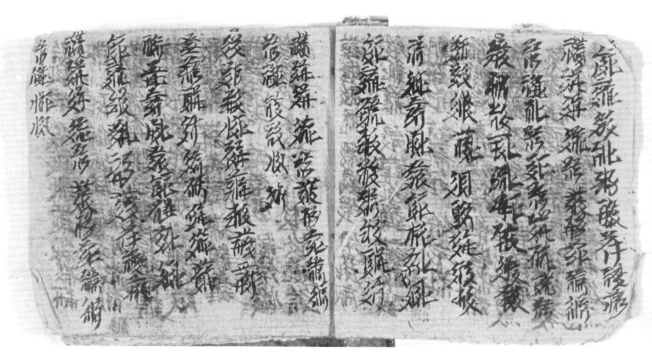

俄 **Инв**.No.6771　秘密供養典　　(63-11)

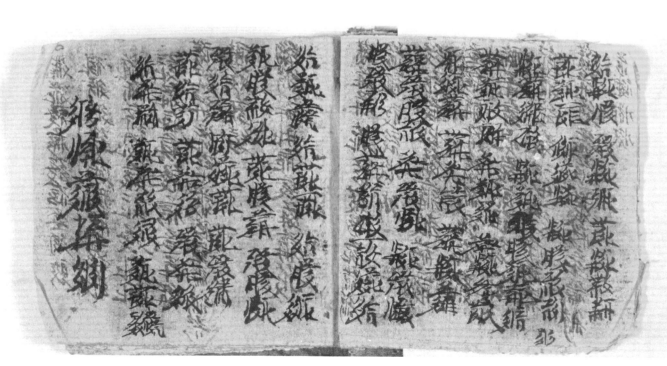

俄 **Инв**.No.6771　秘密供養典　　(63-12)

俄 Инв.No.6771　　秘密供養典　　　(63-13)

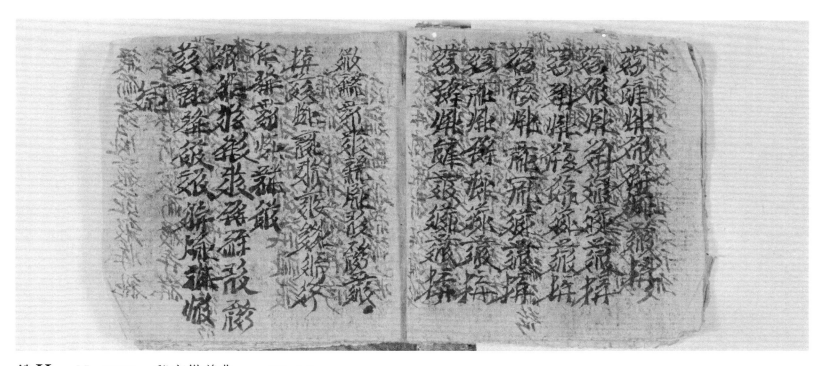

俄 Инв.No.6771　　秘密供養典　　　(63-14)

俄 Инв.No.6771　　秘密供養典　　　(63-15)

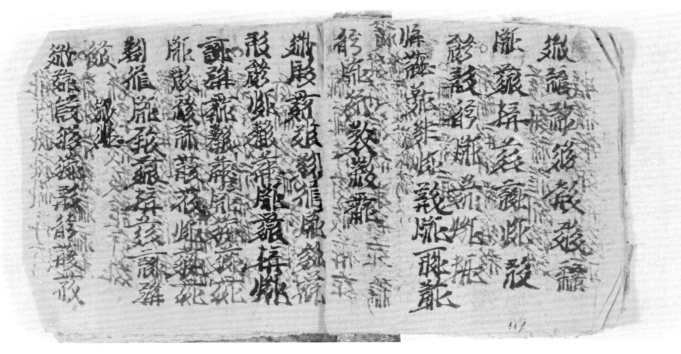

俄Инв.No.6771　秘密供養典　　　(63-16)

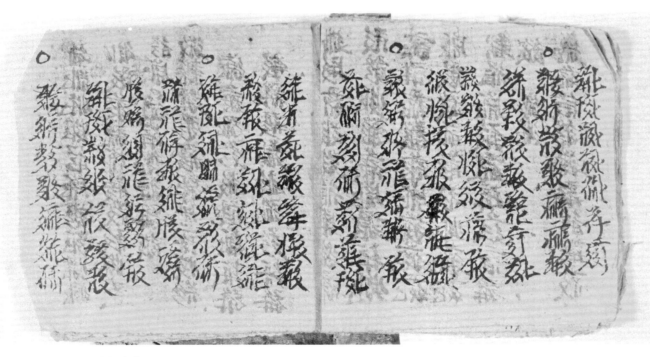

俄Инв.No.6771　秘密供養典　　　(63-17)

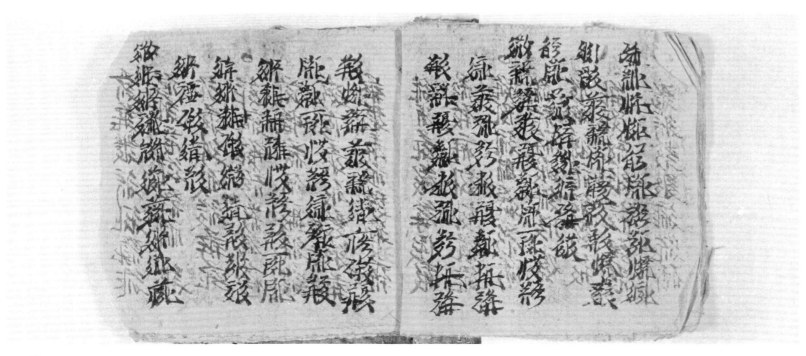

俄Инв.No.6771　秘密供養典　　　(63-18)

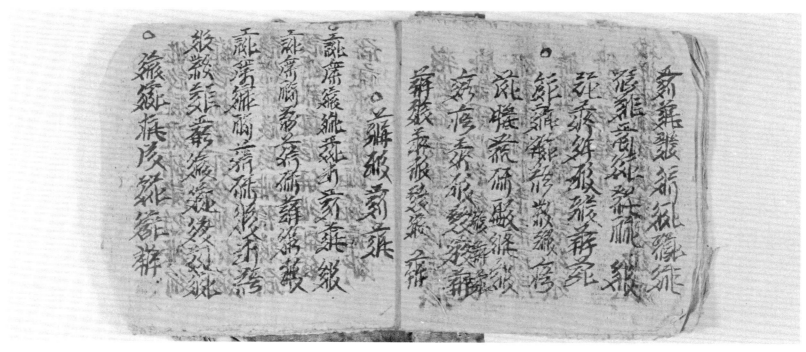

俄 Инв.No.6771　秘密供養典　　　(63-19)

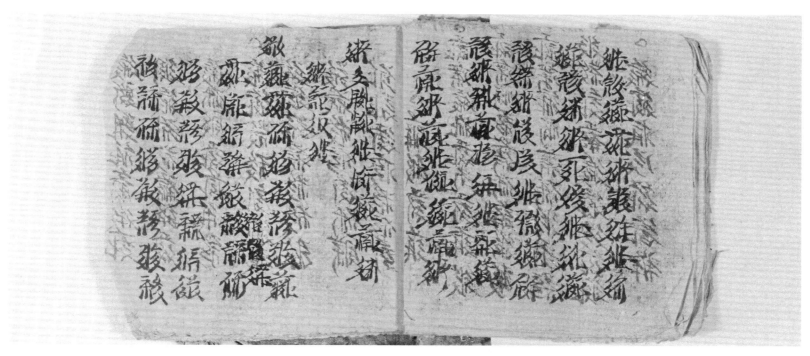

俄 Инв.No.6771　秘密供養典　　　(63-20)

俄 Инв.No.6771　秘密供養典　　　(63-21)

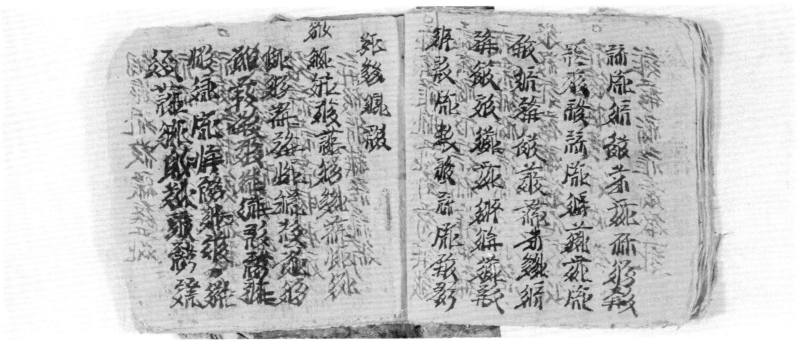

俄 Инв.No.6771　秘密供養典　　（63-22）

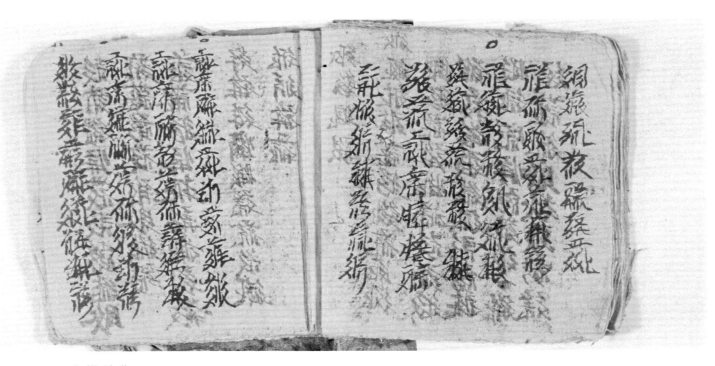

俄 Инв.No.6771　秘密供養典　　（63-23）

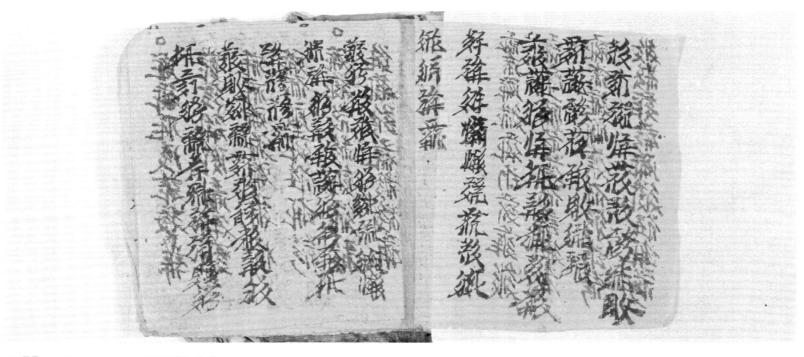

俄 Инв.No.6771　秘密供養典　　（63-24）

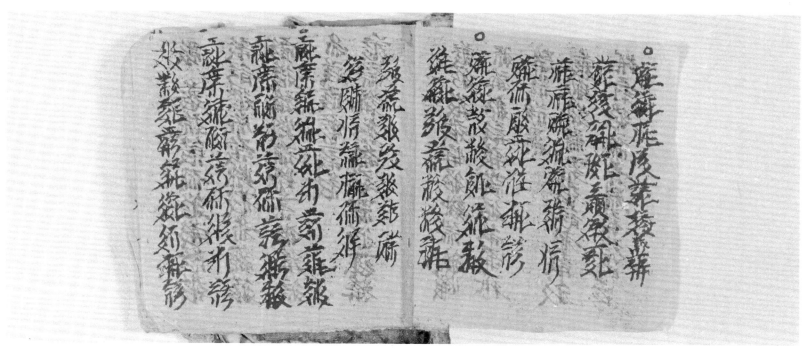

俄 Инв.No.6771　秘密供養典　　(63—25)

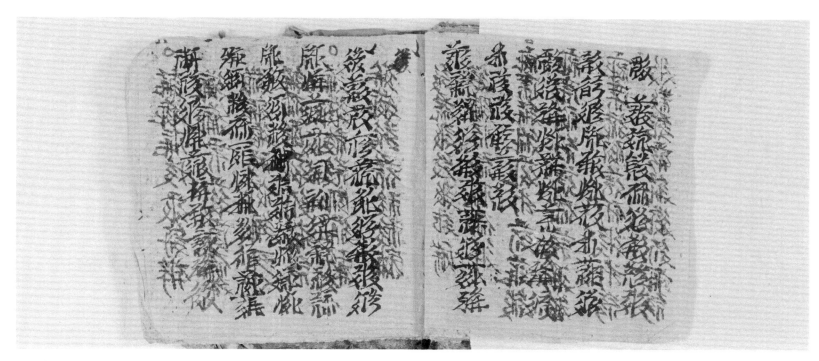

俄 Инв.No.6771　秘密供養典　　(63—26)

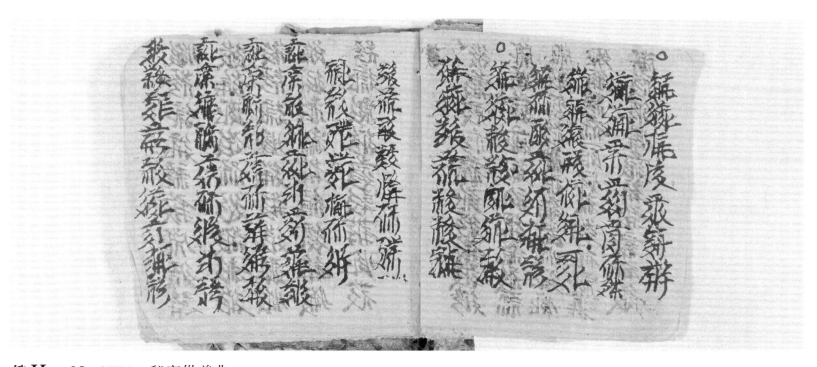

俄 Инв.No.6771　秘密供養典　　(63—27)

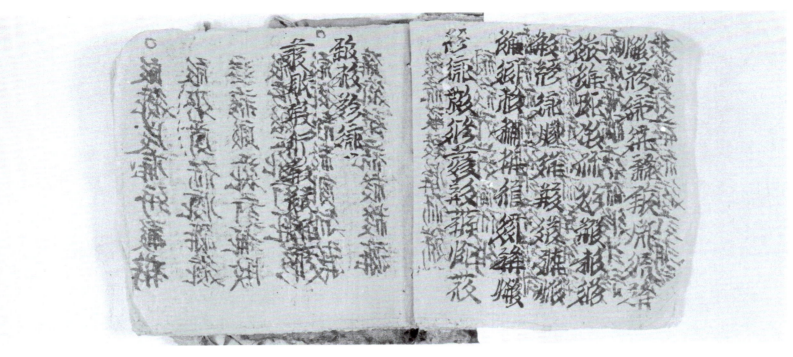

俄 Инв.No.6771　秘密供養典　　　(63-28)

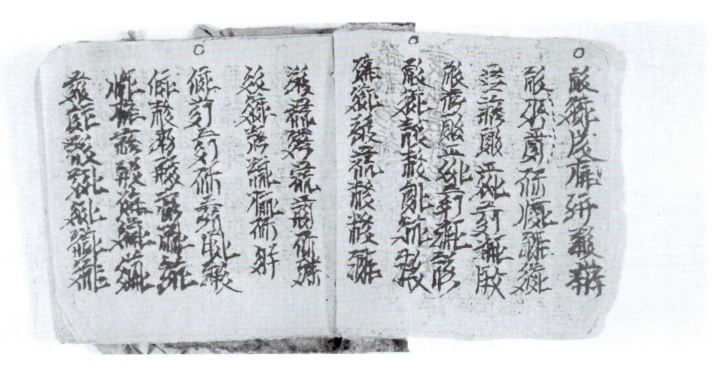

俄 Инв.No.6771　秘密供養典　　　(63-29)

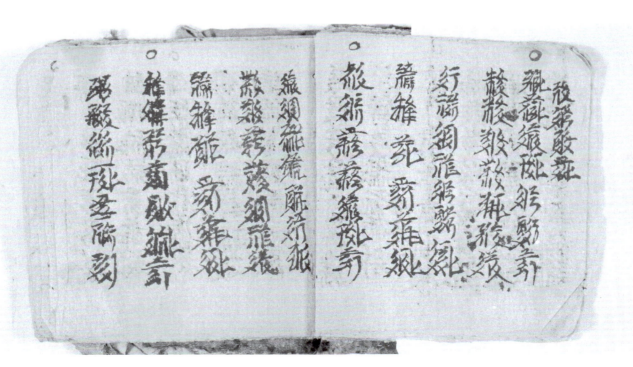

俄 Инв.No.6771　秘密供養典　　　(63-30)

俄 Инв.No.6771　秘密供養典　　　（63-31）

俄 Инв.No.6771　秘密供養典　　　（63-32）

俄 Инв.No.6771　秘密供養典　　　（63-33）

俄 **И**нв.No.6771　秘密供養典　　　(63-34)

俄 **И**нв.No.6771　秘密供養典　　　(63-35)

俄 **И**нв.No.6771　秘密供養典　　　(63-36)

俄 **И**нв.No.6771　　秘密供養典　　　（63-37）

俄 **И**нв.No.6771　　秘密供養典　　　（63-38）

俄 **И**нв.No.6771　　秘密供養典　　　（63-39）

297

俄 Инв.No.6771 秘密供養典 (63-40)

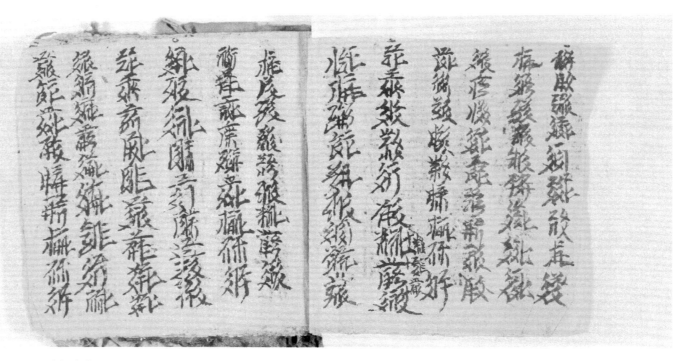

俄 Инв.No.6771 秘密供養典 (63-41)

俄 Инв.No.6771 秘密供養典 (63-42)

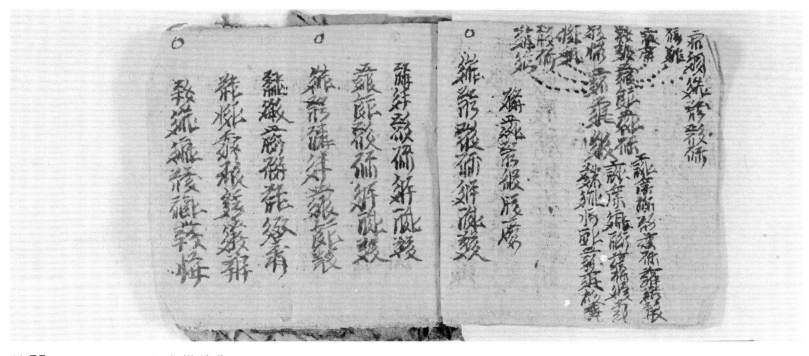

俄 Инв.No.6771　秘密供養典　　　(63-43)

俄 Инв.No.6771　秘密供養典　　　(63-44)

俄 Инв.No.6771　秘密供養典　　　(63-45)

俄 Инв.No.6771　秘密供養典　　　(63-46)

俄 Инв.No.6771　秘密供養典　　　(63-47)

俄 Инв.No.6771　秘密供養典　　　(63-48)

俄 Инв.No.6771 　秘密供養典 　　　(63-49)

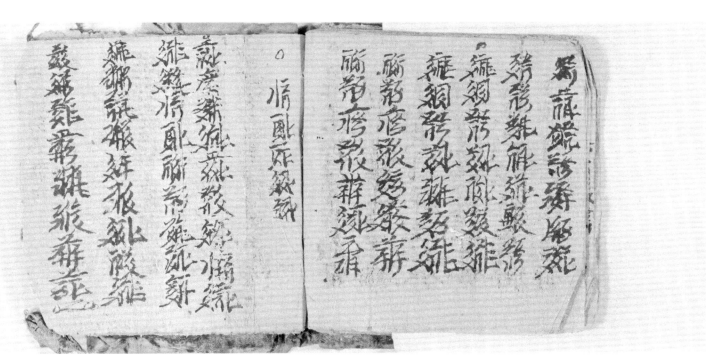

俄 Инв.No.6771 　秘密供養典 　　　(63-50)

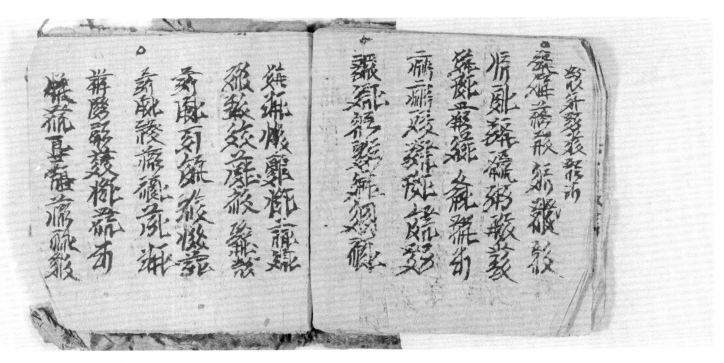

俄 Инв.No.6771 　秘密供養典 　　　(63-51)

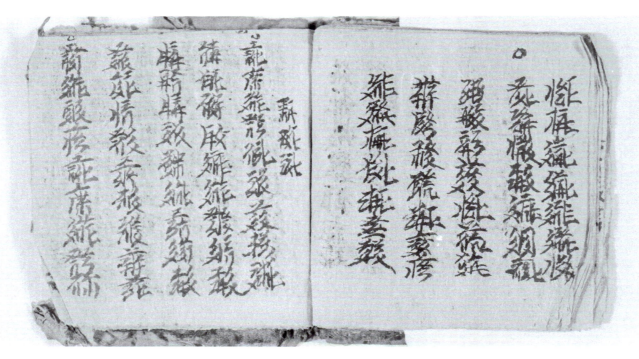

俄Инв.No.6771　秘密供養典　　　(63-52)

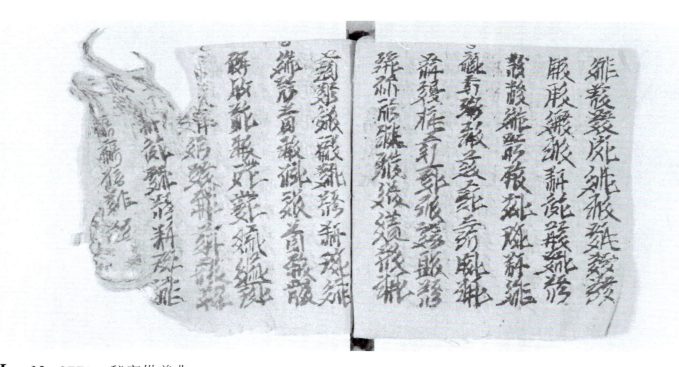

俄Инв.No.6771　秘密供養典　　　(63-53)

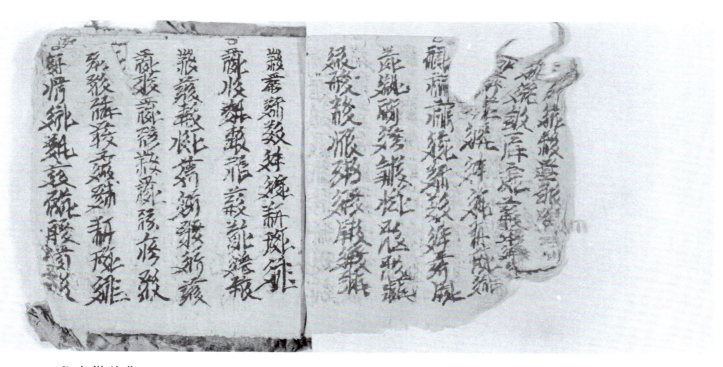

俄Инв.No.6771　秘密供養典　　　(63-54)

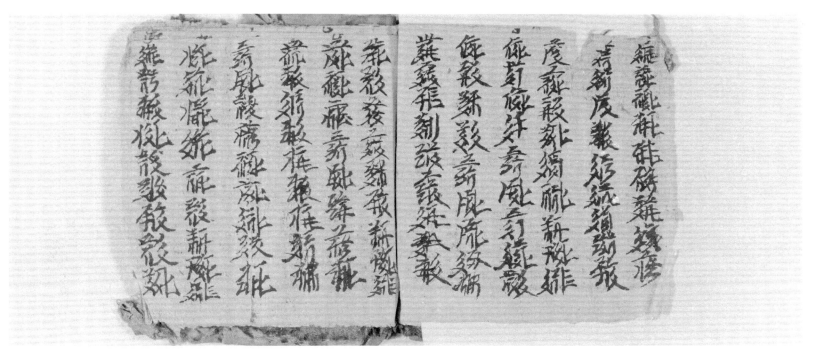

俄 Инв.No.6771　秘密供養典　　　(63-55)

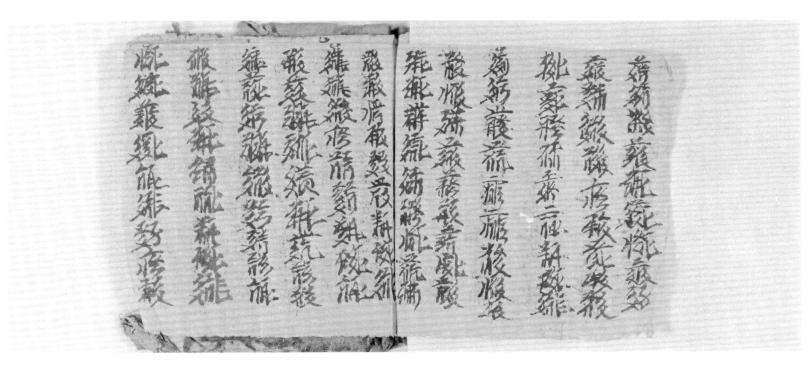

俄 Инв.No.6771　秘密供養典　　　(63-56)

俄 Инв.No.6771　秘密供養典　　　(63-57)

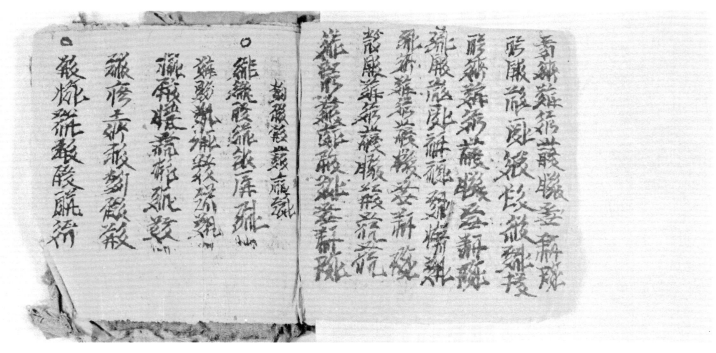

俄 Инв.No.6771　秘密供養典　　　(63-58)

俄 Инв.No.6771　秘密供養典　　　(63-59)

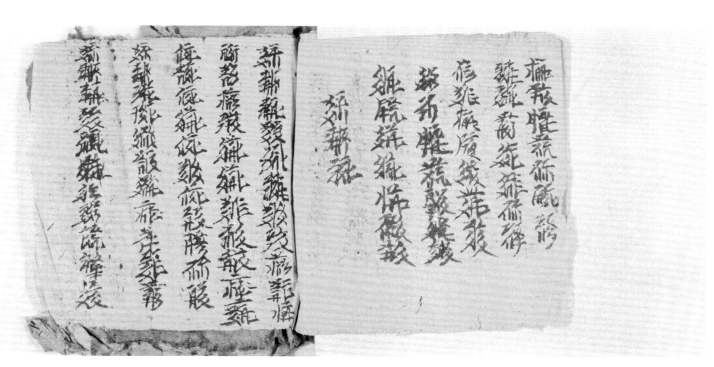

俄 Инв.No.6771　秘密供養典　　　(63-60)

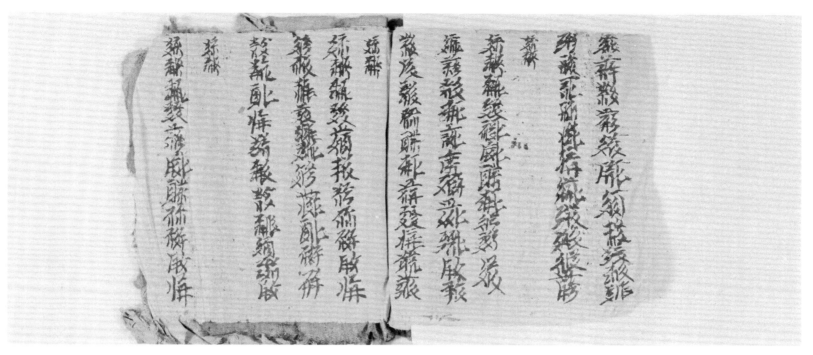

俄 Инв.No.6771　秘密供養典　　　(63-61)

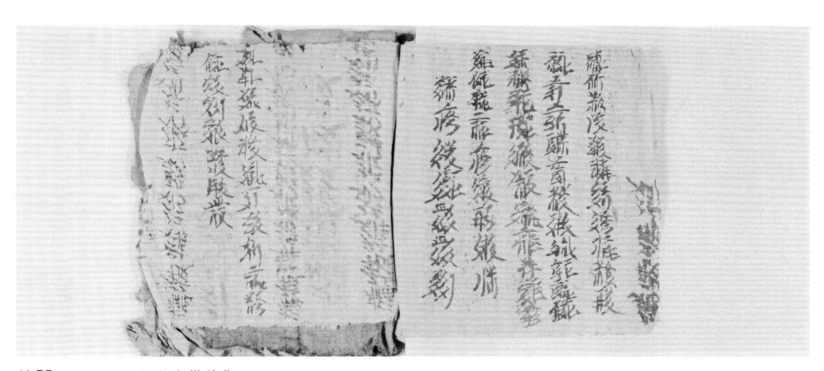

俄 Инв.No.6771　秘密供養典　　　(63-62)

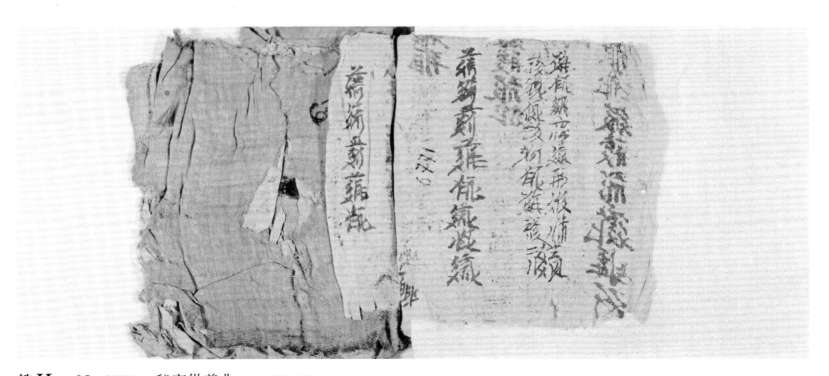

俄 Инв.No.6771　秘密供養典　　　(63-63)

俄 **И**нв.No.6775　　1.供養和護記句文　　　(46-1)

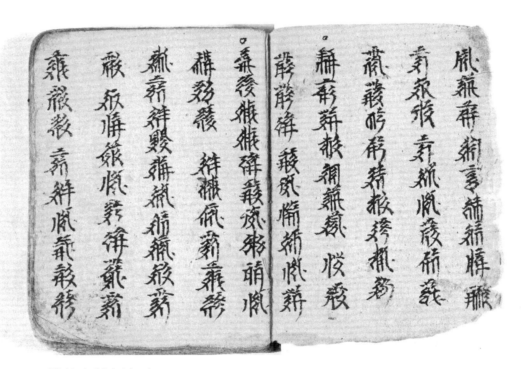

俄 **И**нв.No.6775　　1.供養和護記句文　　　(46-2)

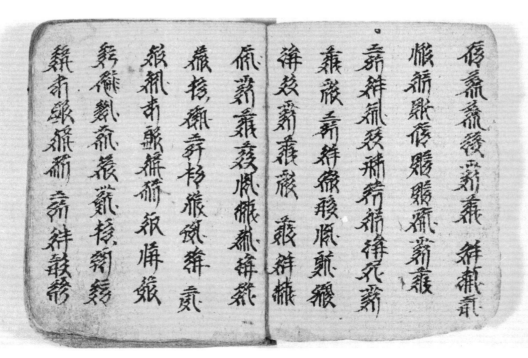

俄 **И**нв.No.6775　　1.供養和護記句文　　　(46-3)

俄Инв.No.6775　1.供養和護記句文　　　(46-4)

俄Инв.No.6775　1.供養和護記句文　　　(46-5)

俄Инв.No.6775　1.供養和護記句文　　　(46-6)

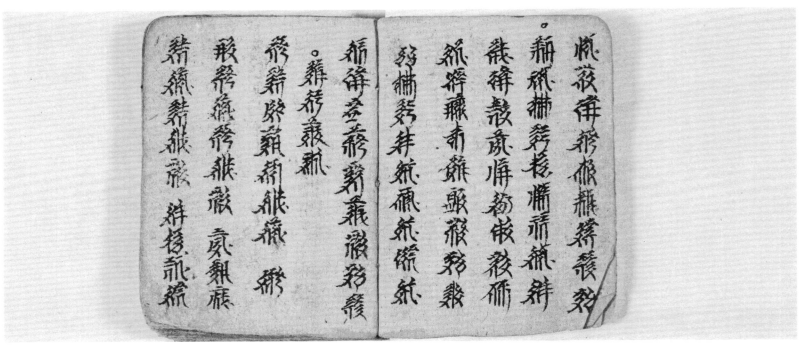

俄 Инв.No.6775　　1.供養和護記句文　　　(46-7)

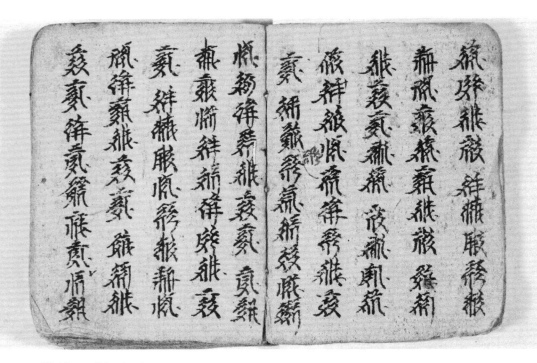

俄 Инв.No.6775　　1.供養和護記句文　　　(46-8)

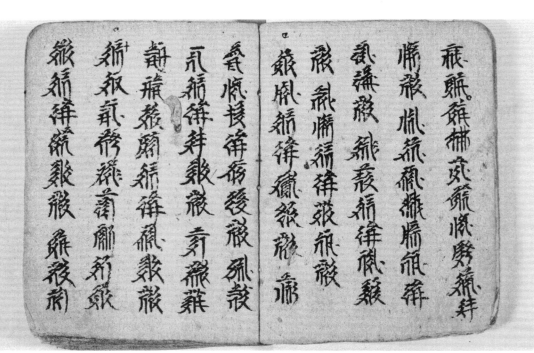

俄 Инв.No.6775　　1.供養和護記句文　　　(46-9)

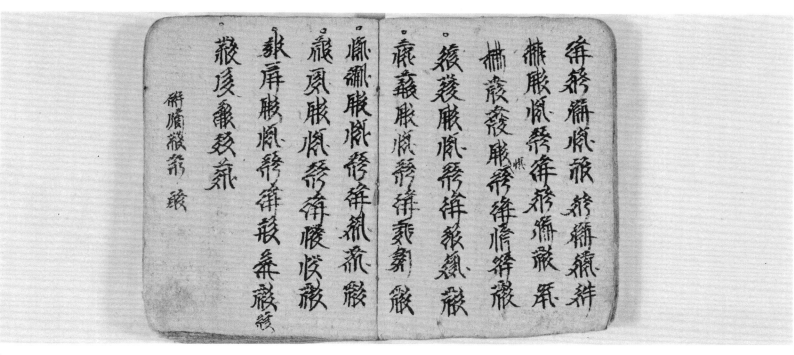

俄 **И**нв.No.6775　2.大手印要門　　(46-10)

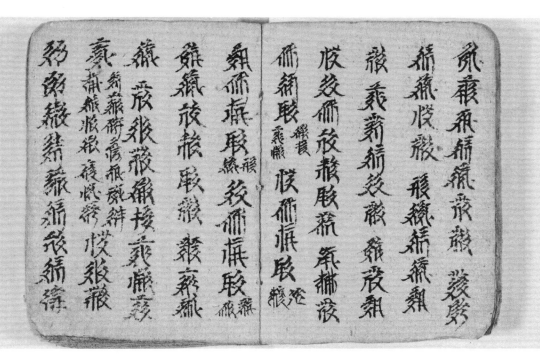

俄 **И**нв.No.6775　2.大手印要門　　(46-11)

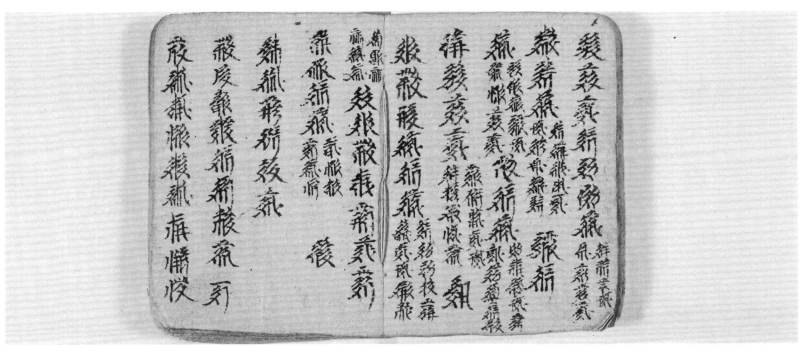

俄 **И**нв.No.6775　3.瑜伽秘密要門　　(46-12)

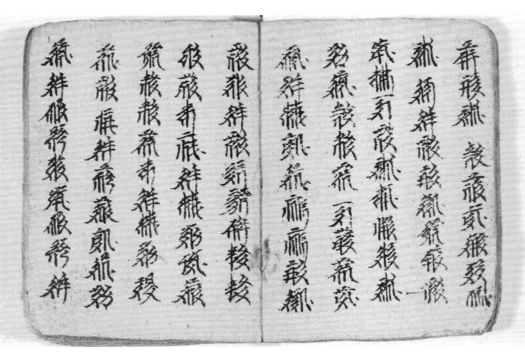

俄 **И**нв.No.6775　　3.瑜伽秘密要門　　（46—13）

俄 **И**нв.No.6775　　3.瑜伽秘密要門　　（46—14）

俄 **И**нв.No.6775　　3.瑜伽秘密要門　　（46—15）

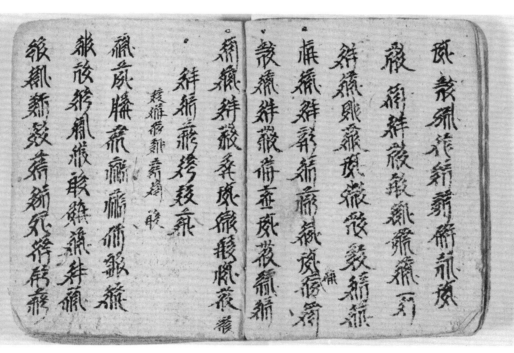

俄 **И**нв.No.6775　3.瑜伽秘密要門　　　(46-16)

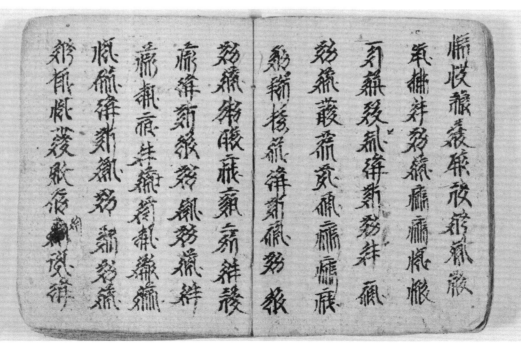

俄 **И**нв.No.6775　4.無心真義要門　　　(46-17)

俄 **И**нв.No.6775　4.無心真義要門　　　(46-18)

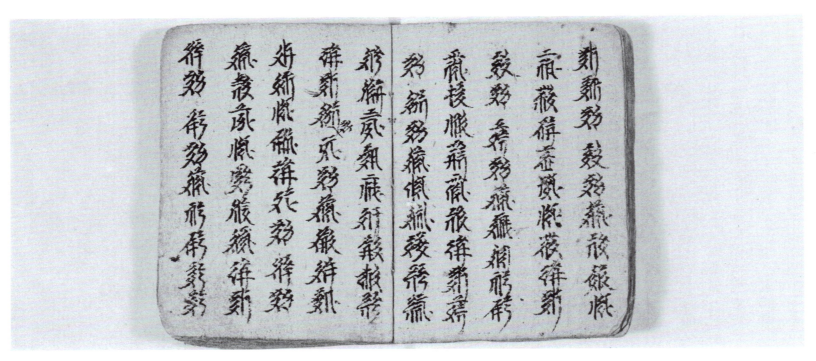

俄 Инв.No.6775　　4.無心真義要門　　　　(46–19)

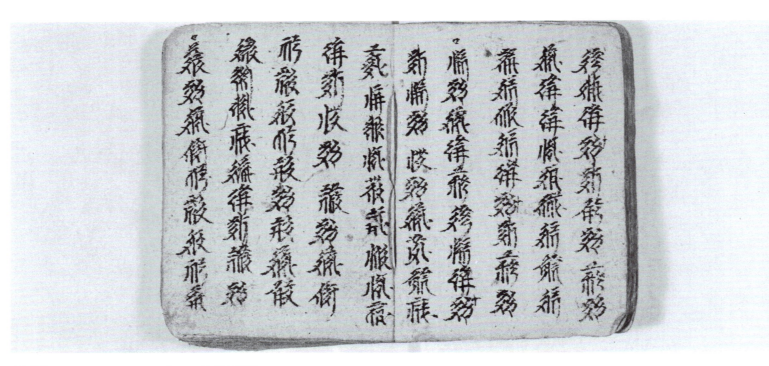

俄 Инв.No.6775　　4.無心真義要門　　　　(46–20)

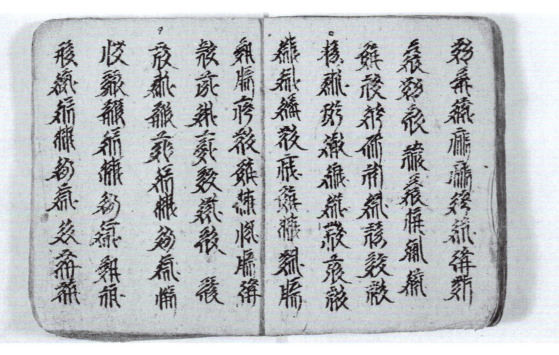

俄 Инв.No.6775　　4.無心真義要門　　　　(46–21)

俄 Инв.No.6775　4.無心真義要門　　　(46-22)

俄 Инв.No.6775　4.無心真義要門　　　(46-23)

俄 Инв.No.6775　4.無心真義要門　　　(46-24)

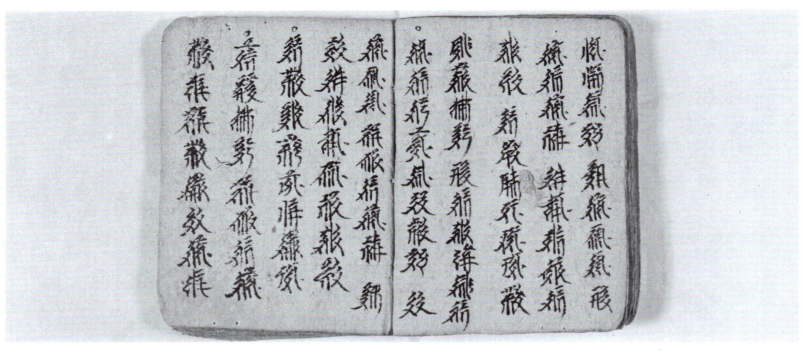

俄 **И**нв.No.6775　　4.無心真義要門　　　(46-25)

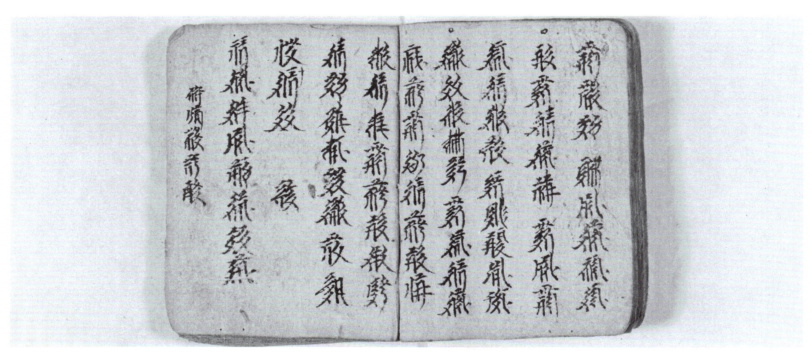

俄 **И**нв.No.6775　　5.靜慮心性正悟要門　　　(46-26)

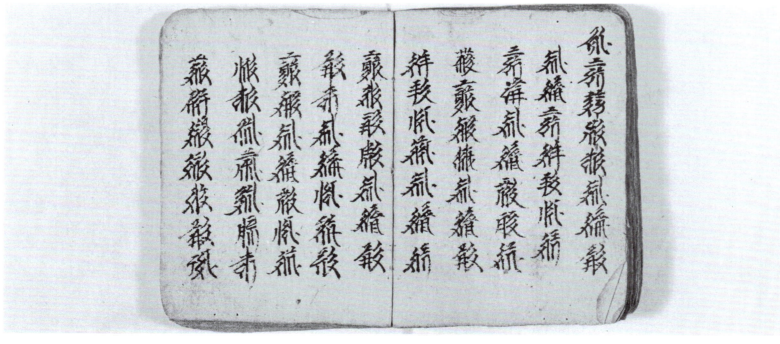

俄 **И**нв.No.6775　　5.靜慮心性正悟要門　　　(46-27)

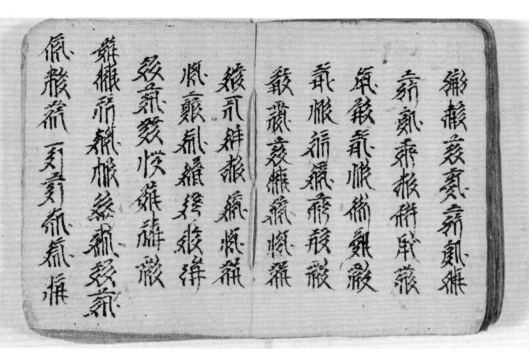

俄 **И**нв.No.6775　5.靜慮心性正悟要門　　(46-28)

俄 **И**нв.No.6775　5.靜慮心性正悟要門　　(46-29)

俄 **И**нв.No.6775　5.靜慮心性正悟要門　　(46-30)

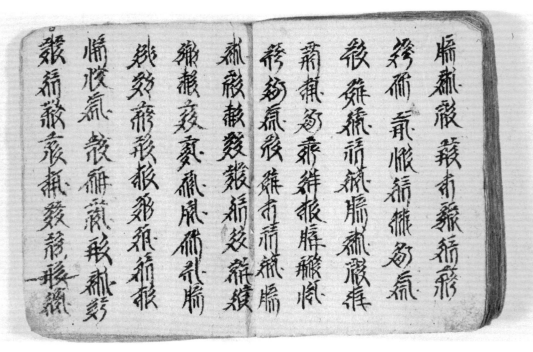

俄 **И**нв.No.6775　　5.靜慮心性正悟要門　　　(46-31)

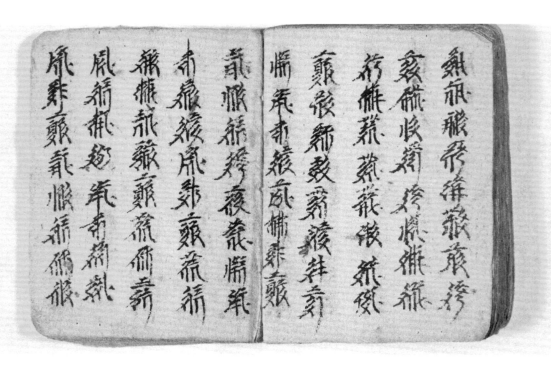

俄 **И**нв.No.6775　　5.靜慮心性正悟要門　　　(46-32)

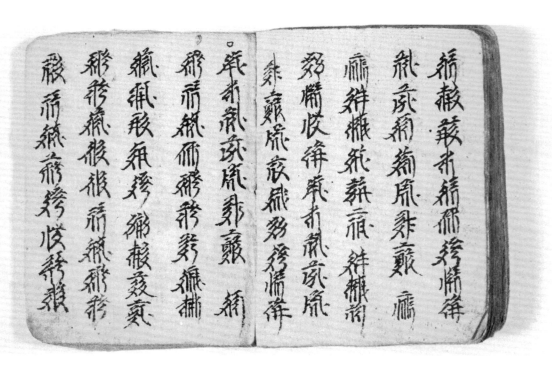

俄 **И**нв.No.6775　　5.靜慮心性正悟要門　　　(46-33)

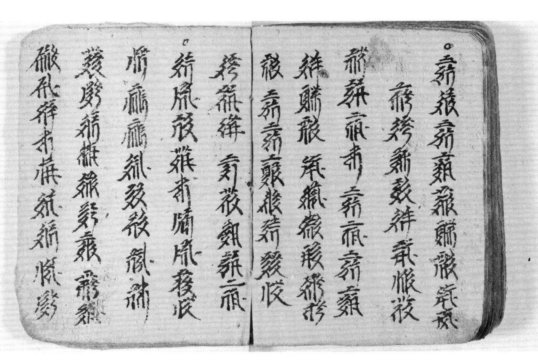

俄 **И**нв.No.6775　　5.靜慮心性正悟要門　　　　(46-34)

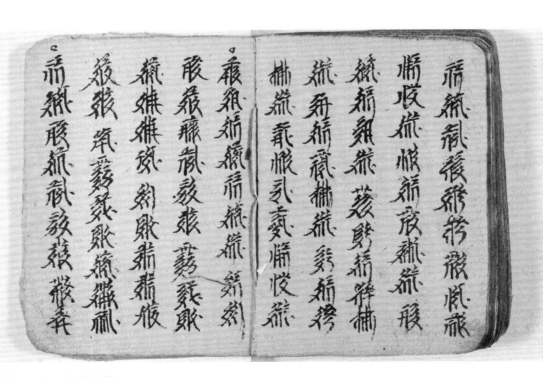

俄 **И**нв.No.6775　　5.靜慮心性正悟要門　　　　(46-35)

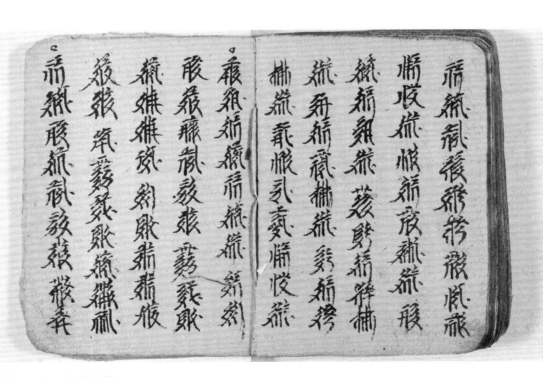

俄 **И**нв.No.6775　　5.靜慮心性正悟要門　　　　(46-36)

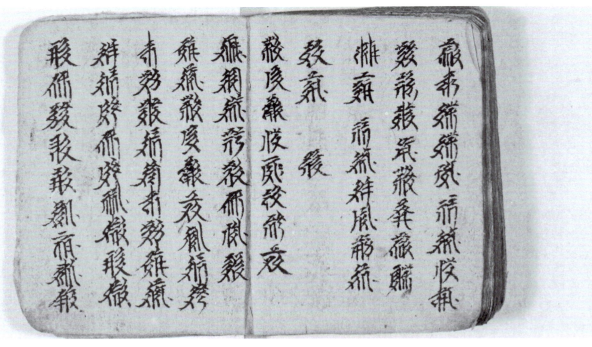

俄Инв.No.6775　6.大手印導引略文　　(46-37)

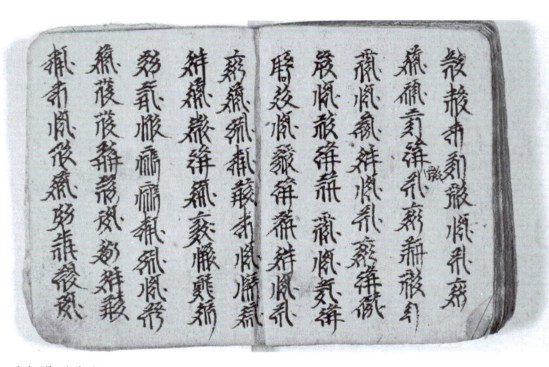

俄Инв.No.6775　6.大手印導引略文　　(46-38)

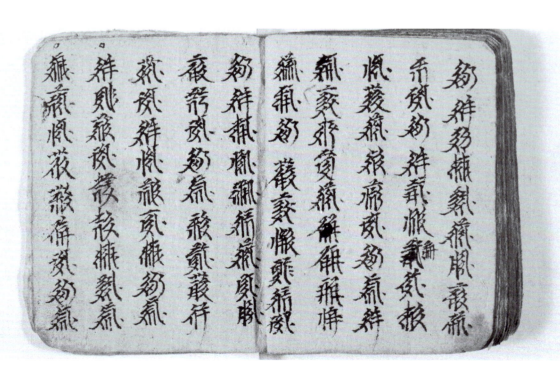

俄Инв.No.6775　6.大手印導引略文　　(46-39)

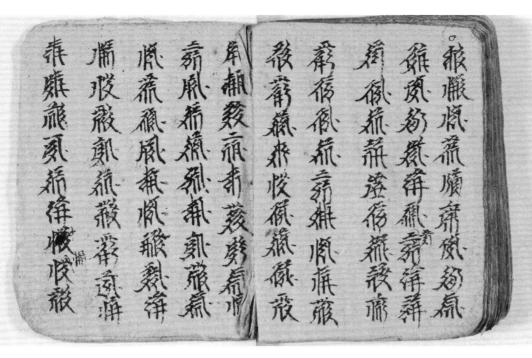

俄 **Инв**.No.6775　6.大手印導引略文　　　(46-40)

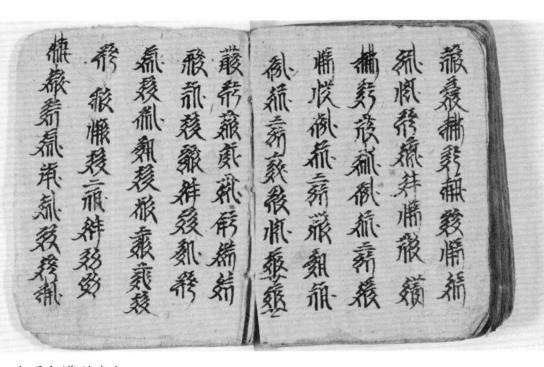

俄 **Инв**.No.6775　6.大手印導引略文　　　(46-41)

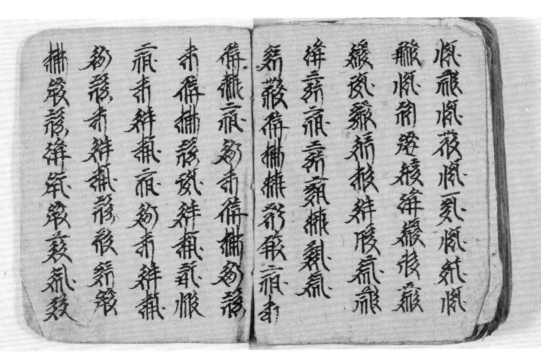

俄 **Инв**.No.6775　6.大手印導引略文　　　(46-42)

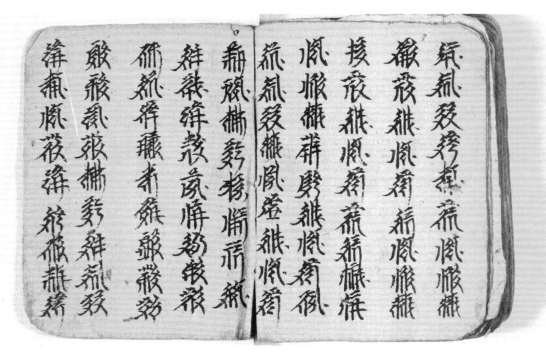

俄 Инв.No.6775　6.大手印導引略文　　　(46-43)

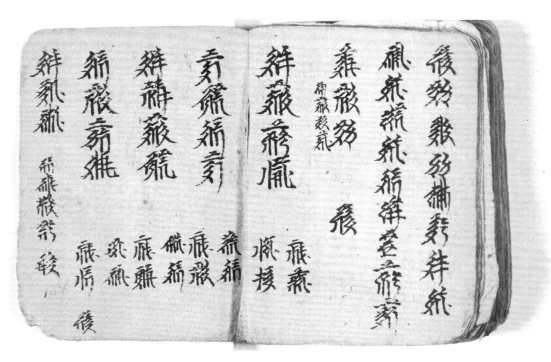

俄 Инв.No.6775　7.四空要門　　　(46-44)

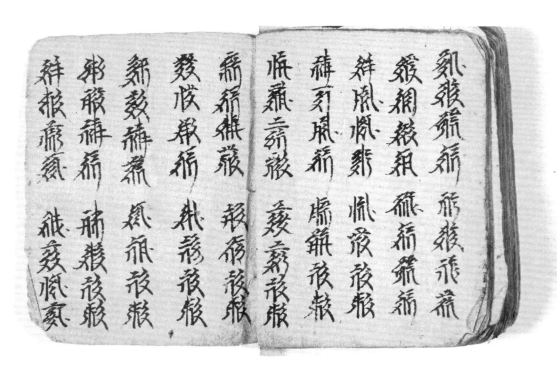

俄 Инв.No.6775　7.四空要門　　　(46-45)

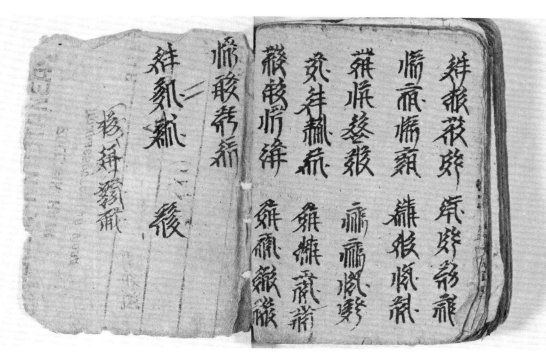

俄 Инв.No.6775　　7.四空要門　　　(46-46)

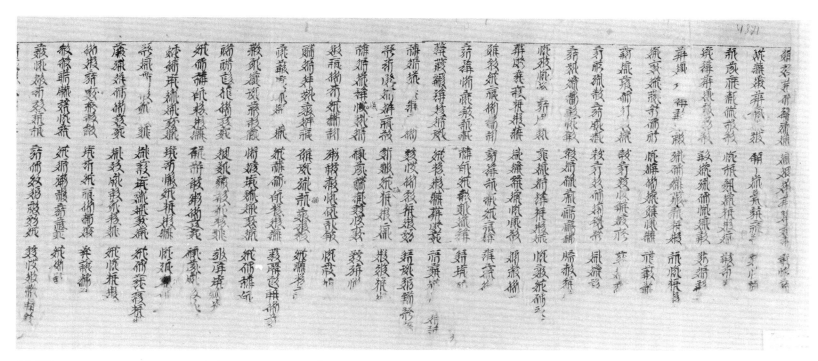

俄 Инв.No.4872　　1.重縮問答二十五品斷魔要門　　　(11-1)

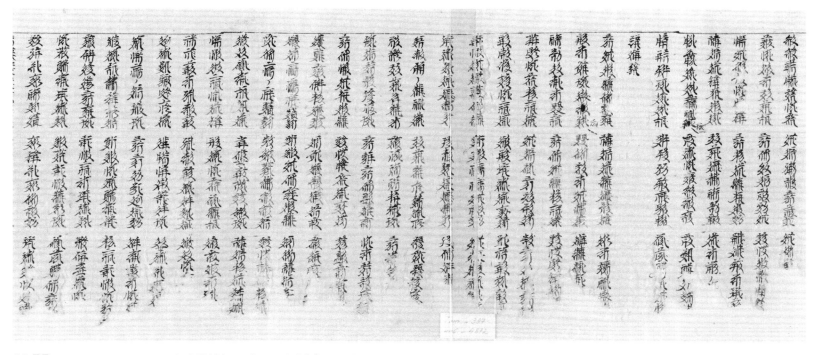

俄 Инв.No.4872　　1.重縮問答二十五品斷魔要門　　　(11-2)

俄Инв.No.4872　　1.重縮問答二十五品斷魔要門　　　　(11-3)

俄Инв.No.4872　　1.重縮問答二十五品斷魔要門　　　　(11-4)

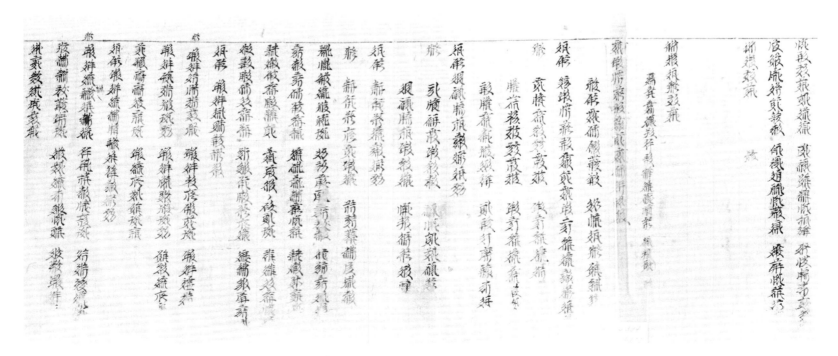

俄Инв.No.4872　　2.重縮問答二十五品斷魔問答要門　　(11-5)

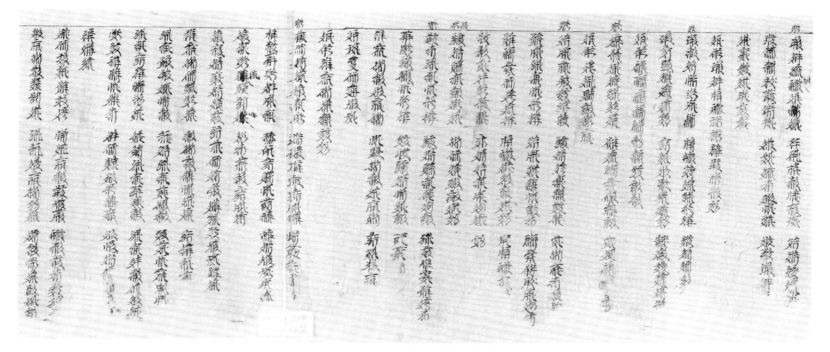

俄ИнВ.No.4872　2.重縮問答二十五品斷魔問答要門　（11-6）

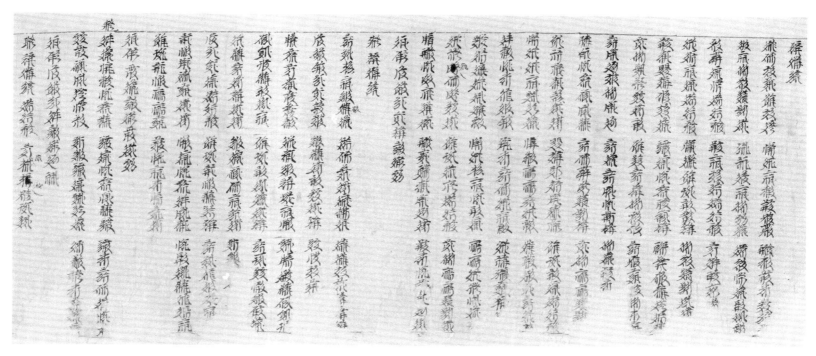

俄ИнВ.No.4872　2.重縮問答二十五品斷魔問答要門　（11-7）

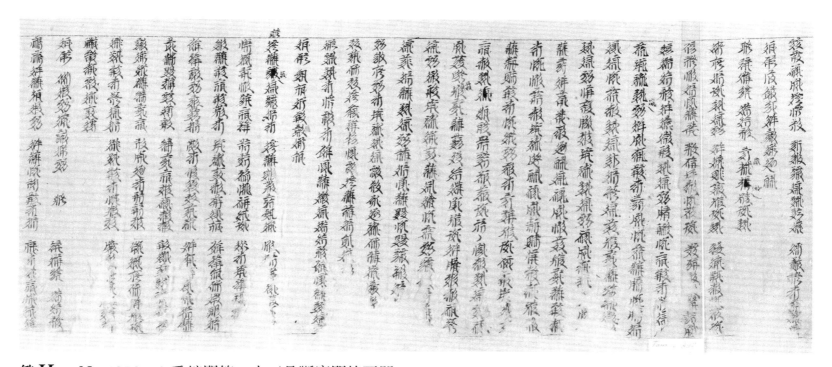

俄ИнВ.No.4872　2.重縮問答二十五品斷魔問答要門　（11-8）

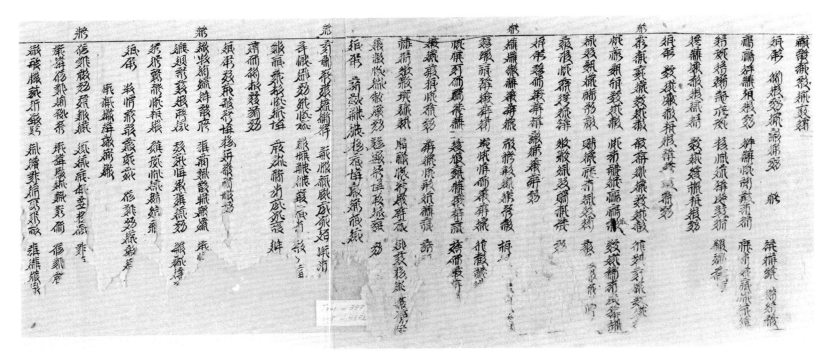

俄 **И**нв.No.4872　2.重縮問答二十五品斷魔問答要門　　　(11-9)

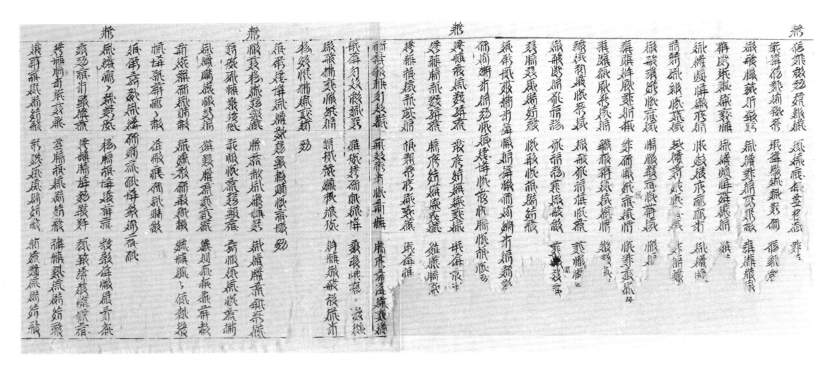

俄 **И**нв.No.4872　2.重縮問答二十五品斷魔問答要門　　　(11-10)

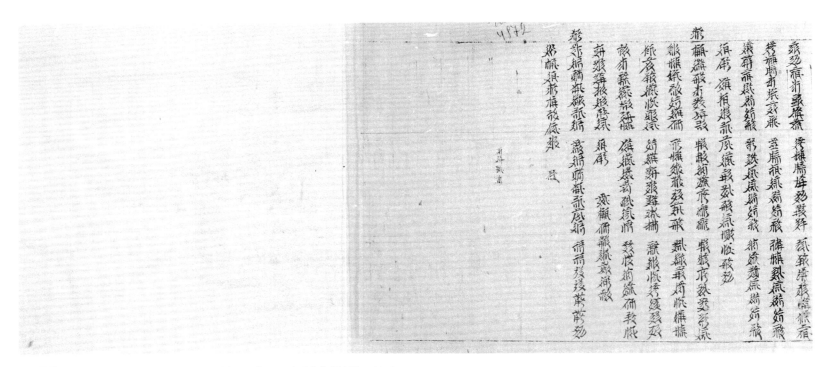

俄 **И**нв.No.4872　2.重縮問答二十五品斷魔問答要門　　　(11-11)

俄 Инв.No.6503　遣水施食要門　　　(9-1)

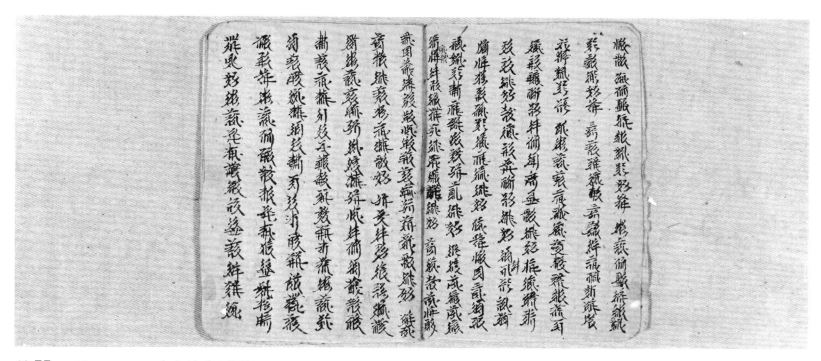

俄 Инв.No.6503　遣水施食要門　　　(9-2)

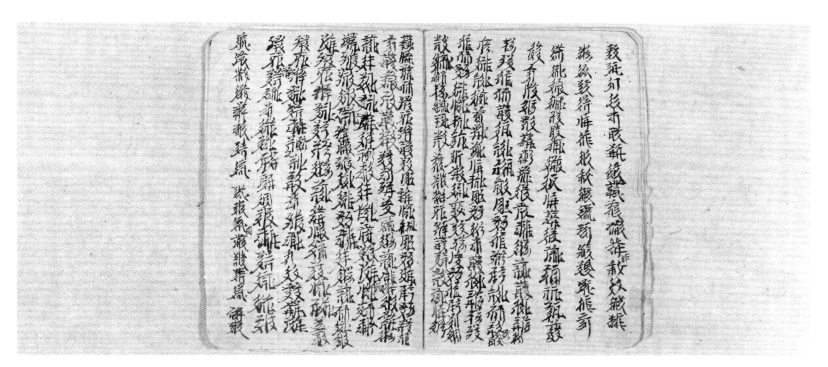

俄 Инв.No.6503　遣水施食要門　　　(9-3)

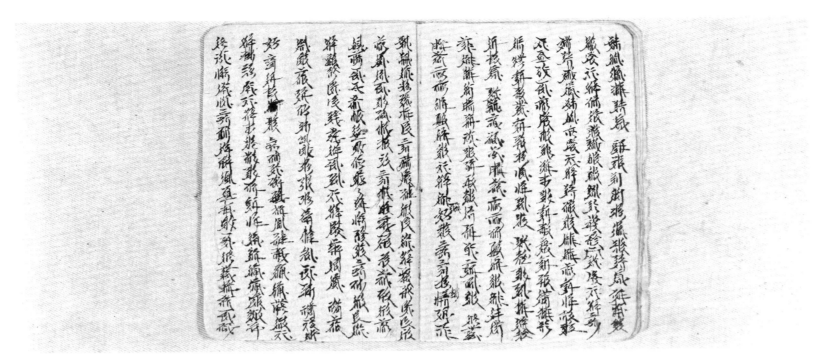

俄 Инв.No.6503　遣水施食要門　　　(9-4)

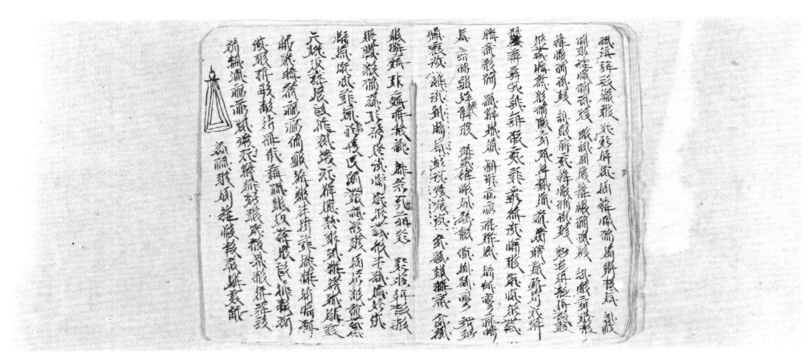

俄 Инв.No.6503　遣水施食要門　　　(9-5)

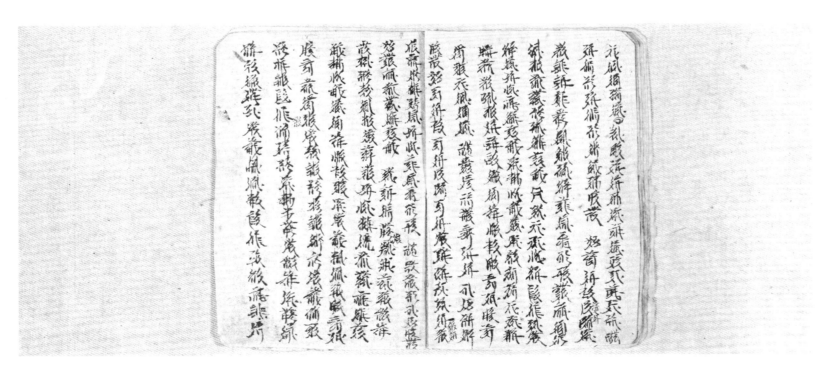

俄 Инв.No.6503　遣水施食要門　　　(9-6)

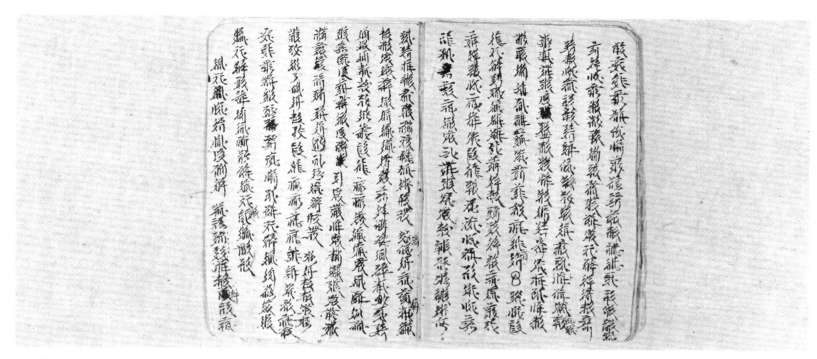

俄 **И**нв.No.6503　　遣水施食要門　　　(9-7)

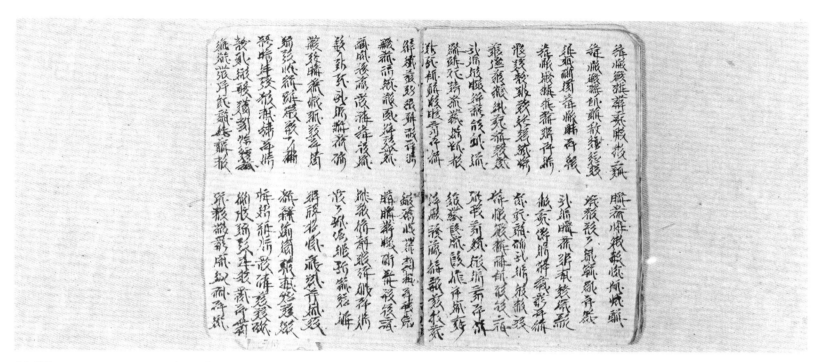

俄 **И**нв.No.6503　　遣水施食要門　　　(9-8)

俄 **И**нв.No.6503　　遣水施食要門　　　(9-9)

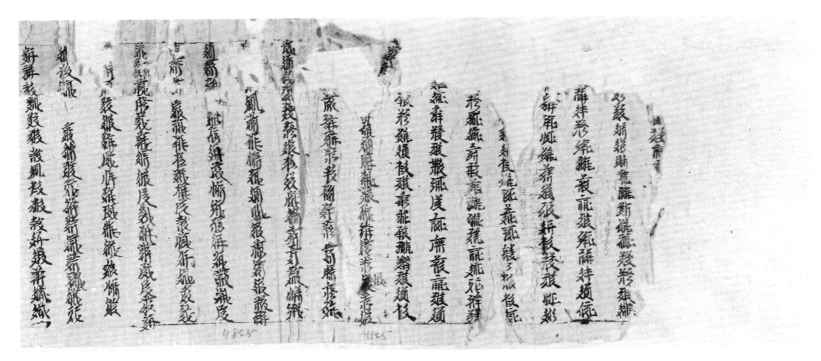

俄 Инв.No.4805　六吽要門　　　(11-1)

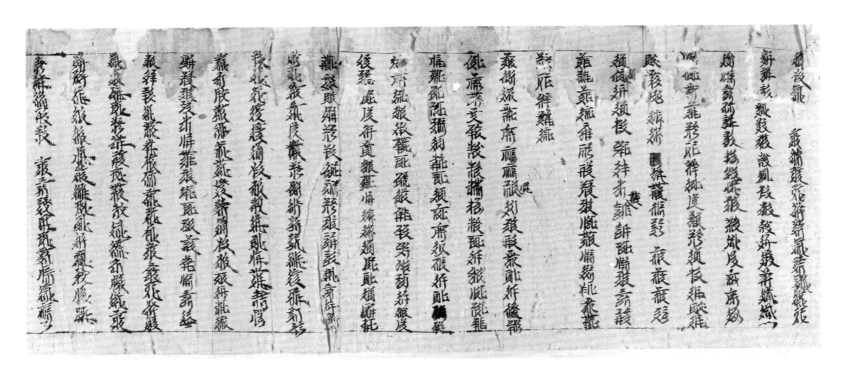

俄 Инв.No.4805　六吽要門　　　(11-2)

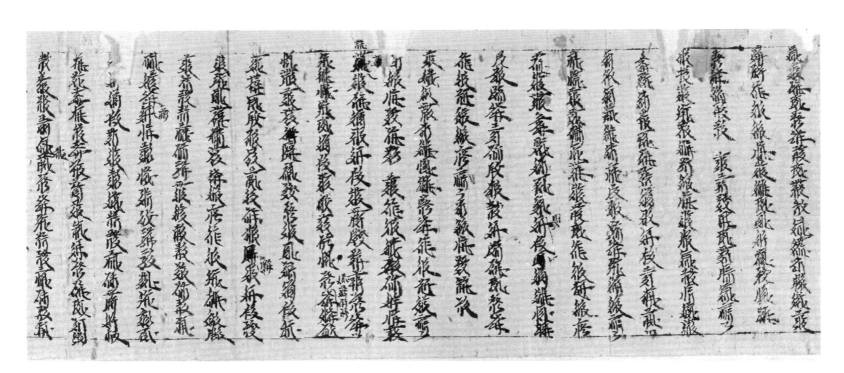

俄 Инв.No.4805　六吽要門　　　(11-3)

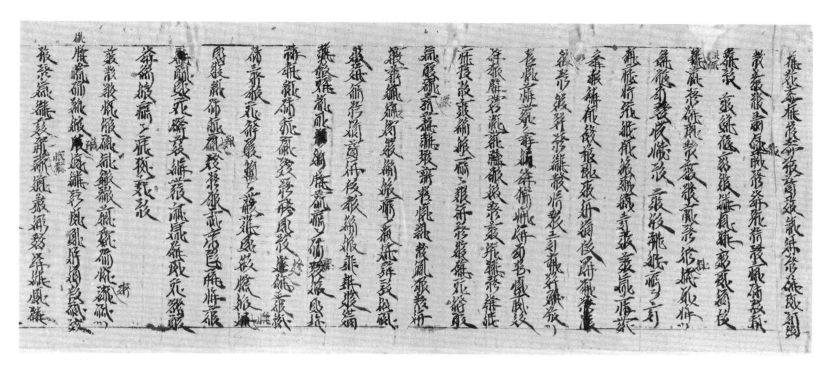

俄 Инв.No.4805　六吽要門　　　(11-4)

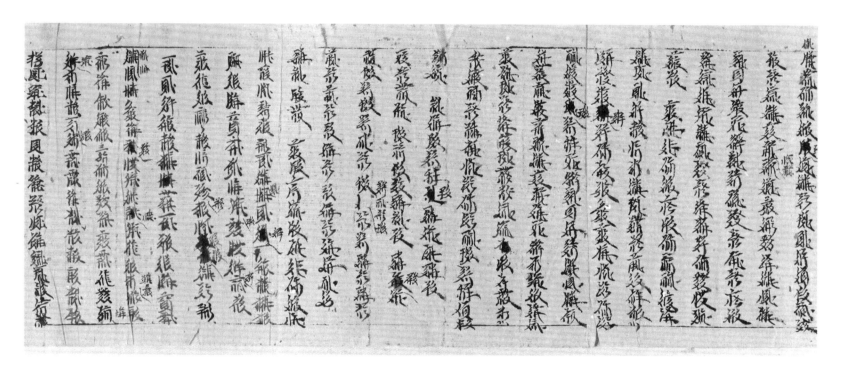

俄 Инв.No.4805　六吽要門　　　(11-5)

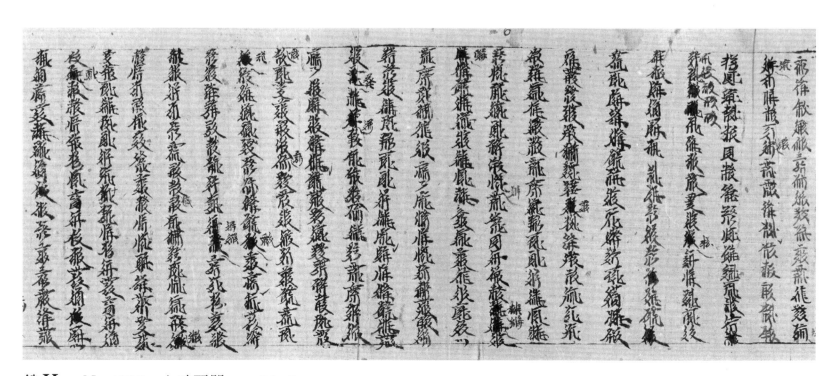

俄 Инв.No.4805　六吽要門　　　(11-6)

329

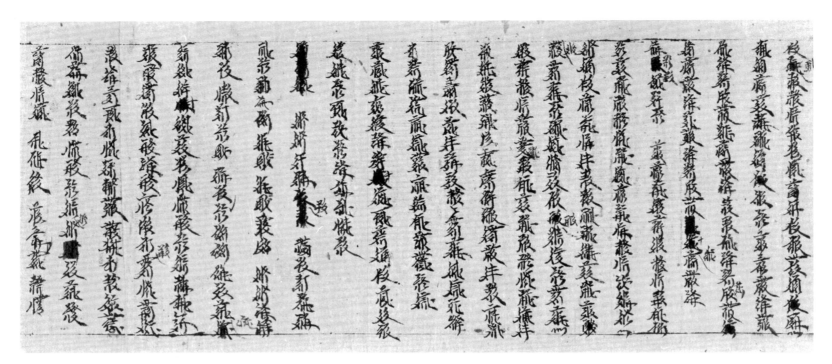

俄 Инв.No.4805　六吽要門　　　(11-7)

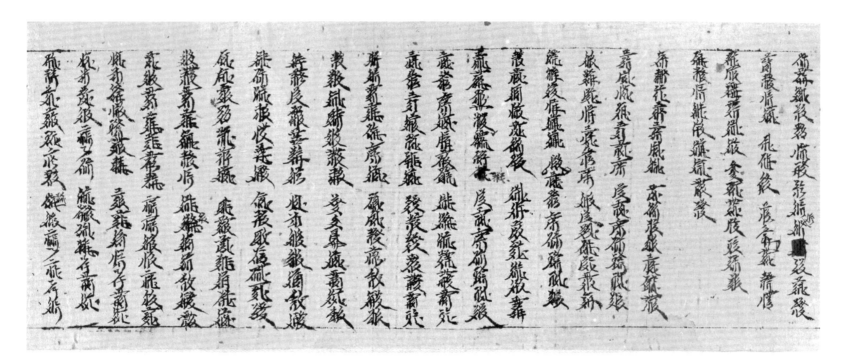

俄 Инв.No.4805　六吽要門　　　(11-8)

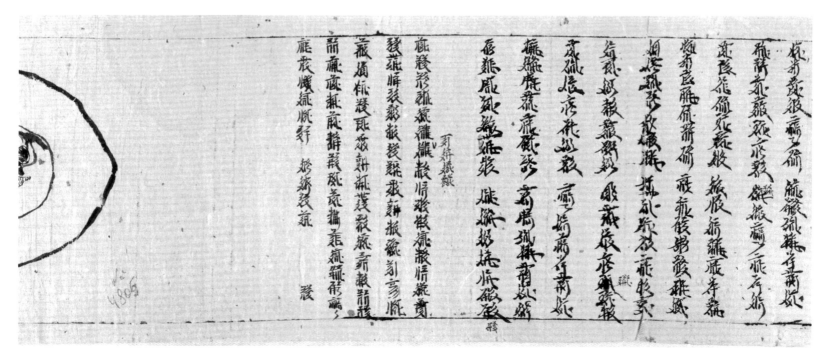

俄 Инв.No.4805　六吽要門　　　(11-9)

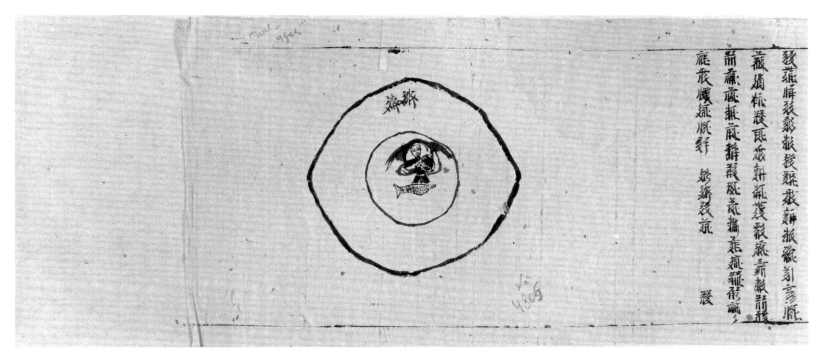

俄ИНВ.No.4805　六吽要門　　　(11-10)

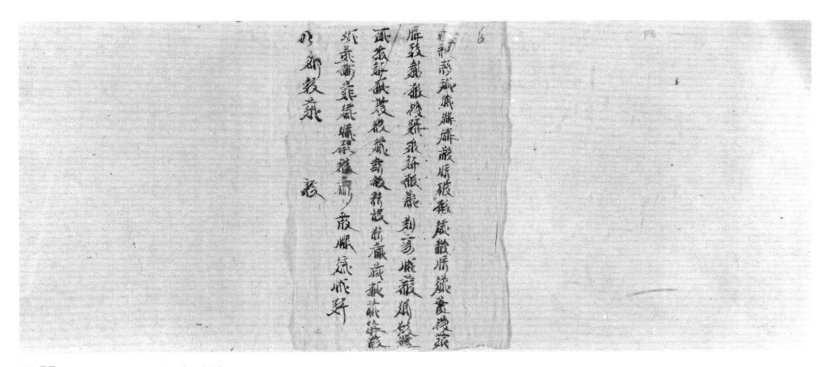

俄ИНВ.No.4805　六吽要門　　　(11-11)

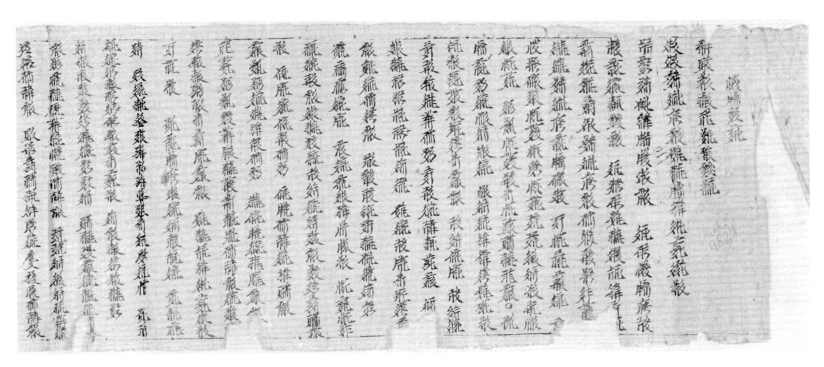

俄ИНВ.No.4824　1.禪修要門　　　(11-1)

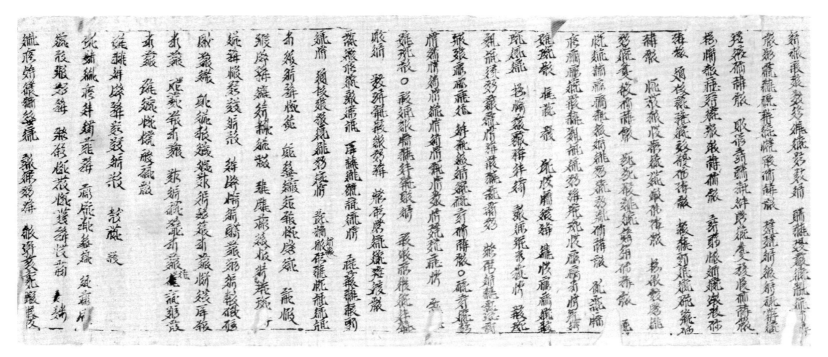

俄 Инв.No.4824　1.禪修要門　　　(11-2)

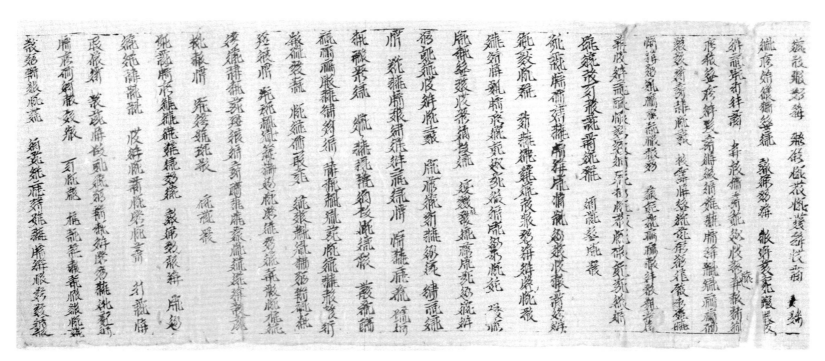

俄 Инв.No.4824　1.禪修要門　　　(11-3)

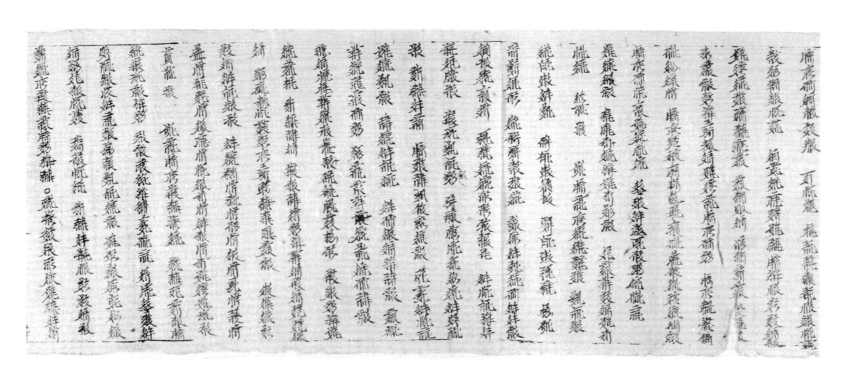

俄 Инв.No.4824　1.禪修要門　　　(11-4)

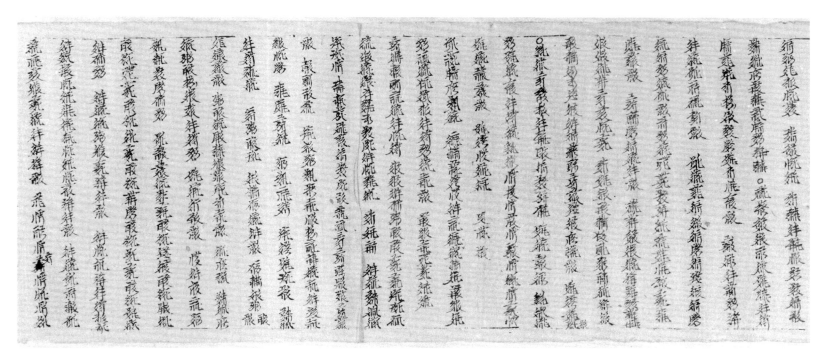

俄 **И**нв.No.4824　　1.禪修要門　　　　（11-5）

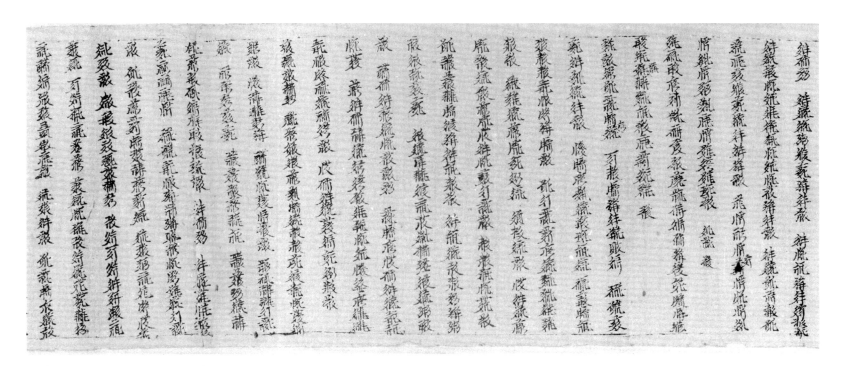

俄 **И**нв.No.4824　　1.禪修要門　　　　（11-6）

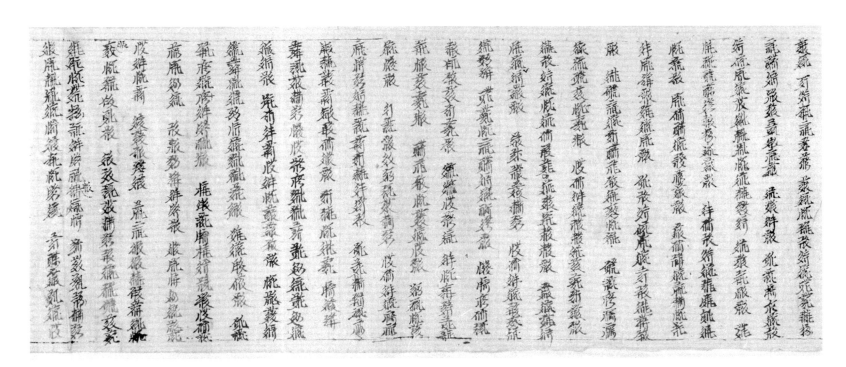

俄 **И**нв.No.4824　　1.禪修要門　　　　（11-7）

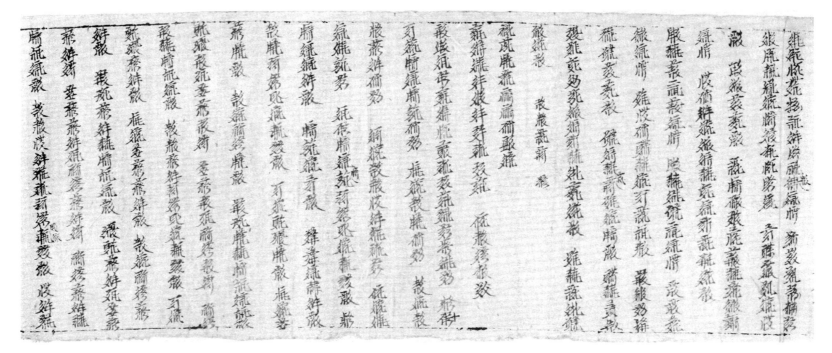

俄 Инв.No.4824　2.滅時先佛後佛釋要門　　　　（11–8）

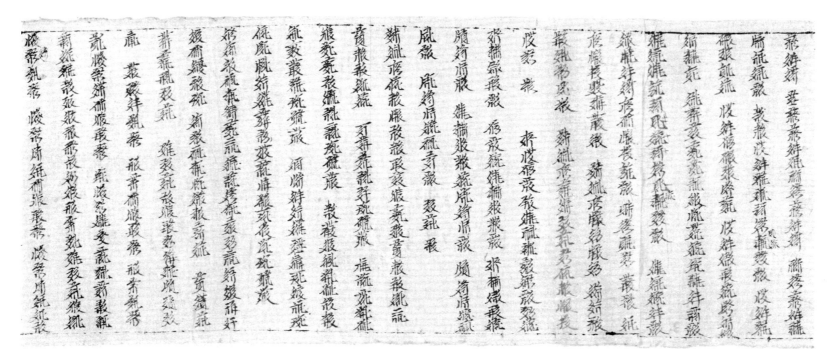

俄 Инв.No.4824　2.滅時先佛後佛釋要門　　　　（11–9）

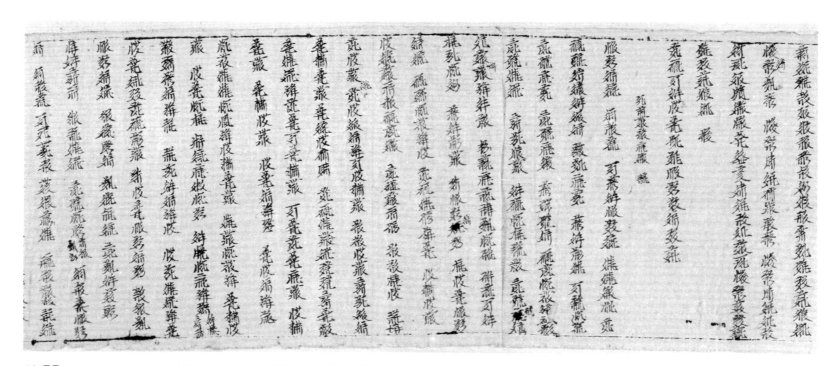

俄 Инв.No.4824　3.諸法一心定慧圓滿不可思議要門　　（11–10）

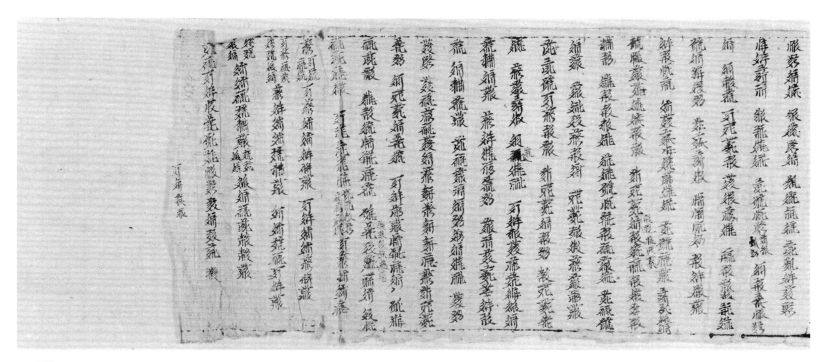

俄 **И**нв.No.4824　　3.諸法一心定慧圓滿不可思議要門　　　(11-11)

俄 **И**нв.No.7221　　1.金剛亥母略燒施要門　　　(22-1)

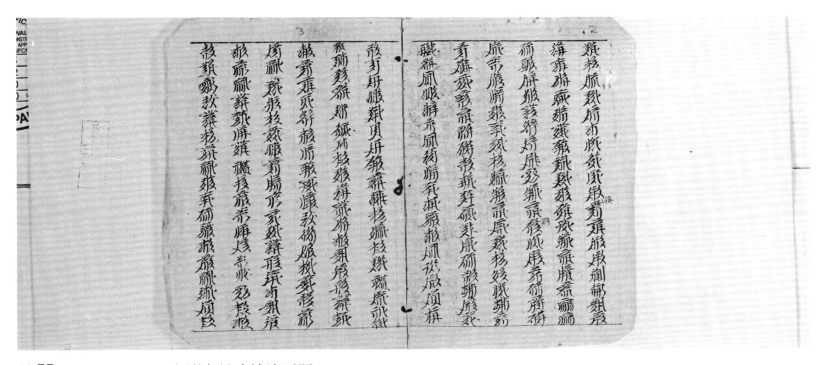

俄 **И**нв.No.7221　　1.金剛亥母略燒施要門　　　(22-2)

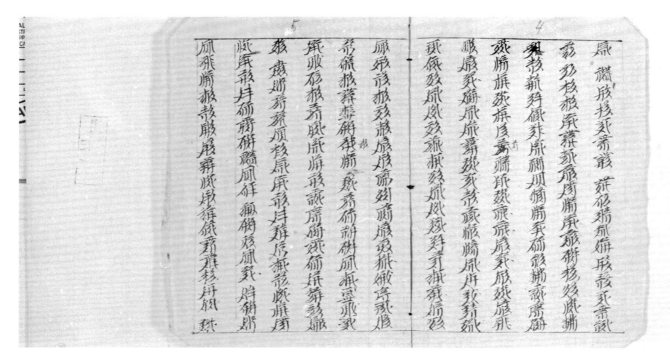

俄 **И**нв.No.7221　　1.金剛亥母略燒施要門　　　(22-3)

俄 **И**нв.No.7221　　1.金剛亥母略燒施要門　　　(22-4)

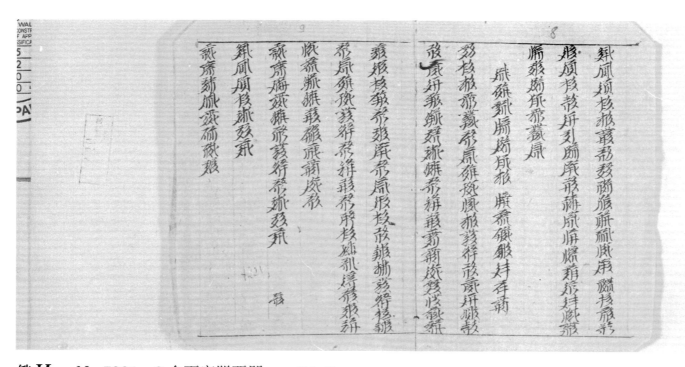

俄 **И**нв.No.7221　　2.念百字咒要門　　　(22-5)

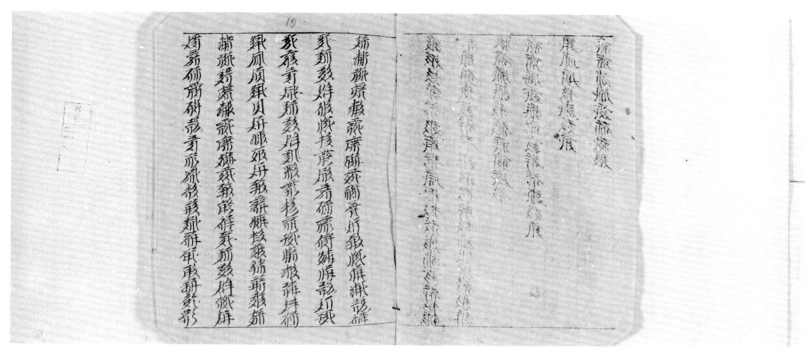

俄 Ихв.No.7221　2.念百字咒要門　　　(22-6)

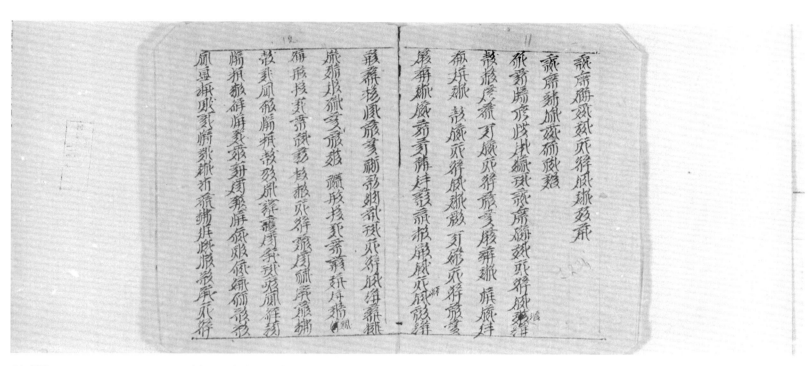

俄 Ихв.No.7221　3.金剛亥母處獻施食要門　　　(22-7)

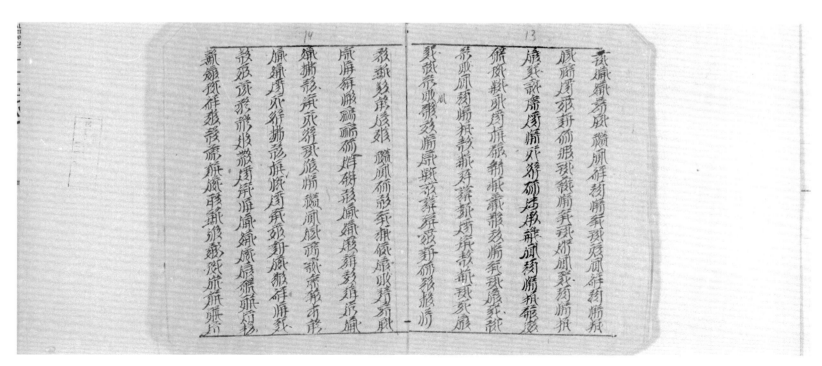

俄 Ихв.No.7221　3.金剛亥母處獻施食要門　　　(22-8)

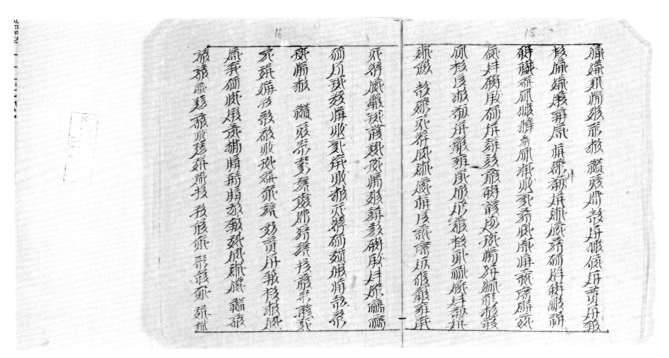

俄ИHB.No.7221　3.金剛亥母處獻施食要門　(22-9)

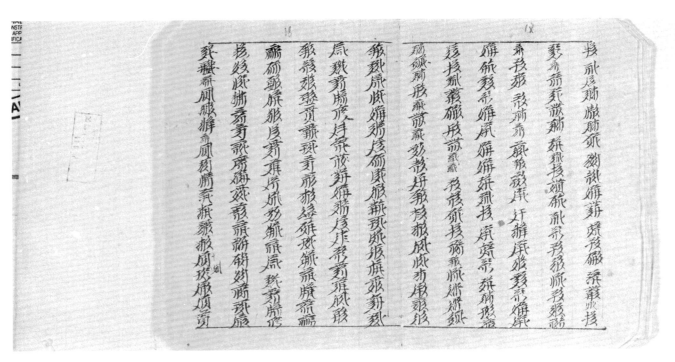

俄ИHB.No.7221　3.金剛亥母處獻施食要門　(22-10)

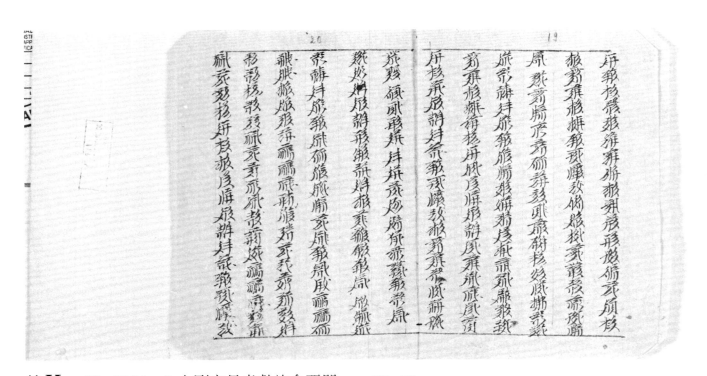

俄ИHB.No.7221　3.金剛亥母處獻施食要門　(22-11)

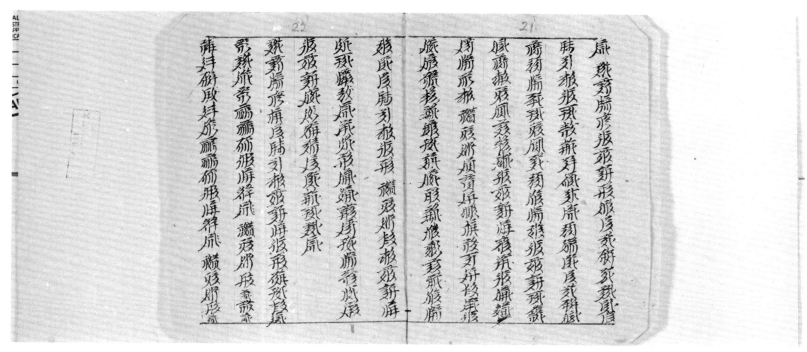

俄ИНВ.No.7221　　3.金剛亥母處獻施食要門　　(22-12)

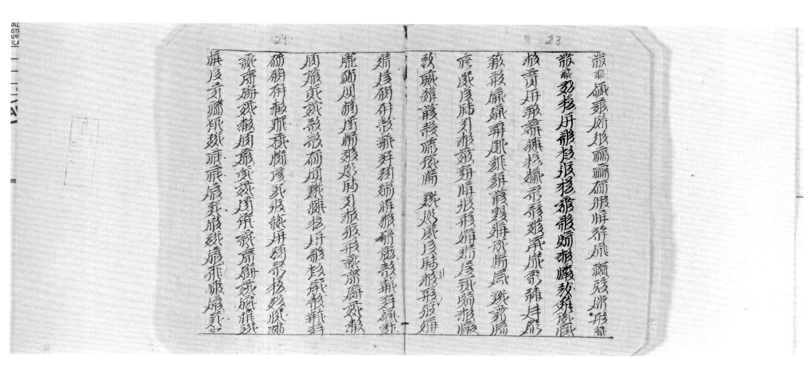

俄ИНВ.No.7221　　3.金剛亥母處獻施食要門　　(22-13)

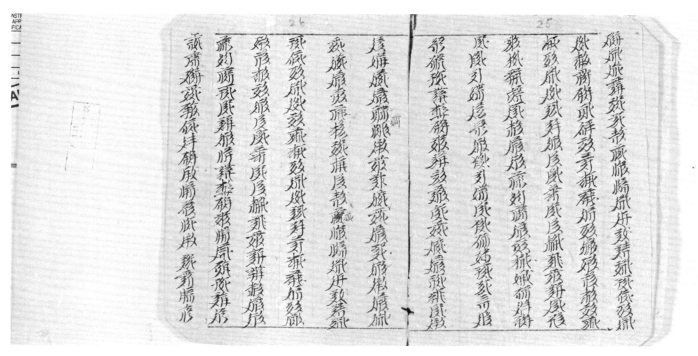

俄ИНВ.No.7221　　3.金剛亥母處獻施食要門　　(22-14)

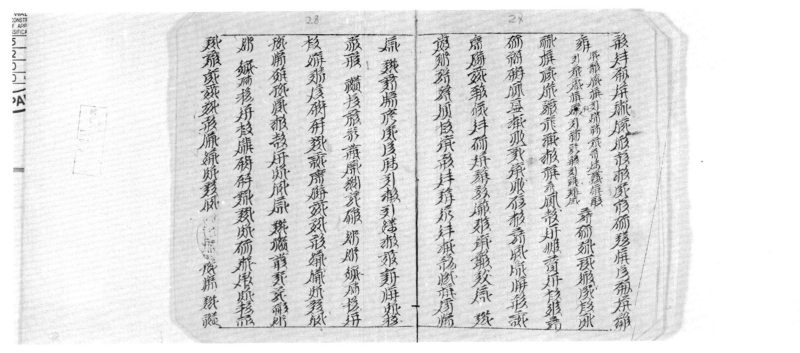

俄 **И**нв.No.7221　　3.金剛亥母處獻施食要門　　　(22-15)

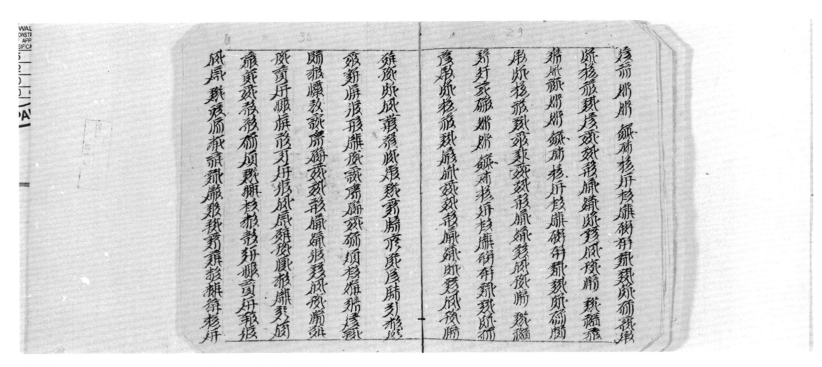

俄 **И**нв.No.7221　　3.金剛亥母處獻施食要門　　　(22-16)

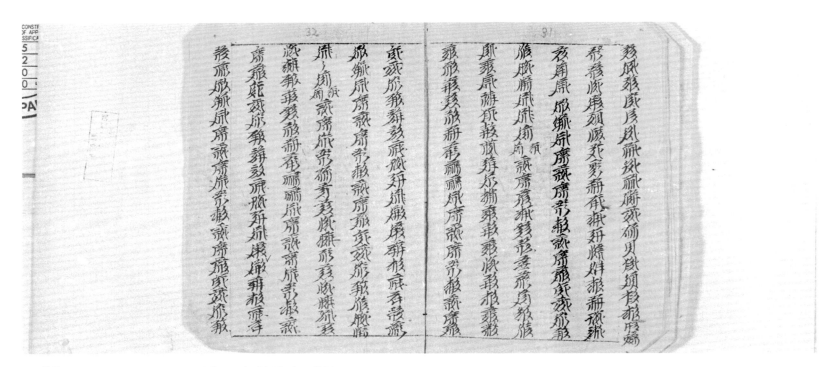

俄 **И**нв.No.7221　　3.金剛亥母處獻施食要門　　　(22-17)

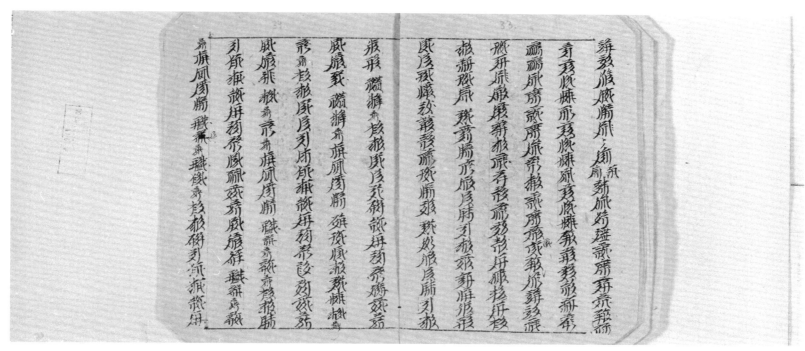

俄Инв.No.7221　3.金剛亥母處獻施食要門　　(22–18)

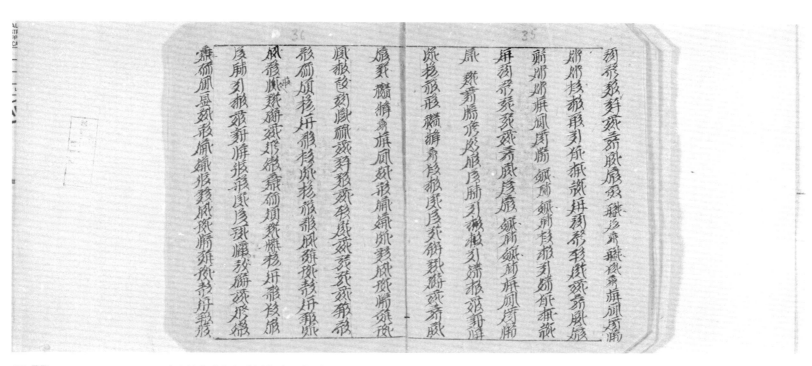

俄Инв.No.7221　3.金剛亥母處獻施食要門　　(22–19)

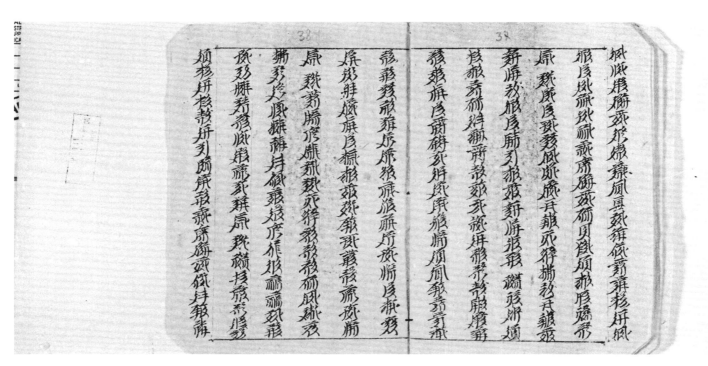

俄Инв.No.7221　3.金剛亥母處獻施食要門　　(22–20)

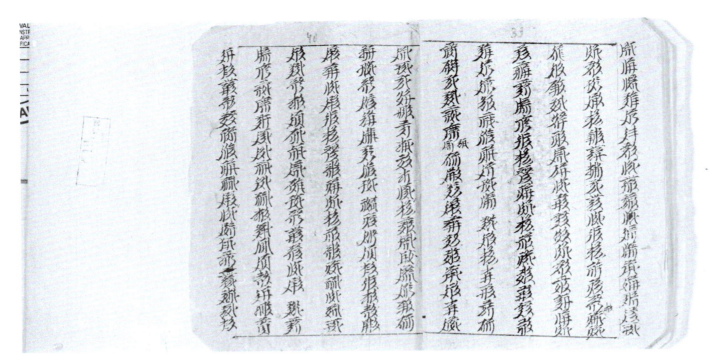

俄 **И**нв.No.7221　　3.金剛亥母處獻施食要門　　　（22-21）

俄 **И**нв.No.7221　　4.現在賢劫千佛名經　　　（22-22）

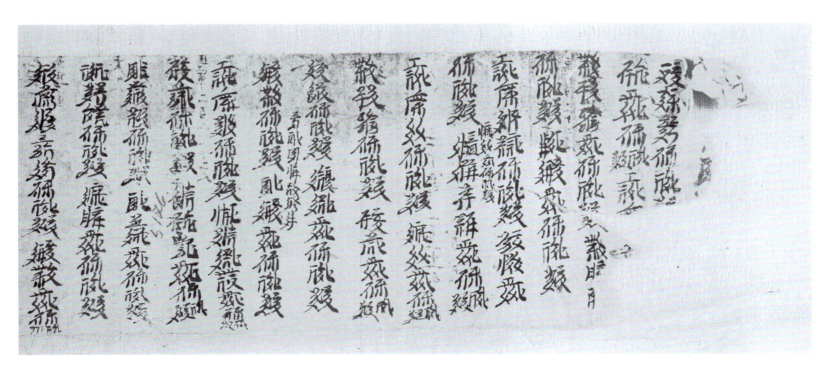

俄 **И**нв.No.5176　　密教修持儀軌　　　（5-1）

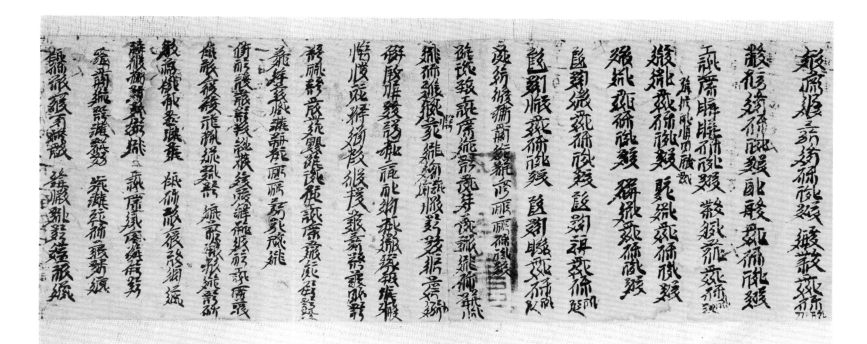

俄 Инв.No.5176　密教修持儀軌　　(5-2)

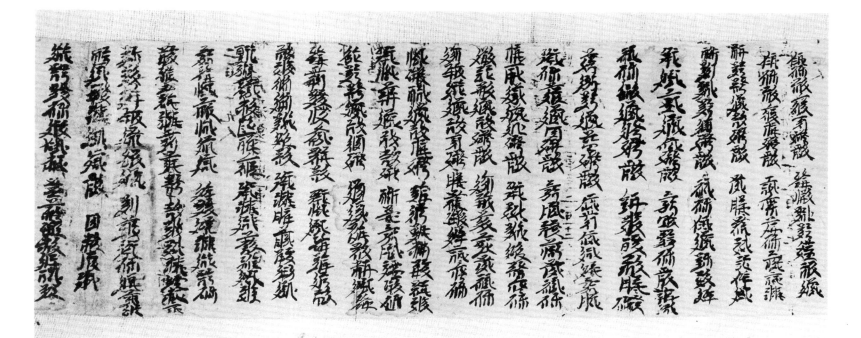

俄 Инв.No.5176　密教修持儀軌　　(5-3)

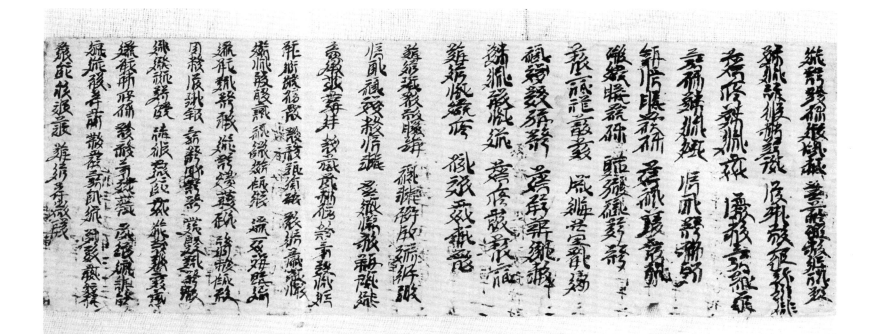

俄 Инв.No.5176　密教修持儀軌　　(5-4)

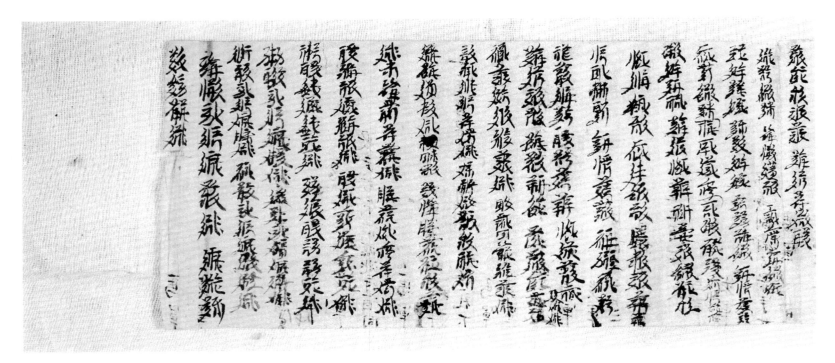

俄 Инв.No.5176　密教修持儀軌　　　(5-5)

俄 Инв.No.728　聖妙吉祥真實名經　　(40-1)

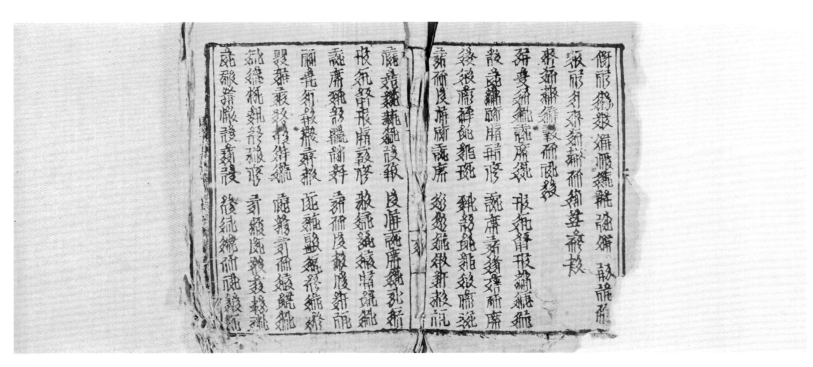

俄 Инв.No.728　聖妙吉祥真實名經　　(40-2)

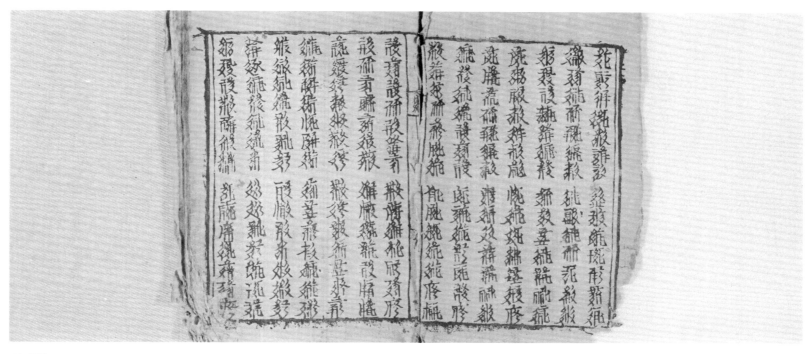

俄 **И**нв.No.728　聖妙吉祥真實名經　　　(40-3)

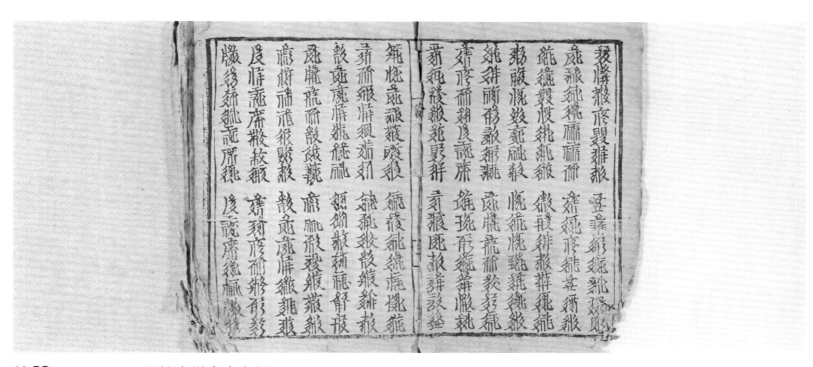

俄 **И**нв.No.728　聖妙吉祥真實名經　　　(40-4)

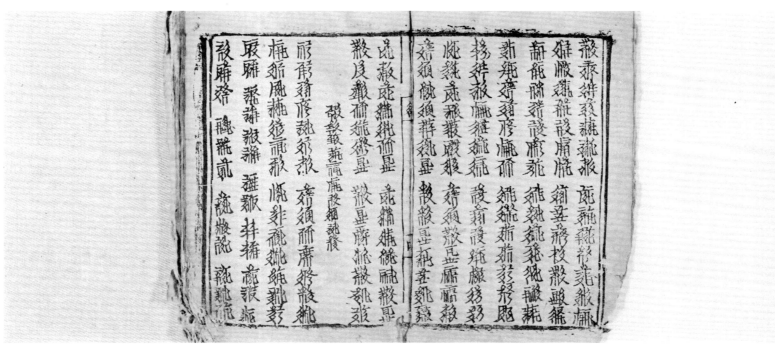

俄 **И**нв.No.728　聖妙吉祥真實名經　　　(40-5)

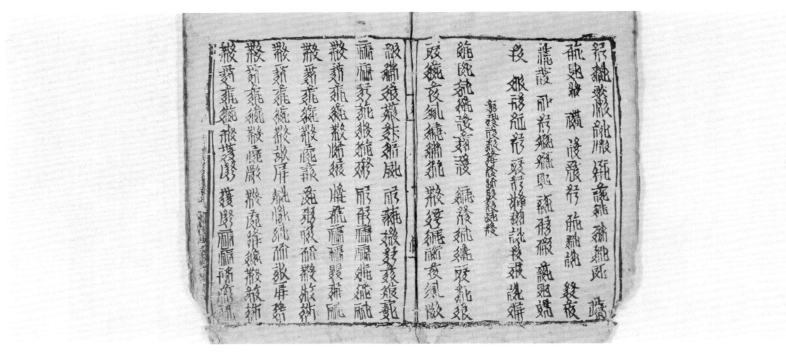

俄 Инв.No.728　聖妙吉祥真實名經　　　(40-6)

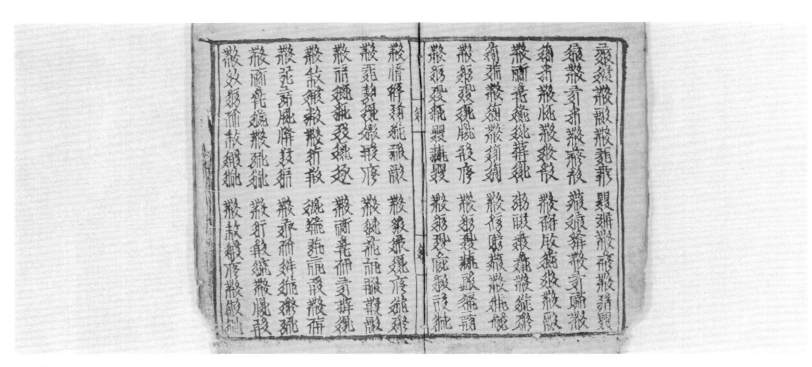

俄 Инв.No.728　聖妙吉祥真實名經　　　(40-7)

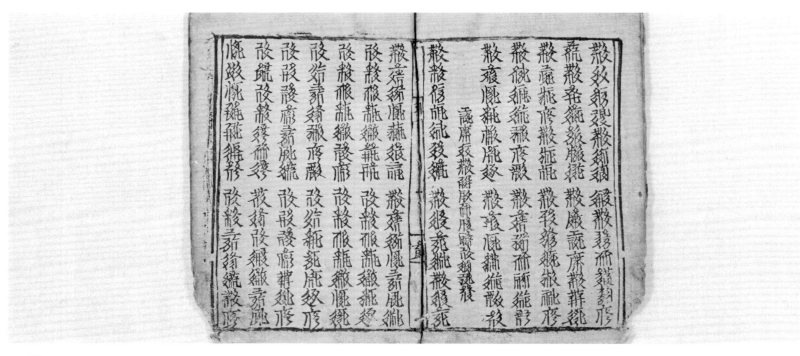

俄 Инв.No.728　聖妙吉祥真實名經　　　(40-8)

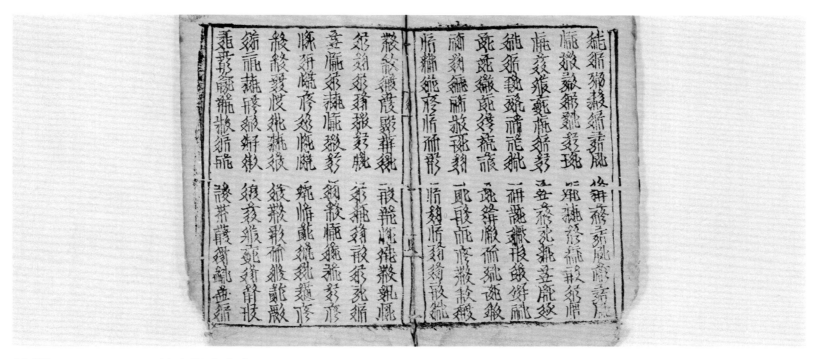

俄 **И**нв.No.728　聖妙吉祥真實名經　　　(40-9)

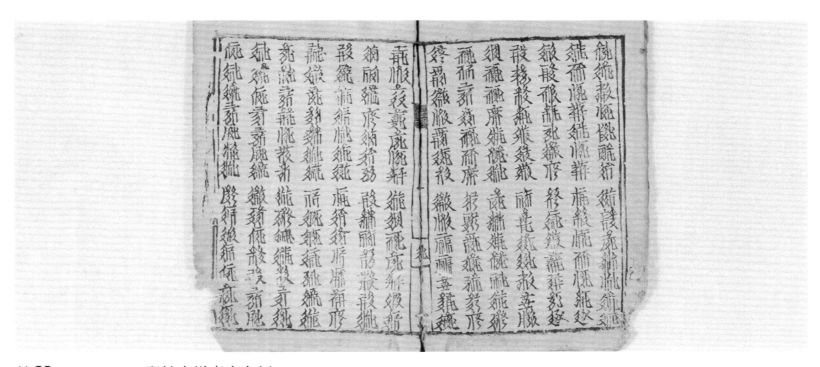

俄 **И**нв.No.728　聖妙吉祥真實名經　　　(40-10)

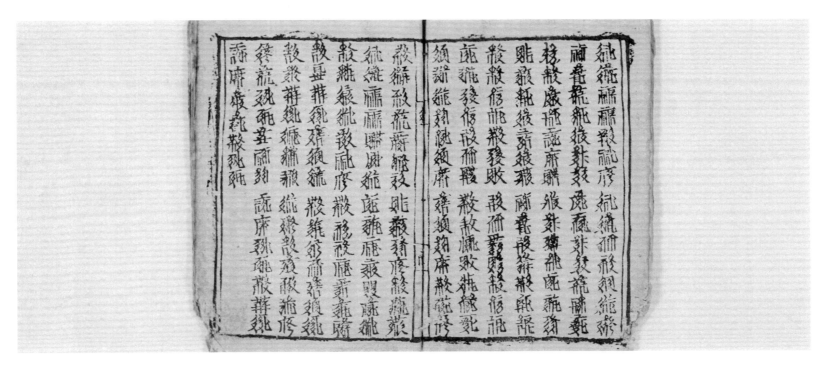

俄 **И**нв.No.728　聖妙吉祥真實名經　　　(40-11)

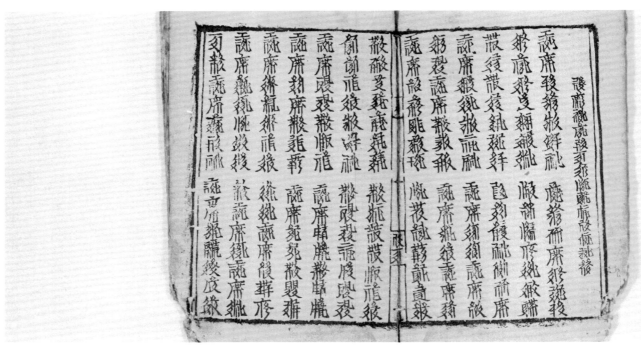

俄 *И*нв.No.728　聖妙吉祥真實名經　　　(40-12)

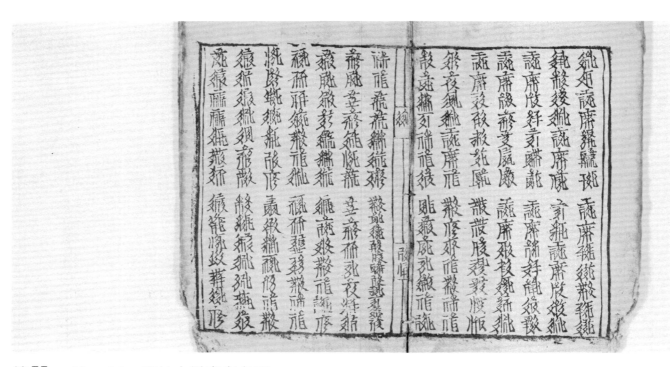

俄 *И*нв.No.728　聖妙吉祥真實名經　　　(40-13)

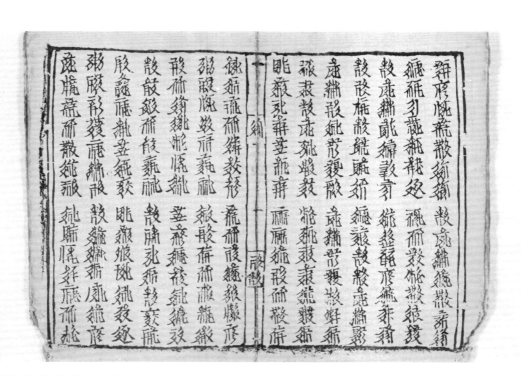

俄 *И*нв.No.728　聖妙吉祥真實名經　　　(40-14)

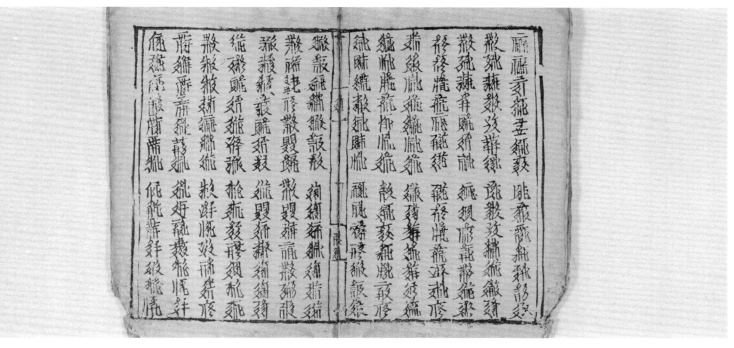

俄 **И**нв.No.728　聖妙吉祥真實名經　　(40-15)

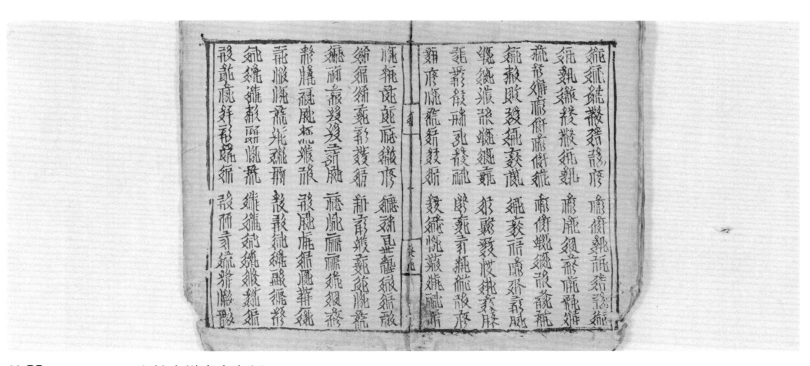

俄 **И**нв.No.728　聖妙吉祥真實名經　　(40-16)

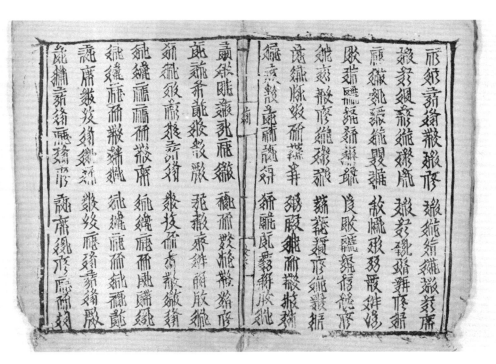

俄 **И**нв.No.728　聖妙吉祥真實名經　　(40-17)

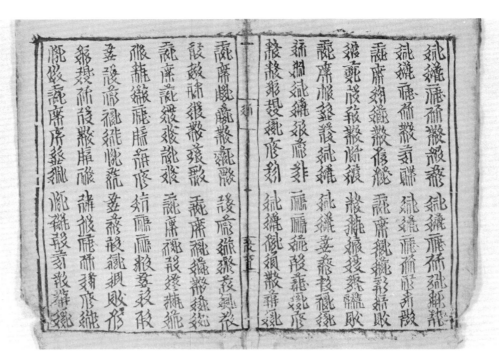

俄ИнВ.No.728　聖妙吉祥真實名經　　　(40-18)

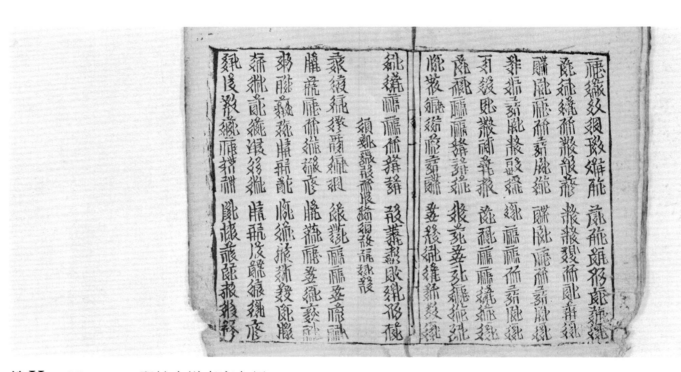

俄ИнВ.No.728　聖妙吉祥真實名經　　　(40-19)

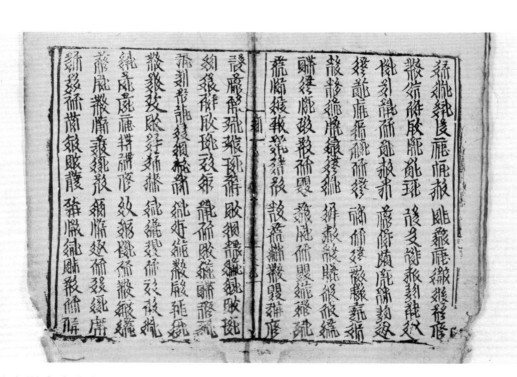

俄ИнВ.No.728　聖妙吉祥真實名經　　　(40-20)

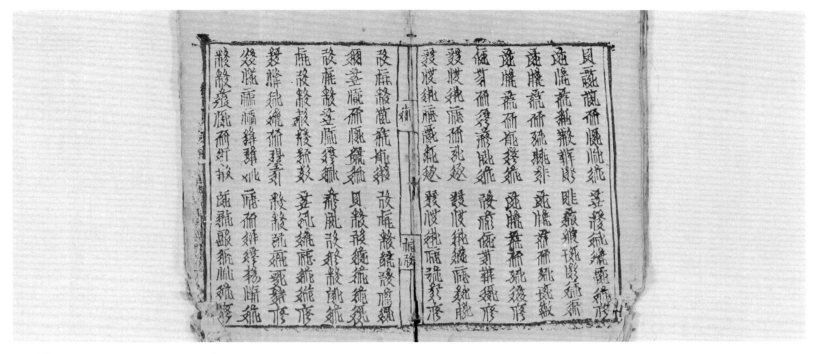

俄 **И**нв.No.728　聖妙吉祥真實名經　　(40–21)

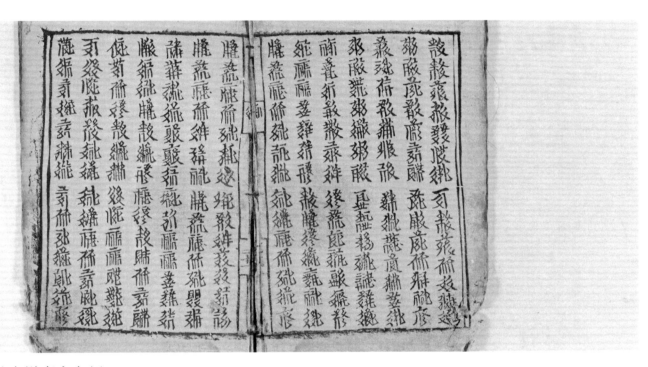

俄 **И**нв.No.728　聖妙吉祥真實名經　　(40–22)

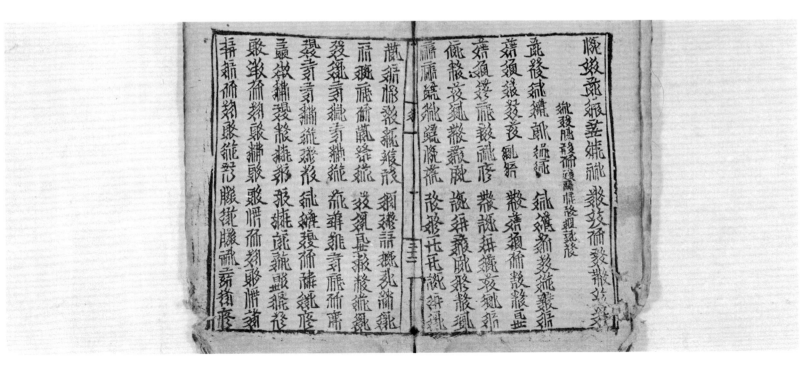

俄 **И**нв.No.728　聖妙吉祥真實名經　　(40–23)

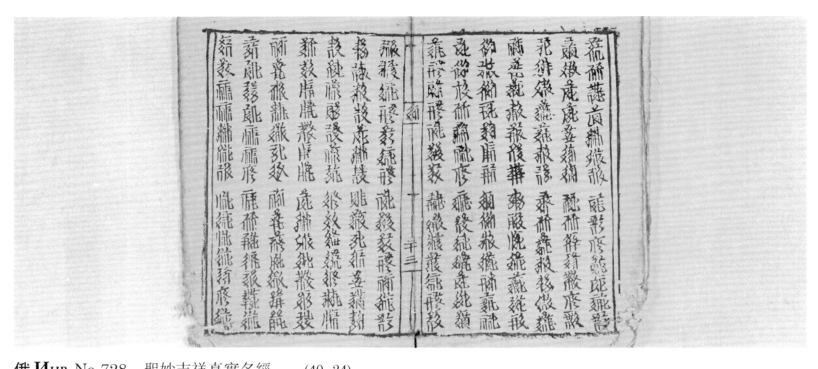

俄 **И**нв.No.728　聖妙吉祥真實名經　　(40-24)

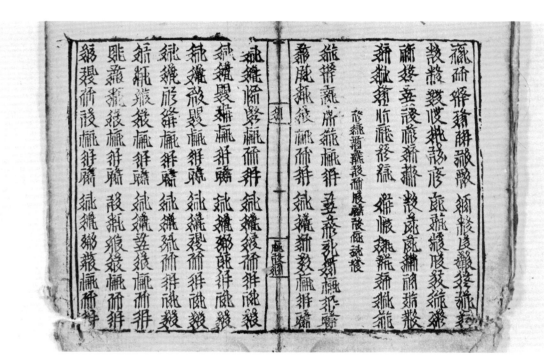

俄 **И**нв.No.728　聖妙吉祥真實名經　　(40-25)

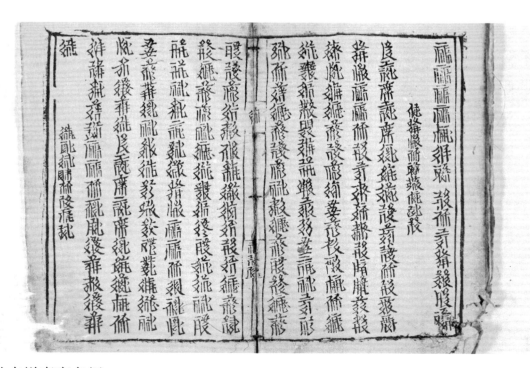

俄 **И**нв.No.728　聖妙吉祥真實名經　　(40-26)

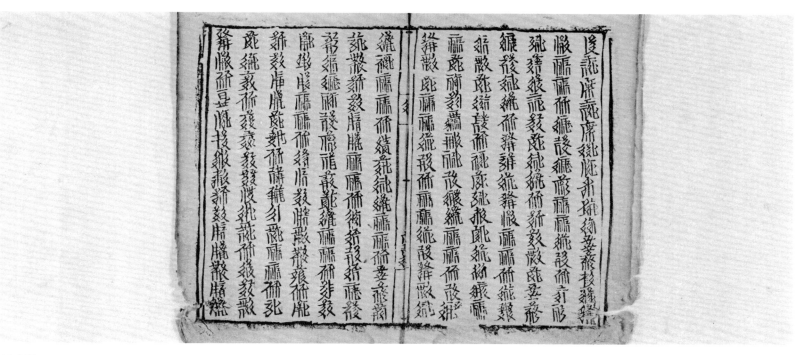

俄 **И**нв.No.728　聖妙吉祥真實名經　　　(40-27)

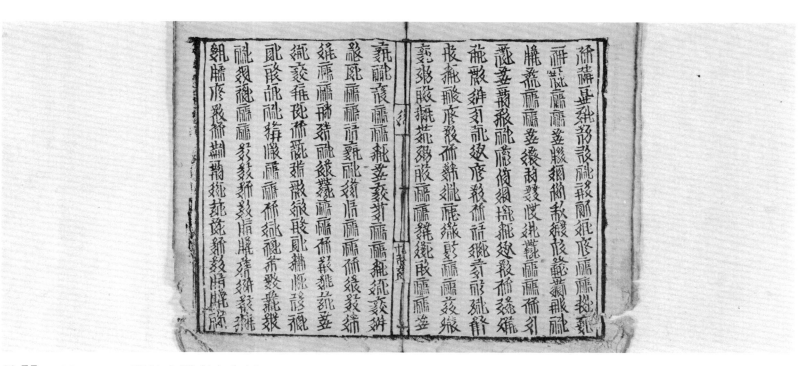

俄 **И**нв.No.728　聖妙吉祥真實名經　　　(40-28)

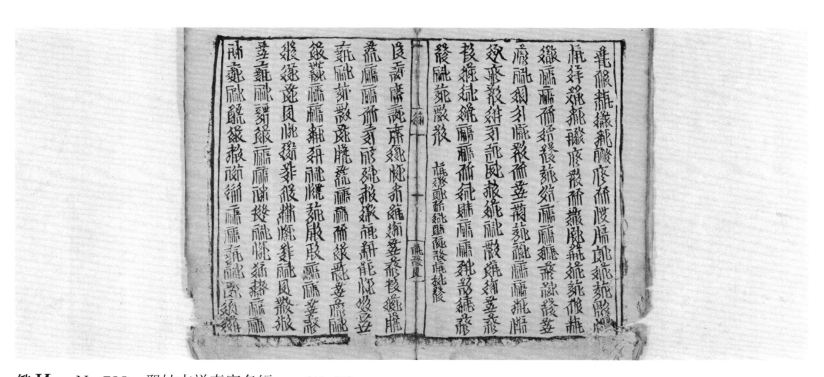

俄 **И**нв.No.728　聖妙吉祥真實名經　　　(40-29)

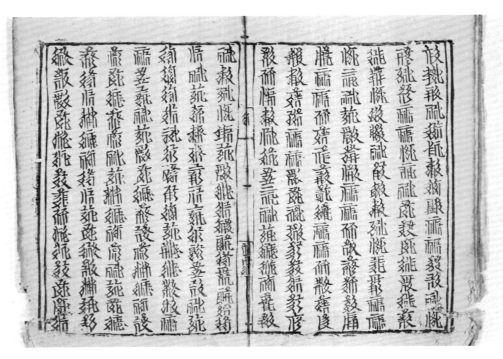

俄 **И**нв.No.728　聖妙吉祥真實名經　　(40-30)

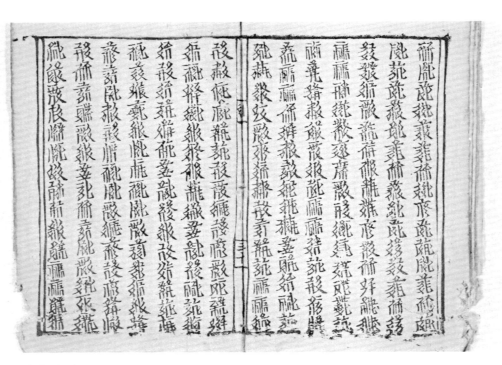

俄 **И**нв.No.728　聖妙吉祥真實名經　　(40-31)

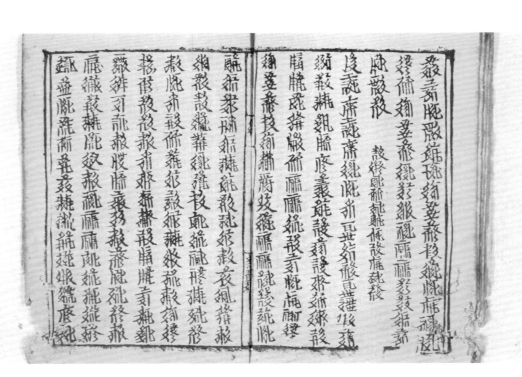

俄 **И**нв.No.728　聖妙吉祥真實名經　　(40-32)

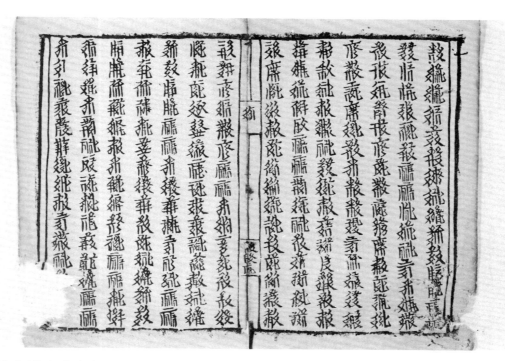

俄 Инв.No.728　聖妙吉祥真實名經　　(40-33)

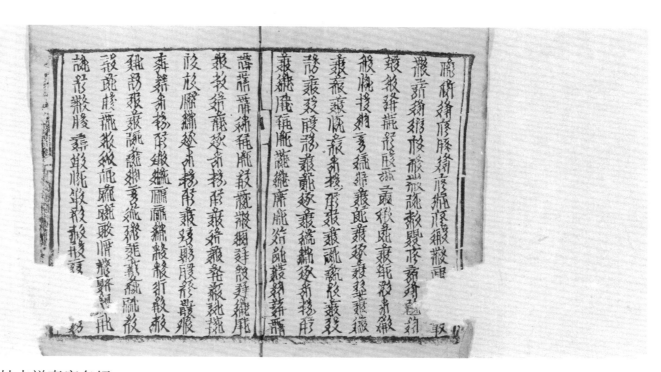

俄 Инв.No.728　聖妙吉祥真實名經　　(40-34)

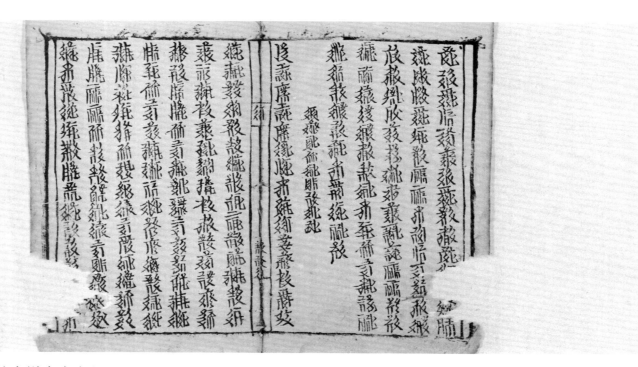

俄 Инв.No.728　聖妙吉祥真實名經　　(40-35)

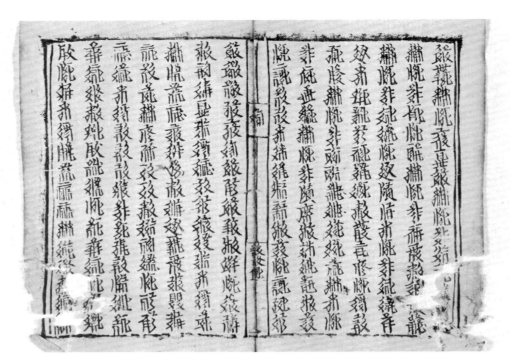

俄 Инв.No.728　聖妙吉祥真實名經　　　(40-36)

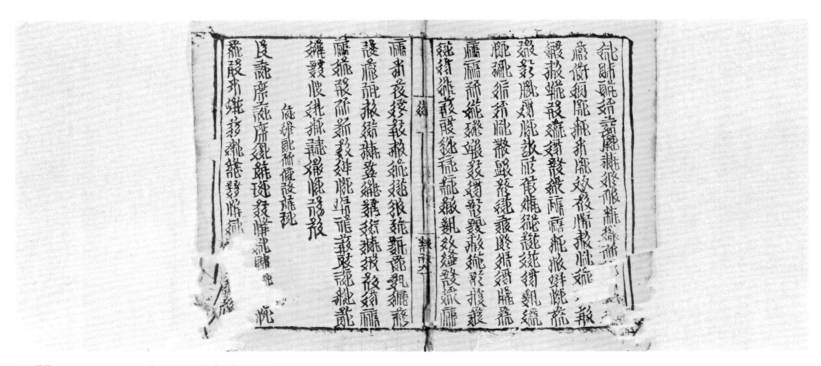

俄 Инв.No.728　聖妙吉祥真實名經　　　(40-37)

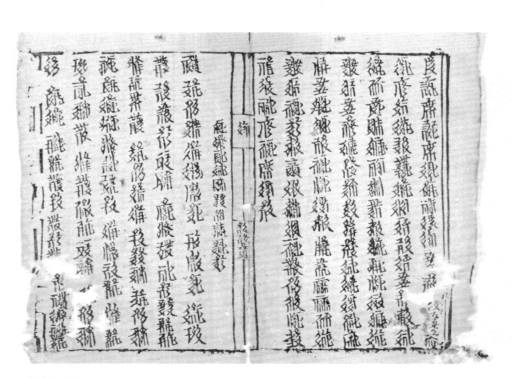

俄 Инв.No.728　聖妙吉祥真實名經　　　(40-38)

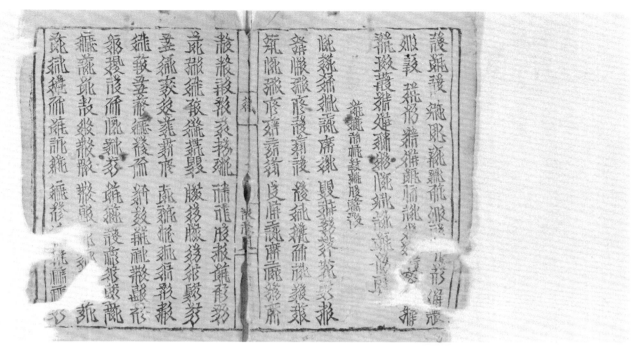

俄Инв.No.728　聖妙吉祥真實名經　　　(40-39)

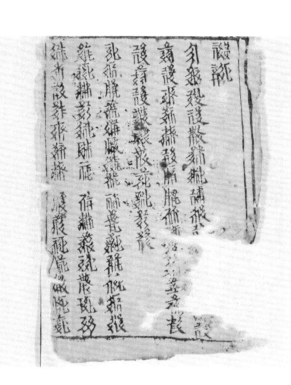

俄Инв.No.728　聖妙吉祥真實名經　　　(40-40)

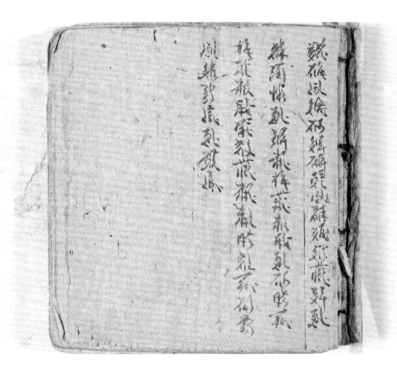

俄Инв.No.7578　1.聖妙吉祥真實名經　　　(78-1)

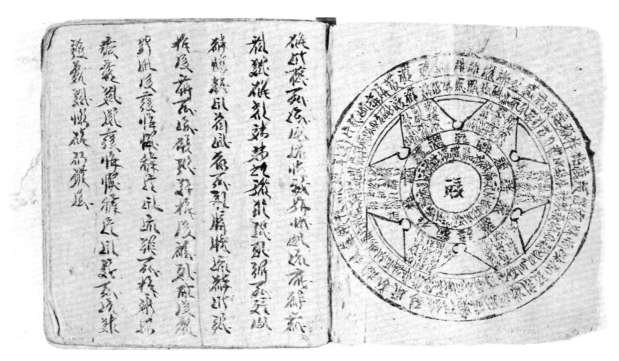

俄 **И**нв.No.7578　　1.聖妙吉祥真實名經　　　(78-2)

俄 **И**нв.No.7578　　1.聖妙吉祥真實名經　　　(78-3)

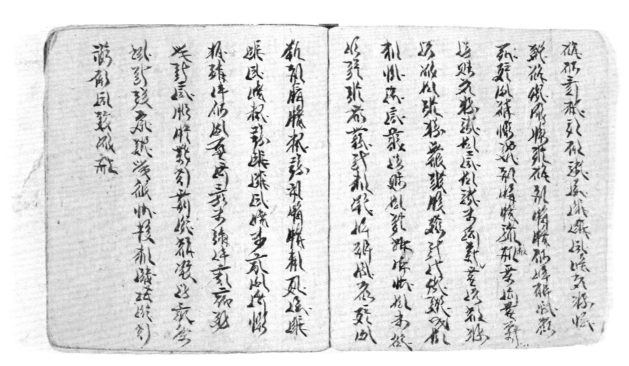

俄 **И**нв.No.7578　　1.聖妙吉祥真實名經　　　(78-4)

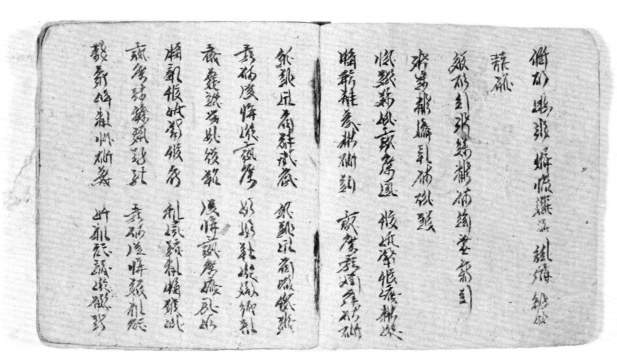

俄 **И**нв.No.7578　　1.聖妙吉祥真實名經　　　　　(78-5)

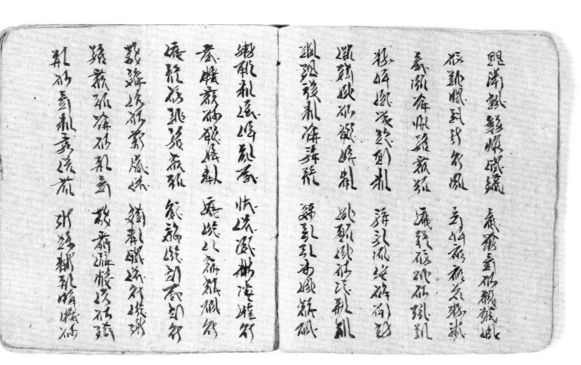

俄 **И**нв.No.7578　　1.聖妙吉祥真實名經　　　　　(78-6)

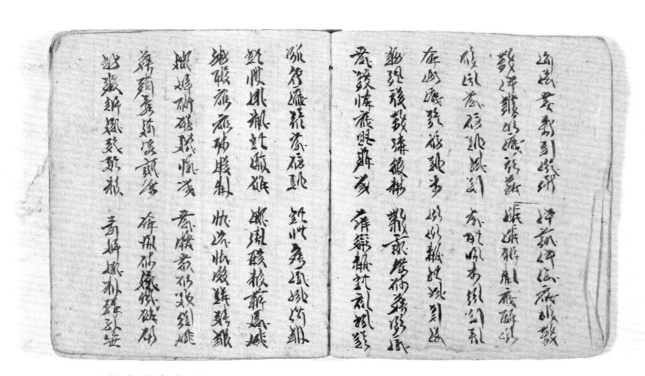

俄 **И**нв.No.7578　　1.聖妙吉祥真實名經　　　　　(78-7)

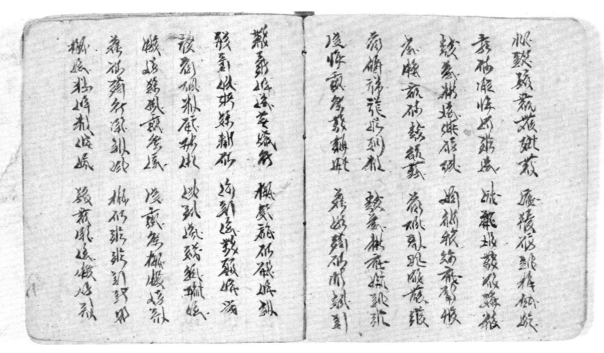

俄 **И**нв.No.7578　　1.聖妙吉祥真實名經　　　（78-8）

俄 **И**нв.No.7578　　1.聖妙吉祥真實名經　　　（78-9）

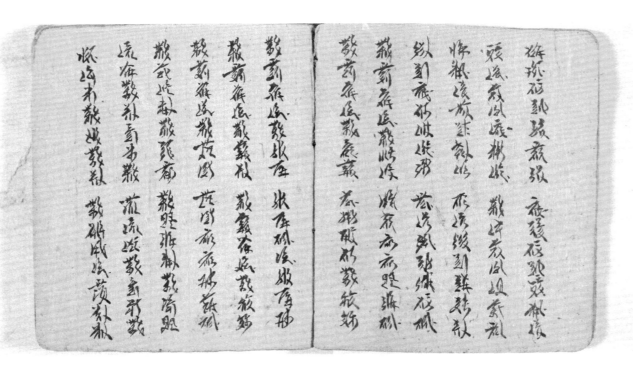

俄 **И**нв.No.7578　　1.聖妙吉祥真實名經　　　（78-10）

俄 **И**нв.No.7578　　1.聖妙吉祥真實名經　　　　(78-11)

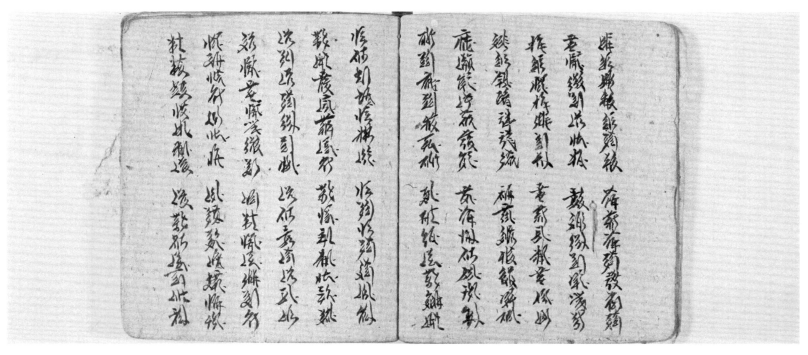

俄 **И**нв.No.7578　　1.聖妙吉祥真實名經　　　　(78-12)

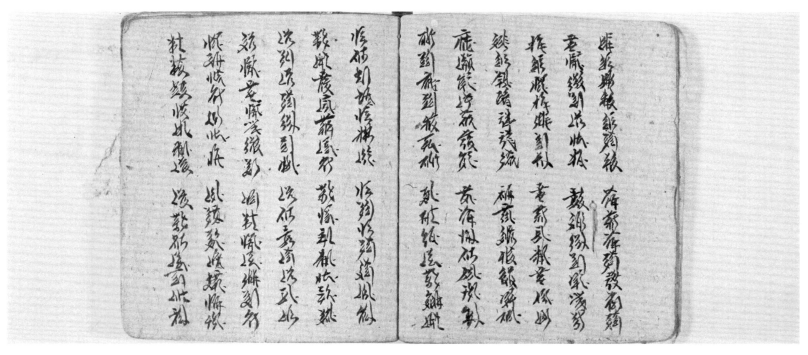

俄 **И**нв.No.7578　　1.聖妙吉祥真實名經　　　　(78-13)

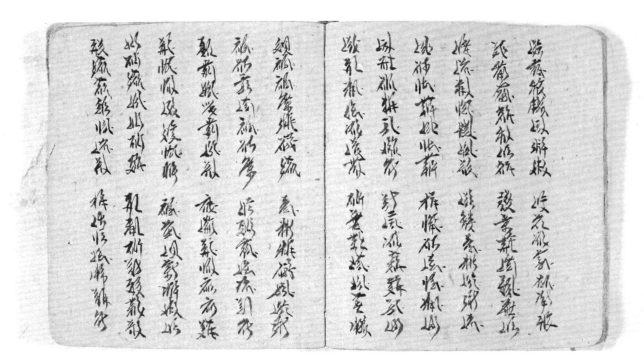

俄 **И**нв.No.7578　　1.聖妙吉祥真實名經　　　　(78-14)

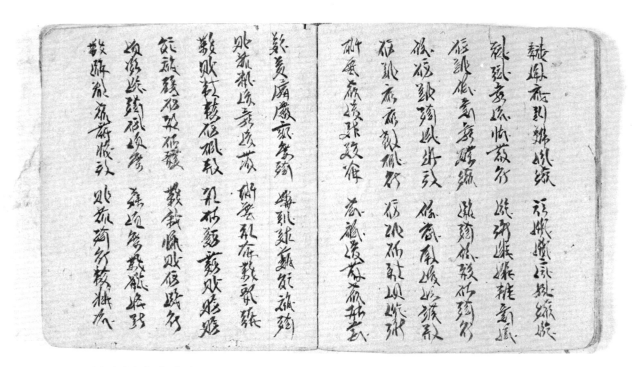

俄 **И**нв.No.7578　　1.聖妙吉祥真實名經　　　　(78-15)

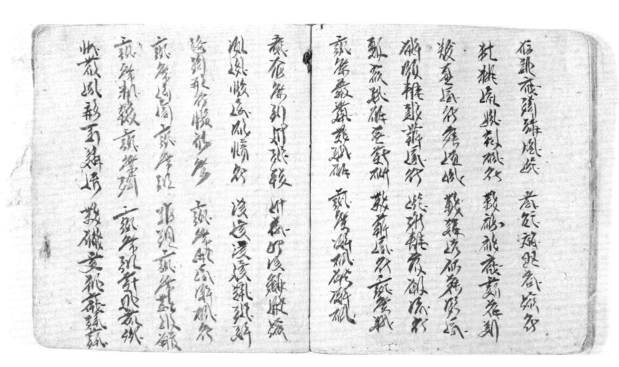

俄 **И**нв.No.7578　　1.聖妙吉祥真實名經　　　　(78-16)

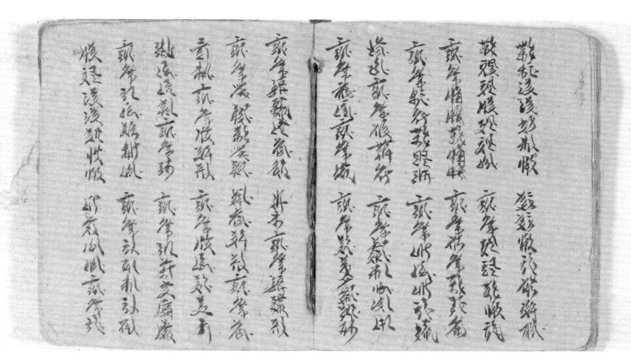

俄ИHB.No.7578　1.聖妙吉祥真實名經　　　(78-17)

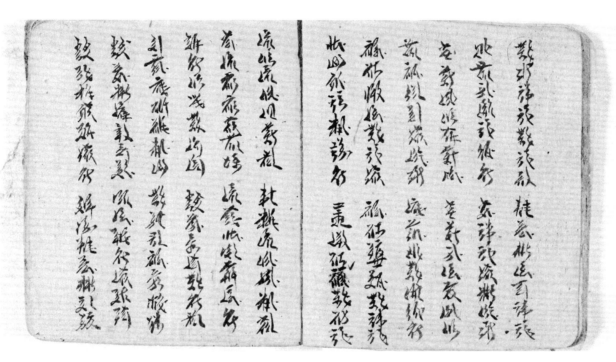

俄ИHB.No.7578　1.聖妙吉祥真實名經　　　(78-18)

俄ИHB.No.7578　1.聖妙吉祥真實名經　　　(78-19)

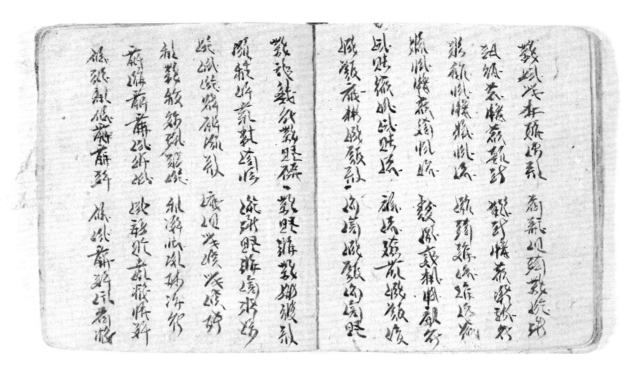

俄 Инв.No.7578　　1.聖妙吉祥真實名經　　　　(78-20)

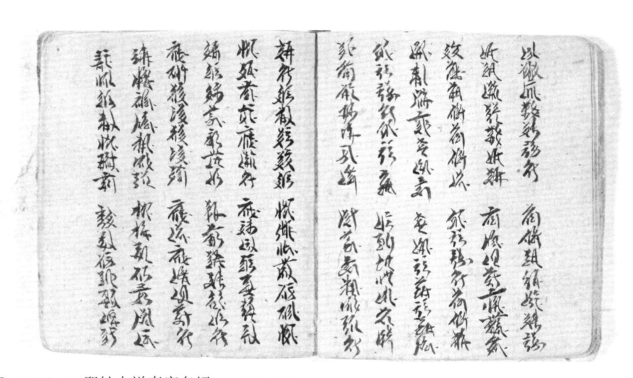

俄 Инв.No.7578　　1.聖妙吉祥真實名經　　　　(78-21)

俄 Инв.No.7578　　1.聖妙吉祥真實名經　　　　(78-22)

俄 **И**нв.No.7578　1.聖妙吉祥真實名經　　　　(78-23)

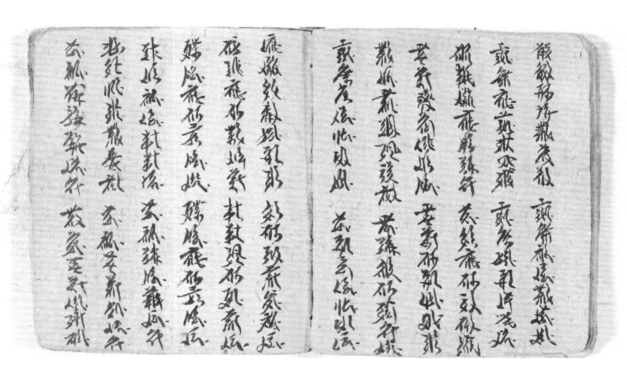

俄 **И**нв.No.7578　1.聖妙吉祥真實名經　　　　(78-24)

俄 **И**нв.No.7578　1.聖妙吉祥真實名經　　　　(78-25)

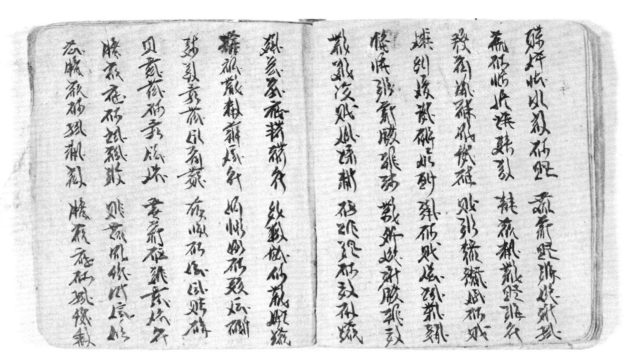

俄ИнB.No.7578　　1.聖妙吉祥真實名經　　　　(78-26)

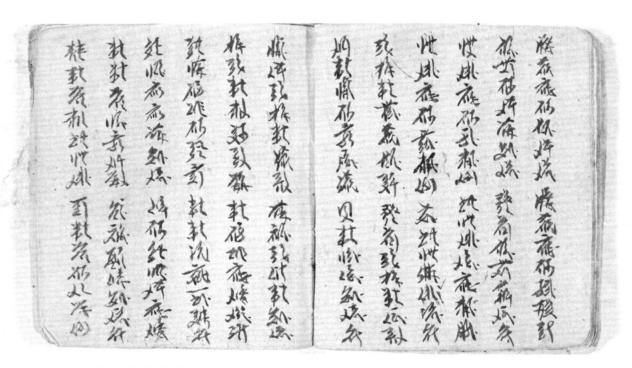

俄ИнB.No.7578　　1.聖妙吉祥真實名經　　　　(78-27)

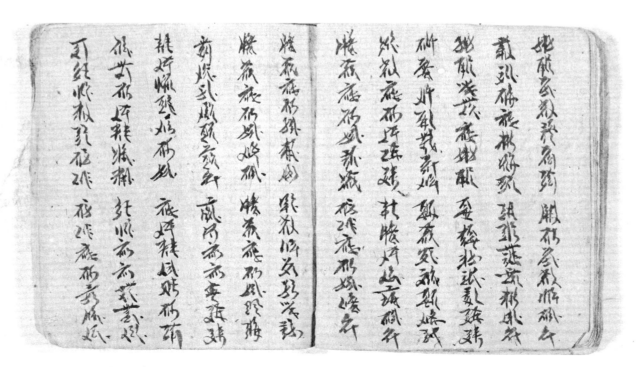

俄ИнB.No.7578　　1.聖妙吉祥真實名經　　　　(78-28)

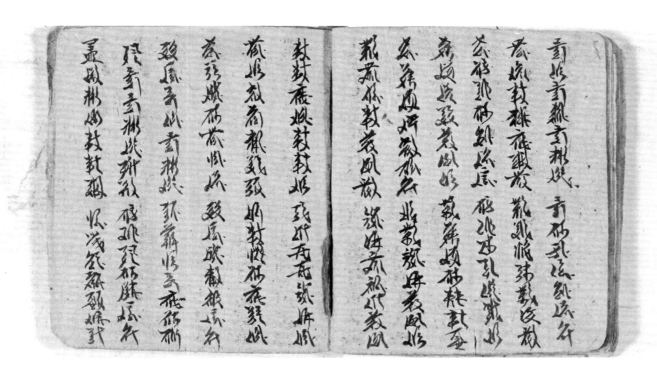

俄 **Инв**.No.7578　1.聖妙吉祥真實名經　　　(78-29)

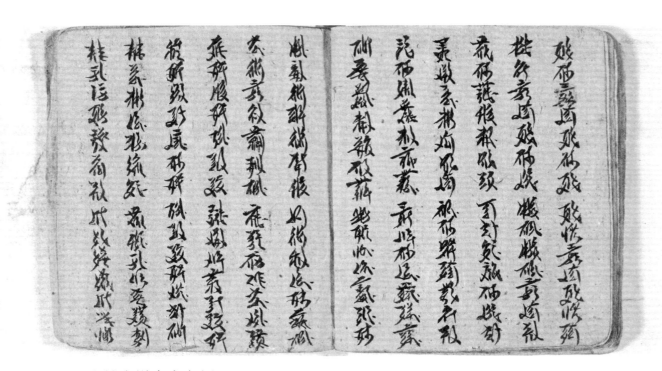

俄 **Инв**.No.7578　1.聖妙吉祥真實名經　　　(78-30)

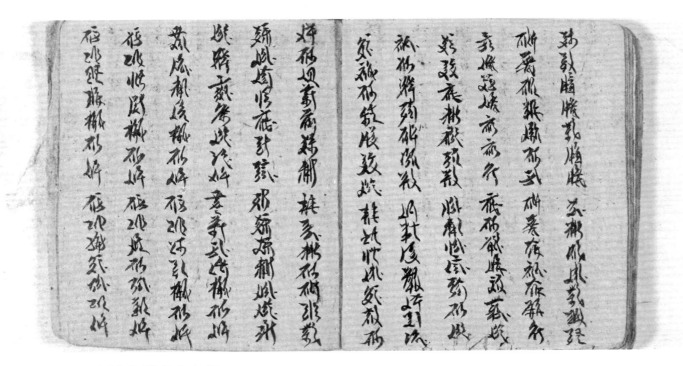

俄 **Инв**.No.7578　1.聖妙吉祥真實名經　　　(78-31)

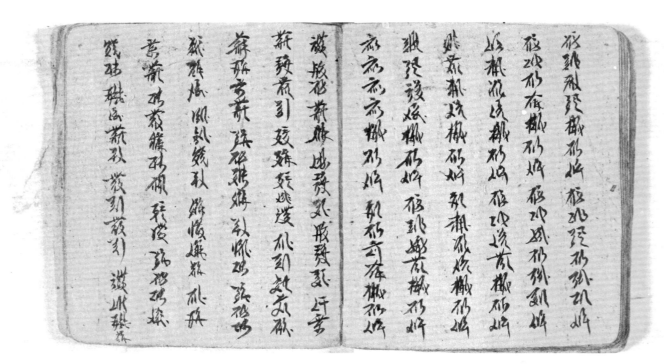

俄ИНВ.No.7578　1.聖妙吉祥真實名經　　　(78-32)

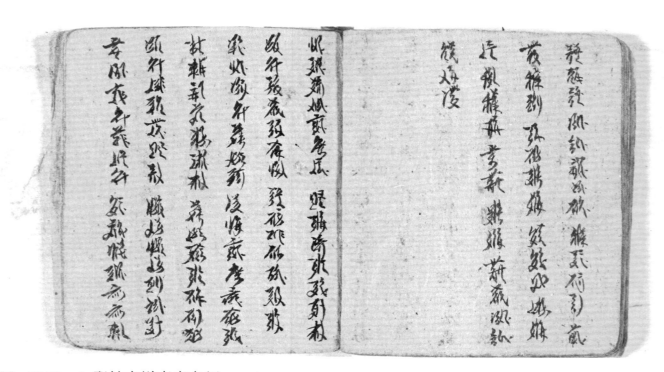

俄ИНВ.No.7578　1.聖妙吉祥真實名經　　　(78-33)

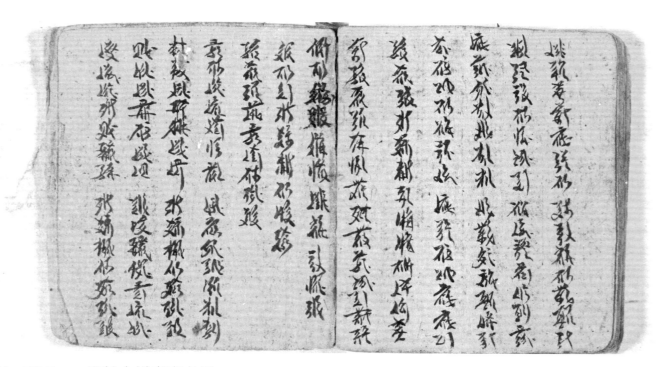

俄ИНВ.No.7578　1.聖妙吉祥真實名經　　　(78-34)

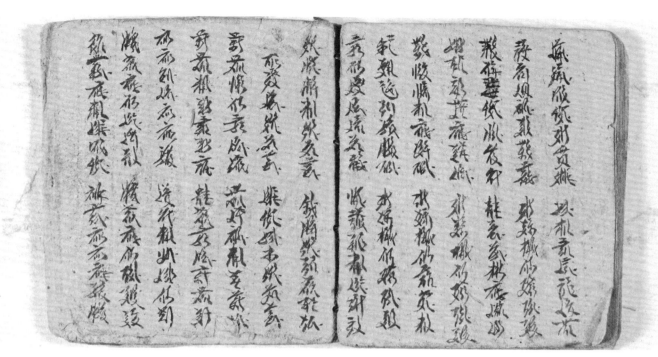

俄ИнB.No.7578　1.聖妙吉祥真實名經　　(78-35)

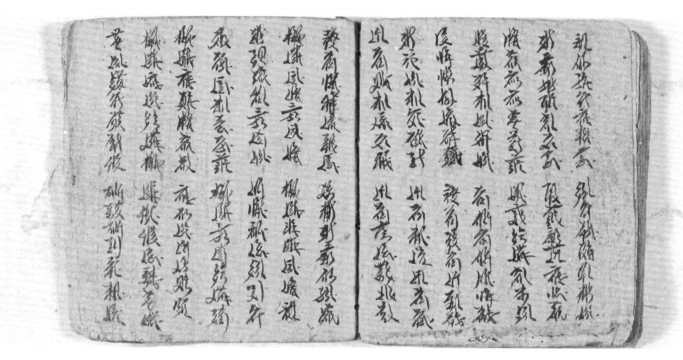

俄ИнB.No.7578　1.聖妙吉祥真實名經　　(78-36)

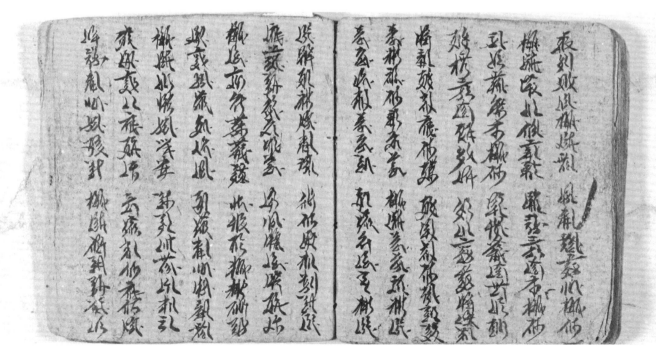

俄ИнB.No.7578　1.聖妙吉祥真實名經　　(78-37)

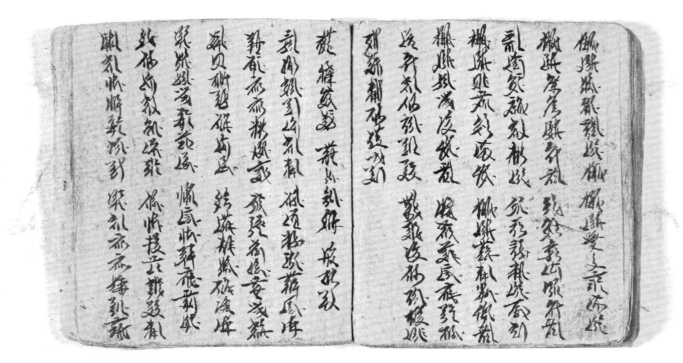

俄ИНВ.No.7578　1.聖妙吉祥真實名經　　　　(78-38)

俄ИНВ.No.7578　2.出有壞聖妙吉祥攝受讚嘆　　　(78-39)

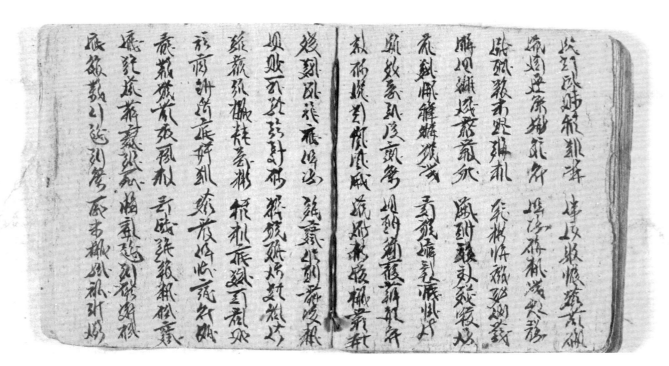

俄ИНВ.No.7578　2.出有壞聖妙吉祥攝受讚嘆　　　(78-40)

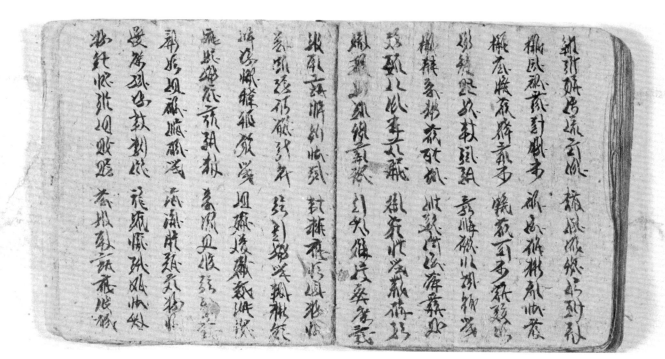

俄 **И**нв.No.7578　　2.出有壞聖妙吉祥攝受讚嘆　　　(78-41)

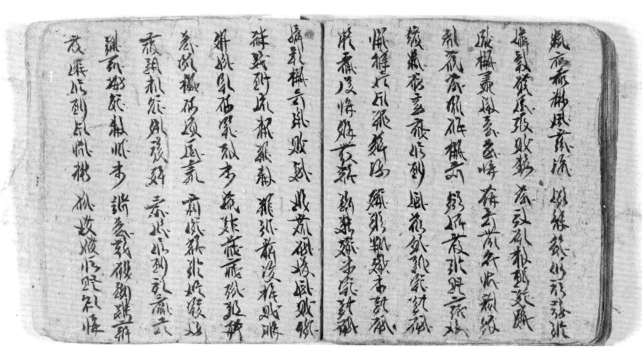

俄 **И**нв.No.7578　　2.出有壞聖妙吉祥攝受讚嘆　　　(78-42)

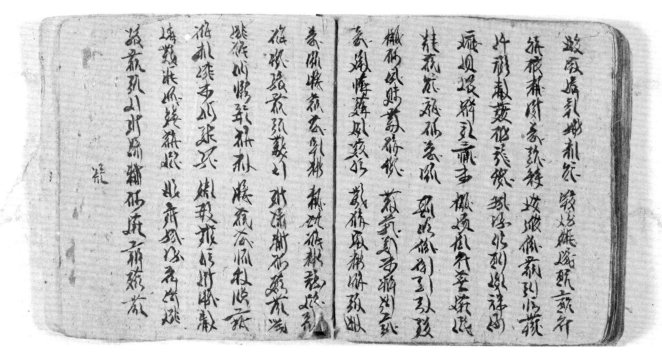

俄 **И**нв.No.7578　　2.出有壞聖妙吉祥攝受讚嘆　　　(78-43)

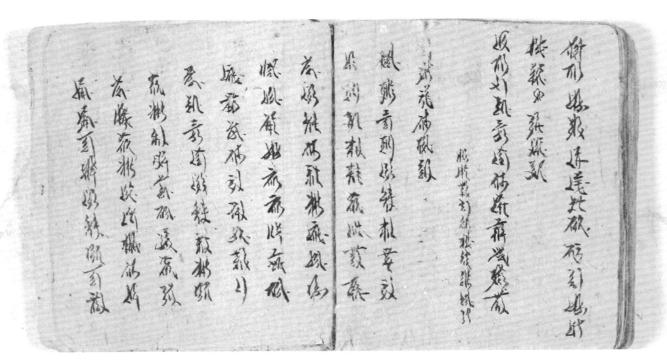

俄 Инв.No.7578　3.聖觀自在攝受讚嘆　　　(78-44)

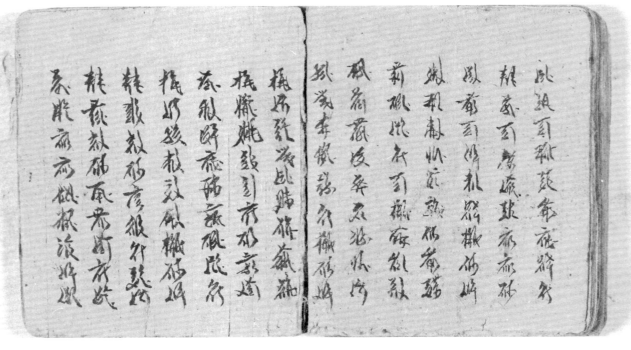

俄 Инв.No.7578　3.聖觀自在攝受讚嘆　　　(78-45)

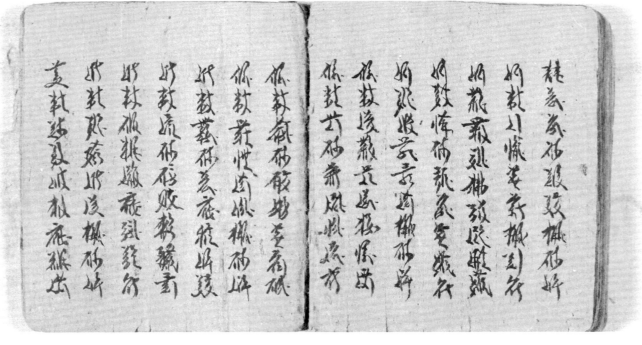

俄 Инв.No.7578　3.聖觀自在攝受讚嘆　　　(78-46)

俄Инв.No.7578　3.聖觀自在攝受讚嘆　　(78-47)

俄Инв.No.7578　3.聖觀自在攝受讚嘆　　(78-48)

俄Инв.No.7578　3.聖觀自在攝受讚嘆　　(78-49)

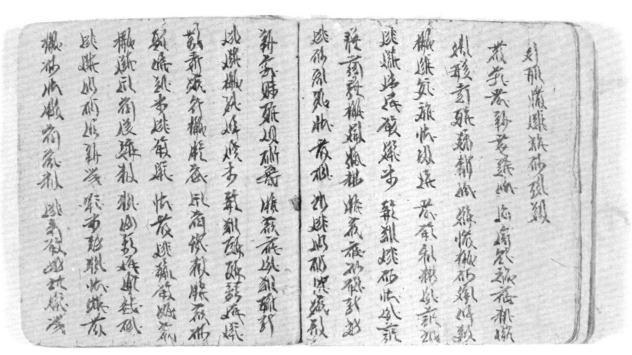

俄 **И**нв.No.7578　　4.德王聖賢曼珠室利悲心讚嘆　　　(78-50)

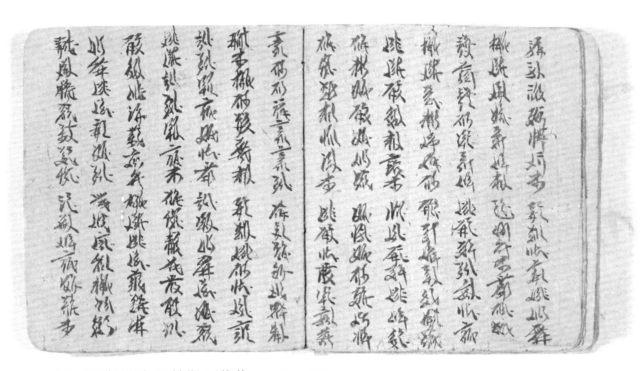

俄 **И**нв.No.7578　　4.德王聖賢曼珠室利悲心讚嘆　　　(78-51)

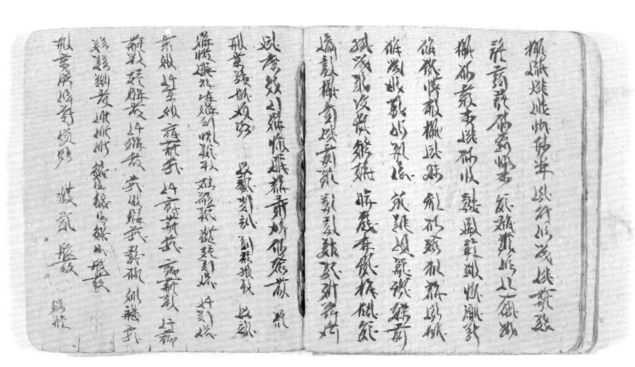

俄 **И**нв.No.7578　　4.德王聖賢曼珠室利悲心讚嘆　　　(78-52)

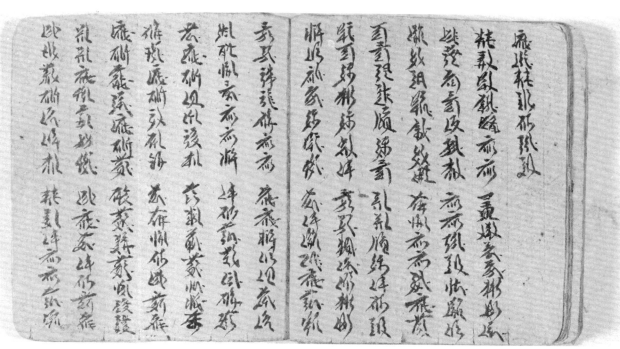

俄 Инв.No.7578　4.德王聖賢曼珠室利悲心讚嘆　　(78-53)

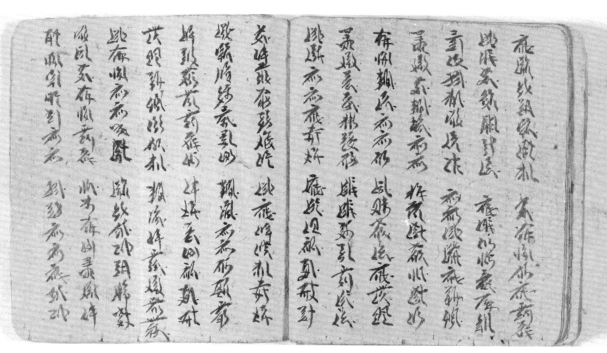

俄 Инв.No.7578　4.德王聖賢曼珠室利悲心讚嘆　　(78-54)

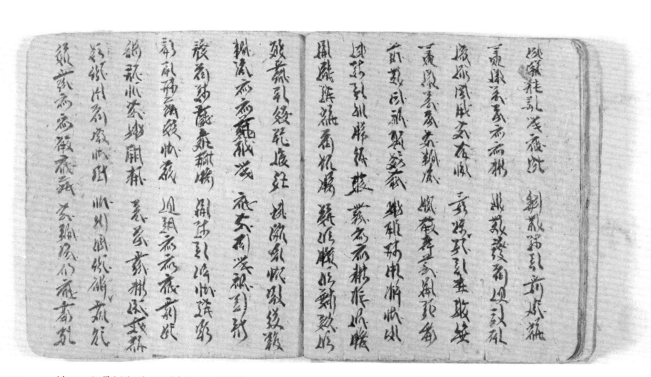

俄 Инв.No.7578　4.德王聖賢曼珠室利悲心讚嘆　　(78-55)

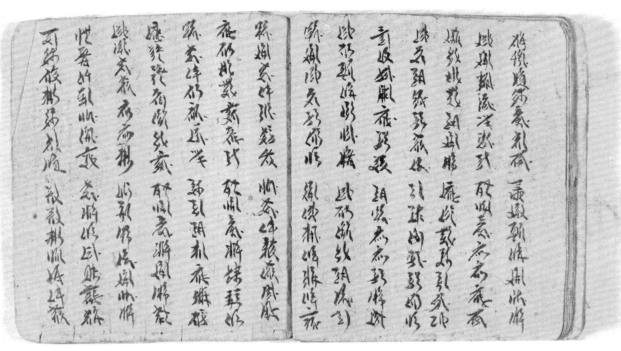

俄 **И**нв.No.7578　4.德王聖賢曼珠室利悲心讚嘆　　　(78-56)

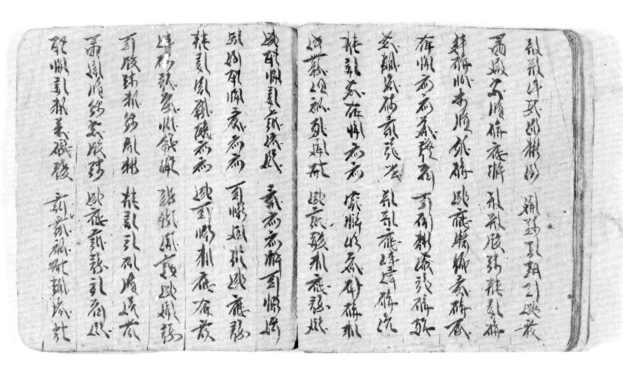

俄 **И**нв.No.7578　4.德王聖賢曼珠室利悲心讚嘆　　　(78-57)

俄 **И**нв.No.7578　4.德王聖賢曼珠室利悲心讚嘆　　　(78-58)

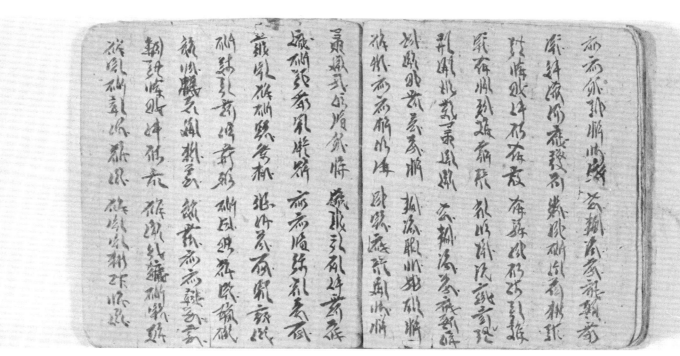

俄 **И**нв.No.7578　　4.德王聖賢曼珠室利悲心讚嘆　　　　(78–59)

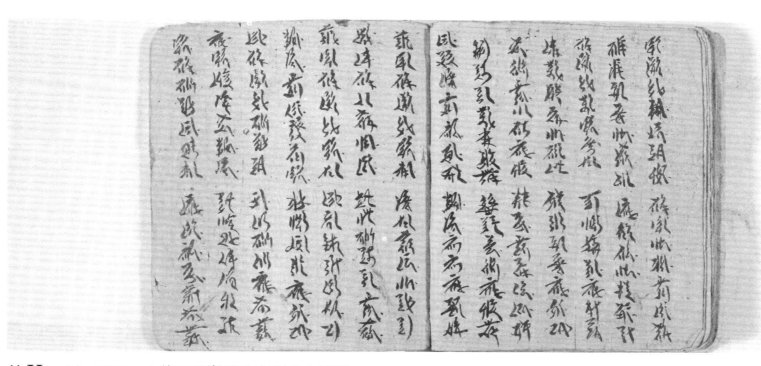

俄 **И**нв.No.7578　　4.德王聖賢曼珠室利悲心讚嘆　　　　(78–60)

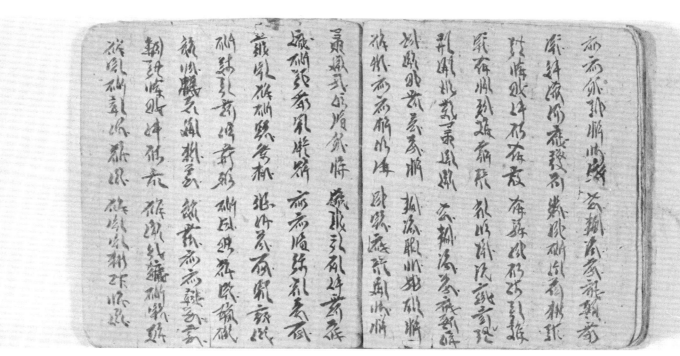

俄 **И**нв.No.7578　　4.德王聖賢曼珠室利悲心讚嘆　　　　(78–61)

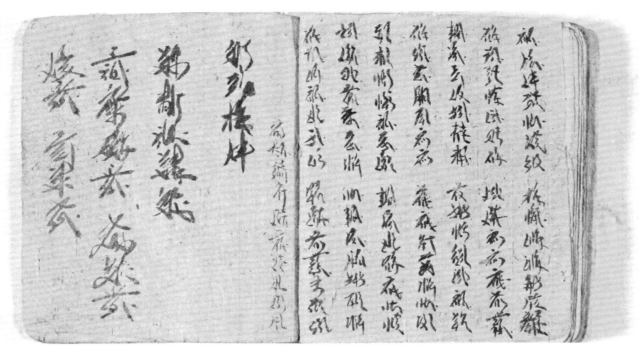

俄 **И**нв.No.7578　　5.六十二佛讚等　　　(78-62)

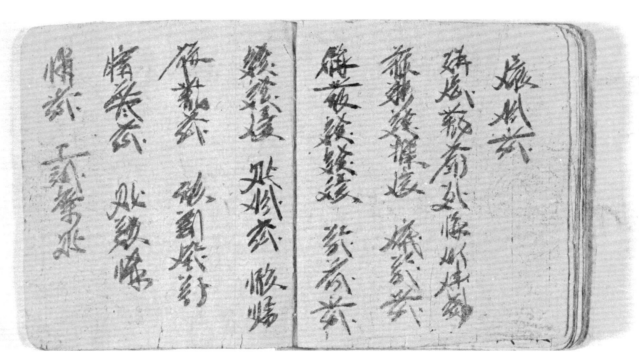

俄 **И**нв.No.7578　　5.六十二佛讚等　　　(78-63)

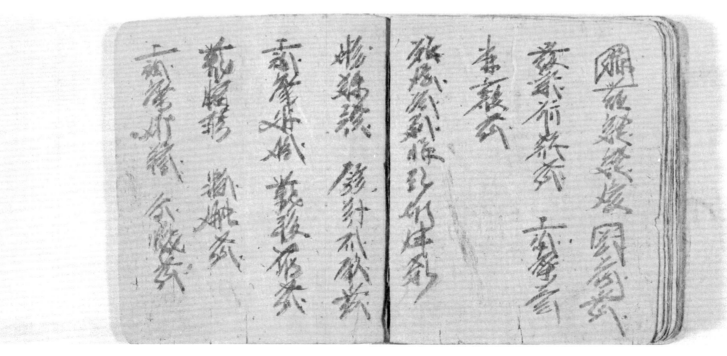

俄 **И**нв.No.7578　　5.六十二佛讚等　　　(78-64)

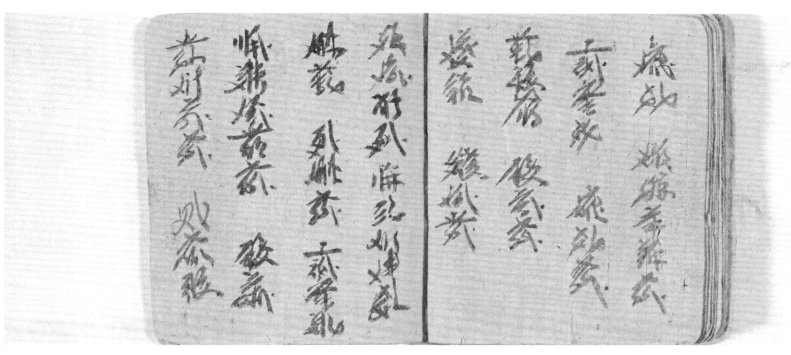

俄 Инв.No.7578　5.六十二佛讚等　　(78-65)

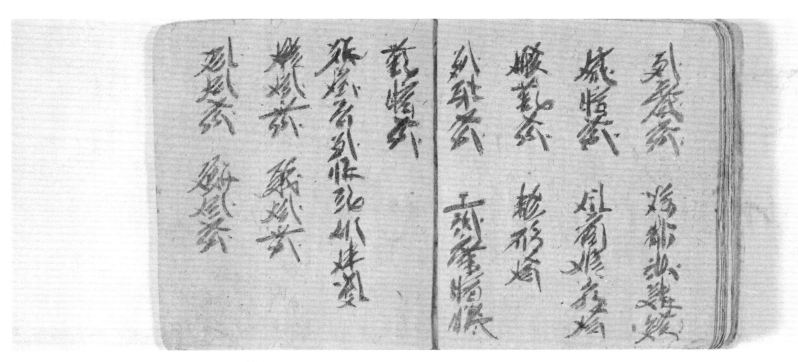

俄 Инв.No.7578　5.六十二佛讚等　　(78-66)

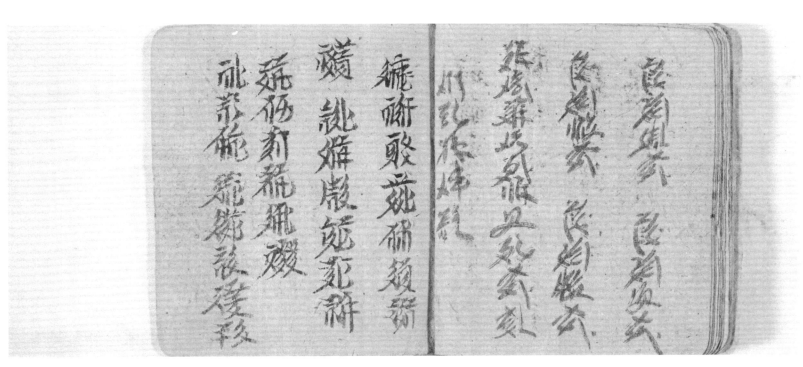

俄 Инв.No.7578　5.六十二佛讚等　　(78-67)

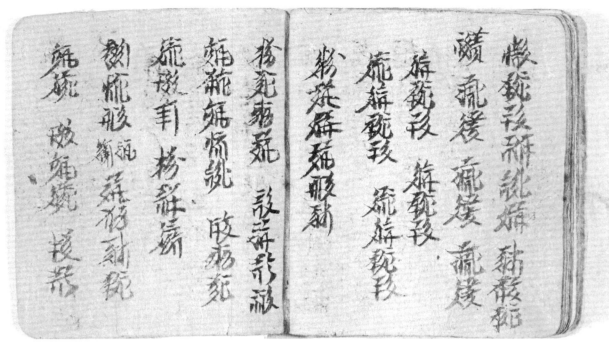

俄 Инв.No.7578　6.最勝天母咒　　　(78-68)

俄 Инв.No.7578　6.最勝天母咒　　　(78-69)

俄 Инв.No.7578　6.最勝天母咒　　　(78-70)

俄ИнВ.No.7578　6.最勝天母咒　　　(78-71)

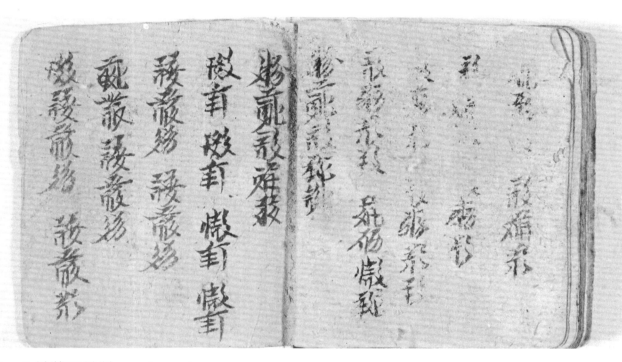

俄ИнВ.No.7578　6.最勝天母咒　　　(78-72)

俄ИнВ.No.7578　6.最勝天母咒　　　(78-73)

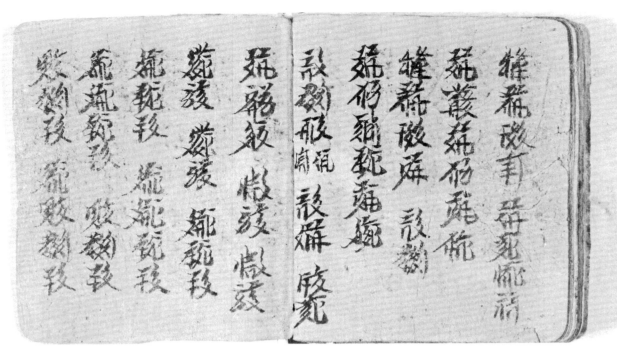

俄 ИHB.No.7578　6.最勝天母咒　　（78-74）

俄 ИHB.No.7578　6.最勝天母咒　　（78-75）

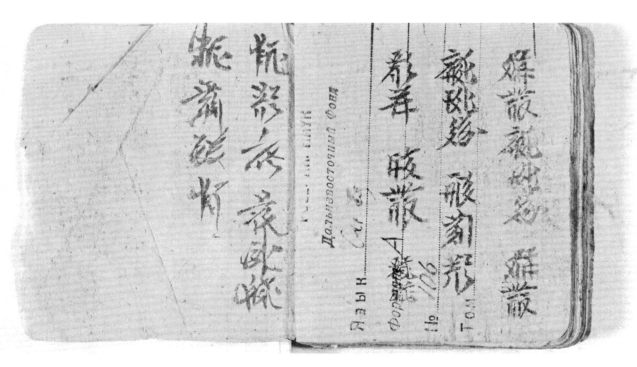

俄 ИHB.No.7578　6.最勝天母咒　　（78-76）

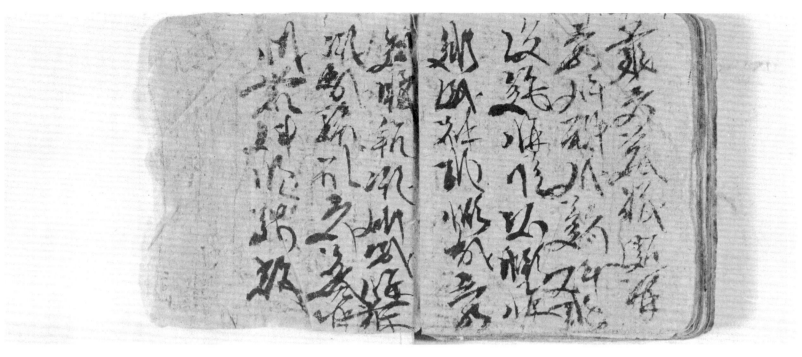

俄 Инв.No.7578　　6.最勝天母咒　　　　(78-77)

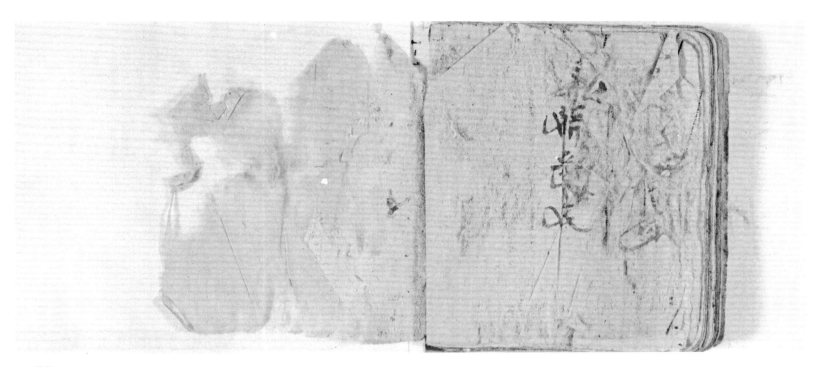

俄 Инв.No.7578　　6.最勝天母咒　　　　(78-78)

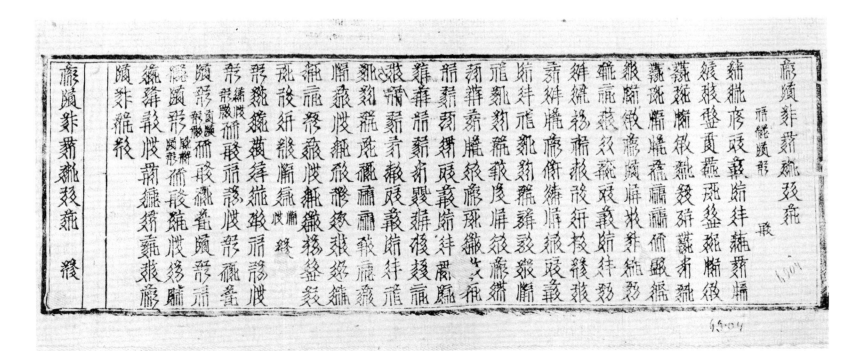

俄 Инв.No.6904　　淨土求生要門

俄 **И**нв.No.6841　　1.聖觀自在大悲心總持功能依經錄　　　(8-1)

俄 **И**нв.No.6841　　1.聖觀自在大悲心總持功能依經錄　　　(8-2)

俄 **И**нв.No.6841　　1.聖觀自在大悲心總持功能依經錄　　　(8-3)

俄 **И**нв.No.6841　　1.聖觀自在大悲心總持功能依經錄　　　(8-4)

俄 **И**нв.No.6841　　1.聖觀自在大悲心總持功能依經錄　　　(8-5)

俄 **И**нв.No.6841　　2.聖光明天母總持　　　(8-6)

俄 **И**нв.No.6841　　2.聖光明天母總持　　　　(8-7)

俄 **И**нв.No.6841　　2.聖光明天母總持　　　　(8-8)

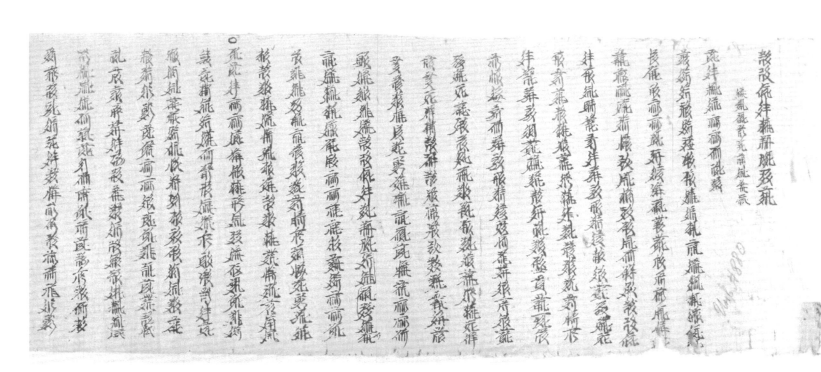

俄 **И**нв.No.880　　三十五佛懺悔要門　　　(4-1)

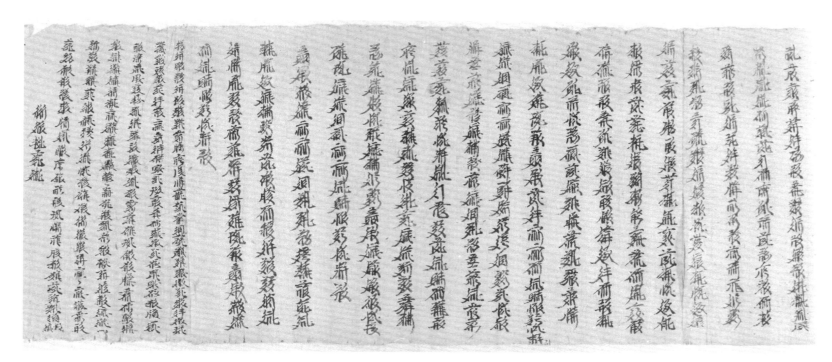

俄ИНВ.No.880　三十五佛懺悔要門　　(4-2)

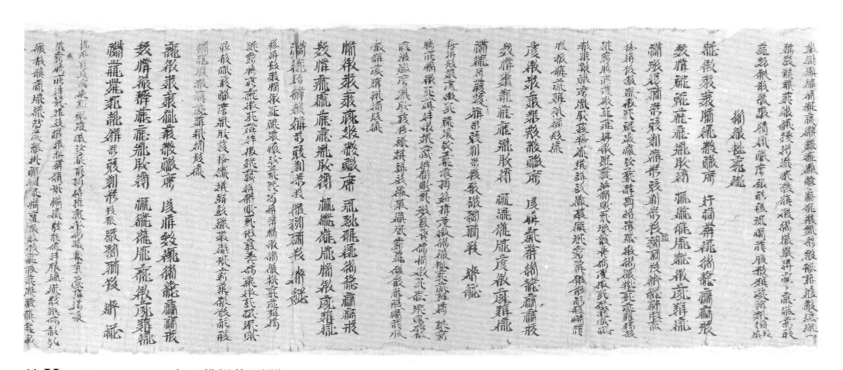

俄ИНВ.No.880　三十五佛懺悔要門　　(4-3)

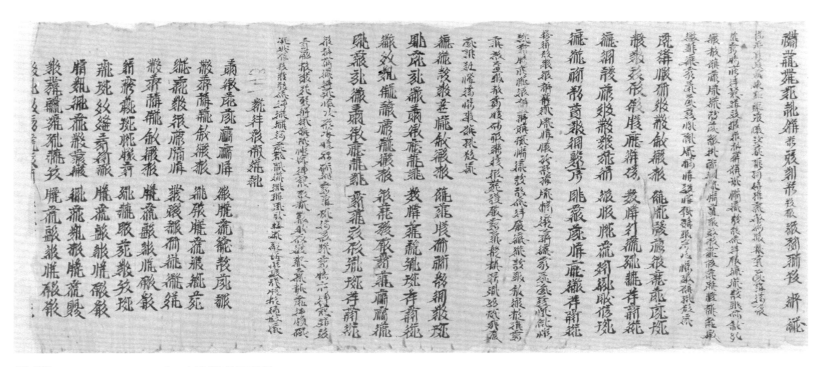

俄ИНВ.No.880　三十五佛懺悔要門　　(4-4)

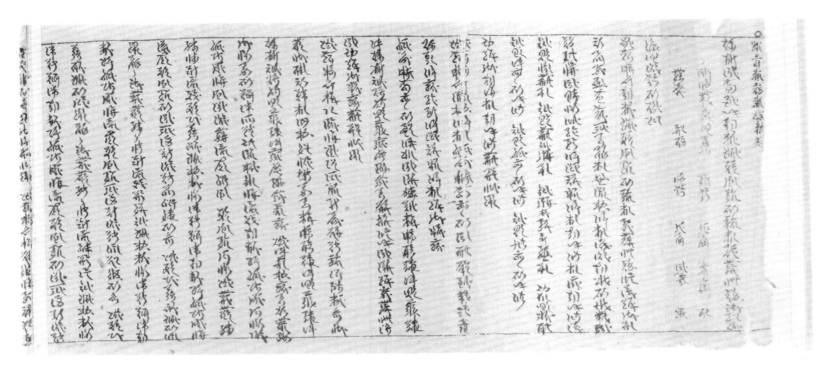

俄 ИНВ.No.3708　吉祥上樂輪三支脈達字短之査以入愚火定要門等　　　(15-1)

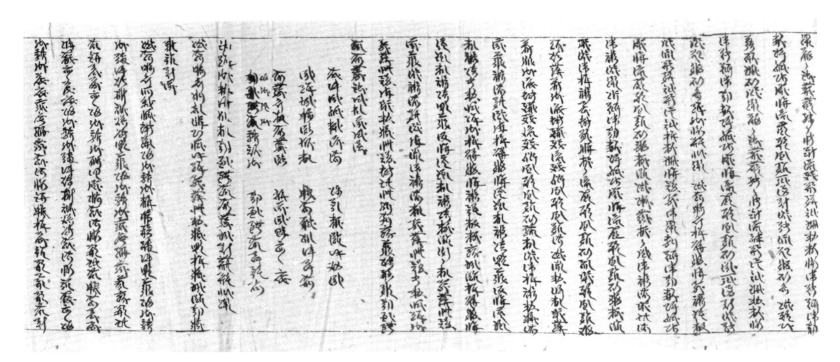

俄 ИНВ.No.3708　吉祥上樂輪三支脈達字短之査以入愚火定要門等　　　(15-2)

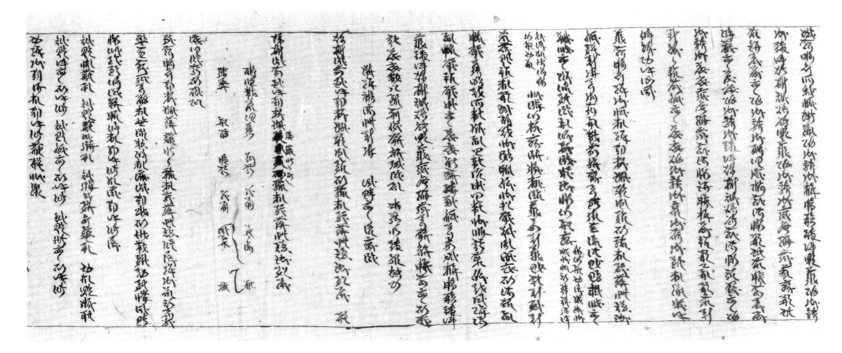

俄 ИНВ.No.3708　吉祥上樂輪三支脈達字短之査以入愚火定要門等　　　(15-3)

俄Инв.No.3708　吉祥上樂輪三支脈達字短之查以入愚火定要門等　　　(15-4)

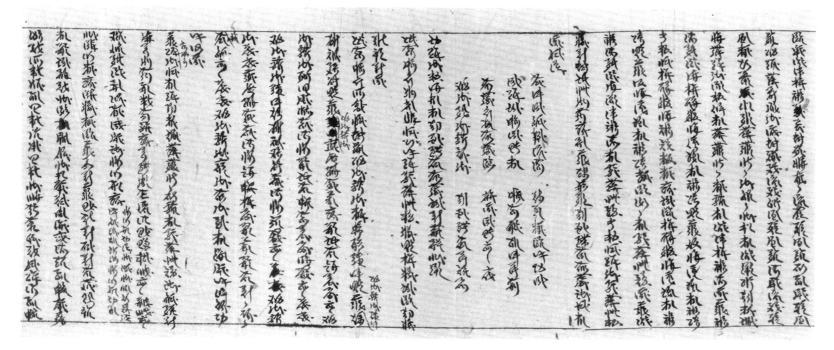

俄Инв.No.3708　吉祥上樂輪三支脈達字短之查以入愚火定要門等　　　(15-5)

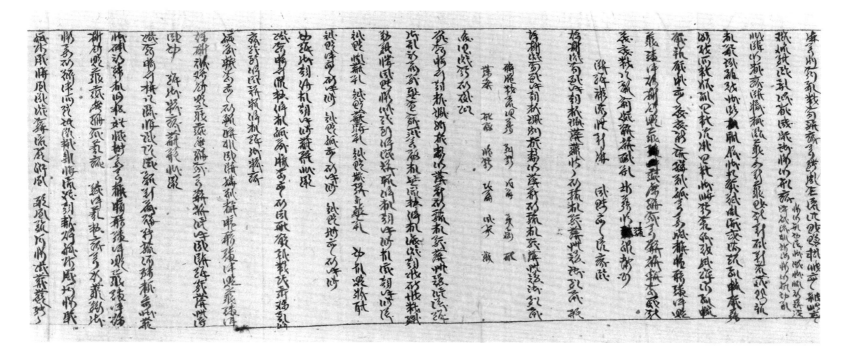

俄Инв.No.3708　吉祥上樂輪三支脈達字短之查以入愚火定要門等　　　(15-6)

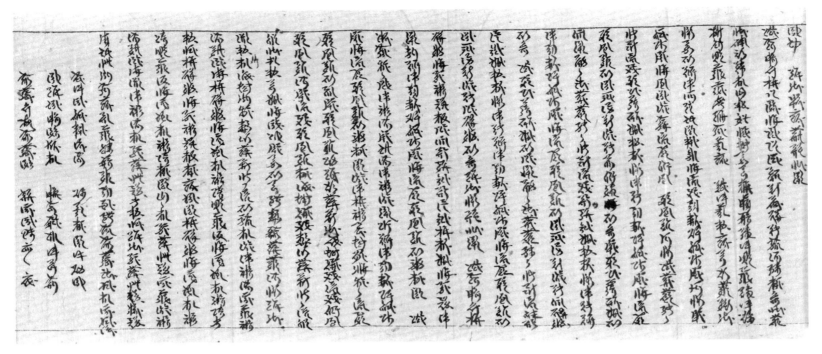

俄 **И**нв.No.3708　　吉祥上樂輪三支脈達字短之查以入愚火定要門等　　　　（15-7）

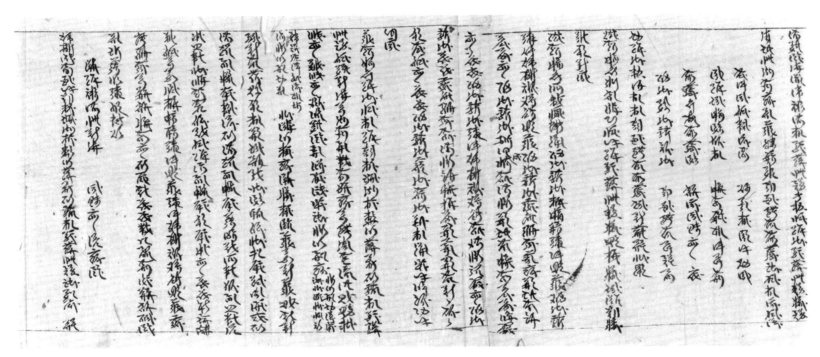

俄 **И**нв.No.3708　　吉祥上樂輪三支脈達字短之查以入愚火定要門等　　　　（15-8）

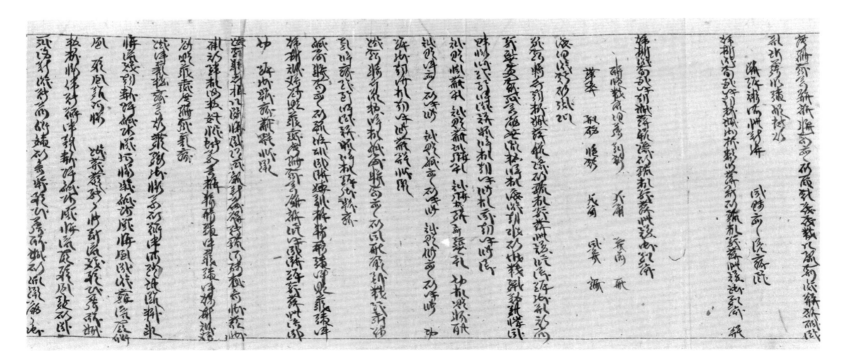

俄 **И**нв.No.3708　　吉祥上樂輪三支脈達字短之查以入愚火定要門等　　　　（15-9）

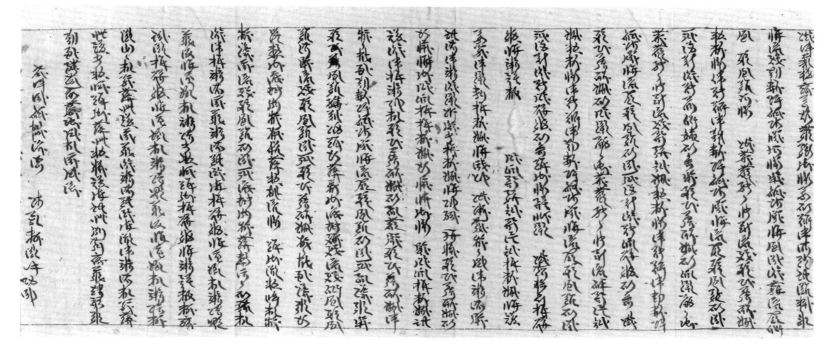

俄 **И**нв.No.3708　吉祥上樂輪三支脈達字短之査以入愚火定要門等　　　(15-10)

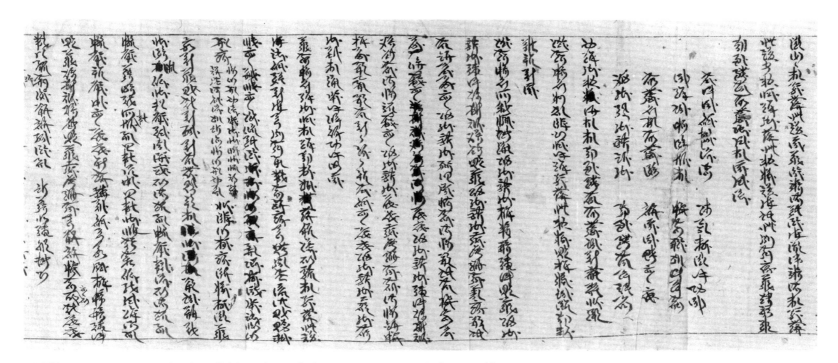

俄 **И**нв.No.3708　吉祥上樂輪三支脈達字短之査以入愚火定要門等　　　(15-11)

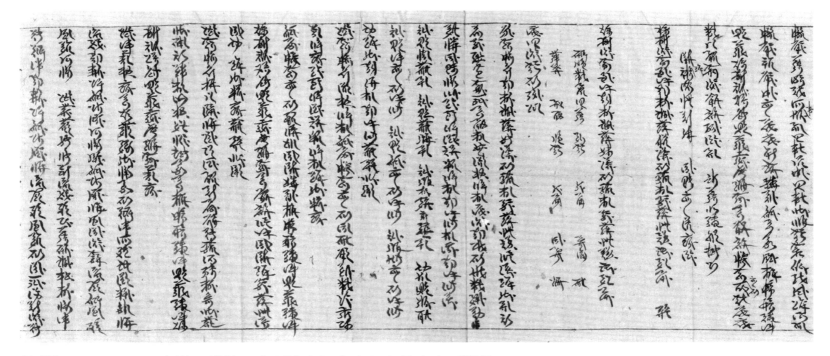

俄 **И**нв.No.3708　吉祥上樂輪三支脈達字短之査以入愚火定要門等　　　(15-12)

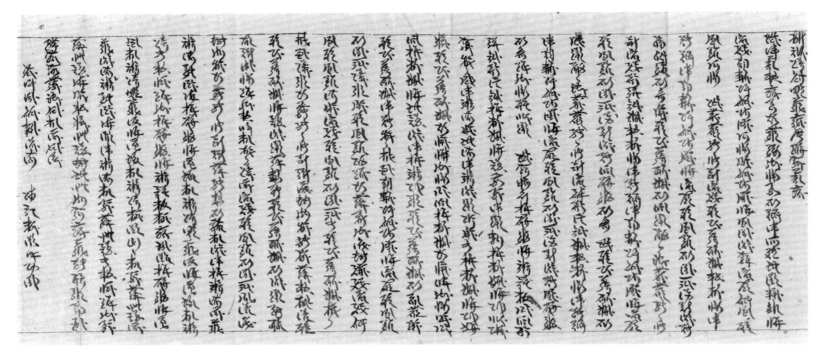

俄 **И**нв.No.3708　　吉祥上樂輪三支脈達字短之查以入愚火定要門等　　　　(15-13)

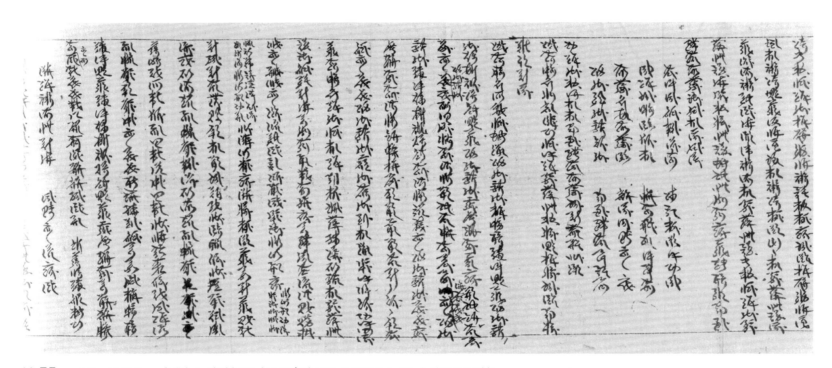

俄 **И**нв.No.3708　　吉祥上樂輪三支脈達字短之查以入愚火定要門等　　　　(15-14)

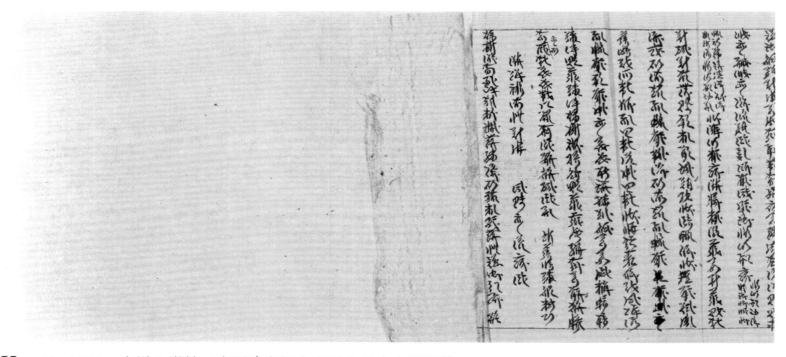

俄 **И**нв.No.3708　　吉祥上樂輪三支脈達字短之查以入愚火定要門等　　　　(15-15)

俄 Инв.No.5055a　吉祥上樂輪系列修持要門　　　(12-1)

俄 Инв.No.5055a　吉祥上樂輪系列修持要門　　　(12-2)

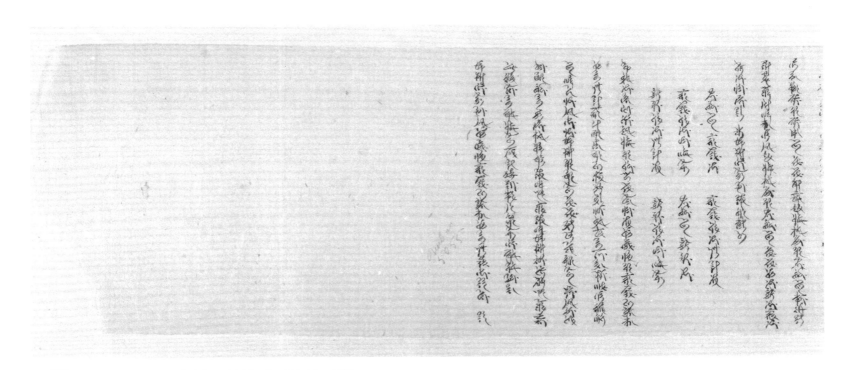

俄 Инв.No.5055a　吉祥上樂輪系列修持要門　　　(12-3)

俄 **И**нв.No.5055a 吉祥上樂輪系列修持要門 (12-4)

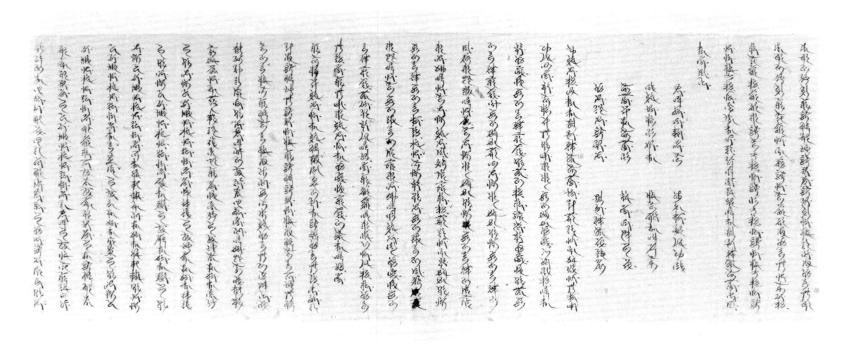

俄 **И**нв.No.5055a 吉祥上樂輪系列修持要門 (12-5)

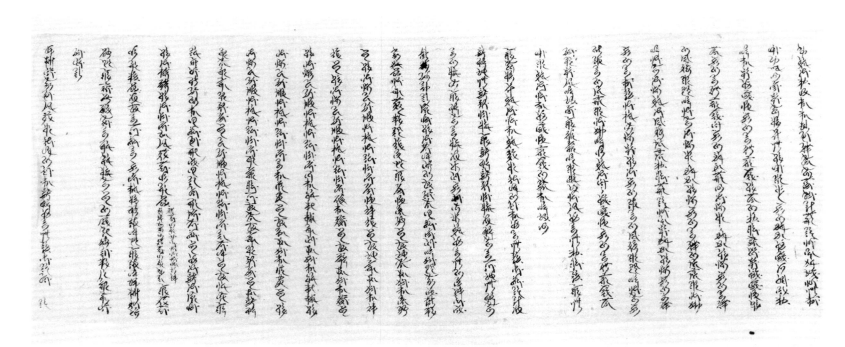

俄 **И**нв.No.5055a 吉祥上樂輪系列修持要門 (12-6)

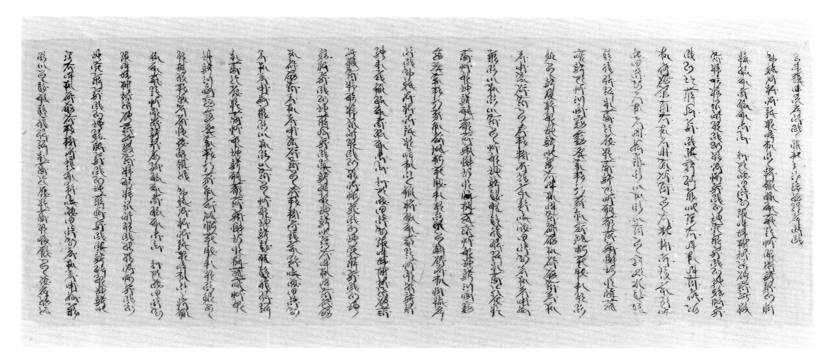

俄 **И**нв.No.5055a　吉祥上樂輪系列修持要門　　　(12-7)

俄 **И**нв.No.5055a　吉祥上樂輪系列修持要門　　　(12-8)

俄 **И**нв.No.5055a　吉祥上樂輪系列修持要門　　　(12-9)

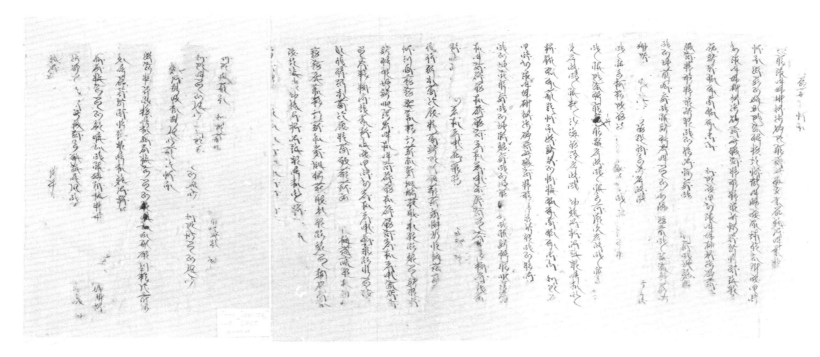

俄 **И**нв.No.5055a 吉祥上樂輪系列修持要門 (12-10)

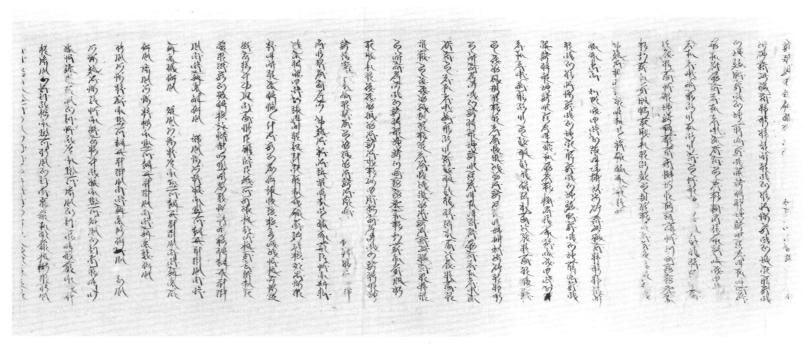

俄 **И**нв.No.5055a 吉祥上樂輪系列修持要門 (12-11)

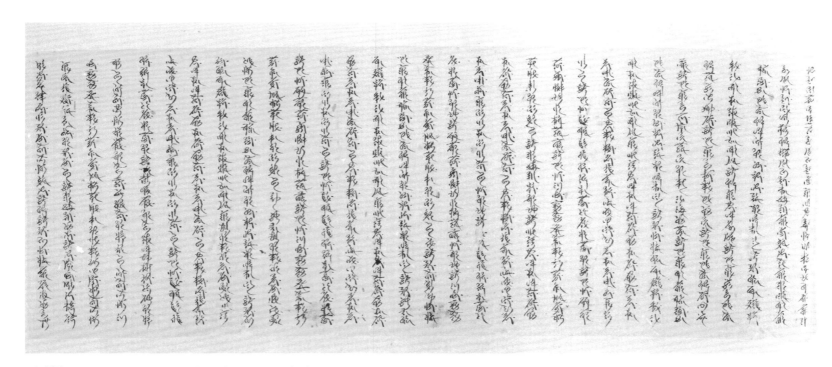

俄 **И**нв.No.5055a 吉祥上樂輪系列修持要門 (12-12)